加藤尚武著作集

第1巻

ヘーゲル哲学のなりたち

未來社

加藤尚武著作集第1巻

ヘーゲル哲学のなりたち◇目次

凡例

・本著作集は著者の自選により、既刊の単行本のなかから二五冊を収録し、これにジャンルごとに厳選された単行本未収録論文をくわえるものである。
・単行本は原則として刊行された内容をそのまま収録し、書目ごとの目次は該当書の扉裏に記載する。
・単行本未収録論文についてはタイトルの横に初出紙誌と掲載ないし発行年、出版社名を表示する。
・各巻内容については書き下ろしの著者解題を掲載する。

加藤尚武著作集第1巻

ヘーゲル哲学のなりたち

装幀——岸顯樹郎

ヘーゲル哲学の形成と原理

——理念的なものと経験的なものの交差

（一九八〇年　未來社刊）

（一九八〇年山崎賞受賞）

目次

はしがき

哲学の言葉は明晰でなければならない。明晰な言葉は、感覚的に鮮明であった方がいい。「輪郭がはっきりしすぎる」という苦情をもらえば哲学の言葉には名誉であろう。

ヘーゲルの言葉は、異常なまでに難解である。難解さには時として吟味を避けようとする狡猾さがある。その難解さに守られて、ヘーゲルは「裸の王様」として君臨してきた。当然、見えない糸を織った者もいた。私はできれば欺瞞をあばく子供の役を受け持ちたい。またどこまでも、そのような子供の目でありたいと思う。

しかし、私はおそれる。裸者を裸者としてあばくものが、同時に自らの手で新たな偽りの衣装を紡ぐことになりはすまいか。そうならぬためには、彼の哲学にまず、吟味と対話の可能性が開かれねばならぬ。われわれにとってもっとも遠いもの、理念的なものが、われわれにとってもっとも近いものから了解されねばならない。そのためにつねに「理念的なものと経験的なものの交差」の地点に身を置くようにしよう。

そこから、ヘーゲルの一見きわめて奇怪な観念形式の根源が解き明かされねばならない。彼の哲学の「形成」の跡をたどる。ヘーゲルといえども、生れつき、あのヘーゲルではなかった。もっとわれわれと共有できる前提から、彼の思索は始まっていた。その共通の前提に遡って、見直す。彼の哲学の固有の「原理」を、さぐり当てる。「形成」をたどることで「原理」をさらけ出す。それが本書の狙いである。

裸の王様には取り巻きがいる。取り巻きに王はかつがれている。欺かれているという意味でも、担われているという意味でも。ヘーゲル式に言えば、取り巻きの廷臣が王の定在である。こうした構図をヘーゲルは熟知していた。

「誰しもその時代の子である」と語られるのに、ここからあまり大きな飛躍はない。われわれもまた、ヘーゲルを時代の子として見る。時代によっていかに彼が産み出されたか、を見るのではない。彼が自ら時代にいかに関わり、自らの思索を産み出したか、の過程を見る。

それは、一個の人間の成長の過程としてはありふれたものだった。青年が老いる。理想がすくむ。改革と革命の情熱が断念の沈着と化す。宗教は改革され、国家は革命されねばならぬ。宗教も国家も保存され、崇拝されねばならぬ。進歩主義から保守主義へのありふれた転向のひとつだ。ありふれていないのは、その時代である。またその時代を通じて彼が認識した事柄そのものである。ドイツは近代国家の形成期である。ヘーゲルは坂の上の雲を迎ぐ。雲を、理念の言葉で、摑む。それは「生」である。摑まれた雲は、理念的にはすでに越えられている。近代国家の形成を求める彼の原理「生」は近代国家を超えている。実践の挫折が、理論の栄光となる。

挫折を経たのは、改革であり、革命である。変わらぬものは、国家と宗教を通底していると見るヘーゲルの視点である。われわれも、〈国家と宗教の相関〉という視点から見るとき、ヘーゲルがもっともよく見える。学問もこの相関に加わる。革命も改革も、学問による「批判」とともに行なわれる。彼は終生「批判」のための雑誌を企画しつづけていた。国家と宗教と学問の相関という場にヘーゲルの思索は成り立つ。この三者は同時に、彼の生き方と深く結びついている。初め彼は、教会に生きようとする。しかし身ぶるいするようにして、そこを避ける。終生彼の生活態度には「教会ぎらい」がつきまとう。立法者として国家に生きることを夢みたこともある。しかし、現実に生きることを許されたのは大学という場なのであった。

国家も宗教も学問も、絶対者が現在するありかである。絶対者の現在性の所在がどこにあるかは、時とともに揺れる。人倫の汎神論は歴史の汎神論へと移る。宗教をこえた哲学体系こそ絶対者の所在であるとする思想は、宗教と哲学を調和的に見る見方に推移していく。しかし変わらぬものは、絶対者の現在性という信念である。ヘーゲルはつねに絶対者の彼岸化に対して批判の矢を放つ。

絶対者の現在性というヘーゲルの信念を支えていたものは、結局は概念の世界支配という観念論である。しかし彼は近代の克服という課題を同時に背負っていた。ここでも彼は、近代を超える原理に拠りつつ、近代的であろうとする。しかし観念論に固有のアポリアはプラトンにまで遡る。プラトンはその『ソピステース』篇、『パルメニデス』篇で、イデア論にかかわるアポリアを鋭く提起していた。しかし、慎重にも彼は解決の方向を示そうとはしなかった。近代の観念論を超えるべく、ヘーゲルはプラトンのアポリアまでも引き受けて立たざるをえなかった。そこに彼の弁証法がある。同時に彼の常軌を逸した難文、悪文がある。

引用の仕方について、筆者は特別の工夫を試みた。ヘーゲルの文は、特別の註釈を要する奇妙な語句を伴うことが多い。ひとつの論点を浮彫りにするために、ある文を引用しようとしても、それに伴う無数の付随的な事柄を同時に説明しなければ、文そのものが理解できない。ところが、その付随的な事柄を説明するには、さらに別の引用を要する、その引用文には、当然、別の付随的な説明が必要になる。この悪循環を逃れる方法がある。引用文を採るとき初めから付随的な部分は削り落としてしまうのだ。こうするよりほかにない。それゆえ、私の引用文は「原文通り」ではない。原文を完全に解析したときには、引用文が論旨のひとつ（モメント）として含まれていることがわかるはずである。なお、引用文中の〔 〕はすべて筆者の附加である。

引用は、なるべくズールカンプ版全集によることにした。[★1]しかし、ごく専門的な事柄に関しては、他の版によって引用したばあいもある。たとえば用語例の細かな指示などは、特殊な研究者のためのものである。このようなばあいには筆者が従前から用い研究者のあいだでも親しまれてきた旧版を用いてもよいと考えた。重要な引用文で、旧来の版とズールカンプ版の頁数を並記したばあいもある。

★1　ヘーゲル研究者が共通に利用する基本テキストが、ズールカンプ版から決定版大全集（Gesammelte Werke=GW）に移行しつつあるので、なるべくその頁数を並記するようにした。

〔引用略号〕

SK……Hegel, Werke in zwanzig Bänden, hrsg. v. E. Moldenhauer und K. M. Michel (Suhrkamp)
Br.……Brief von und an Hegel, hrsg. v. J. Hoffmeister (Meiner)
Dif.……Hegel: Differenz des Fichteschen und Schellingschen Systems der Philosophie (1801)
Dok.……Dokumente zu Hegels Entwicklung. Hrsg. v. J. Hoffmeister (F. Frommann)
ED.……Hegel: Erste Druckschriften. hrsg. v. G. Lasson. (Meiner)
EGPh.……Hegel: Einleitung in die Geschichte der Philosophie. Hrsg. v. J. Hoffmeister (Meiner)
Enzy.……Hegel: Enzyklopädie der philosophischen Wissenschaften im Grundrisse (1830)
F-Gesam.……Fichte: Gesamtausgabe. hrsg. v. Rauth u, H, Jacob (F. Frommann)
F-Werke.……Fichte: Werke, hrsg. v. I. H. Fichte (de Gruyter)
GW……Hegel: Gesammelte Werke, hrsg. v. Rheinisch-Westfälischen Akademie der Wissenschaften (Meiner)
Gl-Bd.……Hegel: Sämtliche Werke, hrsg. v. H. Glockner (F. Frommann)
G. u. W.……Hegel: Glauben und Wissen in Phil. Bib. 626 (Sonderduck): hrsg. v. G. Lasson (Meiner)
Heidel-Enzy……Hegel: Enzyklopädie der philosophischen Wissenschaften aus der Heidelberger Zeit (Gl-Bd. 6)
Jen-Log……Hegel: Jenenser Logik, Methaphysik u. Naturphil, hrsg. v. G. Lasson (Meiner)
JR.……Hegel: Jenenser Realphilosophie hrsg. v. Hoffmeister (Meiner)
Kim.……Nr. von Chronologie v. Hegels Jenear Schriften, Kimmerle, Hegel-Studien Bd. 4
Log.……Hegel: Wissenschaft der Logik, hrsg. v. G, Lasson (Meiner)
ME.……N. Hartmann: Grundzüge einer Metaphysik der Erkenntnis, 5 te. Aufl.

Met. d. Sit……Kant: Metaphysik der Sitten (Akademieausg.)
MEW……Marx Engels Werke (Dietz)
Nohl……Hegels theologische Jugendschriften, hrsg. v. H. Nohl
N.R.……Fichte: Grundlage d. Naturrechts (Meiner)
Phän.……Phänomenologie des Geistes. hrsg. v. J. Hoffmeister. 6te. Aufl (Meiner)
Prop.……Hegel: Philosophische Propädeutik (1808-1813)
Rel.……Kant: Die Religion innerhalb der Grenzen der bloßen Vernunft (Meiner)
Sch.……Nr. von Chronologie von Hegels Jugendschriften, G. Schüler, Hegel-Studien. Bd. 2
Sch. Werke……Schellings Werke, hrsg. v. M. Schröter, Hauptband (Beck)
Sys. Sitt.……Hegel: System d. Sittlichkeit, hrsg. v. G. Lasson Sonderdruck (Meiner)
Tra. I.……Schelling: System des Transzendentalen Idealismus (Meiner)
Zus.……Zusatz（補遺。ヘーゲルの受講生の筆記ノートをヘーゲルの高弟、息子などが再編集して、ヘーゲルの自筆稿の間に挿入した文章。）

第一章　理念的なものの経験可能性

哲学者の死後、いかなる哲学も、あるときには生けるものとして、またあるときには死せるものとして遇されるという運命を免れるものではない。ヘーゲルの哲学は、どちらかというと死者として扱われることの方が多かったように思われる。

彼はまず「絶対的理性の哲学者」として、時代の精神界に君臨した。死後、彼は、逆立ちした観念論ではあるが、「弁証法の哲学者」であるとして、批判的に継承された。「ヘーゲルの復興」が語られたとき、彼はふたたび「精神の哲学者」として甦ったとは言え、そこにはもはや、彼の方法論の継承はなく観念論の空虚さにおいて、ヘーゲルそのひとをしのいでいたと言いうるであろう。さてその後も、ヘーゲルはさまざまに再発見されてきた。あるときには「生の哲学者」として、また、先駆的な「実存の哲学者」として。しかし、彼の思想の全体像はいぜんとして、その大半が暗い闇に包まれたまま、ヘーゲルは、乗り超えられることなしに、批判されてきたのである。

それというのも、彼をいま、かりに無限者の立場に立つ哲学者と、有限者の立場に立つ哲学者、言葉をかえて、理念の哲学者と、経験の哲学者という二面をもつ哲学者とみたとき、あからさまに、無限者の立場に立って理念を語ることが困難であるような思想状況が、彼の死後、存続していたからにちがいない。

おまけにヘーゲルはさまざまな誤解を受けてきた。たとえばヘーゲルは〈理性の哲学者〉であるという。この規定はたしかに正しい。しかし、〈それゆえに、彼の立場は非合理性、主体性、実在性と対立する〉と考えられるなら、正しくはない。このような対立はヘーゲルの用語法で言えば「悟性」にのみあてはまるものだ。またたとえば、〈ヘーゲルの正、反、合の弁証法〉という言い方が平気でなされるが、じつはヘーゲルは、正、反、合などと語ってはいない。その〈弁証法〉を〈形而上学〉と対比させる見方は、エンゲルスの勝手な解釈であって、ヘーゲルは〈真の形而上学は弁証法である〉という観点に立っている。〈あれも、これも〉をヘーゲルの立場だという人は、彼が同時に〈あれでも、これでもない〉という否定の契機を重視したことを忘れている。

さすがに今日ではヘーゲルを〈プロシアの反動〉と見る人は少なくなった。ヘーゲルはつねに一貫して国家の近代化を志向していたと、今日では認められている（第二、三章参照）。しかし〈歴史の哲学者〉、〈体系を完成した哲学者〉といったヘーゲル像にはかなり修正を要する点があるが、今日でもほとんどそのまま通用している。〈国家の哲学〉と〈歴史の哲学〉とのあいだには一致しきれないものがあったと見た方がよく、しかもヘーゲルはどちらかと言えば、〈国家の哲学者〉なのである。

ついでに言えば〈『精神現象学』でヘーゲルは自己の立場を確立した〉という言い方にも、しばしば誤りが含まれている。彼がつねに「体系の完成」を求めていたということは、彼が体系を完成しなかったということなのだ。ヘーゲルにすら完成はなかった。ましていわんや『精神現象学』は完成ではない（第六章参照）。ところが、時とすると『精神現象学』でヘーゲルがシェリングから決定的な自立を遂げたということが、ただちにヘーゲル思想の完成と誤解されることがある。

総じてヘーゲルは、超越的観念の世界支配を主張し、近代に背を向けた、非実践的で、形式的に硬直した図式主義だという誤解を受けてきた。しかし、ヘーゲルは近代に背を向けたのではない。同時に近代を乗り超えるような原理を内含しつつ（第二章、第一〇章を参照）、近代化を求めていたのだ。

われわれは、今日、過去の哲学者としてのヘーゲルではなく、むしろ、将来の哲学者としてのヘーゲルに、徐々に、ふれつつあるように思う。それは、結局、「経験の哲学者」としての彼を再評価するということであるが、しかも、そのさい、観念の内部領域に対するレアリストとしてのヘーゲル、広義でのイデア的なもの、超越的なものが、意識経験の内部領域に映ずる仕方を、独自の構想のもとに把握するヘーゲルに着目し、それの継承を志すという点に、その将来性を託するのだといってよい。すなわち、ヘーゲル自身の語る意味における「経験」(Phän, S. 73, SK3. S. 78) の哲学者として、彼を再発見するということである。

一　絶対者の理念はいかにして成立したか

「経験」の哲学としての彼の「精神の現象学」の方法には、二つの大きなモメントがあると考えられる。その第一のものは、構成されてすでにできあがった客体的なもの、存在の姿に凝結している意味的なものを、その根源にあって、それを形成した体験の流動性に還元するというプロセスである。このプロセスは、彼の哲学の根本のありかたに根ざすものである。「人間の生から合一の力が消失し、さまざまな対立項が、その生きた関係と交互作用を失ってしまって、自立性を獲得したとき、哲学の必要が生ずる。固定した主観性と客観性という対立を止揚し、叡知界と実在界という既成の存在 (Gewordensein) を生成 (Werden) として、所産としてのそれらの存在を、産出として把握することが……いまや、不可欠の試みとなっている。」(Dif, SK2 S. 22, GW4 S. 14)

右の言葉はイェーナ時代の初めに書かれたものである。『フィヒテ哲学とシェリング哲学の体系の差異』のなかの言葉だ。次に示す『ハイデルベルクのエンツュクロペディー』序論部の言葉と比較してみよう。そこには、まったく同じ発想が「学の視点」として語られているのがわかる。

「学の視点に立つためには、……哲学的認識の、主観的で有限な仕方のうちに含まれる、次の前提を放棄することが必要である。

（1）制約された、対立する悟性規定一般の、固定した妥当性という前提。

（２）与えられている、表象されてすでにでき上がっている基体という前提。（これが、かの思惟規定のうちのどれかが、それに適っているかどうかの基準であるとされるのである。）

（３）かかるでき上がった、固定した述語の、なんらかの与えられた基体への関係としての認識という前提。

（４）認識する主観と、それとは統一されざる客観という前提。（右に挙げた対立と同じように、これに関しても、おのおのの側面は、それだけで独立して（für sich）、やはり、固定したもの、真なるものとみなされている。）」（GW13 S. 34, Heidel-Enzy. §35, Gl-Bd.6. S. 47f.）

ここでヘーゲルは、狭く「現象学」の方法としてではなく、学一般の成立条件として、いわば「流動化」のモメントを打ち出しているのであるが、同時に、第二のモメント、いわば「固定化」のモメントが存在することを忘れてはならないであろう。すなわち、経験の進行が、経験内容を、流動化、主体化したのち、その主体的なものを、ふたたび対象化、外化して、体験を「意味的なもの」へと凝結していくプロセスである。媒介的に経験されて意識に内在化された事柄、「即自の意識にとっての存在（Für-das-Bewußtsein-Sein des Ansich）」（Phän. S. 74, SK3 S. 80, GW9 S. 61）が、経験の「新たな対象」として、対象的直接性において出現する。しかし、すでに経験を経ている意識が、その対象性において把えるのは、いわば裸のマテリーとしての物ではありえず、意味的「統一」をもった、直接性における概念である。すなわち、数的なもの、言語的なもの、概念、理念を問わず、最広義においてア・プリオリのもの、直観が可能になる経験の次元が、形成されたものとして導入されてくる。こうした「思惟の直接性」が、彼の言う「ア・プリオリのもの（Das Apriorische）」（Enzy. §12, GW20 S. 53）なのである。★2

たしかに彼はフッサールとともに、ア・プリオリのものの直証性がなり立つ、内在的な意識経験の領域をさぐりあてている。しかし、同時にここからは、ヘーゲルの「精神の現象学」と、フッサールおよびその流れを汲む現象学と

★2　第八章参照。

の決定的な相異も生じてくる。後者にあっては、コギトの次元が、終始一貫、根源的主観として持続し、あらゆる観念形態への批判のるつぼのようなものとして、想定されざるをえないであろう。[★3] われわれは、かりに、フッサール流の現象学を一括して「基底的コギトを前提する現象学」と呼ぶことにしよう。このような見方は、フッサール自身からみれば、「笑うべき誤解」にすぎないかもしれない。しかし、現象学が、心理主義にせよ、歴史主義にせよ、ともかく一般に相対主義からの根本的離脱をとげうるためには、いかに独断的構成をさけて、むしろ愚痴っぽく這い回る「記述」に終始しようとしても、この前提を取り消すわけにはいかないであろう。

ヘーゲルでは、コギトは自己を否定して、新たな「形態（Gestalt）」へと発展せざるをえない。「還元」と「構成」、「内化」と「外化」という二つの構造的原理をもつ、ヘーゲルの現象学においては、意識は、新たな対象をもつことによって、より高次の形態へと自己を高める。言うまでもなく明らかに、意識形態の発展を記述するこの現象学の方が、経験の実相を把えやすいはずである。たとえば判断において、「金は金属である」と「金は高価である」とを、異なった経験の次元として、形成的に、発展的に把える方が、経験の実相にちかいことは論をまたないであろう（cf. Enzy. §177 Zus.）。むしろ、その両者において、同次元的なコギトが存在するかのごとき見方の方が、きわめて人工的な想定、一種の「構成されたもの」に思えてくるであろう。イデア的なもの一般の根源的な権利源泉を、コギトに求め、つねにコギトという次元を基底におく方法的な構えの、本質的な狭隘さは、この点にあると思われる。

悟性形式を欠いた純粋で、根源的な主体としてコギトを解するなら、それは空しい影のようなものだ、とヘーゲルは考えている（第八章五節参照）。意識は対象を一定のカテゴリーのもとに統一すると同時に、自己自身を一定の意識形態へと規定する。

しかし、また、反対に、現象学が意識形態の形成的発展というかたちで記述されるとき、いったい、批判と吟味の最終的な基準となるもの、権利源泉となるものは何か、という問いをさけるわけにはいかなくなる。ヘーゲルはまず、現象する意識自身に吟味の可能性があるとする。すなわち「意識にとって（für）即自であるもの」と「意識に対する

(für das Bewußtsein) 対象の存在」の比較が可能であるとする (Phän. S. 72, SK3 S. 78)。しかし、この基準はあくまで相対的な基準であり、しかも、意識の形成過程においては、その基準によって意識が自己を否定する契機となることのみが想定されている否定的な基準ですらある。しかし、意識は、自己否定の歩みを経て、「現象が本質と等しくなる」(Phän. S. 75, SK3 S. 81, GW9 S. 62) 絶対知に到達する。すなわち「真なるものは全体である。全体とは、しかし、ただその展開を通じてのみ自己を完成する実在である。」(Phän. S. 21, SK3 S. 24, GW9 S. 19) あえて単純化して言えば、基底的コギトを前提する立場においては、絶対的真理が、始めにあり、精神の現象学においては、それが終りにあることになる。★4 いまは、現象知にとっての現象にのみ着目して論述を進めている以上、ヘーゲルにおいて、その終りが、また同時に始めでもあるという円環的構成は無視しておいてよい。

この終りにあるものは「理念」とも言い換えられる。「理念は、即かつ対自的に真なるものであり、概念と客観性との絶対的な統一である。……理念は真理である。」(Enzy. §218) ヘーゲル哲学を、現代の精神の多くが死せるものとして扱ってきたのも、この「理念」が、彼の方法論的吟味そのものをも、いっさい無意味なものと化してしまう独断の槌の一撃となることが、充分に見とおせたからにちがいない。「理念的なもの」は、彼の現象学的方法が、必然的に負うであろう相対主義にとどめをさす。と同時に、彼の現象学が果たすべく負わされていた批判主義にもとどめをさし、カント以前的独断論を復活せしめるかのごとくである。一般にこのような理念に関して語られる言葉は、論理構造上、存在論的証明における神に対して発せられるものと同じである。「もし、そのように定義されるものが存在するとしたら、事態はまさにその通りであろう。しかし、かかるものが存在するか否かは、まったく別問題である。」

ヘーゲルがこうした理念的なものに、認識論的な意味での「真理」という規定を含ませたのは、じつは彼がすでに別の方向から、理念的なものの存在様式を把え、論理化したのちのことであった。★5 したがって、ヘーゲル自身の経験

★3 ローベルト・ハイス『弁証法の本質と諸形態』(未來社刊、拙訳) 四章一〇節を参照。

★4 現象学に対する筆者の批判は、本著作集第13巻を参照。

において、この理念的なものがいかにして獲得されたかということは、彼の『現象学』の成立に先立つ、文字通りの「ヘーゲル哲学の真の誕生地」（マルクス）に見なければならない。[★6] そこから、われわれ自身の理念的なものへの経験の可能性をさぐってみたいというのが、本書のねらいとするところである。問題は、「認識論か形而上学か」という次元をこえて、「近代」という時代の意味と、その核芯とが、いかに把えられ、哲学的思惟は、それに対していかなる構えで、それに応ずるかという、より根源的な問題に達するであろう。しかして、それはまた、晩年においてフッサールが到達した問題領域に一致するのである。

ヘーゲル哲学を一言で特徴づけるとしたら、「絶対者の現在性の把握」といってよいと思う。彼の知的実践的生涯を貫くものは、絶対者を彼岸化するもののすべてと闘うことだったのである。ただしこの「絶対者」がそのまま有神論的な意味でのキリスト教神となるかどうかは、別である。彼にとって、真理こそが絶対的なものであった。しかしその真理は、たんに真なる知ではない。真なる存在である（第九章参照）。地上においては、国家こそが、かかる真なる存在であらねばならない。ところが、国家と真理性を支え合う関係に立つものは、宗教である。学問、政治、宗教が絶対者の現在性の把握をかたちづくる。すなわち相互に支え合う国家と教会という現在的に存在するものを前提して絶対者が、哲学体系として把握される。

真理に関して、ヘーゲル哲学において、主観性の概念が極限に達した、という見方がある。これに対して、ヘーゲルこそは主観と客観の対立を絶対的に綜合したという見方もある。――むしろ、こう言いたい。彼は自我の実体性という近代哲学の前提を否定した。主客の統一として語られる主観の絶対化は、近代的自我の絶対化ではない。

国家に関して、ヘーゲルの立場を進歩とみるか、反動とみるかという論争は、ヘーゲルの意図が近代国家の建設にあったという見方が定着して、ほぼ決着がついた。ヘーゲルは進歩派なのだ。しかし、彼には近代の国家観への鋭い批判もある。総じて言えば、近代の機械論的国家を有機体的なものに超えようとする。――むしろ、こう言わねばならない。ヘーゲルは、反近代、超近代の原理を含む視点で、国家の近代化を志向していた。

宗教に関しては、なにごとも一筋縄ではいかない。ヘーゲルは擬装した「アンチ・クリスト」とも、「プロテスタンティズムのトマス」とも言われた。絶対者の現在性を説く点は、きわめて汎神論的ではあるが、神＝実体＝自然ではなくて、神＝主体＝精神というのが彼の立場である。そして絶対者の哲学的把握を主張して、彼はたんなる信仰の立場を批判する。

いずれにせよ、国家と宗教との相関関係が、つねに彼の哲学知の根本規定となっている。国家と宗教とにかかわる、彼の知的、実践的「経験」が、彼の哲学的「理念」を生み出していくのだ。本書の意図するところは、この「経験」と「理念」との交錯の相からヘーゲル哲学の形成を把え、彼の一見あまりにも超越的に見える思索の成果を、根源的形成として、Gewordensein から Werden へと把え直すことである。

まず、彼の哲学の根本規定をなす「主観」、「客観」概念が、国家と宗教に関わる彼の思索の内に受けとめられていたことに注目しよう。

二　初期における「客観的」、「主観的」という概念

青年期のヘーゲル[★7]において、大まかにいって、カントの理性宗教の立場を出発点として、「適法性—実定性—客観

★5　次の語句に注意されたい。「主観的なものと客観的なもの、イデアルなものとレアルなものの同一性が、それによって定立される信仰の理念」(Glauben und Wissen, 1802, Gesam-Bd. 4, S. 411f., SK3 S. 429)。

★6　マルクスは「青年期ヘーゲル神学論文集」(一九〇七)の存在は知らなかったので、『精神現象学』をヘーゲル哲学の誕生の地と想定した。

★7　『青年期神学論文集』の時期(一七九二—一八〇〇)を仮に青年期、次に『精神現象学』までをイェーナ期、『プロペドイティーク』以降を体系期とする。

性」におちいったキリスト教会に対して、「道徳性―自律性―主体性」を対置するという態度は、比較的一貫している。しかし、カントその人の立場や、イエスの把え方に関しては、つねに微妙な態度の揺れ動きがある。そうした思想形成の苦しい歩みを、細かな陰影とともに追うことは、この章の課題ではない。そうした揺れ動きのなかで、持続的に形成されていった、彼における「理念的なもの」を、『国民宗教とキリスト教』および、『キリスト教の精神と運命』の二論文のなかから、二つの断層面を切りひらいて、考察してみたいと思うのである。

まずここで、のちに理念的なものの内に統一されるべきものは、「客観的」対「主観的」という対立となって現われている。そして周知のように、まずたいていは、「客観的」という言葉は、批判の対象となったものにさし向けられている。「客観的宗教は、信ゼラレタル信仰f（ides quae creditur）である。悟性と記憶とがそのさいに働く力、知識を追求し、考え抜き、保持したり、信じたりする力である。客観的宗教に実践的知識が属することもありうる。しかし、そのかぎりでは、この実践的知識もただ死せる表題（Kapital）にすぎない。」（GW1 S. 87, Nohl. S. 6, SK1 S. 13）

こうした「客観的」という用法は、カントにはみられないもので、直接にはフィヒテから取られたと見てよい。フィヒテはこう述べている。「われわれには（最高善）の可能性を信ずる以外にはなにものこされていない。その可能性を客観的な理由に迫られて仮定するのではなく、その現実性を希むわれわれの願望能力の必然的な使命に揺り動かされて、仮定するのである。……われわれは、われわれの命題が客観的に妥当することを希んではいない。……われわれは、われわれの主観的性質によって、最高善の可能性を仮定する。」そこからさらに、「神学は実践的影響のない、たんなる学問、死んだ知識である」というとき、若きヘーゲルの「客観性」批判の立場が、ここに由来することがわかるであろう（Kritik aller Offenbarung, Werke, hrsg. v. R. Lauch u.H. Jacob, SK1 S. 19, S. 23, [Orig. Ausg. S. 3, S. 8]）。★8

「客観性」が、ここではまず悟性的抽象論のもつ普遍性という意味で把えられているのだが、それに対置される主観性の立場は、ヘーゲルでは何度もくりかえして語られる「宗教は心胸（Herz）の事柄である」（たとえばGW1 S. 90, Nohl. S. 9）という言葉に示されるように、感性的性格の強いものであった。そこには、客観的理論の「冷たさ」（Nohl. S. 20, 25）

に対して「柔かい」(Nohl. S. 9, 15)、「繊細な」(Nohl. S. 18)、「やさしい」(Nohl. S. 26) 情感を求めるという心情的な基盤があり、のちに大きな思想的意味をもつにいたる愛も、ここですでに「理性に類比的なもの」(Nohl. S. 18) として重視されている。そして「主観的宗教は、ただ情感 (Empfindung) と行為のうちにおいてのみ表わされる」(GW1 S. 57, Nohl. S. 6) と語られるのである。★9

抽象的、普遍的な法は、この内なる心胸と情感からみれば「疎遠 (fremd) な法」(Nohl. S. 9) である。宗教が押しつけがましい「女家庭教師」(GW1 S. 110, Nohl. S. 26) として、「人間をいつも眼を上に向けている天上の市民へと教育しようとすると、人間的情感は、人間に疎遠 (fremd) になる。」(GW1 S. 110, Nohl. S. 27, SK1 S. 42) すなわち、自己の内なる力の発現ではなくて、外なる客体的なものとなってしまう (cf. Nohl. S. 266, SK1 S. 323)。外なる客体的なものが、われわれに働きかけるとき、そうした外部の力に服従することは、奴隷的屈従を意味するであろう。すなわち悟性的理論のもつ客観性は、外的客体性に関連し、さらにこれは、外的他者性に関連づけて考えることができる (cf. Nohl. S. 264, SK1 S. 321)。

それでは、ここで客観的なものを捨てて、純粋に主観的な宗教を確立すればよいかと言えば、けっしてそうではない。彼は「私が客観的宗教に関して語るのは、ただそれが主体的宗教の構成要求をなしているかぎりにおいてである。」(Nohl. S. 8, SK1 S. 16) という。すなわち、彼は教義に関しては、(イ) 普遍的理性にもとづきつつ、(ロ) 想像 (Phantasie)、心胸、感性が働いており、(ハ) 国家行為と適応していることを条件として、儀礼に関しては物神崇拝に

★8 フィヒテがこの論文で語った「神の理念は、われわれ自身のものの疎外 (Entäußerung)、すなわち、主観的なものの、我々の外部にある存在者への移転にもとづいている。」(Idid. S. 33. [S. 26]) という言葉は、ヘーゲルに大きな影響を与えたと思われる。のちにヘーゲルが「絶対者 (神) を、客体として把えるのは、……とくにフィヒテが正当にも強調したように、一般に迷信と奴隷的恐怖の立場である。」(Enzy. §149. Zus. I.) と言うとき、右の文との関係を考えてよいであろう。なお、第三章を参照。

★9 ここでは Empfindung という語の用法はカントとちがって、empfindsam に通ずるもの。たとえば「情熱の温い息づかい」(Nohl. S. 23) のように用いている。ただし同時代の『心理学、論理学ノート』(1794, GW1) ではカント的に用いている。

おちいらないことを戒めとして、それらを主体的宗教の要素としてみとめ、むしろ、客観的宗教を主体化するところに、将来の宗教のありかたを求めたのである。たしかに、したがって理屈から言えば、客観的であるにすぎなくなった宗教を、客観性をモメントとして含む主体的なものに高めれば、そこには主客を統一した宗教のありかたが生ずるはずであるが、ここでは、ただ、「主体的なものにする」という、二元性の形式における二元性の克服が語られているにすぎない。

　では宗教のそうした主体化はいかにして行なわれるであろうか。「客観的宗教を主体的なものにするのは、国家の偉大な仕事である。」(Nohl. S. 49, SK1 S. 71, GW1 S. 139) ヘーゲルはここでいっさいの強制を脱却し、国民精神と密着した **heimisch** な国家、ギリシアを範とする、自由と美と愛に満ちた共和国を描き出す。

　もとより「客観的宗教が、それだけで、それに対応する国家や政府なしに設立されるなどということはありえなかった」(Nohl. S. 39) のであり、一般的に言えば「国民の精神、歴史、宗教、その政治的自由の度合いは、……切りはなして考えられてはならない」(Nohl. S. 27, SK1 S. 42) 以上、国家と宗教が、両者の相互関係において考察されるのは当然のことである。しかし、それだけではない。

　まずヘーゲルは、宗教のおかれた社会的条件を、国家よりもいっそう具体的な集団の場面において考える。彼によれば、「イエスの教え、彼の原則は本来個人的な教養にのみ適っており、それに向けられていた」(Nohl. S. 41, SK1 S .62) ものである。またそれは本来「大規模な社会へと拡大されてしかるべきものではなかった」(Nohl. S. 360, SK1 S. 46) のである。せいぜい口頭で伝えられることに有効性があり、それが文書（聖書）で伝えられるようになれば「公衆とともに思いやりある仕方で (schonend)」(Nohl. S. 30) 行き来することもなくなってしまう。「あらゆる市民にとって、成員になるかならないかが自由であるような、小さな社会の制度と法律は、それが大きな市民社会へと拡張されると、もはや適当なものではなくなり、市民的自由と両立しなくなる。」(Nohl. S. 44, SK1 S. 66) たしかに、一般的に自然発生的な、比較的小規模の集団のモラルは、大規模の集団には通用せず、市民的自由との抵触も生じよう。しかし、そのような事態は、個人にとっては、いかなる意味をもつであろうか。

社会関係の多様化は、個人にとっては、おのおの正当性をもった義務と義務との衝突 Kollision となってあらわれ、個人はそれ自身が悪徳とみなされうるほど不決断にもおちいり、また、良心のとがめから社会関係を離れた隠者として自己の完成をはかるものもでてくる。「最高度に決定的な公正さでさえも」……「われわれの市民生活が複雑なものになると」……「義務の二義的な衝突におちいる。」(Nohl. S. 31, SKI S. 49, GWI S. 116) 公平と憐愍、正義と古来の法とが衝突する。このときもはや一般的倫理は、抽象的にのみ一般的な倫理であり、個人的倫理は、一般的原理とは異なったものとならざるをえない。そして個人宗教は「公共的な国民宗教に適するもの」(Nohl. S. 19) ではなくなり、個人宗教と国民宗教は分裂する。そうなればもう「たとえば道徳について、公共的な説教が行なわれても、それはあまりにもひからびていて、行為の瞬間において、心情を規定することができなくなる。」(Nohl. S. 19f.)

宗教は客観化して、個人の内面に働きかける力を失い、個人は律法を自己のものへと内面化することができず、律法を自己にとってよそよそしい (fremd) ものとみなすことになる。社会的関係において、個人と共同存在とが対立し合うとき、個人の倫理生活には、義務の衝突が起こり、義務の衝突は個人宗教と国民宗教の分裂となり、したがって、個人は国法と対立することにもなる。もはや、たんに宗教の内部での改革では、対立は解消されない。国家の革命が必要になってくる。しかしまた、それと同時に、宗教の革命によって律法が個人に内面化されないならば、やはり共同存在と個人の対立は解消しえないであろう。国家における革命による〈全体と個との対立〉の解消は、宗教の主体化の条件であり、宗教の主体化による法律の内面化は、国家における対立解消の条件なのである。両者は一にして不可分である。国家における革命は諸身分を廃止する共和制への革命でなければならない。何故ならば「統治する身分、または僧侶身分、あるいはその両方が同時に、彼らの法律や秩序を設立し、それを生気あらしめていた純朴の精神を喪失すれば(しかして、この喪失は社会関係の多様化によって不可避であるが)、この純朴さが元通りになれないばかりか、国民の抑圧、凌辱、価値低下は確実である(したがって、諸身分への分化はすでに自由にとって危険である。何故かと言えば、全体の精神とすぐさま対立してしまうような団体精神（esprit de corps）が存在しうるからである）。」（Nohl. S. 38, SK1 S. 57）

国家と宗教との関連を凝視するところから、さらに国家革命と宗教革命の相即のうちに国民精神のあるべき姿を求めていく若きヘーゲルの思想のうちには、彼の全思想のアルファがあり、オメガがあると言いえよう。この革命として要請されたものを、ひとつの理念へと統一し、その理念に現実性を与えることができたとき、かの「理性的なもの」と「現実的なもの」との一致が成り立つのである。

三　カントにおける国家と宗教との類比的同一とヘーゲル的「理念」

ヘーゲルの「理念」は、われわれが彼の思想を経験の思想として受けとめようとするとき、あくまで、われわれと彼とを引き裂くもののように思われている。われわれは、その形成の初発のときにさかのぼって、国家と宗教の相関を把えて、国家革命と宗教革命の相即として理解しうるような理念的なものの芽生えを見た。

さて、この彼の求めた国家・宗教革命によって実現される理念は、孤独な青年の心に芽生えた、孤立した理念にすぎないのだろうか、それとも、青年ヘーゲルをしてこのように思わせた、なんらかの時代精神の存在を告げるものなのだろうか。われわれは、さらにカントの宗教論へとその源泉をさかのぼってみたいと思う。そこには彼らとわれわれとを、ともに同時代人たらしめるなにものかがあるかもしれないのである。

カントの修辞法には、あるきまった型のアナロギーが多い。たとえば『純粋理性批判』の序文には、形而上学が、はじめは「独断論者による統治のもとにあって専制的であった」が、やがて「無政府状態」に堕落してしまったので、いまや理性の「法廷」が必要になるという有名な条りがある（A IX ff.）。そして同じような、国家のありかたとのアナロギーを彼はひんぱんに用いており、「権利根拠」とか「演繹」というような用語法も、こうしたアナロギーを背景にして成り立っているといってよいであろう。説明に用いられるアナロギーが、一般に、自明でないものを自明なものによって表わすという構造になっているとすれば、カントにおいて、とりもなおさず、「自然状態から法状態へ」という観念が、自明な、ある意味でカテゴリシュなパターンになっていたためと見てよいであろう。たしかに、これはたんに修辞の技法にすぎないかもしれない。認識の場面ではまちがいなく、そうであろう。しかし、問題が、人間の共同存在一般のありかたにかかわってくると、このアナロギーは、たんに修辞法というありかたをこえて、共同存在を規定する基礎的なカテゴリーに近いものになってくる。

カントの認識論が、独断的形而上学の批判による破壊であると同時に、批判によって浄化された形而上学の再建の試みであったように、彼の宗教論『たんなる理性の限界内の宗教』もまた、キリスト教のありかたを批判的に浄化、再建しようとするレフォルマチオンの試みであった。

さてそのなかで、くどいと思われるまでに国家とのアナロギーによって叙述がなされているのは、「教会」にかかわる部分である。人間的悪の起源を、その社会性に見出したカントは、「善なる原理の支配は、……徳の法則に従う、その法則のための団体（Gesellschaft）の設立と普及による以外には達成不可能である。」（Rel. S. 100）と考える。しかしそれは可能的経験の対象ではないかぎりにおいて「見えざる教会」（Rel. S. 109）である。そして彼のアナロギカルな表現によれば、この国家の「元首」は神、その「憲法」は聖書であり、その「政体」が「専制的」であるとき、法王制となり、「貴族制」は僧正制であり、「民主制」は分派的霊知主義であるが、これらはいずれも却下されて、「教会員相互の内部関係も、教会の政治権力に対する外部関係も、ともに『自由国家』（Freistaat）のもとにある」（Rel. S. 110）とされている。

それではこの国家にたとえられた教会と、現実の国家とは、倫理性の次元としていかなる関係に立つであろうか。「政治的な共同存在（ein politisches gemeines Wesen）において、あらゆる政治的市民は、それにもかかわらず、倫理的自然状態におかれている。」(Rel. S. 102) もはやここでは「自然状態から法状態へ」という観念は、たんなる修辞であることをやめて、団体・社会一般の倫理性を表わすカテゴリー的なものとなっている。すなわち、そこには、本質的に、関係の仕方において、同型的なものが把えられているのである。

そして彼は、このアナロギーによって把えられた、教会という国家の立法原理を、現実の国家と、教会という国家の両者に共通な「法律的な (juridisch)」共同存在の立法原理として、次のように定式化するのである。すなわち、「各人の自由を、この自由が普遍的法則にしたがって、あらゆる他人の自由と両立しうるような制約にもとづいて制限する」(Rel. S. 106) と。いささかわれわれは困惑せざるをえない。カントが、きびしく批判的に分離した、道徳性と適法性という二つの倫理性のありかたに関して、カントはここで両者に共通の「法律的なる」ものを定立しているのである。

それでは、いま、教会という国家の問題をはなれて、現実の国家の立法原理はいかなるものであろうか。「法の一般的原理」はこうである。「すべての行動は、それ、またはその格率にしたがった各人の意思 Willkür の自由が、普遍的法則にしたがって、各人の自立と両立しうるならば、正しい行動である。」(Met. D. Sit. S. 230) したがって、ここから要求されるのは「汝の意思の自由なる使用が、普遍的法則にしたがって、各人の自由と両立しうるよう、外的に行動せよ (handle äußerlich so...)」(Met. D. Sit. S. 231) という命法である。われわれは、このいわば「適法性」の原理が、定言命法として語られた「道徳性」の原理とあまりにも多く類似していることに、気づかざるをえない。そこには、たしかに外的行動の原理と、内的な動機づけの原理、消極的な他人の自由との「両立」と、「普遍的立法の原理としての妥当」とのちがいはある。しかし、いずれにせよ、すなわち国家と教会に共通の「法的なる」立法原理にせよ、国家法のそれにせよ、道徳法のそれにせよ、すべて、共同存在の広義での倫理性を形成するものは、個体的自由を実体的変項とする函数的・形式的統一にほかならないのである。これが、倫理的にせよ、法的にせよ、一般に「自然状態から法状態への」移行原理である。

言うまでもなく、カントにこの「自然状態からの脱却」を教えた思想家はホッブズだとかロックだとかのイギリスの思想家とルソーである。カントは彼らの社会契約説への賛意を表しつつ「人間は、倫理的自然状態を脱して、倫理的共同存在の一員とならなければならない」(Rel. S. 103) と宣言する。それでは、ホッブズその人において、この「自然状態からの脱却」はいかなる形式において表明されていたのであろうか。彼の「自然法」は次のように語っている。「人は他の人もそうである場合には、平和と自己防衛のために、それが必要であると思うかぎり、すすんで彼のあらゆるものに対する権利を放棄して、他人が彼に対してもつことを彼が許すような自由を、他人に対して自分がもつことで満足すべきである (be contented with so much liberty against other men, as he would allow other men against himself.)」(T. Hobbes, Leviathan, chap. XIV) たしかにここにはカントとの大きな相違がある。しかし、個的自由を実体的変項として、それのあらゆる他の自由との可能な一致を形式的、函数的に規定しているという点では、完全な一致がみられるのである。すなわち「自然状態からの脱却」を可能にする立法原理は、ホッブズにおいても、カントの言う倫理的共同存在においても、政治的共同存在においても、いずれも同一の関係をもっている、あるいは、類比的に同一であるといいうるのである。それは、カント的に内面化され、よりいっそう形式化され、たんに国家に対してのみならず、道徳・宗教に対しても、原理的な存在の地位におかれたところの「近代的自由」の論理構造にほかならないと言いうるであろう。またそれは「おくれたドイツ」において、近代世界の政治的・市民的自由が、プロテスタンティズムの土壌に根づくために必要な内面化の段階であったとも言いえよう。

この内面化は、しかし、カントの宗教精神において特殊な屈折の仕方を表わしている。カントの言う見えざる教会としての「自由国家」は、予想に反して非共和的政体をとっている。「この共同存在が、倫理的共同存在と考えられたときには、民衆それ自身が自分で立法するものとは見なされえない。」(Rel. S. 106) 何故かと言えば行為の道徳性は「内的なものであって、公共的・人間的法のもとにはありえない」からである (ibid.)。この「内面性」は、「主観性」といってもよい。すなわち「宗教とは (主観的に考察すれば (subjektiv betrachtet)) あらゆるわれわれの義務を、神の命令として認識することである。」(Rel. S. 170) ここには、道徳意識が、自らの自由において立法するところのものが、その内面性の極において、むしろ、そうであればこそ、反対に神の命令として意識されるという、道徳意識の根本的な転回、あるいは逆説が語られているのである。この転回を抜きにして、カントにおけるピエティズムは成り立ちえない。いやむしろカントにおける「信仰」ということがそもそも語りえないであろう。

しかし、また、同時にこの「主観性」があらためて、道徳意識の原理へと転回せしめられたとき、すなわち先にフィヒテにおいて言及したように、ひらき直った主観性の立場にまで発展したとき、その行きつく先に現われるもの、それは「父が子としての人間の内に住まい、父を信ずる者の内に、彼も父もまた住まうという、子としての人間への信仰」(Nohl. S. 391, SK1 S. 304) という、いわば人間主義的内在神の立場である。

四　自由な個体と共同存在の相剋の必然性

あえて、ヘーゲル左派流の言辞を弄するならば、カントは宗教的ホッブズであり、青年ヘーゲルは宗教的ルソーである。宗教と国家を、ともに内面化された近代的自由という根源から把えていこうとするとき、その態度を貫くならば、宗教と国家との類比的同一にとどまらず、実体的統一が求められざるをえない。政治革命と宗教革命の一体化したものを追求するという、この根本動機のうちに、カント以後の巨大な思想運動のエネルギーがあったと見てよいであろう。それは、ラインの彼方から伝わるフランス革命の波と、ドイツに形成されたプロテスタンティズムの波とがふれ合ってさかまく「疾風と怒濤」である。青年ヘーゲルのおかれた精神世界において、市民的自由は、教会の専制、「教会警察」(Nohl. S. 42)、教会による「私的検閲」(Nohl. S. 23) を鋭くあばき立てる。そして彼の内なる「キリスト者の自由」は、既成のプロテスタンティズムの枠を乗りこえて政治的律法の外面性、他律性に「心胸と情感」の欠如をさぐりあてている。冷たく、きびしいカントと並んでルソーの情熱が若きヘーゲルを把えている。主観性と客観性の対立の底にあるものは、義務の衝突であり、自由と律法の対立であり、それは個人宗教と国民宗教の分裂を招来せしめている。しかし、彼は、たんにそうした対立の解消を叫ぶことによって、また、そうした対立があたかも存在しないかのごとく語ることによって、融和をはかるような、そういう意味での融和の哲学者ではなかった。反対に、彼はその対立の底にもっとも苛酷な「鉄の必然性」(Nohl. S. 29) を見出し、そのなかから融和の可能性をつかみ出してくるのである。『キリスト教の運命と精神』における有名な「愛による運命との融和」という思想は、こうした観点から把えうるであろう。

イエスも、ある意味では、マクベスと同じ犯罪者であった。彼は法律と対立した。しかし、その法律が、道徳法か、市民法かということは、単純に区別できるものではない。「汝殺すなかれ」はいずれにおいても義なのである。同じ命法が観点のちがいによって、「道徳的命法」と呼ばれたり、「市民的法」と呼ばれたりする (Nohl. S. 264, SK1 S. 321)。それが「人間的本質の活動と諸力にもとづいているかぎり主体的であり」、したがって「道徳的」である。反対に、「当為が疎遠な権力によって主張されるかぎりでは」市民的なのである。しかし、彼は、客観化されたものを、自己に内面化、主体化することによって、問題が解決するとは考えない。この問題を考察するのにヘーゲルは、形式的と内容的、市民的と道徳的、客観的と主体的という三対の概念を組み合わせて考察をすすめる。

まず、形式的・主体的なものは道徳的であり、内容的・客観的なものは市民的である (Nohl. S. 264)。この市民法は「より多数のものの対立という限界をもっている。」法は、対立したものを一個の概念において統一するものであるが、ここではそれが〔多くの〕生あるものの〔多くの〕生あるものへの対立を制約している。」(Nohl. S. 264)

この市民法と正反対の位置にあるのが、道徳的でありかつ内容的な命法である。「純粋に道徳的ではあるけれども、しかし規定された〔内容的な〕法は、一個の生あるものにおける対立の限界であり、一個の生あるものの一個の側面、一個の力が、そのまさに同じ生あるものの他の諸側面、他の諸力に対する対立を制約している。」(ibid.)

形式的・道徳的法則は、市民的法となることができない。それは「対立と統一が疎遠な者の形式をとることがありえない」(ibid.) からである。「しかし、こうした市民的法となりえない道徳的命法でさえも、客観的となることはありうる。」それは「統一(または制約)が命法としての概念としては作用せず、主体的なものとはいえ、制限された力にとっては外的なものとして働くことによって客観的なものとなりうるのである。」(Nohl. S. 265)

これはいったいどういうことであろうか。——当然、このように客体化された命法に対して、法が「普遍性の能力、理性の産物」であるべきことを説いて、その「客観性、実定性、他律性」(ibid.) を止揚することが考えられるであろう。ところが、たとえ、そうしたとしても「実定性は部分的にしか除去されない。何故ならば、義務の命令は、特殊的なものに対置されたままの普遍性である。普遍性が支配するとき、この特殊的なものは、被抑圧者なのである。」(Nohl. S. 265) そしてヘーゲルはここで、カントに向けて、ほとんど決定的ともいえる一撃を加えるのである。カントは、ツングースのシャーマンとヨーロッパの主教とを比較して、たんなる儀礼としては両者のすることにちがいはない。ちがいは、「見えざる教会」の理念を抱いて「神に対する道徳的奉仕」をするか否かによって生ずると述べている (Rel. S. 197)。これに対してヘーゲルは、この両者には「一方が自己を奴隷とし、他方が自由であるというちがいはない。ただ一方が自己の外なる主を、他方が自己の内なる主をもつというちがいがあるにすぎない」(Nohl. S. 266) と述べ、さらにつづけて「特殊的なもの、衝動、傾向、感覚的愛、感性、そのほか何と呼ぼうとも、それらにとって、普遍性は、必然的に、永遠に疎遠な者であり、客観的なものである」(Nohl. S. 266, SK1 S. 323, GW2 S. 152) と言い切ったのである。

内容的・客観的法は市民的である。市民的たりえない形式的・道徳的法が、客観的なものになるのは、外にある疎遠な者ではなくて、内なる他者の客観性が成り立つからである。したがって、その法を、いかに内面化したところで、実定性は廃棄されえない。ここにおける、もはや主体性と客観性という二元的な枠の中では解消しえない対立、必然的対立、それは運命である。

運命とは二元的対立の一方の側、客観性の別名ではない。その対立関係において「さまざまな力と闘うにせよ、外他的なる存在を受容」するにせよ (Nohl. S. 243)、いずれにせよ、そこにあらわれる相剋の必然性、それが運命なのである。犯罪者の犯す掟が運命なのではなくて、犯罪者と掟の相剋の必然性が運命なのである。人間が真に自由なる存在者であるかぎりで、普遍的倫理との相剋が不可避であるとすれば、運命とは、自由を前提として成り立つ、自由の必然的相関者である。しからば、運命とはすでに、自由なる個体と共同存在との、否定的であるかぎりでの統一ということができる。

その否定性はいま、犯罪として現出している。実定法は普遍的なものである。それは抽象的普遍性として犯罪者に目こぼしを与えない。しかし、そこでは「普遍的なものとしての法律が存続し、行為もまた存続する。行為は特殊的なものだからである。しかし運命として考えられる刑罰はまったくこれと類を異にするものと考えられる。運命において、刑罰は敵対的な力であり、普遍性と特殊性が当為とその実行とが、そこにおいて不可分であるという観点から統一されている個体的なものである。」(Nohl. S. 280, SKl S. 342) それはかかる不可分の統一として「個体的」なものである。

自由なる個の本来的真理が、彼の属する共同存在の倫理性にあり、運命が、自由なる個と共同存在との否定的統一である以上、犯罪者は、恐るべき罪を下す運命を、自己の運命として雄々しく受容することによって、その根源的個体的統一へと回帰する。「運命に対する恐怖は〔国法による〕刑罰への恐怖とはまったく異なった感情である。前者は〔根源的生命からの〕分離への恐れである。刑罰への恐怖は、他者への恐怖である。」(Nohl. S. 281, SKl S. 344)

運命を受容することによって、自己は自己の有限性を脱却している。自己における無限なるもの、根源一者としての生を把えている。「運命とは自己自身の意識である。」(Nohl. S. 283, SKl S. 346 Am.) すなわち、犯罪とはここで、自己の根源的生命の否定を通じて、否定せられた自己の根源的生命に出会う、出会いなのである。運命を通じて人間は自己の本来性としての自己の共同性に出会う。共同性はそこに「自己意識」を見出す。ここに運命との和解の地盤がある。

「自己を再発見したこの生命の感情は愛である。愛において運命は融和される。」（Nohl. S. 283, SKI S. 346）すなわち、愛において、否定的統一は肯定的統一へと転化する。言うまでもなく、その根底には、生の存在の特異性がある。「生ける統一は概念の統一とはまったく異なる。それは規定された関係に対して、規定された徳をたてるということをしない。さまざまな関係のめまぐるしい輻輳にあっても、裂かれることなく単一である……その外化（Äußerung）はけっして規則を与えることがない。なぜなら、規則とは特殊性に対立する普遍性の形式だからである。」（Nohl. S. 295, SKI S. 361f.）すなわち、生とは体系期の言葉で言えば「具体的普遍」なのである。あるいはまた、自己意識化された運命が「精神」なのだといってもよい。

五　理念の原型としての生の概念

ヘーゲルが、その思想的形成の歩みにおいてはじめて、普遍的なものが特殊的なものを包括しつつ、主体性と客観的の統一を果たすような存在に到達したのは、右に述べたことから明らかなように、運命を融和する愛の根底をなす「生」においてであった。われわれは、生が、その内容において、共同存在の善悪の彼岸に立つ根源的倫理性であることを見てきた。また、その形式が、主観と客観、普遍と特殊、全体と個の統一を、具体的普遍として果たすものであることを見てきた。

この形式は、さしあたり、愛という感性的なものにおいて現われており、知性的なものと、むしろ対立し合っている。生の特異な存在の仕方を、逆に概念の存在の仕方へと転換して、そこからふたたび生を把握しなおすことは、彼のイェーナ期の仕事となるのである。すなわち、生と概念との対立が、概念そのものが生の存在の仕方をもつものとして把え直されることによって統一され、概念が、感性と悟性の対立を統一する理性の位置につく。そこにふたたび、主観と客観、悟性的なものと感性的なものの統一が果たされたとき、ヘーゲルの思想は、ひとまず完成に達するのである。

この認識論的意味における主客の統一が果たされるのは、実を言えば、自然認識の領域ではない。もし、自然認識において主客の統一がなされるとしたら「精神は骨である」というようなことになる、とヘーゲルは考える。精神は精神とのみ統一する。同じものが同じものを知る。主客の統一はふたたび、共同存在における実践的領域に求められざるをえない。われわれは、ヘーゲル的理念の形成史の序章として、その初発の意味が、共同存在の倫理性にあることを見てきた。この初発の意味は同時に、彼の理念の終局の意味でもありうるのである。

それは、近代社会における政治的自由を内面化することによって、国家と宗教の共通の原理にすえ、その原理によって果たされる共同存在の統一の理念を表わしている。しかし、この理念は、近代世界が、現実に負わざるをえない統一の欠如（カントの「倫理的自然状態」、ヘーゲルの「欲望の体系」、マルクスの「無政府性」）をのり越えてまで、理念の貫徹を主張している結果、本質的にこの時代に対して批判的である。

ヘーゲル的理念に内含されているものは、ラインの彼方の事実上の「近代」を観念的に先取りしたもの（――とマルクスは考えている）だけではなく、同時にまた、「近代」そのものの含む危機の先取りでもあったのである。

われわれが自然世界に対する事実認識の仕方に、自己の経験を局限してそれにあたるならば、はじめから、理念的なものへの道は閉ざされていると言わなければならない。一般に経験可能性（それは検証可能性でもよい）の範囲をあらかじめ確定しておいて、その確定された範囲の外にあるものを、われわれの知的世界から排除するという知的排外主義によって、哲学は、自らを貧しくしながらも、その貧しさに自ら満ちたりるという、貧者の生活技術を「批判」の名のもとに守ってきた。しかし、この独断主義を排除する知的排外主義が、それ自身、経験の限界に対する独断論にすぎないことを、ヘーゲルは充分に見抜いていた（Phän. Vorrede）。そのためにかえって、ヘーゲル的知性は、トータリズムとかホーリズムとかの非難を浴びてきた。全体的なものを知る特権的な知性の物見櫓など、有限な人間にとって可能であるはずはないと。ヘーゲルに代わって答えよう。全体を己れの外の櫓から眺めるのではない。己れがそれである全体を、自己として意識する自己意識、すなわち精神へと自ら形成し、高まるのである。このような認識＝自己形成を可能にする存在の構造が把えられねばならない。すなわち、「生」の存在構造の特質が明らかにされねばならない。

第二章　生の存在構造

ヘーゲルは、その多岐にわたる弁証法的発想の基本的なもののほとんどすべてを、おそらくその認識論的側面をのぞいて――といっても、その認識論に対しても基礎的な意味をもつ――存在の弁証法的形式のほとんどすべてを、青年期のいわゆる「生の哲学」において、形成しおえている。本章では、その原初的な弁証法を努めて彼自身の言葉によって、諸断片から復元・再構成すると同時に彼の体系期の哲学と比較し、若干のコメントを加える。

しかし、この「生」というものの実体を理解するためには、第一章で述べた宗教と国家に関する青年ヘーゲルの若々しい革命的息吹きにもあらためてふれなければならない。弁証法の形式と、彼の宗教・社会思想との連関を見てゆくことなしに、ヘーゲルにおける弁証法論理の形成は語りえないのである。

若き――三〇歳にいたるまでの――ヘーゲルが、国家・宗教革命を志向しつつ、それに対して時代の現実のうちに晴れやかな展望を見渡すにいたらず、しかも、そうした思想の最奥の根底をなすものとして、想いをひそめていったのは「生」という特異な存在形式をもつものであった。いまそれが、形成されるにあたっての、より先駆的な形態として、二つのものを指摘し、とり上げておきたいと思う。ひとつは、彼が自己の思索をきざんだ最初の論考である『国民宗教とキリスト教』にみられる「自然」という概念であり、もうひとつはこの論考ののちにかかれた『キリスト教の実定性』にいたるまでの時期にみられる「共和国」の概念である。いわば「自然」と「共和国」が統一されるところに「生」が成り立つのである。

一　われわれはあまりにも自然から遠ざかってしまった

青年ヘーゲルが独自の思索をはじめた最初の第一歩において彼が発した問いは、「どの程度まで宗教は、主観的なもの、あるいは客観的なものとして評価されうるか」(Sch. 29, Nohl. S. 355)[★1]というものであった。ヘーゲルは、窮極的に、人間主体の能動性 (Tätigkeit) に還元しえないもののすべてを、「客観的」として批判の対象としつつも、国民精神の具体的なありかたとしての宗教において、悟性の理論形式へと客観化された要素が、おそらく不可欠であろうことも予測している。彼が依拠するカントの倫理学は、欲望、傾向性、愛を含めて、感性的なもの一般の峻拒のうえに立って、定言命法による義務の絶対的な遂行を旨とするものであったが、ヘーゲルは人間主体の能動性を、一方ではカント的義務を遂行する倫理的主体性とあたかも予定調和に立つものであるかのごとくに考えながら、他方それとの違和感も、つねにその論述のなかに漂わせているのである。

若きヘーゲルにとって——というよりは、ほとんどすべての知的同時代人にとって、カントは〈希望の哲学〉を意味していた。シェリングはベルンのヘーゲルにこう書きおくっている。

「カントとともに朝焼けが始まったのだ。奇蹟がぬかるんだ谷地のあちこちに、まだかすかな霧を従えてはいるが、それがなんだ。山の頂にはもう太陽の輝きが立っているのに。」(1795. 2. 4)

カントと、そしてフィヒテは自由の息吹きに憧れる反抗的な若き神学生にとって、〈自由の神学〉を告げ知らせる者であった。

のちの報告によると学生時代のヘーゲルは、カントよりもルソーに興味をひかれていた。ルソーの下地の上にカントを受けとめ、二人の先駆者の放つ光の重なり合う地点から、それぞれ重ならない両極のあいだをヘーゲルは動揺していたように見える。ルソーとカントとは宗教を奇蹟や啓示ではなく道徳にもとづけようとする点で一致するが、感性を重視するルソーと感性を拒否するカントとが対立し合う。

神学生時代の草稿には、ルソーの影が濃く映じている。彼にとって宗教は、ルソーの「心胸の礼拝」を思わせる表現で、「心胸の宗教」とされる。「心胸の関心をひきつけ、われわれの情感とわれわれの意志の規定に影響をもつこと」――これが宗教の本質でなければならなかった。そこでヘーゲルが重きをおいた感情は、讃嘆であり、恭順であり、感謝であり、いわゆる宗教感情であった。さらに「根源悪」を説いたカントとの重大な相異は、ヘーゲルがルソーとともに〈原罪〉にあたる考え方をきびしく拒否した点にある。しかもヘーゲルは宗教を、たんに個人の心胸の問題としてではなく、同時に社会生活と一体化したものとして把えていた。ルソーの「市民の宗教」と同じ内容の「国民宗教」がヘーゲルの関心の的となっている。そして個人宗教として発生したキリスト教が、そのまま国民宗教と化することによって、自由な心胸と、それゆえ人間本性（自然）にたいする抑圧的な性格をもつようになったのではないかと、彼は考える。

「国民宗教としてのキリスト教は公共的な教会規律を必要とする。この教会規律は自然（本性）とまったく適合しないものであって、なにも実を結ばず、〔人間本性への〕侮辱のために、むしろ〔本性を〕だめにしてしまう。」(Sch. 29, Nohl. S. 356)

このとき、彼の拠って立つ根本的立場を、端的に、積極的に語るならば、人間の本性（人間的自然）は、それ自体として、すでに神に嘉されるべきなにものかである、ということになるであろう。ヘーゲルは、いくたびとなく、自

★1 青年期ヘーゲルの論文・断片の成立時期についてはGisela Schüler, Zur Chronologie von Hegels Jugendschriften, (Hegel-Studien, Band 2) に従う。引用にさいしてはSchüler が成立の時期を追って付した番号をSch. で示す。Schüler の考証には内容的に疑問なしとしないが、むしろ内容に関する考慮をいっさい除外して、字体や特殊字体の使用頻度等から純粋に客観的に成立時の考証を行なった彼女の考証態度とその成果を尊重したい。

らの立論を、体系的、積極的なものとして描き出そうと試みながら、筆先の自然におもむくところ、既成のキリスト教、および、国家を含めて、キリスト教文化一般に対する批判へと走り、批判のための論点のみが論述をおおうことになりがちであった。

そうしたなかで、いま「初発の問い」として引用した言葉につづけて、彼は「われわれはあまりにも自然から遠ざかってしまった。〔収穫のさいにも〕われわれはもはや〔われわれに恵みを〕もたらしてくれた者〔自然〕の御手を見ることがなくなってしまった。われわれはそこにただわれわれの労作を見るのみである」(Sch. 29, Nohl. S. 355, GW1 S. 75, この文はSKにはない。ノールはあとからのつけ足しと注記）と書き足している。ここで彼は「自然が区別しようとする〔もの〕を千篇一律に扱おうとする」(Sch. 29, Nohl. S. 356）態度、「人間の心のパトロギー（病理）をも、ひとつのモデルに押しこもうとする」(ibid.）悟性主義、客観主義を批判しているのである。「人間に恵みを与える大自然も、人間の心の自然も、ともに「自然」として把えられ、「教会規律は自然とまったく適合しない」(ibid.）というキリスト教批判に連なっている。

人間の生まれながらの「自然的欲求」(Sch. 32, Nohl. S. 4）には「あまりにもしばしば、残念ながら」恣意的なものが結びつけられてしまっている、とルソーを思わせる筆致で、ヘーゲルは「人間の本性（自然）は、（イ）神の教義においていて実践的であるようなもの、（ロ）彼にとって行為への動機とも、（ハ）義務の認識の源泉とも、（ニ）慰めの源泉ともなりうるものが、ゆるぎなき人間感情にただちにもたらされるように定められているのだ」(ibid.）と主張する。すなわち、「人間の本性（自然）は、理性の理念をいわば、懐胎している。ちょうど食塩が料理にいきわたっているのと同じように、……理性の理念は、人間の情感の全組織を生気づけ」(ibid.）ている。したがって、「人間の内に」神なる「自然」の手で植えつけられた「繊細なる、道徳性から発する情感の萌芽を」育てるか枯らしてしまうかは「教育と教養」の問題であるとされるのである（Sch. 32, Nohl. S. 8, SK1 S. 16)。

こうした観点から彼は主要な関心の的であった宗教に関して、その本来的なありかたとしての主観的宗教と、批判の対象としての客観的宗教を、二つの自然観に対応させて述べている。「主観的宗教は、生けるものである。……客観的宗教は抽象である。前者は自然の生ける書物であり、互いにいっしょになって生きている植物であり、昆虫であり、鳥であり、動物である。……後者は、自然学者の陳列室である。自然学者は、昆虫を殺し、植物を枯らし、動物を剝製にし、アルコール漬けにして保存したりする。そして自然が区分したあらゆるものをいっしょにして格づけし、ただひとつの目的に従って秩序づける。自然は諸目的の無限の多様性を、あるやさしい絆で編み合わせておいたのに。」(Sch. 32, Nohl. S. 7, SKI S. 14) そしてここでは、男らしく運命を受容するギリシア人の態度を讃美して、「自然必然性の流れへの尊敬」(Sch. 32, Nohl. S. 23, SKI S. 36) という表現さえなされているのである。

こうした彼の特有の「自然主義」は、さまざまな観点から理解できよう。まず第一に、カント的な理性の理念としての神を、要請という彼岸的非現実界においてではなく、つまり、可能性としてではなく、この世の現実性として存在として、彼岸ではなく現在 (Gegenwart) として実現しようとする要求がその背後にあると言えよう。第二に、悟性の形式的・抽象的画一性ではなく、個体の多様性を、生けるものとして尊重しようとする態度があり、しかも、第三に、それを受動的、受苦的 (leidend) な態度ではなくて、能動的、主体的な態度においてのみ果たしうるとする「主体性」の立場がある。この現在性、個体性、主体性の要求を一言でいって、人間のルソー的な現実存在におけるカント的理念の実現とも表わしえよう。

二　共和国には、ひとがそのために生きる理念がある

現実存在におけるカント的理念の現在的実現を求めるヘーゲルにとって、カントの言う「見えざる教会」の理念は、たんなる理念にとどまるべきではなかった。彼は自由なる個的主体が、その相互の関係において地上に奏でるハーモ

ニーを「共和国」というかたちで描き出している。それは、彼岸にある「天国」ではなく、「地上において完成する」(Sch. 55, Nohl. S. 227, SKI S 211) 自由国家であり、かえって、かかる共和精神の喪失によって、「その代りに教会の理念がたち現われた」(ibid.) とされるのである。たとえば、「ソクラテスの生きた共和制の国家においては、あらゆる市民が、他の市民と自由に語り、ほとんど最下層の賤民ですらも、丁重な扱いにあずかるのであった。」(Sch. 38, Nohl. S. 30, SKI S. 48) そこには「性格をはめこむ鋳型があるのでもない。性格上のちがったものを平均化しようとする規則があるのでもない。」(Sch. 38, Nohl. S. 33, SKI S. 52) そこでは、多様な個性が尊重され、画一化されることがない。彼ら共和国人は「各人が自ら自身の〔自ら立法した〕法則に従って生きていた。祖国、彼らの国家の理念は、彼がそのために働き、彼をつき動かす、不可視のもの、より高いものであった。それは世界における彼の究極目的であり、むしろ、彼の世界の究極目的であった。」(Sch. 55, Nohl. S. 222, SKI S. 205) 共和国こそ「不死」の要請を現実化するものである。

つまり、共和国とは、自由なる主体としての個人が、そこに自らの全体性と本来性を見出しうる「共同運命」である。過去の伝統をひきうけて、「自由な国民の追憶のうちには、彼らの祖国の歴史の古代の英雄たちや、国家の設立者や〔民族の〕解放者たちが……生きつづけている。」(Sch. 55, Nohl. S. 214, SKI S. 197) 共和国人は、共和国のために死ぬことによって、おのれのために死ぬ。「祖国のためにおのれの力と生命を費した自由なる共和国人は……おのれの理念のために、おのれの義務のために働いたのである。その代償として彼がいったい何を要求するであろうか。彼はただ、エリジウムや、ヴァルハラに生きたいとねがうのみである。」(Sch. 45, Nohl. S. 70, SKI S. 99) 共和国人にとって、祖国とは、彼がそこに投企する将来性でありながら、同じ根源からして、彼らの追憶に生きつづける過去性をもった存在者である。そしてそこに「自らの現存在の目的を定立する。」(Sch. 54, Nohl. S. 239, SKI S. 196) ものなのである。「共和国には、ひとがそのために生きる理念がある。」(Sch. 51, Nohl. S. 366, SKI S. 207) しかし、その理念は、共和国人にとって疎遠な存在ではない。逆に、自らの生命の根源をそこに見出しうるようなものであった。共和国民の生き生きとした確信において、「自分が死んでも、自分の共和国は生きつづけるのだ、……共和国、つまり、彼の魂は永遠なるものである」(Sch. 55, Nohl. S. 223, SKI S. 206)と考えられている。つまり、一言でいって、共和国は、共和国民自身の根源的な生命なのである。

そしてこの「生命」としての国家・共和国に対置されるのは、「機械」としての国家である。「国家という機械の統治は、少数の市民に依託されている。これらの人びとは、他のものと結合しなければ価値をもたないような、ひとつひとつの歯車として役立っているにすぎない。そして細分化された全体の、各人に委任された持ち分は、全体と比べれば、とるに足らないものである。」(Sch. 55, Nohl. S. 223)それだけではない。この国家の歯車・官僚に対して、それをよりよき歯車たらしめるためのイデオロギーもまた用意されている。そこでは「個人はこの関係を知ったり、観察したりする必要はない」(Sch. 55, Nohl. S. 223)という考えがなされてすらもいるのである。

三　国家を超えてわれわれは新しい神話をもつべきである

前節の、いわば「歯車国家論」(Sch. 55)が、その直後に書かれた小論文(Sch. 56)では、もはや共和国との対比においてではなく、国家一般の規定にまで敷衍されているのを、われわれは見のがすわけにいかない。ところが、このローゼンクランツが『ドイツ観念論最古の体系プログラム』と表題をつけて発表した小論文に関しては、古くから彼の作品でないとする説があり、その評価は研究者のあいだで二転三転している。ヘルダーリンの影響のもとにヘーゲルが書いたとするペゲラー説が最近では有力である。たとえそれがヘーゲルの作でなかったとしても、内容的にみて当時の彼の思索と積極的な連関をもち、少なくともヘーゲルが一度はそれを自分の思想とみなしうる可能性を見てとっていたものであるとは言いうるであろう。そこでひとまず、この作品を、彼自身の作品であると想定して論述をすすめることにしよう。

これはシューラーの考証では『キリスト教の実定性』をほとんど書き終えた一七九六年の夏のはじめに、書かれたとされる。ペゲラーは翌年の初頭まで見込んでいる。それまでのキリスト教史を中心とする論考の筆を休めて、そのときの自分の思想を体系的に語ろうとして、明るく軽快な筆致で、自我、世界、自然、国家、歴史、道徳的世界、神性、不死、自由、美、理性神話という理念の体系的な展開を試みた短い論文である。ベルン時代とフランクフルト時代を、截然と分かつ里程標とも、また『キリスト教の精神と運命』から『体系断片』にいたる青年期ヘーゲルのひとつの思想的絶頂をなすフランクフルト時代の開始宣言ともみなしうる短篇である。

彼は、フィヒテばかりに「絶対的に自由な存在者としての、私自身の表象」(Sch. 56, Dok. S. 219, SK1 S. 234) から出発し、世界を登場させ、ただちに自然学 (Physik) へと下降する。彼によれば、「問題は、こうである。いかにして世界は道徳的存在者のために造られるべきか」(ibid.) ——そして彼は「たいくつな実験にこだわって、せわしなく歩む自然学」(ibid.) に対する不満をぶちまけて、「いつかこの自然学にふたたび翼を与えたいと思う」(ibid.) と自己の抱負を語っている。ここでヘーゲルは、彼の思想的生涯において初めて、正面から体系的たるべき哲学的思索の対象として「自然」をとり上げたのであるが、ここで彼が発した問いと自然学への抱負とは、精神としての人間の産出をもって自然の最高目的とみなす、彼の体系期の自然哲学を約束しているとも言えるのである。

そして彼はあわただしく「自然から人工物 (Menschenwerk) に移る。」(ibid.) ここで彼が人工物としてとりあげるのが国家である。いうまでもなく、自然に対する人工物として国家を問題にしたホッブズの『リヴァイアサン』冒頭の言葉を念頭においていたのであろう。しかし、その結論はホッブズとはまったく対極的である。まず彼は「自由の対象となるもののみを理念と称する」(Sch. 56, Nohl. S. 220) のであるから「国家の理念というものは存在しない」(Sch. 56, Nohl. S. 219) というのである。彼はたんに専制国家のみならず、国家一般と自由とを対立させている。「国家とは、機械的なものであるから、機械の理念など存在しないように、国家の理念も存在しない。」(ibid.) ここではもはや共和国と専制国の区別も問題にされてはいない。彼は、はっきりと「あらゆる国家は jeder Staat」(Sch. 56, Nohl. S. 220) と書いている。「あらゆる国家は自由なる人間を、機械的な歯車仕掛けとして扱う」というのである。したがって「われわれは国家を超えていかなければならない！」(ibid.) われわれは国家というものに自己の生の目的をとどめておくことができない。それでは国家そのものはいかにあるべきか。ヘーゲルの解答はきわめて明解である。「国家は終焉しなければならない also soll er aufhören.」(Sch. 56, Dok. S. 220, SKI S. 235) そして「ここでは、永久平和等々の理念もいっさいがっさい、あるより高次の理念の従属的な理念にすぎない」(ibid.) とされているのである。

「ある高次の理念」とヘーゲルが呼ぶものは、この作品の文面からすると、「美」の理念であるようにも思える。彼がこう述べているからである。「最後に (zuletzt) すべてを統一する理念、美の理念」をとりあげて、「この理念は、あらゆる理念を包括しているのであるから、美的行為であるところの理性の最高行為である。」(Sch. 56, Dok. S. 220) しかし、彼はそのあとで──「最後に」と語ったそのあとで──「私が知るかぎり、いまだかつていかなる人間の心 (Sinn) にもあらわれたことのない理念について語」(Sch. 56, Dok. S. 221) るのである。いまわれわれはこの理念と、美の理念との関係をくわしく検討することはさし控えておこう。ヘーゲルは「われわれは新しい神話をもつべきである」(ibid.) といいながら、その「神話 (Mythologie)」を迷信や狂信や、当時のヘーゲルが口をきわめて批判の対象とした既成宗教のそれとははっきり区別して、「それは理性の神話でなければならない」(ibid.) とする。そしてこの理念は、美的、神話的であることをもって、民衆の関心をひきつけるとし、そこから起こる宗教的・社会的な未来像を眺望して、ヘーゲルはこの作品を結んでいる。すなわち「そのとき、永遠の統一がわれわれを支配するであろう。もはやけっして〔人間性への〕侮蔑のまなざしもなければ、民衆が賢者や僧侶に対して盲目的な恐怖をいだくこともない。ここにはじめて、個体的なものの力にせよ、すべての個人の力にせよ、あらゆる力を平等に形成することがわれわれを待ちうけている。いかなる力も、もはや抑圧されることがない。そのとき精神の普遍的な自由と平等が支配する。天から送られるある、より気高い精神（精霊）が、われわれのあいだに、この新しい宗教を創始 (stiften) しなければならない。それは人類の最大にして最後の作品となるであろう。」(ibid.) ヘーゲルは、この小篇のややあとのある断片に、あたかもこの引用個所に応答するかのように、しかも、ひとたび自分が下したあまりにも大胆な結論に自ら当惑するかのように、「宗教、ひとつの宗教を創始（stiften）すること」（Sch. 67, Nohl. S. 376, SKI S. 241）と書き記している。

ここに語られている理念は、ひとつの社会理念でありながら、国家の次元を超えたものであり、天から送られる精神（精霊）の創立する宗教でありながら、人類の最大の作品とされるものである。そのなかで、個人はあらゆる力を、抑圧されることなく発揮し、しかも、全体は永遠の統一を保っている。われわれは彼が、この小篇ののちの論考で展開した「生」というものの背景にある考え方をここに見出すことができるであろう。

四　生の統一はさまざまな関係にあっても裂かれることなく単一である

「生」とは、「自然」でもあり、「共和国」でもあるようなものであり、同時に「国家」を超えているようなものである。「自然」においても、「共和国」においても、その中心的なイデーは、個体的なものを保持する全体的統一であると言えよう。ということは、とりもなおさず、人間と、その生きる社会において、人間的自然としての、カント的意味での傾向性を含めて、全人間的な衝動という主体性と、社会的な律法の普遍性・客観性とが統一されているということでもある。「そこで主観と客観との対立が喪失するところの、主観と客観の綜合」（Sch. 83, Nohl. S. 268, SKI S. 326）なのである。たしかに、律法のよりどころとする客観的な原理も多様なものの統一ではある。しかし、「かかる原理は普遍的なものであり、したがって概念であるがゆえに、必然的に、特定の（規定された）状況における特定の応用、つまり、特定の義務があらわれる。それらがおのおの絶対的に存立するかぎり、さまざまな徳は互いに破壊し合う。」（Sch. 83, Nohl. S. 294f., SKI S. 361）これに対して「与えられた状況の全体に従って、しかし、まったく制約されることなく、状況の多様な性格によって分かたれることなく、ひとつの生ける精神が、行為し、自らを制約するとき、そのとき状況の多面性は存続するが、おびただしい数の絶対的非妥協的な徳は消失する。」(Sch. 83, Nohl. S. 294, SKl S. 361)

生は、特殊性を承認し、それを包含し、あらゆる特定の条件に変容し、貫流しつつ、しかも、それによって自己を失うことなく同一である。「法は〔カント的定言命法にせよ、ユダヤの律法にせよ、〕概念における対立の統一である。〔つまり、さまざまに対立する多様なものを抽象的に統一している〕概念それ自身は、実在性との対立として存立するがゆえに、対立を対立のままにしておく。」(Sch. 83, Nohl. S. 264) 概念の抽象的統一こそ、その普遍的な寛容なき妥当性・画一性と同時に、具体的状況における特殊な義務の相殺を生むものである。ところが生はあらゆる特殊なものを貫いて、それにゆるしを与え、そのなかに変容しつつ生きる。「諸徳の生ける結合、生ける統一は、概念の統一とまったく異なる。これは特定の状況に特定の道徳をあてはめない。さまざまな関係の輻輳にあっても、その外面的形態は無限に変容し、二度と同じ形態をとることはないが、裂かれることなく単一である。」(Sch. 83, Nohl. S. 295, SKl S. 361f.)

それでは、このような「生」なるものは、ごく素朴に考えて、実在する何かであるのか、それとも人間の存在、関係の理想として要請されたものであるのか、つまり、生は、存在か当為かという疑問が生じてこざるをえないであろう。しかし、カント的当為の非実在性を、すなわち、その実現がつねに彼岸におかれ、その彼岸を達しえないがゆえに、それを貴しとすることは、ヘーゲルにとっては不可識の主への救いなき奴隷的な服従と本質的にかかわるところがない。非現実の彼岸において、約束される概念が、いかに美しいものであろうと、それが人間存在に内在するなにものかでないならば、窮極においてそれは、人間の外なる他者の、――当時のヘーゲルの用語で言うと――実定的命令にほかならないであろう。しかし、反対にまた、この「生」がありのままの、いわば日常的事実としての人間ではないということもたしかである。ヘーゲル自身「理想を、われわれは自己の外におくことはできない。外におけば、それは〔理想ではなく〕客体である。〔さればと言って〕自己の内にのみおくこともできない。そうすれば、それは理想ではない」(Sch. 68, Nohl. S. 377, SKl S. 244) と自ら困惑を告白している。ここでは、内と外に関して平行的に論述が進められてはいるものの、平行でない点があり、ヘーゲルは、「外に」おくことを否定することに対応させるのに、「内にのみ」

おくことの否定をもってきている。「内に」あることだけは、間違いないにしても、たんに「内」でも、客体として「外」にあるものでもない、まったく独自の存在の仕方をするものが求められている。体系期における「理念」もまた、そのようなものである。いまここでも、生はたしかに理念的なものである。そして宗教的な理念でもある。

ヘルダーリンの影響を受けて書かれた、この問題をめぐるヘーゲルの『信仰と存在』(Sch. 72, SKI S. 250-254) と仮題された論考は、きわめて錯綜したアイデアの、困惑に充ちた変転を追い重ねている。信仰について彼はこう述べている。

「信仰とは、ある二律背反を合一 (vereinigen) する合一存在 (das Vereinigte) が、われわれの表象におかれる仕方である。この合一は活動である。対象として反省された活動が、信仰されるところのものである。合一されるためには、二律背反の項目は、相互に背反するものとして、それら相互の関係が二律背反として感じられ、認識されていなければならない。しかしながら、互いに相反するものが、相反するものとして認識されるのは、ただそれがすでに合一されているということによるほかはない」(Sch. 72, Nohl. S. 382, SKI S. 250f.) と言うのである。すでにカントにおいて、神は福と徳――それが、カントがきびしく区別した義務と傾向性に対応することをヘーゲルは見ていたし、また、カント的義務の概念を、国法上の律法にも重ね合わせて考えてもいた――の二律背反の解決として要請されたものであった。いま、「生」も同じ対立物の合一として考えられている。しかし、それは要請ではなく存在でなければならない。「合一は存在すべきである」(Sch. 72, Nohl. S. 383) と彼は言い、「合一と存在は同義である」(Sch. 72, Nohl. S. 383, SKI S. 251) と言う。このような存在が「生」だと言ってもよい。真実ならざる信仰では、非存在が信じられる。「実定的信仰は、存在しないある物への信仰を要求する。……あらゆる実定的信仰は、われわれがそれでないところのものから出発する。」(Nohl. S. 384f., SKI S. 254) 真なる信仰とは、〈われわれがそれであるところのもの〉を知るひとつの仕方である。それではわれわれがそれである有限な存在と、われわれが信ずる無限な存在とは、どのような関係にあるのか。

われわれはそのありかたを、『一八〇〇年体系断片』(Sch. 93, SKI S. 419-427) を中心に見ていくことにしよう。

五　生において部分は全体と同一の一者である

生における統一は、多数性を生かす統一である。全体がひとつのものであると同時に、部分もそれぞれひとつのものである。その統一は、理論的統一、概念による統一とはちがって「ある与えられた多様性に統一をもちこむのではなく、統一それ自身である」(Sch. 67, Nohl. S. 374, SK1 S. 239) ような、そういう統一である。

そして「絶対的な対立があてはまるのは……〔死の領域で〕ある。〔しかし〕生あるものの多数性は対立の一種である。生あるものは有機体とみなされなくてはならない。生の多数性が〔生そのものに〕対置される。」(Sch. 93, Nohl. 345, SK1 S. 419) 原稿の欠落を右のように補ったのは「ただ、客体について、死せるものについてだけ全体は部分と別のものであるということがあてはまる。生あるものについては、反対に、部分は全体と同一の一者である」(Sch. 83, Nohl. S. 308, SK1 S. 376) という言葉があるからである。つまり、生は全体と部分の同一性としての有機体であるから、生が多数性、つまり分肢をもつことは、生の外部にある、あるいは生の外部から見られた区分ではなく生そのものにおける、その統一（単一性）に対立する区分である。しかし、「死の領域において矛盾するものも、生の領域においては矛盾ではない。たとえば三本の枝をもつ木はその枝と合わせて一本の樹木である。しかし、おのおのの木の息子、つまり枝は（したがって他の子供、つまり葉も花も）それ自身ひとつの木である。」(Sch. 83, Nohl. S. 308f.) 有機体において、それが一個の全体、つまり一者であるという事態と、それが諸部分、つまり多数性であるという事態とは、生自身に内在する対立（矛盾）である。「この多数性の一部は（それは生きているからして、無限の多数性であるが）純粋に関係するものとして、つまり合一においてその存在をもつものとして把えられなければならない。」(Sch. 93, Nohl. S. 345f.) 部分が互いに関係し、結合しているものとして、この部分は、多数性における単一性の側面を示している。したがって

「他の部分は（これもやはり無限の多数性であるが）これはもっぱら対立にあるものとして、つまり第一のもの〔関係・合一〕からの分離によってのみ、その存在をもつものとされなければならない。」(Sch. 93, Nohl. S. 346) こんどは反対に言って「したがって第一の部分は第二の部分からの分離によってのみ自己の存在をもつものとして規定される。」(ibid.)

生において、その単一性（合一・関係）の契機――ヘーゲルは、まだ「部分」と呼んでいるが――と、その多数性の契機とは、相互に他の契機との対立、緊張関係において、存立している。これは、統一が外からもちこまれたものではなく、それ自身統一であることにもとづくのである。つまり、全体もまた統一であることによって、この存在においてノミナリズムは否定される。一と多は、この全体において、内在的関係を形成する。生の存在とは、その実存そのものが、内在的関係として成り立つものとして、個体であるが、生が一個の個体として立てられたとき、他の諸個体、生にとっての環境にとりまかれ、個体としての生と、全体的な環境とは、個体内部における全体と部分と同一の形式の関係をとり結んでいる。個体であるかぎり「生は他面において、生から排除されるもの〔外界〕との関係に入りこむ可能性をもつものとして、〔このさい、関係とは合一を含意するから、個体は外界と合一する可能性をもつことによって〕自己の個体性を失い、自己から排斥されたものと結合される可能性をもつ。」(ibid.) 個体は、外界から排除されて個体であり、その個体内で、それ自身の内部において、多と一の対立を保持している。そのような個体としての全体が、外部の全体と関係してもいる。したがって、有機的全体において、個とは端的な矛盾である。全体が個に侵入すれば、個の自己喪失のみが真理であろう。個の存立がみとめられるや、全体は無限の個に解体してしまうであろう。個体が、個体としてもつ自己存立性と、個体が関係によって全体に帰一する全体帰一性とが、個体の概念そのものを形成する。「個体の概念は（α）〔外部にある〕無限の多様性への対立と、（β）そしてまた、それとの結合を含んでいる。人間は（α）彼が彼の〔内部を貫いて、彼を成り立たせている〕元素のすべてとは別のものであり、彼の外部にある個的生命の無限性とも別のものであるかぎりにおいて個的生命である。しかし、人間は（β）これらすべての元素とひとつであり、彼の外部にある生の無限性とひとつであるかぎりにおいてのみ個的生命である。」(ibid.) 言葉をかえて、全体が分割されると同時に分離されえないかぎりにおいて、と言ってもよい。この矛盾――当時のヘーゲルは、「生」においては「矛盾」でないとも言っているのだが――は、見方をかえれば、全体と部分とが、同じ形式でもって存在するということであり、全体（マクロコスモス）と個（ミクロコスモス）との調和にほかならない。個（ミクロコスモス）は、そのなかに全体（マクロコスモス）を映し出す。たとえば先に引いた樹木の例で言うと、切りとった「一本の木を……地面にさせば」葉が広がり、根は大地にはる。「このとき一本の木があるということと三本の木があるということは同じ真理である。」(Sch. 83, Nohl. S. 309) また、同様にして、ヘーゲルの用いた例では、アラビア人が各人コレシュと名のることには「個人が全体のたんなる一部ではなく、つまり全体が個の外にあるのではなく、個そのものが全体であることが含まれている」(Sch. 83, Nohl. S. 308) とする。ここから、個が即自的に無限であることが導入される。「不可分の全体を仮定し、それを固定するならば、われわれは、〔個的な〕生けるもの〔ミクロコスモス〕を、その〔全体的〕生〔マクロコスモス〕の表出 (Äußerung) または、表現 (Darstellung) とみなすことができる。〔個的な〕生あるものの多様性は、まさにこのような表出が措定されるからこそ、措定され、しかも、無限なるものとして措定されるのである。」(Sch. 93, Nohl. S. 346)

部分としての個体が、有機的な生という全体において、はじめて、一個の生として存立可能になる。このいわゆるヘーゲルの「全体主義」が、じつに概念の抽象的普遍性から、個体性を守るべく考え出された発想であることは、いままでの論述から明らかであろう。しかし同時にまたここでは、全体が単一性 (Einheit) をもったものとしても把えられており、個は全体への緊張関係においてのみ個である。個体主義と全体主義が、生という特異な存在様相において統一されるところに、ヘーゲル弁証法は成立をみたのである。この生というものが、社会理想として生み出されてきたものであることも、われわれは見とどけてきた。これをしかし、理念化され、形而上学化された「社会有機体説」にすぎないと断定するには、あまりにも、原理的な、つまり、ひとつの社会思想という枠で把えるには、あまりにも、根本的なロゴスが、そこに提示されていることにも、充分な注意を払わなくてはならない。——彼のなにげない言葉の運びにも示されていたように、関係の背後には、つねに関係するものの結合がひそんでいる（第十章参照）。そこで、あるものは、他のものと関係することによって、自立性を失う。あるものの外在的区別は、内在的区別に対応する。つまり、あるものにおいて、対他と対自の対立がなりたつ。——これらはすべて、ヘーゲル特有の弁証法的な展開の構成要素として、彼の全思想を特徴づけているものでもあるのである。

六　反省は、措定によって生を自然とする

個体的生は、全体的生の表現・表出と考えられる。ところが、その多様性を「反省は、静止した、〔独立して〕存立するもの、固定した点として、個体として固定してしまう。」(ibid.) しかし、この反省の行為といえども生をはなれた、まったく外在的な営みとみなすことはできない。生は、生に対立するものをも包括するものだからである。すなわち「生は、客体として客体を存立させざるをえない、まさに生きているものを客体にしてしまわなければならない運命〔必然性〕があることを忘れることができない。」(Sch. 93, Nohl. S. 349)

それでは、生の客体化はいかにして行なわれ、それは、いかなる客体となるであろうか。「われわれが、ひとつの生あるものを前提し、しかもわれわれ観察者を前提するならば、われわれの制約された生の外部に措定された生は、無限の多様性、無限の対立、無限の関係をもつ無限の生である。この無限の生は、(α) 多数性としては諸有機体、諸個体の無限の多数性であり、(β) 単一性としては、唯一の有機化され、分離され〔て単一となり〕、合一された全体——すなわち自然である。」(Sch. 93, Nohl. S. 346, SK1 S. 420)

自然が措定されることによって、生は自己の内なる対立を外化する。「自然は生の措定である」(ibid.) 生のなかに

反省が「関係〔統一〕と分離」、「個別者と普遍者」、「被制約者と無制約者」という概念をもちこんで、「かかる措定によって生を自然とした」(Sch. 93, Nohl. S. 346f.) のである。この対立は二重である。対象としての自然における単一性と多数性、等々の対立が、じつは自然の措定によって生じた主観と客観の対立にねざしている。しかし、先に見たように、対立の認識は、合一のための条件である。対立の成立が必然であったように、その認識も必然である。

「自然は、それ自体、生ではなく、たとえもっとも適切な仕方で扱われたとしても、反省によって固定化された生である。したがって、自然を思惟し観察する生〔観察主体〕は、それ自身と無限の生とのあいだにあいかわらず存在する対立、矛盾を感受する。言葉をかえれば、理性は〔対象〕措定と観察の一面性を認識する。」(Sch. 93, Nohl. S. 347) 反省によって措定された諸対立は、反省の自己認識による自己否定が行なわれたとき解消する。自然がそもそも生の反省による措定であったかぎりで、この反省の自己否定は、否定の否定として、統一の回復である。「この思惟する生は、形態、可死的なもの、無限の自己対立のなかから、……生あるものをよみがえらせる。これは、〔分裂した〕多様性として死せるものでも、互いに殺し合うものでもない。それは関係〔統一〕であるが、思惟された関係としての統一ではなく、全生 (allebendig)、全能、無限の生である。」(ibid.) 二律背反が、その対立項の自覚にもとづいて統一されるところに、宗教がなりたつとする当時のヘーゲルにとって、反省の自己否定による客体性の止揚は、神に通ずるものとして考えられている。ここには「もっとも完全な完全性」にいたるまでのさまざまな頽落の形態が考えられるのであるが、いま、客体性の止揚によってすくい出され、回復された、全生、全能、無限の生を端的に考えるなら、「この生が神と呼ばれるのである」ということができる。これは「もはや、思惟するものでも、観察するものでもけっしてない。何故ならば、その対象は〔たとえ対象といいえたとしても〕死せるものを内に含む反省されたものではないからである。」(Sch. 93, Nohl. S. 347)

体系期のヘーゲルにおいて、自然が、理念の外化されたものであったように、ここでは自然は、生の外化である。直接的な生において、個体的な生と全体的生は、直接的に統一されていることによって、個体的生は、無限の生を自己の内に映現、示現しているのであった。しかし、これはいわば無自覚的統一である。反省によって、この統一は、いったん対立へもたらされざるをえない。しかし、対立は、反省の自覚を通じて再統一される。生における弁証法的展開が、ここに与えられている。「生は、自己自身から自己を離間させて（自己を二分し）、そしてふたたび自己を合一する」(Sch. 83, Nohl. S. 289, cf. Sch. 83, Nohl. S. 318) ものなのである。

七　有限の生は無限の生へ高揚する

理想は「内にのみ」あるものとも、「外に」あるものとも考えることができなかった。ヘーゲルが直面した、このきわめて困難なアポリアに対して彼はいまや、生の弁証法にもとづく解決を提示する。「宗教とは、なんらかの意味で、有限なるものの、無限なるものへの高揚である。」(Sch. 93, Nohl. S. 350) 有限なる生は「無限の生へ高揚する可能性を自己内にもっている。」(Sch. 93, Nohl. S. 348) そして「有限なものが、無限なものによって制約されている以上、このような高揚は、必然的」(Sch. 93, Nohl. S. 350) でもある。有限な生は、無限な生によって制約されることによって、即自的には、無限者を示現するミクロコスモスであった。「内なる」無限者は、外化されて「外」なるものとなり、有限と無限の対立が生ずるが、いまや、この有限者は、有限の生として、無限の生へ高揚し、そこに多と一、主観と客観の対立は解消する。「この無限の生を、抽象的な多数性〔の抽象的統一〕との対立において、ひとは精神と呼ぶことができる。」(Sch. 93, Nohl. S. 347) そして「山とそれを見る目とは、主観と客観である。しかし、人間と神、精神と精神のあいだには、かかる客観性の裂け目はない。」(Sch. 83, Nohl. S. 312, SKl S. 381) 同じものが同じものを知るのである。

こうした対立の発生も、止揚も、けっして生にとって外なる働きではない。生は自己への対立者をも、自己から排除するのではなく、それを自己の内に含むことによって、完全な存在、真なる無限者なのである。「生は、たんに合

一、関係としてのみならず、同時に、対立ともみなされなければならない」(Sch. 93, Nohl. S. 348) 以上、生においては、統一から対立への展開・転落の可能性がつねに内在している。客体性を止揚する完全化の営みは、統一から対立へ、対立から「より完全な統一」(Sch. 93, Nohl. S. 350) へと段階的に形成されざるをえない。そこには、完全な合一にいたるさまざまな歴史的形態が存するであろう。こうした過程は、原理的に、純粋な形態としては、生そのものに内在する統一と対立の契機から生じてくる。生の客体化が、生にとって運命であるのは、生そのものに反省を生み出す可能性があるからである。しかし、その反省自身にとっては、生の把握は、不可能である。「もし私が、生は対立と関係〔統一〕の結合であると言うとしよう。すると、この結合自身がふたたび〔反省によって〕孤立化されて、この結合は非結合に対立するということが言い出されるであろう。そこで私は、『生は結合と非結合の結合』であると表現せざるをえなくなる。」(Sch. 93, Nohl. S. 348) こうして、さらには「生は『結合と非結合の結合』と『結合と非結合の非結合』の結合である」とさえ言わなければならなくなろう。しかし、「この休みなき進行〔悪無限〕は、次のようにして一挙に解消される。つまり、たとえば、『綜合〔結合〕と反定立〔非結合〕の結合』と呼ばれたものが、措定されたもの、悟性的なもの、反省されたものではなく、それが反省の外なる存在であるということが、反省にとっての唯一の性格であることが心に留められることによって。」(ibid.) もし、この反省の反省をのちのヘーゲルの言葉で語るならば、「自己内への反省」となるであろう。意識は、反省による外化と、それの再反省、自己内反省によって、精神、無限の生へと高揚する。それは、同時に、対立の統一から、その統一に対立するものを包含していく、統一そのものの高揚でもある。その各段階における歴史的様相は「偽善」でもあろうし、「分離」でもあろう。しかし、「もっとも完全なる完全性は、その生が可能なかぎり分裂、分離されていない国民、すなわち幸福な国民において可能である。」(Sch. 93, Nohl. S. 350) 国家を超えた理念としての「生」が実現されるのは、やはり、歴史的、社会的共同存在の場面なのである。

「不幸な国民」とはいかなる国民であろう。その内部には分裂が支配している。そして〈われわれがそれでないところの存在〉への信仰を強いられている、そのような信仰を当時ヘーゲルは「実定的」と規定していた。この実定的な宗教およびそのもとにある社会生活のうちに見られるものは、「疎外」だと言ってもよい。『精神現象学』で用いられた「疎外」という用語の原型となる観念が、青年ヘーゲルの思想の内に見られる。この時期のいまだ「疎外」という言葉で語られていない「疎外論」を分析するとき、そこにはおのずと「生」の概念という陽の面にかくれた陰の面、否定的なものが浮かび上がってくる。

第三章　「疎外」意識と「歴史」意識——ユートピアのジレンマ

生きているものと死んでいるものと言えば、もちろん、それぞれ善いものと悪いもので、その逆にはならない。幸福と不幸もそうだ。ところで青年ヘーゲルの観念世界では、これらに加えて合一と分裂、愛と実定性、ギリシアとユダヤという組合せが対応する。一方は善く、他方は悪い。ところで一方が理想で他方が現実だとする。理想が現実を批判する。批判とはたいていそうしたものだ。すると批判意識の根底にあるものは、現実性を欠いた〈思いなし〉にすぎないのか。この問いを引き受けつつ、ヘーゲルの〈疎外〉概念は形成される。

ヘーゲルの確立した「疎外」概念は、概して、現代の批判意識の根底におかれているものである。「疎外」という言葉を用いないような「時代批判」はほとんど聞かれない。しかし「疎外」とは何かと尋ねられて、即座に答えられる言葉はない。事柄として、疎外とは、どういう事態を指して言うのか。右に挙げた、生と死、幸福と不幸、合一と分裂等々の対比が、非疎外と疎外に対応するとしても、それだけで当の事柄がわかるとは思えない。第一章と第二章で扱ったテキストをふたたび、時代批判の具体相から把え直してみよう。しかしヘーゲルの青年時代の時代批判の意識と、「疎外」という言葉で示される今日にまでひき継がれている時代批判の概念とを、つなげて見ることに対しては、反論も予想される。ヘーゲルとマルクスとのあいだに大きな断絶を見出す立場がある。今日の疎外概念はマルクスに由来するもので、同一の言葉も根本的に違う意味で用いられているというのだ。はたしてそうか。

一　疎外論の形成がいかなる経験であったかが問われねばならない

マルクスの疎外論には、ヘーゲル的な理念を直接にひき継いでいる部分があって、観念論的理念性にたいして現実的人間の立場が対置されたのだという単純な「断絶」を前提にした見方では把えきれないものがある。ところが多くの論者はフォイエルバッハ—マルクスの線から、理念性との「断絶」からマルクス疎外論を把える。マルクス疎外論は、ヘーゲル継承とヘーゲル批判にまたがって成り立っている。いずれか一方を徹底すれば自壊するよりほかはない自明の理ともみえる事態を前にして、疎外論は行きつ戻りつしている。ヘーゲルはそこではつねに広義での経験をこえた実在を語る思弁哲学者に仕立て上げられている。彼の語る理念的なものが、少なくとも彼自身の経験として何であったのかということさえ論及されはしない。彼はいまだに「死んだ犬」である。しかし、この点にふれるためには、彼が「生」とか「実定性」とかのカテゴリーで語っているものが、具体的にいかなるものであるかということがわからなくてはならない。「生」として語られる理念や「無限の生」と称される神のうちにいかなるヘーゲル自身の歴史的・現実的経験が投影されているかが見られなければならない。このような点が追求されたとき、そこにおのずと、ヘーゲル—マルクスがともに——しかも驚くべきほど接近した態度で——ひとつの共通の課題に直面していたことが明らかになると思う。

ふつう、疎外論の形成に関して言えば、「疎外」(Entfremdung)、「疎外化」[★1](Entäußerung)という語の由来が語られるのが常である。それに関して二説を挙げることができる。(イ)外国語説では、社会契約説や『ラモーの甥』のなかの語がドイツ語訳されたとみられている。(ロ)宗教語説は、もともと神の示現、受肉、イデア的なものの流出が世俗化されたとみられている。語の用法としてどちらの説も間違いとは言えない。だが、この説にもとづいて〈だから疎外概念は、英仏の啓蒙思想、あるいはキリスト教思想の内へと遡って追求されるべきだ〉という「外来説」になってしまうと、間違いになる。それらの議論は、ヘーゲル自身において疎外論を形成する動力が何であったかという肝心の問題をたな上げにしてしまっているのである。

とくにルカーチ以来（G. Lukács: Der junge Hegel, Werke VIII, S. 658）これらの語が alienation, alierare の独訳語であって〈古来のドイツ語にはなかったものだ〉という説がわが国では普及しているようである。しかし、これは明らかに間違いである。グリムの辞典によると、これらがともに、格別宗教色も、哲学色もない日常語として、ゲーテ、カント、フィヒテ、ヘーゲルよりもずっと古くから用いられていたことがわかる。

「疎外化」（entäußerung）についてはグリムは古いものでは Amadis dé Gaule から五個の用例を採集している。一例を採る。also ist es mir mit ewrem herren widerfahren, welchen das glück immerdar von mir absentiert und *enteuszert*.（試訳「運命がいつも私から引きはなし遠ざけていた御主人と……」）この作品 Amadis は『世界文学辞典』（Lexikon der Weltliteratur, hrsg. v. Gero von Wilpert）によれば一五〇八年に出版、一五六九―九八年にフランクフルトで翻訳出版されている。翻訳でない用例として十六世紀シレジアの騎士（Schweinichen）の des trunkes habe ich mich gänzlich *entäuszert*（試訳「おれは酒を飲むのはすっかりあきらめた」）を挙げておく。

entfremden はさらに古く、empfrenden を古形とする。十五世紀の作家 Albrecht von Eybe の用例をグリムからとる。und viel hin die unselig muter zu der erden, ward ihrer sinne empfrendet (so) und lage sam wer sie tod（試訳「可哀そうなお母さんは地に倒れ、気を失い、そして死人のように横たわった」）ルターや、ハンス・ザックスの用例もある。

ゲーテにおける用例は『ゲーテ辞典』（Goethe-Wortschatz. hrsg. v. Paul Fischer）によれば、entäußerung は一七八七年一月一〇日付ヤコービあて書簡にあることがわかったが、entfremdung については、例の『ラモーの甥』（一八〇二年）以前

★1　ふつう Äußerung も「外化」と訳される。区別のため Entäußerung には「疎外化」という訳語を用いる。

の用例がさしあたりは見つからなかった。なお、ゲーテ辞典は、entfremden を「中高ドイツ語以来」、entäußern を「後期中高ドイツ語以来」と記している。

ラテン語の alienatio の訳語は、青年ヘーゲルとほぼ同時代に出た『哲学辞典』(J.G. Walchs philos. Lexicon, 1775) では veräußerung をあて「贈与、売却等による物件の所有権の喪失」という趣旨の説明をしている。

フィヒテの用例はのちに引用する。青年ヘーゲルには一七九八年夏・秋に「彼(ニムロド)は信頼を失って……、互いに疎遠になった (einander entfremdet) 人間を統一はしたが……それは暴力によってだった」(77-245) との用例があり、言葉について言えば、いずれにせよ『ラモーの甥』経由とすべき理由はない。

すなわち、「疎外」(entfremden) も「外化」(entäußern) もともに、社会契約説よりも、ゲーテよりも古く、宗教語でも、哲学用語でもなく本来のドイツ語の日常語として存在していた。そしてその言葉がときに訳語として、ときに宗教用語として用いられた。(「疎外」(Entfremdung)、「疎外化」(Entäußerung) の用法等については Historisches Wörterbuch der Phil., hrsg. v. J. Ritter, Bd. 2 にきわめて詳細な記述がある。) したがって、それら以前にこれらの言葉が存在していなかったというならいざしらず、社会契約説や『ラモーの甥』等にこの概念の成立を求めさえすれば、この観念の出所が突きとめられると想定することは無意味である。社会契約説における財産の「譲渡」や、『ラモーの甥』の「自忘自失」が、人間の自己疎外、自己喪失として解釈されるためには、すでに「疎外論」の構想が形成されていなければならなかったはずである。

「疎外」と「疎外化」の成立については、それらの語の語源上の追求とはまったく別個に、ヘーゲル自身の思索のなかで、それがどのような発想として形成されてきたかが追求されねばならない。ヘーゲル自身における哲学的発想としては、フィヒテに生じて、青年ヘーゲルにひきつがれたある考え方が、青年期の思索のうちに一度定着したのち、『精神現象学』および、同時期に書かれたいわゆる『実在哲学』(II) においてほぼ術語化された表現をとるにいたったものと見るのが妥当であろう。(体系期においてもこれらの言葉は稀にではあるが、用いられる。しかし、もはや術語的用法と断定することのできないものがある。ヘーゲルの体系期にもはや「疎外論」はないと言った方がよい。）どちらの概念においても、中心となるのは自己表現、自己実現となるような行為の概念である。フィヒテにおけるきわめて観念的な「事行」が、ヘーゲルでは「精神の労働」となって現実化され、マルクスでは「生産的労働」に物質化されたのであるが、根本的な発想において、非我・自然との否定的媒介（Entgegensetzung）を通じた自我・主体の自己を定立する行為のある局面に成立する主体の客体化、もしくは個体の普遍化として、疎外がなりたつ。この見方はマルクスにいたるまでフィヒテ的発想に貫かれている。そしてこのフィヒテの神学批判を継承して青年ヘーゲルは、神学をつくる論理としてではなく、神学を批判する論理として疎外論を形成する。その神学批判は、「おくれたドイツ」にたいする彼の社会批判の姿勢と内在的に結びついている。ところでここには、ヘーゲル死後のヘーゲル批判をそっくり先取りしたような表現がみられるのである。

二　ヘーゲルはヘーゲル批判を先取りしている――または、神と国家と果物

フィヒテはこう語ったのである。「神の理念は、われわれ自身のものの疎外化（Entäußerung）、すなわち主観的なものの、われわれの外部にある存在者への転移にもとづいている。[★2]」この考えをひきついでヘーゲルは、主観性の圏外におかれた既成宗教の神学のすべてを、いわば主観性を尺度として、批判的に考察する。彼にとって根源的な意味をもつものは「実践〔道徳〕的意味における表象、表象の内に保持されている自我の、絶対的自我を通じての直接的規定（そしてそれが表象の内で規定作用という形式で存在するかぎりにおいて、表象の内に含まれる非我の止揚――）」

★2　Kritik aller Offenbarung, Werke, hrsg. v. R. Lanch u. H. Jacob, Bd. I. S. 33. [Org. Ausg. S. 26] なお、この引用については第一章を参照されたい。

(Sch. 47, Nohl. S. 361, SKI S. 102) なのであった。きわめてフィヒテ的色彩のつよいこの表現にみられるように、要するに、自我の絶対的能動性における自己規定のみが実践的価値を有するのである。宗教は端的に、自我の内発性にもとづく道徳性のありかたとして把えられ、そうした道徳的「能力がわれわれに異質である（fremdartig）」と考えたり、「神聖性の理念をまったく切りはなして、それをもっぱらかけへだたった存在に（einem fernen Wesen）帰する」(Sch. 46, Nohl. S. 67, SKI S. 97) 神学を彼は徹底的に批判する。そして人間における善が疎外化されるのと同様に「人間における悪なるものもまたサタンとかアダムとかに外化（veräußern）される」(Sch. 48, Nohl. S. 362――ヘーゲルによる神学誌からの書き抜き――) と、神学の秘密を暴露しているのである。

　人間は神をつくる。神学の秘密は人間学である。神の本質は人間の本質である。抽象のうちにおいてではなく、感性のうちにおいて神学を人間学にひきおろすことは、人間学を宗教に高めることである。――このようにして、ヘーゲルへの批判をこめてフォイエルバッハが語ったとき、その立場はほぼそっくり、青年ヘーゲルの取った立場にひとしい。青年ヘーゲルが、青年ヘーゲル学派を先取りしている。[★3] のちにくわしくふれるように、神とは、反省され対象化された人間の全体性にほかならないことを彼は見る。そしてまた、宗教を神学から、悟性から、感性へと取り戻し、主体的な宗教、人間的な宗教たらしめなくてはならないとも説いている。「主体的宗教はただ情感と行為のうちにおいてのみ表わされる。」(Sch. 32, Nohl. S. 6) というのである。

　しかし、フォイエルバッハと青年ヘーゲルとの重要な相違も見落とすべきではあるまい。青年ヘーゲルにとって宗教はたんに「我と汝」の問題であるべきではなかった。彼はつねに宗教をある社会的視野において「国民宗教」として把えている。青年ヘーゲルの、ギリシア宗教を正とするキリスト教へのアンティテーゼは、ひとつはつねにキリスト教が個人宗教へと収斂し、逆に社会的な存立をえたときには人間にたいして抑圧的な働きをするという点にあった。彼は神学を人間学から、さらに社会学から把えようとする視野をもっていたということができる。

　青年ヘーゲルにとってはたんに既成宗教の批判だけが問題なのではなかった。イエスがユダヤ教の世界にたいする宗教革命家であり、ルターもそうであったにもかかわらず、新旧のキリスト教会はすでに人間的主体性にたいして抑圧的なものと化している。キリスト教のこのような現状にたいしていわば第三の革命[★4]を期待しつつ、それが共和主義的政治革命と一体をなして、ギリシアのポリスにみられるような民族精神のもとでの国民的合一を実現することが彼の心底からの願いであった。そしてフランス革命に共感しつつも、それが宗教改革を欠いた一面的なもの（eine Revolutin ohne Reformation）[★5]であるという見方は終生かわらなかった。彼の青年期の宗教批判には、つねに政治批判、ドイツの現状への批判が表裏をなしている。

ヘーゲルはドイツの政治的現状をこう見ていた。そのみじめな現在をもたらしたものは「共同の利害はあっても普遍的命令が国民を国家にしているのではない[★6]」ような普遍性の喪失である。現実的なものは特殊的な利害であり、公

★3　この点はすでにレーヴィットが指摘している。「青年ヘーゲル学派は、それと知るよしもなく、ヘーゲルの神学上、政治上の青年期諸論文に立ち帰っている。」K. Löwith, Die Hegelsche Linke, 1962, S. 15: cf. Von Hegel zu Nietzsche, Dritte Aufl. S. 181 ff. しかし生の意味から歴史性を却下してヘーゲルからマルクスへの同じ歴史思想が継承されるのを冷やかに観察するこの偉大な哲学史家は、そこに「問題」を見出すよりは、皮肉な意味で「興味ある事実」を見出すことに傾いている。

★4　ルターは、聖書の語「悔い改めよ」の原義が、「転回せよ」の意であると知って、それを「灼熱の」発見と称したという。この精神はカントに継がれた。彼は、感性から義務の命令への動機の「転回」を革命（Revolution）と呼んだが、同時にこの語を、ユダヤ教世界におけるイエス、「根源からの使者」の登場にも用いた。カントの宗教説を既成のルター主義への批判として受けとめたヘーゲルにとって、その批判は第三の革命への端初ともみなされえたであろう。cf. I. Kant, Die Religion innerhalb der Grenzen der bloßen Vernunft, Meiner, S. 86 ff. 先に引用した「カントとともに朝焼けが始まったのだ」というシェリングの書簡を参照。

★5　Hegel, Die Philosophie der Geschichte, SK12 S. 535. なお、国家と教会を相互補完的にみる見方も前掲カントに見られる。S. 101ff. 仏革命、独改革というこの考えは当然、フォイエルバッハ、ルーゲの「ガリアーゲルマン」の考え方にも引き継がれている。

★6　Dok. S. 284. 岩波文庫『政治論文集』金子武蔵訳、上三八頁。

法すらもそうした特殊的権益の承認にすぎない。「ドイツの公法はドイツの私法である。★7」ここではもはや「普遍性は……遊離して特殊的なものとなっている以上、消失してしまっている。ゆえに普遍性はただ思想としてのみ存在し、現実性としては存在していない。★8」——つまり、現実を支配するものは、特殊な利害でありながら、非現実的な普遍性が公共性を僭称している。

言うまでもなく、この言葉は、マルクスがヘーゲル批判を通じてドイツの現状について語った言葉と、ほとんど文字通りひとしい。マルクスではこうである。現実的なものとして「諸個人がもっぱら彼らの特殊的な、彼らの共同的な利害とは当人たちにとって〔さえ〕合致せざるところの利害を追求するからこそ、そのものは彼らにとって、疎遠な、彼らから独立したものとして、それ自身ふたたび特殊的で、特有な〔いわゆる〕普遍的利害として通用する。……〔つまり〕幻想的普遍的利害★9」が国家として産み出されることになる。青年ヘーゲルと青年マルクスにおいて、特殊的なものが現実的であり、普遍的なものは観念的であるという把握は完全に一致している。ヘーゲルがドイツの現実に焦点を合わせているのにたいして、マルクスが分業下の国家（ブルジョア国家）一般について論じているかに見えるものの、マルクスにしてもヘーゲル哲学に表現された幻想的共同性とそのもとにあるドイツの現実が第一義的な関心事なのである。そしてヘーゲルが普遍性を欠如したドイツの現状に対して、普遍性の現実化を求めたのと同じようにマルクスもまた、「ヘーゲル哲学によってもっとも首尾一貫した、豊かな、窮極の把握をえたところのドイツの国家哲学、法哲学を批判★10」しつつ、その「哲学の実現」つまり普遍性の実現を求めたことにかわりはない。

これらはけっして偶然の一致ではない。フランス革命（ブルジョア革命）を自国に実現すべき課題として受けとめ、分裂した「みじめなドイツ」の現状に直面して、ともにルソーから学んだものとしてむしろ当然の一致なのである。しかも、ヘーゲルの政治意識は、故郷ヴュルテンブルクにおいても、家庭教師として滞在したベルンにおいても、文書を通じて知見したイギリスにおいても、市民階級の形成する共和制が、実際には上層市民階級の独占的な支配におわっていることの洞察に発している。これを二段階革命論の常套文句を用いて「封建的なものの残滓」とヘーゲルが闘ったなどというのはいささか見当ちがいであろう。ヘーゲルがつぶさに見たものはけっして旧時代の残滓ではない。むしろ新時代の腐敗である。民会の常任委員会の公金不正使用、コネとカネによる腐敗した選挙体制、上層市民による選挙干渉、等々、内容は多彩であり、友人とアルプスに観光旅行をしたさいにもその地方の住民の政治形態に注目していたほどのヘーゲルはきわめて実証的にデータを集めているが、われわれが今日新聞紙上に見るのとちがわないような腐敗の事実の方に私は驚かされる。ここにヘーゲルは「市民社会をこえる」という、不幸にして時代をあまりに遠く先駆けた政治的課題を背負わざるをえなかった。そこには同時に「国民的統一をはたす」というナショナリスティックな要求が重なり合う。このとき、あの「国家論」への志向が生まれるとみてよい。かかる二重の課題のもとにステュアートにもスミスにも学んで、彼は市民社会の分析においてもマルクスを先取りするほどの認識者[★11]としての栄光をかちえつつ、それとともに、市民社会をこえた国家の擁護者として、「プロシアの反動」と呼ばれて実践家としての汚名をも得るのである。

認識の翼で時代に先駆けて飛翔した「岩つばめ」でありながら、「ミネルヴァの梟」を気どった老獪なイデオローグ、ヘーゲルに向かって、まさにその時代に先駆けたがゆえの観念性を、「観念論」として批判することは、批判者マルクスが、ヘーゲルの先駆性へのおそらく唯一のよき洞察者であったがために、他の批判とは本質的に異なる歴史的意味をもつというべきであろう。周知のようにマルクスは『神聖家族』で「思弁的な、ヘーゲル的構成の秘密」として果物の例をもち出した。「現実のリンゴ、ナシ、ハタンキョウから『果物』(Frucht)という普遍的表象をつくり、

★7　ibid. S. 284. 同四一頁。
★8　SKI S. 459. 同四七頁。
★9　Marx, Die Deutsche Ideologie. 廣松渉編訳『ドイツ・イデオロギー』河出書房　三五―三七頁。
★10　MEW. Bd. I. S. 384.
★11　拙訳、ローベルト・ハイス『弁証法の本質と諸形態』未來社刊、第二章九参照。

さらにすすんで、現実のかずかずの果物からえられた『果物そのもの』（*die* Frucht）という抽象的表象を、私の外部に実存する存在《ヴェーゼン》であり、ナシ、リンゴなどの真なる本質《ヴェーゼン》であると思いこんだとすれば、そこで私は——思弁的に表現して——『果物そのもの』を、ナシ、リンゴ、ハタンキョウなどの『実体』だと宣明する」[12]とマルクスは思弁哲学者における現実物と抽象概念の転倒をきわめて巧みに指摘して批判したのである。

ヘーゲルはこれに何と答えるだろうか。ところが同じレトリックでヘーゲルもやはり、特殊的現実的存在者と抽象概念の転倒を批判している。「……普遍的なものと特殊的なものとは、その本来の規定に従って区別しなければならない。もし普遍的なものが形式的にとられて特殊的なものと並んでおかれるならば、それ自身が特殊的なものとなってしまう。こういう扱いは日常生活の諸対象の場合には、おのずと見当ちがいで不適切なことが明らかとなろう。たとえば果物を欲しがるものが、サクランボ、ナシ、ブドウを、それがサクランボ、ナシ、ブドウであって、果物ではないという理由で拒絶したらどうであろう。[13]」こうしてヘーゲルは特殊的なサクランボ、ナシ、ブドウではなく、「果物そのもの」を求める人間を揶揄しているのである。こうなると、ヘーゲルは「頭で立っている」[14]という例の批判の言葉でさえ、ヘーゲル自身が、フランスの啓蒙精神、つまり抽象的理性に向かって「人間が頭で立っている。つまり、思想の上にたって、現実を思想に従って築いているのだ。[15]」といった批判の言葉のおおむ返しにさえ聞えてくるではないか。われわれが問題にしようとしている疎外論にかんしてこれは見のがすわけにいかないことである。なぜなら、マルクスは、この「果物」の論理で——もしかしたら、この「果物」の論理だけで——ヘーゲル哲学全体とその自らの継承部分としての疎外論とを批判し克服していったかもしれないからである。[16]

神と国家と果物にかんして、私はヘーゲルがヘーゲル批判を先取りしていることを指摘した。もちろん、ここからただちにこれらのヘーゲル批判が無効であったとは断言できまい。それにしても、ヘーゲル批判は、シャカの掌中に舞った孫悟空闘争に似たものであったのだろうか。少なくともここにはヘーゲルとその批判者群像とのあいだに、ある根本的に共通なものがあったことが示されている。

いままで、多くの疎外論の論者は、マルクスのヘーゲル批判にならってヘーゲル像を構成し、今度はそこから逆に対比的にマルクスの立場を説き明かすという仕方を踏んできたように見うけられる。しかし、そのやりかたでは、ヘーゲルの巨大な掌中から脱け出すことはおぼつかない。ヘーゲル批判の有効性そのものが、いまだに、解かれるべき課題なのではないか。私は先に、マルクスの疎外論がヘーゲル批判とヘーゲル継承の二つにまたがるものだと述べた。私もそうだが、ひとは、継承には恐れをなしてそれを敬遠し、批判は、すでに解明ずみのものとしてそれに解説の労をとりたがる。ほんとうは批判そのものがいまだに「開かれた問題」ではないのか。

もし、批判が有効であったとして、先回りして言えば、批判を先取りしたヘーゲルが批判の対象となるにいたる過程は、疎外論と神学批判に出発したヘーゲルが、その克服の論理から新しい神を創り出す過程と即応しているように思われる。しかし、その神は青年ヘーゲルが批判の炎で焼きつくした旧き神ではなかった。そこには彼の近代人としての経験が投影されている。ヘーゲル批判としての「神学」批判は、ヘーゲルの神の近代性を見落とすことによって、青年ヘーゲルその人が出発点とした啓蒙主義のレヴェルでしか、ヘーゲルの「神学」を批判できなかったのではないか。

★12 MEW. Bd. 2. S. 60.

★13 Enzy. 1830, §13. ハイデガーもこの例をいくぶんおもしろく脚色して伝えている。Identität und Differrenz, S. 64.

★14 Das Kapital, Dietz, S. 18.

★15 Die Philosophie der Geschichte, SK12 S. 529.

★16 廣松渉『エンゲルス論』二三七頁以下参照。

三　「疎外論」が歴史意識の原型を形成する——ベルン時代の草稿より

当然のことだが、青年ヘーゲルにはそれを転倒すべきもうひとりのヘーゲルはいなかった。彼は史書にも歴史哲学にも親しんでいたであろう。しかし、それらは自らの未来への期待と重ね合わせて共感や反撥の火花を散らすといったものではなかったようである。彼が、はっきりと「歴史」を主題として哲学的思索を傾けるには、イェーナ時代の中頃を待たねばならない。彼の歴史意識の出発点は、文字で書かれた「歴史」や「歴史哲学」にあったのではない。青年ヘーゲルは、その最初の素朴な疎外論から、素朴な歴史意識を形成したのである。★17

彼の根本的な信念は、人間の本性（Natur）には、道徳性と、それに直結した神性への可能性があるということであった。その本性的なものが主体性を失うことなく現実の生・生活に実現されるのは、国民が生き生きとした共和国的結合のうちに統一されていることと、その国民の宗教が個人宗教としてではなく公共的な国民宗教として、人間本性への抑圧的機能をもたないことが相補的な条件となって実現されているギリシアのポリス共同体に例を見るような状態においてであった。これはわれわれが意図的に読みこんだうえでしいて言えば歴史の第一段階にあたる。

「第二段階」はこうである。そこには「いかなる公共的徳ももたず、投げ出されて抑圧の状態に生きる大衆」（Sch. 45, Nohl. S. 70, SK1 S. 99）がいる。信仰も内面性、主体性を失って「神と不死への内なる確信も、外面的保証への信仰におきかえられざるをえない。」（ibid.）奇蹟はこうした外面的保証の代表的なものである。そして人びとは自己の未来の生についての確信を抱けず、「驚嘆の的となるようなひとりの人格に依存することしかできな」（ibid.）くなる。すなわち「人間には道徳性は不可能である……という理由で、……神の慈悲深い恩寵によって人間にも可能な他の内容がおきかえられる。つまり、キリストへの信仰である。」（Sch. 46, S. Nohl. 64）人間は、本来自己の内なるものである神性を「もっぱらかけへだたった存在にのみ帰する。」(Sch. 46, Nohl. S. 67) つまり、人間が自己を疎外している状態である。宗教における人間疎外は、国家における公共性の喪失と相互に連関し合っている。まさにそれゆえ「キリスト教が公共的な宗教として歓迎され受け入れられたのは、ローマの公共的な徳が消えうせた……時代のことであった。」(Sch. 45, Nohl. S. 70f.)

こうした「ローマ―キリスト教」の時代に対置されるいわば第三の段階が「近代」[★18]である。「近代になってはじめて人間はふたたび権利、少なくとも市民的権利、所有権と所有物の安全権とを保持するようになったので、主体性(Tätigkeit) がふたたび姿を現わしはじめた。」(Sch. 48, Nohl. S. 365) 政治的市民意識の高揚にともなって理性の自律意識がめざめる。「理性がひとたび自己の自律を感得するまでに成長すると、理性の、理性自身からつくられた、それ自身の内部に根拠づけられた確信が強力なものとなる。」(Sch. 46, Nohl. S. 66) カントの道徳宗教論のもとをなす理性の自律性を、「自我」の自律性、主体性に「改釈」し、既成宗教の客観性にたいするラディカルな批判の立脚点としていた当時のヘーゲルの思想では、理性の自律の自覚は、宗教的疎外からの自己解放の要求ともならざるをえないものである。ここに政治、宗教の両面にわたる革命意識が形成され、やがては「全国民の要望が変革にまで達して、もはや押しとどめることができなくなってしまう」ことにもなる。ところが「民衆というものは一押しするとたいていはそれで満足してしまう。そしてその次にはすぐさま支配権をもぎとられてしまって、その結果それ以上の進歩、いっそうの改善は……数世紀間というもの不可能にされてしまう。」(Sch. 46, Nohl. S. 62) 革命の不徹底な勝利と、長期にわたる反動期ののち、やがては全面的な解放の時がくる。「したがって数世紀間を経てのちに、人間性が理念への能力を回復して、個人的なもの〔キリスト〕への関心が消失したとき、人間の堕落についての教義〔原罪説〕はおとろえて、われ

★17 本著作三巻「ヘーゲル歴史哲学の原型」は、ヘーゲルが「自然法の学的扱い方について」(一八〇二年) で歴史哲学の構造を最初に記述した文例を分析している。

★18 ヘーゲルの歴史像においては、しばしば「中世」が欠落している。

われをして個人に関心をもたせたもの〔疎外された人間性〕がそれ自身、理念〔本来の人間性〕とも美しいものともなって次第次第に姿を現わし、われわれによって考えられ、われわれ自身のもの（Eigentum）となり、われわれが疎遠（fremd）な個人に投入していた人間的本性（Natur）の美しさを、ふたたびわれわれの作品（Werk）として喜びをもって認識し、ふたたびわれわれ自らのものとする（aneignen）ようになる。」（Sch. 45, Nohl. S. 71）

ここには、人間本性（Natur）と道徳性（宗教性）との根源的統一が、外的歴史的条件によって分裂し、人間が自己を疎外して疎遠（fremd）なものへの信仰におちいるが、近代にいたって市民的政治意識の高揚とともに、理性の自律性（道徳性）がふたたびめざめ、人間は自己を回復するという、素朴ではあるが明確な歴史像が描かれている。ここでは疎外からの回復という革命観が歴史観を規定している。

俗説では一般に歴史図式から革命観が出てくるように言われる。ここでは逆である。「革命観から歴史観へ」である。ただし、ここではわれわれが「歴史」の過程として見るものを、ヘーゲルは「本性」の喪失と回復の過程として把えている。それではこの「歴史」観—革命観がどこから出たかと言えば、それは結局はヘーゲルのフランス革命への共感から出たものといってよかろう。体系期のヘーゲルが「弁神論としての歴史哲学」を語ったときにもやはりフランス革命への共感が鳴りひびいていた。ここには同じ精神が流れ連らなっている。ただし、歴史が「歴史」として語られるにいたったとき、革命は論理の鋳型に流し込まれて、その実践性を殺しているかもしれないが。

四　民衆支配と自然支配において等根源的なもの——ユダヤ教の分析

ヘーゲルがひとつの歴史像として語った、右の人間の本性の自己回復過程は、たしかにわれわれからみればすでに疎外論である。しかし、ここには共和的国家の不在という政治的条件と、原罪説による人間の道徳的能力の否定という宗教的条件は語られていても、人間が自己を疎外するというそれ自体能動的なプロセスは、ヘーゲルがかかるものと自覚して語っているわけではない。それが語られるのはフランクフルト時代のユダヤ教の分析的記述においてである。★19

人間そのものにとって、おそらくきわめて根本的な経験は、自然との対立関係が形成されるということであろう。ヘーゲルはこうした対立関係の形成をユダヤ民族の歴史に見出して、★20そこに自己疎外の成立地盤をおく。すなわち「ノアの洪水」が、自然との根本的な分裂を象徴するものと解釈される。「この洪水を通じて人間は自然にたいする信頼を失ってしまったように思えた。いまやはじめて人間は敵対的な存在と対立し、力を挙げてそれにはむかう。この自然との分裂は必然的に国家等の発生を結果としてもたらした。」(Sch. 64, Nohl. S. 368)★21こうした自然との敵対によって「全体が理念と現実とに二分」(Sch. 77, Nohl. S. 244) される。つまり、(1) 自然と人間との分離、労働と享受における支配関係、(2) 人間と人間との分離、国家さらには制度一般における支配関係、(3) 観念と現実との分離、理論認識と実践的信仰における支配関係、という三重の分離 (Trennung)、支配 (Herrschaft) が形成される。ノアは★22「敵対的な力〔自然〕と自己を、より力あるもの〔神・理念〕に服従させることによって、その力〔自然〕から自分を安全に」(Sch. 77,

★19　自己疎外の意識をはっきり記述したものとしては創世紀二七章のイサク、エサウ、ヤコブについてのエピソードの分析 (Sch. 64, Nohl. S. 368) が最初のものであろう。

★20　ヘーゲルはあくまで特殊的にユダヤ人の歴史における出来事として描いているのであるが、これが人間、とりわけ近代人の存在条件を投影したものであることは、青年期草稿群の全体から見てほぼ明らかである。しかし、これが決定的に明らかになるのはイェーナ期のいくつかの論考による。さしあたり『自然法講義録』(Kim. 45) を挙げておく。

★21　同種の論述は Sch. 71, Nohl. S. 373, Sch. 77, Nohl. S. 243f.

★22　ヘーゲルはノアを観念による統一、ニムロドを現実による統一と対比的に描いているが、これは弁証法的修辞の産物で、本筋はノア―アブラハム―モーゼの観念主義にある。なおノアとニムロドの対比については Sch. 65, Nohl. S. 368 の註も参照されたい。

Nohl. S. 245) するのであり、またその理念が「人間に律法を課す」(Sch. 77, Nohl. S. 244) のである。つまり、現実から分離した理念(観念)の支配が、民衆支配と自然支配における等根源的なものとなる。

この理念・神がそれを信ずる自己の実存の全体性の反省されたものでありながら、その自己にたいして疎遠(fremd) なものであるといういきさつは、ユダヤ人の父祖アブラハムを通じて語られている。[★23]

まず初めに見られるのは自然との根源的統一のうちに生きていたアブラハム像である。――カルデアに生まれたアブラハムは、その故郷において、対立なき「自然の単調な享受」(Sch. 65, Nohl. S. 370, Sch. 66, Nohl. S. 371) に恵まれていた。「彼は自分が享受するものを感受したのであり、その両者はひとつであった。彼の行為、彼の存在 (was er war)、彼の享受の全体の合一を、彼は全体者、大いなる対象として直観した。」(Sch. 66, Nohl. S. 371) ここで直観とは対象との非分離を意味する言葉である。[★24] つまり対立なき「ギリシア的神・自然とのたわむれ」(Sch. 65, Nohl. S. 369) に生きていた。この「神々」とは「想像力によって生気づけられていた関係」(Sch. 65, Nohl. S. 368) にほかならず、「そうした結合」が「この全体・神々」(Sch. 66, Nohl. S. 371) なのである。

つぎにわれわれは故郷を喪失したアブラハムの自己を疎外する過程を見よう。彼が「一国民の父祖となるにいたった最初の行為は、共同生活と愛の絆を、つまり、彼が人間と自然とのあいだでそれまで生きてきた諸関係の全体を引き裂く分離であった。」(Sch. 79, Nohl. S. 246) 彼は、こうした「諸関係、すなわち神々」を棄て、故郷を棄てて「地上の異邦人」(Sch. 65, Nohl. S. 368f., Sch. 66, Nohl. S. 372, Sch. 79, Nohl. S. 246) となる。いまや彼の生を彩っているものは自然と共同世界にたいする冷淡な無関心である。彼にとっての唯一の関心事は、自己の「実存(生活)」なのであった。「ひとりの独立人であり、国家や、他の目的の拘束からはなれて、彼にとっては自己の実存こそが最高のものであった。……彼はたったひとりぼっちで〔この地上に〕立っていた。」(Sch. 65, Nohl. S. 396) 彼はいま、自然と、共同体と、神々との三重の分離を経験している。しかし、それはまた自己自身からの分離をも意味するのであった。「祖国と祖国の家からの分離は彼を反省へ追いやった。しかしそれは自己自身への反省 (Reflexion in sich selbst) ではない。ひとつの力を自己の内に求めて、その力でもって彼が諸対象と対抗するといったものではない。」(Sch. 65, Nohl. S. 370) 自己反省が自己への反省でないということは、自己を自己ならざるものへ疎外するということにほかならない。

「現前するものを超え出て眺観し、こうして現存在の……全体へと反省〔自己疎外〕することが彼の生を特徴づけている。そしてこの全体の映し出された(im Spiegel)像〔神〕が彼の歩みと行為を導き、彼に未来への約束を行ない、彼の全体を彼に現実化して描き出す神性なのである。」(Sch. 65, Nohl. S. 369) この神、神性(Gottheit)は、たしかに本来は、かつて彼が直観していた彼の行為、存在、享受の全体である。それが「いまや彼の内で意識となっている。」(Sch. 66, Nohl. S. 371) このさい「意識」は直観とは反対に、主客の対立の内にあるものである。したがって「いまや彼の生の全体が彼の前に立っている。」(Sch. 65, Nohl. S. 370) アブラハムの自己反省は、自己を対象化し、それを「自己の外に持ち出さざるをえなかった。」(Sch. 66, Nohl. S. 369)

神は「無限の客体」(Sch. 66, Nohl. S. 372以降)として、自己(アブラハム)からも、それに対する世界全体からも疎遠なものとして超越し、すべては神の支配下におかれるが、アブラハムひとりは神の「いとし子」として、やがてはユダヤ民族全体が選民として、特権的に神の恩寵をうけ、神の世界支配を通じて、爾余の世界からの脅威にたいして保護されるとみなされる。この選民意識はやがて、ローマ属領下のユダヤの「貴族制」においては「本来的に高僧たちに仕え、非常にしばしば民衆に逆らう」(Sch. 66, Nohl. S. 377) ものとして働くことになる。そしてヘーゲルは美の精神によるユダヤ人の自己解放の可能性を留保しながらも、彼らが「マクベスの運命」に終わるありさまを描いて、改革

★23 アブラハムに関する論述は、Sch. 65, Nohl. S. 368-370, Sch. 66, Nohl. S. 371-373, Sch. 71, Nohl. S. 373, Sch. 79,《82》, Nohl. S. 245-248.

★24 直観における対象との合一という考え方は、ヘーゲル思想の全体を貫いている。青年期の彼の窮極のよりどころのひとつがそこにあり(たとえばSch. 81, Nohl. S. 400, Sch. 83, Nohl. S. 316)、イェーナ期にシェリングの知的直観を受けとめる土台ともなり、アリストテレス研究によって確認されて、体系期の認識論の根底を規定するのである。第七章を参照。

者イエスの登場する時代的背景へと叙述をつないでいるのである。
右の「疎外論」において、疎外に対置されるべきものは、まだ術語化されてはいないが「自己内反省」であった。同様に彼は、ユダヤ教内部からの反抗分子としての分派を「人間の力が自己内におしもどされ (in sich selbst zurückgedrängt)、人間が自己を反省し (über sich reflektieren)、自己自身の内に本質の統一を造り出そうとしたとき」(Sch. 66, Nohl. S. 372f.) に成立したと論じている。

たしかにここには「疎外からの回復の論理」が用意されている。それは予感されている。しかし、やはりこれはヘーゲルがいかにそこに近代人の存在条件を投影し、家郷を去って異国（ベルン）に暮らした自己の体験を注入したところで、やはりユダヤ人の運命としてつきはなされてもいる。ユダヤ精神にギリシア精神がつねに対置されているところから、そしてヘーゲルがギリシア精神を自己のものとみなしている以上、まだ、人間疎外は決定的、全面的に自己の運命として引き受けられていないようにもみえる。ただし、アブラハムの自己疎外の過程が、故郷においてギリシア的神々のうちに生きていた時代から説きおこされている点には、明らかな彼の歴史意識の成長がある。もはや単純にギリシアとユダヤが対置されているのではない。ユダヤにもギリシア的前史があったことが見とどけられている。われわれの読みこみをまたず、故郷カルデアは歴史の第一段階である。しかし、ギリシア的「疎外以前」が、現在的理念として、疎外の現状に対置されているかぎりで、現状への批判が成り立つのである以上、もしも疎外の運命が自己の歴史として引き受けられ、ギリシア的「疎外以前」が過去の事実性のなかに埋没するのであれば、「疎外以前」は、現在に生きる理念性を失って、現状批判は成り立たなくなるはずである。「疎外以前」は過去の事実か、現在の理念か。ヘーゲルは明らかにこのユートピアのジレンマのなかにいる。ユートピアが過去へと事実化されて現状批判の力を失うか、それが現在に対置され、現在から未来へ投企されるその代償に現実性を喪失するか、というジレンマである。そしていま、青年ヘーゲルはユートピア主義から歴史主義へと歩みを進めている。歴史主義が成立すれば、ユートピア主義は死滅する。ヘーゲルが最終的に選んだ道はわかっている。彼はユートピアを現在に事実化してしまったのである。半ば実践的なものを、半ば実践的なままにそっくり理論化してしまうような論理がかたちづくられた。

五　主観、客観の根源的統一という新しい思想にたどりつく

ベルン時代初期のヘーゲルにとって、人間本性(Natur)そのものの最高善への可能性(これを原罪説の否定として解する点ではヘーゲルは、初めからカントと離反している)をもとに、道徳性として発現する人間の主体性(Tätigkeit)を批判の尺度として、既成宗教の「客観性」を批判することが、自己の課題であった。そうした思想の内部において、たしかに彼は人間の主体性という名のもとに、心胸―愛―衝動という感性的契機と、カントの意味での道徳性―定言命法―義務のリゴリズムという理性的契機との相剋に悩まないではなかったが、その両者がともに人間の主体性として把握されうるかぎりで、主体性を尺度とする批判的立場を貫徹することができたのであった。この論点は、主体性―自律道徳に対するに客観性―他律道徳という対立を前提として、ベルン時代後期の「実定性」批判の立場にひきつがれていった。すなわち、ここでもやはり、彼は人間の本性(Natur)のうちに道徳性―宗教性への素質があるという前提に立っているわけである。

フランクフルト時代の初期に、彼は前項で紹介したユダヤ教、なかんずく、アブラハムに姿をとった人間の自己疎外を理論化した。そこでは、自己的なものが他者的なものとなり、主体的なものが客体的なものになっている。しかもその客体(神)はその主体(信者)の客体(信仰対象)であっても、われわれにとっては主体(疎外された人間性)であるが、信ずるものは、神を主であり主体であり、自分をその支配下にある客体として感じてもいる。[★25] 当然この場面では、自己(自律性)と他者(他律性)、主体と客体、能動と受動という単純な二元論は成立しない。それらは相互に転化する。しかもこの論理からすれば、人間が当為を自己の存在に対して超越的な、つまり規範的理念とし

て定立すること自体、人間の自己疎外としか言いようがない。★26 だとすれば、自他、主客の素朴な二元論を前提にした「実定性」批判は、根本から考え直されなければならない。このとき以来、彼の再三再四にわたる実定性の再定義の試みがはじまる。

実定性概念と疎外概念との理論的撞着に気づくにいたる経過およびその結果をはっきりと示している、ふつう「道徳性・愛・宗教」と題されている草稿（Sch. 67, Nohl. S. 374-377, Bd I. S. 239-241）をとり上げてみることにしよう。書き出しのときのヘーゲルの意図は、道徳性の概念を実定性の概念から救い出そうとするところにあったのであろう。彼はまず、これまでの自分の実定性概念を要約してみる。「〔1〕実践的なものが理論的に存在している信仰、〔2〕根源的に主体的なものがただ客体として存在している信仰、〔3〕主体的なものとなりえない客体的なものの表象を生と行為の原理とする信仰——これが実定的と呼ばれる。」（Sch. 67, Nohl. S. 374）彼は理論的・対・実践的というカント的な対立項を用いて、「実践的活動は与えられた多様に統一をもちこむのではなく、統一そのものなのである。理論的統一は多様なものなしでは空虚で無意味である。ただそれとの関係においてのみ考えられる」（ibid.）というが、本当はこうした領域の区別の問題でないことは明らかである。いま、問題なのは実践的なもの（道徳）の領域それ自体の内部での客体化（自己疎外）なのである。ヘーゲルは「道徳性の概念とは何か」（ibid.）と自問して考えこむ。道徳性それ自身が客体をもつではないか、それでは道徳性は実定性なのか。いやちがう、客体をもつにはちがいないが「理論的な概念の客体と同じ意味で客体をもつのではない。道徳的概念の客体はつねに自我だが、理論的概念の客体は非我である。」（ibid.）いやまて、自我（主体）が客体として存在することはいまのべた定義からすれば当然、実定的なのだ。したがって自我の客体化という枠の中で実定性（疎外）と道徳性を区別しなければならない。「道徳的概念の客体は、自我の一定の規定であるが、これは〔1〕概念となるために〔2〕認識されるために〔3〕客体となりうるために、〔イ〕自我にたいして別のふうに規定され対立させられ〔ロ〕自我の偶有性としてのみ見なされ〔ハ〕いま認識しているいる自我からは排除されている。」（ibid.）そして「こうした仕方で生じたのではない道徳的概念、活動なき概念が実定的概念なのである。」(Sch. 67, Nohl. S. 374f.) これは実定性の新しい定義である。主客の対立に代わって、主体が客体化される仕方に区別があるというわけである。しかしこれならばアブラハムの信仰もまた実定的ではないことになりかねない。そこで新たに「現実的なものの超出」と「客体的活動の無限者との合致」という要求に実践的信仰のありかたをもうけて、第三の定義として「この超出と合致の要求が与えられているとき、信仰は実定的である。この要求が与えられるのは、ある威力的、支配的な客体（権威）によるしかない」(Sch. 67, Nohl. S. 375) というのである。つまり、信仰を現実の多様を超出して無限の統一に一致しようとする主体的努力とみて、この努力が威力的な他者から課せられるところに実定性を見ようとする。これは自発的に隷属するのは隷属ではなく、命ぜられたものが自発的に服従するのは自発的でない、といっているようなものである。

結局は、俗に言えば「当人の気持次第」とも言えようか。ヘーゲルの言葉でいうと「われわれが神性の摂理に帰している道徳的目的においては、われわれはその神性の、それ以外のわれわれに識られない本質へと反省〔自己疎外〕しているのではなく、ここでわれわれは、その活動がそのかぎりでは自我の活動であると判断しているのである」(ibid.) となる。自我を信仰していると判断しながら神を信ずれば実定的でないというのである。これは神を信じていると思いつつそこに自我の影を見出して医すことのできない苦悩にあえぐ「不幸な意識」の裏返しにされたものとも見える。ヘーゲルは完全に自分の行きづまりを感じとった。新しき宗教として人間的な宗教を創始することそれ自身が、新しき疎外に終わるのではないか。少なくとも道徳宗教はかかるものではないのか。

これ以上ヘーゲルの困惑の軌跡を追う必要はあるまい。ここでヘーゲルはこれまでの「主体性の擁護」という立場

★25 こういう自己疎外的意識の分析のために（イ）現象する意識の客体（即自）と（ロ）現象する意識にとっての客体とを明確に区別し、（ハ）現象する意識という客体を把える「われわれ」の立場、つまり『精神の現象学』が不可欠であることが了解されよう。

★26 第一章四節でふれたように、やがて彼はカントの道徳律にたいしても、それが他律的であることを痛烈に批判するにいたる(Sch. 83, Nohl. S. 266)。

から一転したかのごとく、「客体からの遁走」を極端な主観性の立場として「無限の客体への服従」に対置し、主客の根源的な統一の立場にたどりつくのである。「主体と客体、自由と自然（Natur）とが、自然が自由であり、主体と客体とが不可分であるように合一したものと考えられるところ、そこに神的なものがある。」（Sch. 67, Nohl. S. 376）★27

六　愛による人間回復は可能か

自ら形成した「疎外論」によってヘーゲルは涯しない困惑と自問を強いられた。根源的統一といっても、それが現実性を欠いた要請にとどまるものであれば、生と行為の原理とするには抽象的にすぎる。彼が最初に見出した根源的統一の現実性は「愛」と呼ばれる感情であった。またさらに「生」と呼ばれる存在であった（第二章）。人間をその自己喪失の極限において、愛によって、根源の生へと回帰させる否定的仲だちは「運命」と呼ばれる関係であった。

自己を疎外した人間は、主客の根源的統一へ自己を高めつつ自己へと回帰する。本来的に自己がそれであったところのものに出会う。それは「生」である。支配の外面性としての律法の実定性はここに止揚される。「この分離をこえて高められたものは、存在であり、生の様態である。」（Sch. 83, Nohl. S. 266）そこには命令も支配もありえない。そして「自己自身をふたたび見出す生命の感情が愛である。」（Sch. 83, Nohl. S. 283）この「愛によってはじめて客体的なものの力は破られる。」（Sch. 83, Nohl. S. 296）失われた根源の生が回復する。「律法の罰はただ義しいにすぎない。犯罪と刑罰とのあいだの共通の性格はただ均等性にすぎず、生命ではない。……それゆえ義においては、和解、生命への回帰は問題にならない。……たしかに運命との敵対においてもひとは義しき罰をうける。しかしそこでは罰が疎遠な律法から襲ってくるのではない。そうではなくて人間から発してはじめて、運命の法と正義が生ずるのである。かくして、根源的状態、全体への回帰が可能である。……罪人はふたたび自己自身へと還帰する（wieder zu sich selbst zurückkehren）ことができる。」（Sch. 83, Nohl. S. 288）これが「人間をその全体性においてふたたび確立しようとした」（Sch. 83, Nohl. S. 266）イエスの愛における運命との和解という教えである。ユダヤ教史の分析を通じて見出された、人間の疎外に対処すべくヘーゲルが初めてひとまず語りえた人間回復の論理なのである。運命のもたらす悲劇性による魂の浄化というギリシア的思想と、神の愛による罪人の贖罪というキリスト教的思想が、人間存在の根源を生とみる形而上学に支えられた、その生の自己回復の論理へと融合されている。

しかし、ヘーゲルはここである窮極の地点に登りつめたのではない。彼はまだ途上にあったのである。われわれの関心からしてまず注意しなければならないのは、人間の自己疎外からの回復の論理が、生の自己回復の論理として確立されたという事情である。人間は己れの自己を生にもつ。実体は生なのであり、生は自己疎外と自己回復の主体である。己れを己れから疎外し、己れを回復する主体は、個的（または私的）主体ではない。この発想の延長線上に、当然「精神」の自己疎外という概念が生まれてくることになる。

「生は自己自身から自己を離間させて（二分して）そしてふたたび自己を合一する。」（Sch. 83, Nohl. S. 289 cf. Sch. 83, Nohl. S. 318）もちろん生は人間の生、あるいは本性（Natur）に内在するものとされている以上、この「生」を人間の自己疎外の所産であると批判することはやめておこう。もし、かかる批判者が、批判の立脚点として「人間の本性（Natur）」なるものを採択するのであれば、すでにその批判は失当といってもよい。生は同時に内なるものである。内なる自然

★27　じつは主客の統一を原理としたところで、この問題に最終的解決が与えられるものでないことは当のヘーゲルが熟知していた。その統一そのものが、ふたたび、信ぜられたる意識内容か、客体的な所与かという問題が生ずる。二章の四で言及した『信仰と存在』と題された草稿（Sch. 72, Nohl. S. 382-385, SKl. S. 250-254）ではこの点を問いすすめてヘーゲルはさらに困惑を深めている。この問題は一般化して言うと〈主客の統一そのものが主体的か客体的か〉となる。この点を自覚的に問い深めて〈真の統一〉を求めたのが、イェーナ期における同一哲学である。しかし、ヘーゲルの思索の歩みは、この同一哲学から、さらに観念論へと進む（第六章参照）。あたかも主客の主体的統一の立場をふたたび選ぶかのごとくである。——青年期に見せたこのたゆたいは、さらに大きな渦を描いていくのである。

(Natur) である。内なる自己に高まりつつ再会することが人間の自己回復なのである。

それでは、この生の自己回復（生が主体）の過程は、人間の自己回復（人間が主体）を、たんに言いかえたにすぎないものであろうか。下から上への人間の自己回復が、上から下への生の示現であると、たしかに言ってもよい。しかし、ある一点でそれはちがう。生の自己回復が、人間には透視することのできない運命を介してなされているからである。ヘーゲルによれば、運命は人間に疎遠なものではない。人に罪をおくりつける運命を、自己におくられた (geschickt) 運命として、引き受け、とらえ返す魂の転回 μετανοέω を通じて人間は本来の自己なる生に帰入する。運命は自己回復の契機である。

私は「運命」という概念がさしあたり異なった気持で二通りに用いられていることに注目したい。ひとつは「愛において運命は和解される」(Sch. 83, Nohl. S. 282) というときの「運命」であり、もうひとつは、「教会と国家、礼拝と生活、篤信と道義、宗教的行為と世俗的行為がけっしてひとつに融合しえないのが、キリスト教会の運命である」(Sch. 83, Nohl. S. 342) というときの「運命」である。安直ないい方をすれば後者の「運命」はどう見ても自己回復の契機ではない。この「運命」についてのヘーゲルの書きぶりは救いのない宿命としてつきはなすもので、和解への希望はなにひとつ語られていない。「教会と国家、礼拝と生活……」要するに「神のもの」と「カイゼルのもの」との和解がヘーゲルにとって終生の課題であった（はしがきおよび第一章を参照）以上、この「運命」はその克服をめざすべきものであるにもかかわらず、克服の可能性については底冷えのするような沈黙が守られている。しかも、ここで[★28]ヘーゲルが「運命」という言葉を使い分けたという証拠はなにもない。ただし、その用法をくわしく見ると、ある特徴的な要因がうかび上がってくる。

まず、ユダヤ民族においては「武力行使や闘争または強者のくびきを負うという仕方」(Sch. 77, Nohl. S. 243) が運命と呼ばれる。つまりこの運命は反抗と服従のあいだの選択の運命であって、一方的に服従という定めがあるのではない。つぎに、このユダヤ民族に対峙したイエスのばあいでは「民族の運命を自己の運命としてその必然性を負い……神的なものへの結びつきを犠牲にするか(entweder)、あるいはまた(oder)民族の運命をつき放すか」(Sch. 83, Nohl. S. 328)というのが彼の「運命」である。ここでも運命は定めではなく選択である。つまり、「敢為と受動」(Sch. 83, Nohl. S. 286)の自由意志による選択の必然が運命の第一義的な意味なのである。世界とのかかわりを避けるか、引き受けるかは選択することができる。しかし、避けることも、引き受けることも、かかわりにはちがいない、かかわり自体はさけることができない。これが運命である。これはすぐれて近代的な運命観である。運命とは自由なる主体が世界とかかわるその関係の絶対性である。運命と自由とは相反するものではなく、相関的なものである。そしてつぎに世界とそこに生きる主体との全体もまた運命と呼ばれている。イエスが対峙したユダヤ民族の運命がそうである。そのさいにも、受動性に犯された時代精神とその生きる世界の全体つまりユダヤ民族の運命にイエスが自由なる主体としてかかわるところにイエスの運命が成り立ち、そのイエスの自由に対峙するものとしてかかる全体性(ユダヤ民族の運命)が成り立っているのである。ヘーゲルはマグダラのマリアを「美しい心情が罪なくして生きられない時代」(Sch. 83, Nohl. S. 293)に生きた者と述べている。そこでも「時代の自動機械のように……罪もないかわりに愛もなく一生を過ごす」(ibid.)か、罪ある愛に生きるかの選択がある。しかし、いずれを選んだにせよ、そうした世界との関係それ自体は絶対的で、そこを脱することはできない。

　愛は美しい魂の犯す罪をゆるすことができた。ここには律法的な道徳性をこえる宗教性が語られている。しかし、どうして愛はイエスの運命を救うことができないのであろう。ヘーゲルが主客の根源的統一を充実すべき原理を求めて愛という原理に想い到ったとき、彼は「真の合一、愛はただ生けるもののもとにおいてのみ生ずる。それは力において同等であり、……この合一はあらゆる対立を排除する」(Sch. 69, Nohl. S. 379)と語ることができた。愛の根底にあ

★28『キリスト教の精神と運命』Sch. 77, Nohl. S. 243-5, Sch. 78,《Der Geist des Christentums》hrsg. v. W. Hamacher (Ullstein) S. 376f., Sch. 79《82》, Nohl. S. 245-60, Sch. 81, Nohl. S. 398-402, Sch. 83, Nohl. S. 261-324, Sch. 79とSch. 82は現行版では区別できない。SKI S. 274-418.

る生について「生は〔イ〕未展開の合一から出発して〔ロ〕円環の形成を経て〔ハ〕完成された合一へと遍歴する」と語りつつ、しかし、ヘーゲルは「未展開の合一には分離の可能性、世界が対立する」(ibid.) とつけ加えるのを忘れなかった。愛が対立を排除して合一を成就するなら、同時にそこには愛する者の集い、愛の共同体の外部には排除された世界が対峙している。つまり、そこにはもうひとつの、愛の光のとどかないところに成り立つ運命がある。

ヘーゲルは「愛はまだ宗教ではない」(Sch. 83, Nohl. S. 297, Sch. 83, Nohl. S. 332, Sch. 83, Nohl. S. 333) とくりかえしくりかえし語っている。それは要言すれば世界との関係が未済だからである。[★29] イエスの使徒たちは生きた世界に、進んでかかわるか逃避するかという選択にさいして、逃避への道を歩んでいた。愛による共同体の統一は現実性を失って「共同体(教団)を結びつけ、同時に万人の愛の保証が見出されるような別の紐帯が必要になった。」(Sch. 83, Nohl. S. 336) ここにふたたび共同主体の外なる疎遠な現実への自己疎外が行なわれるのである。世界から離脱することによって世界にかかわっている運命、それをヘーゲルはこう述べている。「これこそは、世界とのあらゆる連帯の外にあって汚れなく自己を維持している愛のうちに、あらゆる運命からはなれているかに見えた教団が、運命にとらわれたその点なのである。」(Sch. 83, Nohl. S. 336) 世界との「あらゆる関係から逃避する愛」(Sch. 83, Nohl. S. 337) も、関係それ自体を逃れることはできず、かえって世界とのかかわりにおいて自己を喪失してしまう。しかしこれはイエスその人が「カイゼルのものはカイゼルに」(Sch. 83, Nohl. S. 327 参照) と語って、国家の生活から逃避した結果なのである。つまり「イエスの実存が世界からの分離であり、天国への逃避であった」(Sch. 83, Nohl. S. 329) ことの運命の報いなのである。律法をこえる愛の立場を語ったイエスはそれによって同時に、現実の生、国家から逃避していた。しかし運命はその点をおそう。教団は避けえない現実とのかかわりにおいてふたたび人間の疎外を生む。ヘーゲルは自ら傷つきつつさぐりあてた「人間回復の論理」すなわち「愛における運命との和解」が、ふたたび疎外の運命にひきわたされることを洞見していた。

七　歴史の人間性を問うことから人間の歴史性を問うことへの転回

イエスによる運命との闘いを美しく描いてそこに自己を仮託したヘーゲルは、同時にその敗北を洞察するヘーゲルでもあった。いま、ふたたび洞察者ヘーゲルの立場を要約するならば、地上の国家とのかかわりが未済であるとき、宗教的救済はそれ自体ふたたび人間の自己疎外となる運命にある、と言いえよう。彼はいま、歴史というものを真正面から見つめざるをえない。彼がステュワートの経済学から抜き書きをつくって註を加えたのはこのときである[★30]。それとともに『ドイツ憲法論』として一連の政治文書の執筆を始めてもいる。もちろん、このときにヘーゲルが国家・市民社会に関心をよせたということについては外的な事情もあった。私は、このときヘーゲルが直面していたであろう歴史的なものが、彼の根本思想にとってどのような意味をもったかに注目したいと思う。問題の中心点は人間の本性(Natur)という考え方である。

これまでのヘーゲルの考え方はすべて、人間の本性(Natur)には神性への素質があることを前提として成り立っていた。それはあるときにはカント的定言命法の実現可能性であり、倫理的共同体の成立根拠とも考えられていた。また、主客の根源的統一もまた人間の本性(Natur)に窮極の根源をおいていた。人間に本性(自然(Natur))があればこ

★29　愛が世界と外側からかかわっていく以上、運命は避けられない。〈愛が世界である〉ようなありかた、それが後年ヘーゲルが語る「人倫」であり、「精神」なのだ、と見通しを立てておいてよい(第五章)。

★30　Gisela Schüler の考証に従う。ルカーチの『若きヘーゲル』は青年ヘーゲルの草稿群にかんする執筆の時期・順序の厳密な考証を促した。当然ルカーチは草稿の執筆時期について正確な知識をもちえなかった。今日の Chronologie から見るとき、ルカーチの誤ちは、ほとんど致命的である。とくにイェーナ期では、主たる論文の執筆順が、今日の考証結果とは正反対になっている。

そ、自然（Natur）との分離は、人間性の喪失の地盤であった。したがって、この分裂は、自然（Natur）の自然（Natur）からの離反でもある。彼はこう述べている。「分裂されたものは、ただこの〔根源的に〕一なる存在の内においてのみ、自己の合一を見出す。というのは、ある区別された存在は、ひとつの観点においては、ある〔一者としての〕自然（Natur）を前提するが、それは〔他の観点、つまり分裂の相においては〕自然ではなく、したがって、〔自然が自然でないという〕矛盾を前提するからである。」（Sch. 83, Nohl. S. 383）かんたんに言えば、疎外は本性（自然）の自己矛盾である。かかる本性を前提とするかぎりで、自然の自己回復は、そのまま人間の自己回復とみてさしつかえない。

イエスの教えにおける自己回復がふたたび自己喪失におちいることをわれわれは見た。したがって根本的な回復の歩みは、回復—喪失—再回復の段階的歩みとならざるをえないであろう。すなわちより完全な統一に向かう歴史の歩みである。この「より完全な統一は〔人間という〕有限な生が〔自己の本来性たる〕無限な生への高揚」であるが、「制約や主客の対立が残存するかぎり、教団の運命に見られるように「必然的なものではない。」（Sch. 93, Nohl. S. 350）必然ならざる偶然的統一はふたたび実定性（疎外）を生み出す（Sch. 72, Nohl. S. 383, Sch. 95, Nohl. S. 147）。しかし「いかなる対立と合一の段階に人類の規定された本性（Natur）が留っているかは、無規定の〔根源的な〕本性（Natur）という観点からみれば偶然である。」（Sch. 93, Nohl. S. 350）ここで「規定された本性」というのは、明らかに歴史的に規定された本性ということである。それではいかなる歴史的な条件において、本性は自己回復の極限にまで達するのであろうか。合一の「もっとも完全な完全性は、その生が可能な限り少ししか分裂していない幸福な民族において可能である。」（ibid, cf. Sch. 71, Nohl. S. 373. ユダヤ民族＝不幸な民族）当然かかる「幸福な民族」が現われる必然がありやなしやという問いもでようが、しかし、それ以上に、歴史的に規定された本性が、本来の本性であるといいうるのだろうか。

ヘーゲルはこの点についての省察を強いられた。むしろ規定された本性の方が現実の本性ではないのか。「人間本性（die menschliche Natur）という概念には無限の変様がみとめられる。変様が不可欠であり、人間本性はけっして純粋には存在しなかったということを経験に訴えて〔主張して〕も、それは苦しまぎれの口上とは言えまい。それどころか、それは厳密に証明できるのだ。ただ次の点をはっきりさせるだけで充分である。いったい純粋な人間本性とは何なのか。」(Sch. 95.『実定性論文改稿』Nohl. S. 141, SKI S. 218) しかし、この純粋な人間の本性という概念こそ、多年にわたってヘーゲルがキリスト教とさらにその文化、社会を批判してきた「基準」ではなかったか。彼のユートピアの種子ではなかったか。当然、本性(Natur)対実定性という対立を前提にして「最初に立てた宗教の実定性にたいする基準は、まったくちがった様相を呈する。人間の本性という普遍的概念はもはや充分なものではない。」(ibid.) これまでヘーゲル自身によって実定性の徴標として掲げられてきたもの、たとえば「未知なるものへの戦慄、与えられた規則への機械的服従」等々について、「こうしたことはすべて自然な(natürlich)ことかもしれない。そうした精神に息づいている宗教はしたがって実定的ではないかもしれない。なぜならそれはその時代の本性(Natur)に適合しているからである」(Sch. 95, Nohl. S. 141) とヘーゲルは反問する。本性を尺度に時代が測られるのではなくて、時代を尺度に本性が測られる。一種の歴史主義[★31]が成立し、ユートピア主義がこの歴史主義の観点からしりぞけられている。

しかし、われわれもヘーゲルに反問したい。歴史的現実にたいする人間性という観点からの批判はすべて無効であるのか、と。ヘーゲルは、時代の本性に適合してはいても、それはいかにも「みじめな本性」(ibid.) であろうが、と述べてそれらを道徳的に肯定しているわけではない。しかし、いかなる権利をもって批判が可能かという点については、「たぶん、別の場所で」(Sch. 95, Nohl. S. 146) 論ずべきものとしか言ってない。彼はやはりまだ、ユートピアのジレンマのなかにいる。彼が語りえたギリギリいっぱいのことは「生ける本性は永遠に普遍概念とはちがったものであ

★31 ここでは、われわれから見て〈歴史〉であるものが、あくまで「本性」として語られている。つまり、「永遠の本性」に、「時代の本性」が対置されている。彼の歴史意識は「本性(自然)」という繭の中で育っていく。先に挙げた『自然法講義録』(Kim. 45) には、次のような論旨が見られる。ユダヤ教のもとで神を離れた自然が、キリストを介してふたたび聖化される。しかし、それは人間的自然、すなわち共同精神である。そこでは、宗教の歴史を介して、本性の歴史に救いがもたらされ、同時に、自然と精神が分化し、社会的共同性をもった「精神」となっていく。つまり宗教の歴史化、本性の浄化、本性の自然と精神への分化、精神の共同化がほぼ同時に行なわれ、そこに初めて本来の意味での「歴史」思想が成立する。

る」(Sch. 95, Nohl. S. 141) ということであった。四〇年以上あとにカール・マルクスという男が「果物そのもの」という(たぶんピント外れな)表現で批判しようとしたものが、じつはこの「普遍概念」ではなく、「生ける本性」[★32]の方であったことは、あまり知られていないようである。さて、ヘーゲルがここに本性との対比において語った歴史性の立場からすれば、当然、この普遍概念の成立もまた歴史的に問われるべきであろう。いま、私は青年ヘーゲルの自らに問うた問いの誠実さを次の言葉にたしかめたいと思うのみである。——「人間本性の現象の無限の多様性がいくつかの普遍概念に集約されると信ずることができるほどにこの概念が抽象化されてしまった、そういう時代が到来しうるにいたるまでの数百年にわたる教養の長い段階的歩みが流れすぎたにちがいない。」(Sch. 95, Nohl. S. 139f.) しかし、この歩みを通覧するという課題は、さらに六年の歳月を経て『精神現象学』における、あの「自己を疎外する精神」の章が書かれるまで果たされなかった。

★32 「生ける本性」については第八章で要点にふれる。マルクスとの関係については第五章で論ずる。

第四章　知性主義への転回

生からの離反、頽落もまた生の運命であると考えることによってヘーゲルは、キリスト教にまつわる不幸な歴史をも自己の歴史とする道を切りひらいた。従来、ユダヤ教、キリスト教への批判の言葉としてのみ用いられてきた「実定性」の概念も新しい光の中に照らし出された。われわれは、ここに、人間精神の外化と自己回復の道程としての『精神現象学』、さらには「幸福なる国民（民族）」のうちに神的理念の実現を見る「歴史哲学」の原型をみるのである。

第二章で取り上げた、いわゆる『体系断片』が書き上げられたのは一八〇〇年九月一四日のことである。第三章で扱った『実定性論文改稿』(Sch. 95) が、一八〇〇年九月二四日に執筆されたとみなされている。晩年のヘーゲルの思想をそれによって語るのは性急にすぎるかもしれない。第一章でも引用したが、翌一八〇一年七月の日付を序文にもつ『フィヒテ哲学とシェリング哲学の体系の差異』において、ヘーゲルはこう記した。「分裂がすでに与えられているとき、固定したものと化した主観性と客観性の対立を揚棄し、叡知的世界と実在的世界という既成の存在を生成として、所産としてのその存在を産出として把握することは必然的な試みである。その生成と産出の無限の能動性において、理性は、分離されたものを合一し、絶対的な対立を、根源的な同一性によって制約される相対的な対立におとしめるのである。」(GW4. S. 14) この一句によってすでに、いわゆるヘーゲルのイェーナ時代の「同一哲学」の立場が、フランクフルト時代の「生」の哲学が開花したものにほかならなかったことが充分に了解されるであろう。しかし、生の哲学にみられた反知性主義・反国家主義が、いかにして知性主義・国家主義へと変貌していったか。この転換を解明することが本章の課題である。

一　連続と断絶

誰にも、青春の終りというものはある。ヘーゲルのそれは、フランクフルトからイェーナに移住し、就職し、論文を公表し、ゲーテを訪問したりした時期、つまり彼の「イェーナ期」にあたる。そこでの彼の思想的転化は、彼自身の言葉を若干転用して「青年期の理想を反省に、同時にまた体系に転化」することであったと言われる。そのかぎりで、青年期からイェーナ期への移行は自覚の連続的な進行である。しかし、この移行の歩みには同時に非連続の相もある。反知性主義から知性主義へ、一種アナーキズムの様相を含む共和主義から国権主義へ、心情の宗教から理性の宗教へと、表面的にみればほとんど架橋不可能な断絶面も姿を現わす。

ところで、右に示した二元的対立は、そのままヘーゲル哲学の根本にかかわってくる。ルカーチの評言をまつまでもなく、ヘーゲルの理性は一種の非合理性をはらんだ理性であり、ヘーゲルは一方で極端な合理主義者として非難されるかと思うと、他方では極端な非合理主義者として非難される。★1 また、彼の国家主義には個人と全体との調和という理想がこめられているが、その国家主義のゆえに彼の「哲学は止揚」さるべく、その社会理想のゆえに「哲学は実現」さるべきものとみなされたのである。さらに、「理性は宗教の安住しうる唯一の地盤である」(SK15 S. 215)とする彼の宗教論でも、その理性そのものが心情的なものを内包してはいなかったかどうか。――ヘーゲルの思索の青年期からイェーナ期への転化をそのままヘーゲル哲学の成立、弁証法的理性の誕生として語りうるのは、ある時熟しつつあるものの完成としてそうなのではなくて、この時代的転化のはらむ問題性が、そのまま彼の完成された思索の問題性へと通じているからである。

この転化の軌跡は、彼のイェーナ期初期論文の主要なものにはっきりと刻印されている。理性については、『フィヒテ哲学とシェリング哲学の体系の差異』（一八〇一年、『差異論文』と略称）、国家については、『自然法の学的扱い方について』（一八〇二年『自然法論文』と略称）、宗教については『信と知』（一八〇二年）である。これらの論考でヘーゲルは、カント、フィヒテ、ヤコービを批判的に論述するなかで、同時に青年時代の自己自身との対話をさまざまに交している。その対話の跡をさしあたり『差異論文』のうちにさぐり、青年期とイェーナ期との連続と断絶の相を、反知性主義から知性主義への転回として――この転回はとりもなおさず、ヘーゲル哲学の根本問題にふれるものであるはずだが――素描してみたいと思う。

二　「同一性」から来た手紙

「昨夜、一二時になろうとするころ、父が死にました。まったく穏かに、静かに。私には貴方にもうこれ以上書けません。神様の御加護が私にあらんことを。貴方のクリスチアーネ」（Br. 28, 1799, 1. 15）この妹からの手紙が兄の内面にどのような影を投じたかは知るよしもない。わずかながら父の遺産を得た彼は、家庭教師生活をやめて、思想家としての自立の基礎固めをしようとする。旧友シェリングに久しぶりの手紙を出す。

「フランクフルト・アム・マイン、一八〇〇年一一月二日。愛するシェリング、永い年月別れ別れになっているけれども、こまごましたお願いごとでずうずうしく君の好意を求めさせてもらいたい。僕の願いというのは、バンベルクへ行くのに行き先をいくつか〔紹介して欲しい〕ということなのだ。そこに僕はしばらく滞在したい。僕はとうといま

★1　イリング・フェッチャー『ヘーゲル』（理想社、加藤・座小田共訳）一五頁を参照。

までの暮し方をやめられる見通しになったので、拘束のない状態でしばらく過ごしたいし、その期間を着手しかけた仕事と勉強に捧げたいと決心したんだ。イェーナの文学上の大さわぎにあえて身を委ねる前に、むしろどこか第三の場所に滞在して自分を強化したい。バンベルクで君に会えると期待すれば、そこがますます気にいってくる。君がまたイェーナに戻っていると聞いている。〔シェリングは一七九八年からイェーナ大学教授。恋愛中のシュレーゲル夫人カロリーネとの係わりで、しばらくバンベルクに滞在した。〕僕はバンベルクに知人をもたないし行き先を知るすべもない。そんなことで君の好意ある処置をお願いすることを許してくれたまえ。賄とか下宿等々を整えるのに君の処置があれば、僕にはいちばん好都合だ。君が僕にはっきりした指示を与えてくれればくれるほど、それだけ僕は君に恩を借りて、ますます時間と余計な費用を節約することになる。そのうえ、君が文学上の知り合いへと道を作ってくれれば具合がいい。地方についての君の知識からみて、別の土地、エルフルト、アイゼナッハの方がよいと思うなら、斡旋してくれたまえ。僕は安い食料と、身体の状態のために良質のビールを求めている。それから少数の知人、等々。――プロテスタントの町よりもカトリックの町がよい。ぼくはこの宗教をいちど近くで見たいのだ。身近かな知り合いがいないのだから、僕のお願いをかんべんしてくれたまえ。昔のよしみに免じて、こんなこまごました煩雑な用件を許してくれたまえ。

君が世間に出て大いなる歩みをしているのを、僕は驚嘆と喜びをもって見てきた。この点について僕はべつに自分を卑下した言い回しもしないし、自分を見せつけることもしないが、君は僕をみとめてくれるね。ひとこと間に入れさせてもらうが、友人として僕たちが再会できることを僕は期待している。人間の下位の欲求から始まった僕の学問的教養において、僕は学問へと駆り立てられざるをえなかった。そして青年時代の理想は反省へと、同時にまた体系へと転化せざるをえなかった。こういうことに従事しながら僕はいま、自問している。人間の生活の内へと食い込んでいくような、どのような還帰が見出されるかと。僕が身の回りに見るあらゆる人間のうちで、その言説と世間に対する影響から考えて、僕はただ君だけにわが友を見出しうると思っている。なぜなら君が純粋に、つまり全情感をもって、なんらの虚飾もなしに人間を把握しているのが僕にはわかるからだ。だからまた、僕について言えば、僕に全幅の信頼をして、君が僕の利己的でない努力を――その努力の領域は低次のものだが――認め、価値を見出してくれると思っている。――君にめぐり会うという願いと期待をもって、それがどれほどまでになろうと僕は運命を敬い、われわれがめぐり会えるよう運命の好意を期待せざるをえない。ごきげんよう。早い返事をお願いする。君の友、W・ヘーゲル」(Br. 29)

ヘーゲルのシェリングを見るまなざしには、卑屈さもあり、卑屈さへの自己反撥を混えた狎れ狎れしさもある。だが、ヘーゲルに思想家としての自立を勧めたのはシェリングである。この勧めにヘーゲルは永い間、答えを出していなかった。その自立をイェーナで果たすための「猶予」をヘーゲルはバンベルクに求める。ひとつは着手しかけたことの完成のために、ひとつは自己の強化のために、そしてさらには反省と体系から人間の生活へと還帰していくために。「着手しかけた仕事」、「低次の領域」にある「利己的でない努力」とは、彼が政治パンフレットとして書き始めていた『ドイツ憲法論』のことである。ここで彼は、ドイツの現状に極度の分権化の事実を見出して、なにものにも先がけて国家的統一をはかることを呼びかけようとした。体系と化した理想の観点から見て、「否定的なもの」と見える現実になんらかの働きかけをしようとした。それが、「反省と体系から生活へと還帰する」ことなのであった。しかし、その理想とするものの内容は、青年時代のそれとはずいぶんちがって見える。むしろヘーゲルは「青年時代の理想主義」から一挙に現実主義へと転化したかにさえ見える。すなわち、共和主義から軍事的中央集権主義へ、ギリシア的な祭政一致の理想から、近代的な祭政分離へ、そして批判の対象もユダヤ民族からドイツ民族のディアスフォラへと、急速な変化を見せる。自由主義と権力主義とは、支配の外在性はかえって内的自由と両立するという論点によってかろうじてつながれている。[★2]

『ドイツ憲法論』を彼の政治思想の流れにおける突き出した曲部とすれば、彼の哲学的思索全体の中心となる流れは、

★2　この論点の発展した形態についてはJoachim Ritter, Metaphysik und Politik, Suhrkamp, 1969. S. 277を参照。

青年期の「生の統一」という思想が、シェリング流の「同一性」の思弁のなかに流入していくという流れである。「生の統一」という観念は、人間と自然、人間と人間、人間と神という根源的な関係のなかから、支配の関係を排除して、それらに真の調和を見出すようなものであった。理性と国家と神とにかかわるこの思想が、さまざまな内容上の屈折を伴いながら、同一性の哲学という形式に反省され体系化されていく。――そのための「猶予」はしかし与えられなかった。事情は不明だが、ヘーゲルはイェーナに直行する。彼が自らに期した生活への還帰は、体系と反省のさらにいっそうの完成にとって代わられたようである。

時折り、受信した手紙に受取り日などを記入することのあったシェリングは、ヘーゲルからの右の手紙の余白に奇妙な書きつけを残している。「発信人（Abs.）同一性――主観と客観＝同一性」というのである。Abs. という略号は「発信人」とも「絶対的」とも読める。彼が「発信人」と書きかけて「絶対的」と連想を働かせたものかどうか、忖度の域を出ない。ともあれ「絶対的同一性――主観と客観＝同一性」と書かれた、その「同一性」から発信された共感の波がヘーゲルをシェリングとイェーナにたどりつかせることになった。

三　同一性と非同一性の同一性

シェリングとヘーゲルとが共有した同一性の思想とは、要約すれば、（イ）最根源にある絶対的なものは主観と客観の「根源的同一性」である、（ロ）哲学の体系は主観性の体系（先験哲学）と客観性の体系（自然哲学）とに分かれるが、そのおのおのに相対的同一性が成り立つ、（ハ）絶対的同一性がそれらの真理性を保証する、といった思想である。こうした基本思想を共有したとは言え、両者のあいだにはすでにいくつかの思想的差異が現存していたが、その差異にこだわったと思われるふしは、どちらの側にもない。彼らはイェーナで「友人として再会」したのであり、そのときヘーゲルはすでに「生の統一」という独自の観念を形成し了えていた。ヘルダーリンや、シェリングに触発されて、ヘーゲルに生の哲学が形成され、その生の哲学を原型としてふたたびシェリングの同一哲学を受けとめたところにイェーナ期ヘーゲルの学的出発があった。

同一性という発想法との最初の接触は、第三章五節で見たようにフランクフルト時代のヘーゲルの手稿中に跡を残している。そこには、この発想法が流入してきたいささか唐突なりゆきが読みとれるのである。[★3]──「主体と客体、自由と自然とが、自然が自由であり、主体と客体とが不可分に合一したものと考えられるところ、そこに神的なものがある。……神性は主体であり、かつ同時に客体である。……ただ愛においてのみ、ひとは客体と一体 eins である。それは支配せず、支配されない。この愛が想像力によって実在(Wesen)とされると神性である。」(Nohl. S. 376, SK1 S. 242)

このとき、ヘーゲルは本来的に主体的であるものが客体化されてしまうこと、つまり「実定性」を批判するための原理的規定を求めて困惑を重ねたうえ、論点をひるがえして主客の統一を愛に求めるという方向に転回していったのである。同一の断片『宗教・ひとつの宗教を設立すること』(Sch. 67)の前半部分で、主体性を尺度として客体性を批判し、後半部分では、主客の統一を尺度として、客体性のみならず、「客体性からの遁走」をも批判するという書きぶりに唐突さはかくせない。この同一性という観点は、しかし、自然との根源的な和解を求めるヘーゲルがいずれにせよ達すべき地点ではあった。同じ同一性が『差異論文』では、次のような姿をとって現われる。「主観性の体系の内には同時に客観的なものが、客観性の体系の内には同時に主観的なものが存在する。……いずれの体系も自由の体系であるとともに必然の体系である。自然も自由をもつ。……自然は外部から分裂させられ、綜合されるのではなく、自己を自己自身において合一する、そのあらゆる形態で、自己を全体的なものとして自由に定立する存在である。」

★3　細谷貞雄教授著『若きヘーゲルの研究』(未來社)二五一頁以下を参照。

(SK2 S. 107ff.)

自然と自由が根源的に同一であるとみなす点では、両時期の思想に変わりはない。相違はどこにあるかと言えば、同じ事柄の連関が、青年期では主として実践的関心から、イェーナ期ではまずもって認識論的関心から語られているという点にある。ここで認識論的関心とは、シェリングの表現をかりれば「いかにして表象が対象に一致するものとして、同時に対象が表象に一致するものとして考えられるか」(Sch.-Werke, II. S. 348) という問いに発する関心である。実在論（唯物論）は、表象が対象に「従う」からだと答え、観念論は対象が表象に「従う」からだと答えると思われよう。しかし、主客の根源的な関係において、「従う」という「支配と従属」の関係のモデルを導入することは、どういう意味をもつのであろう。のちに説くようにヘーゲルの思索はまさにこの点にかかっていた。

いま、結論的部分を先に示すと、同一性の立場からして当然、両者は「一面的」という批判を受けることになる。ヘーゲルは言う。「もしも哲学の根底に対立の一方が否定され、絶対的に捨象されることによってもたらされるような同一性への要求があるのだとすれば、主観と客観のどちらを否定しても同じことである。両者の対立は意識においてである。どちらの実在性も意識の内に基礎づけられている。〔観念論者の〕純粋意識が、経験的意識の内にのみ示されることは、〔唯物論者の〕物自体がそうであるのとまったく同様である。それゆえ主観的なものも客観的なものも、それだけでは意識を充たさない。」(SK2 S. 61f.) どちらの立場も一面的で、現実の経験において、彼らは二元論となって自己を裏切る。同一哲学の主張は、意識の「二肢性」を語っている訳だが、二肢性とは二つのものがひとつであるという「二位一体」にほかならないであろう。

われわれがふだん同一とか区別とかいうとき、そこに含意されるものは、実在として異なるものの観念における同一であるか、観念において異なるものの実在における同一であるか、どちらかであろう。「君のペンと私のペンは同じだ」とは前者であり、「宵の明星と明の明星は同じだ」とは後者である。述語に「ちがう」がくるばあいでも、結局同じことが言えるであろう。

主客の同一性と非同一性というとき、もはや、その同一性と非同一性とをふたたび主観的なものと客観的なものとに振り分けることはできない。両者は「根源的に同一」なのである。もちろん、非同一性がなければ、同一性は無意味である。ここでは同一性と非同一性のどちらを切りすてることもできない。そこで「絶対者そのものは、同一性と非同一性の同一性である」(SK2 S. 96)と言わざるをえない。この表現が先(第二章七)に見た「結合と非結合の結合」の言いかえであることは容易にわかる。しかし、ここで「二位一体」は意識の現実態そのものの構造である。「考えるとは、対立するものの能動的な関係づけなのであって、関係づけるとは対立するものを等しいものとして定立することなのである。」(SK2 S. 62) ここでは対立を生みだすという面と、対立者を同一化するという面とが不可分である。つまり、「同一性と非同一性の同一性」なのである。

それゆえ同一性に着目すれば、この関係には対立の解消という面がある。「絶対的同一性において、主観と客観とは互いに関係づけ(同一化)され、それによって抹殺(無化)(Vernichten)される。」(SK2 S. 95) この同じ関係が、他面、両者に存立を与える。「絶対的同一性において主観と客観は廃棄される。しかし、両者は絶対的同一性の内にあるがゆえに」、つまりこの同一性が悟性的同一性ではなく、同一性と非同一性の同一性であるがゆえに、「両者は同時に存立している。この両者の存立が知を可能にするところのものである。」(ibid.) 根源的同一性とは、この関係に先立って主客の関係項が実在し、その両実在間に橋が架けられるといった関係ではない。関係そのものが、関係の項の存立であるような関係である。「同一性と非同一性の同一性」とは、まさにこうした「関係の根源性」を表わす概念なのである(第一〇章参照)。

$$\frac{\overset{+}{A}=B \qquad A=\overset{+}{B}}{A=A}$$

シェリングの説く同一性も事柄としては同じ事態を指示している。彼は「絶対的同一性の存在の形式は、ある線のかたちで考えることができる」として、例の有名な分数式(上図)を提示した。ここでは主観性と客観性の「おのおのの方向に同じ同一者が定立されているが、AまたはBが優勢になるような対立した方向で定立されている。」つまり観念論的体系にも、実在論的体系にもおのおの主客の相対的同一性が成り立ち、「均衡点にはA＝Aそのものがくる」という(Sch.-Werke. IV. S. 137)。このかぎりではヘーゲルも同じ考えを共有している。ところがシェリングは、ここで「主観と客観とのあいだには量的な差異以外のいかなる差異も不可能である」(Sch.-Werke. IV. S. 123)、および「絶対的同一性に関してはいかなる質的差異も考えられない」(Sch.-Werke. IV. S. 125)という前提を立てている。つまり彼は根源的同一性における「異なるものが異ならない」「同じものが同じでない」という矛盾を迂回して、差異は量的であり、質的に無差別であるという形に、両規定を振り分けて、この事態を説明しようとしたのである。シェリングはフィヒテとともに、(綜合的)同一性と(分析的)同一律とを同じ側において考えていた。[★4]

なぜヘーゲルだけが根源的同一性を同一律と対立するものとして把えていたのか。理由は二つある。ひとつはヘーゲルが経験的自我と先験的自我とをほとんど区別していなかったためであり(後述)、もうひとつは、青年期の宗教－国家思想のうちにすでに第二章で述べたような「生の弁証法」が形成されていたからである。彼は、「神における反対の一致」は、神が「生」であることによって可能であるとしているわけである。「信仰とは二律背反を合一する合一存在がわれわれの表象におかれる仕方である。」(Nohl. S. 383, SKl S. 251, GW2 S. 10) 神、人間、自然はいずれも「生」として把えられ、「死の領域において矛盾するものも、生の領域においては矛盾ではない」(Nohl. S. 308f.) とする。

ところで、ここにすでに「同一性と非同一性の同一性」という思想が語られていた。「もし私が生は対立と関係〔合一〕の結合であるというとしよう。するとこの結合自身がふたたび〔反省によって〕孤立化されて、この結合は非結合と対立するということがいい出されるであろう。そこで私は『生は結合と非結合の結合』であると表現せざるをえなくなる。」(Nohl. S. 348, SKl S. 422, GW2 S. 344) もちろん意味一般のありかたを同一律によって理解する反省は、この「結合」も「結合」である以上、非結合と対立すると考える。そこでさらにこの対立の同一を語る……というように「休みなき進行」となってしまうが、この悪無限を絶つには、この関係が根本的に「定立されたもの、悟性的なもの、反省されたものではなく、反省の外なる存在であることが」自覚されなければならない(Nohl. S. 348)。

青年期の宗教－国家思想のうちに形成された「結合と非結合の結合」を原型として主客の同一性を把えたところに、イェーナ期の「同一性と非同一性の同一性」が成り立つ。両者は明らかに連続している。ところがこの連続のまっただなかさに、ふたたび断絶の面が現われてくる。青年ヘーゲルは「完成された合一」の内では、合一と分離とが合一される」として、その合一を「悟性」でも「理性」でもなく「感情」であるということによって、反知性主義を標榜し、イェーナ期のヘーゲルは「同一性と非同一性を同一的に定立する」のは「理性の仕事」であると知性主義を掲げる。そしてこの知性主義は「同一性と非同一性の同一性」が論理一般の原型《アルケー》と見なされるにいたって完成するのである。

「始元の分析によって、存在と非存在の統一……区別と無区別の統一、もしくは、同一性と非同一性の同一性という概念がえられる。これは絶対者の、最初の、もっとも純粋な、もっとも抽象的な定義とみなしてよい。」(Log. hrsg. v. Lasson. I. S. 59, SK1 S. 74, GW2 S. 37)

「同一性と非同一性の同一性」という観念が、青年期、イェーナ期、体系期のヘーゲルをまっすぐに貫いている。しかし青年期のそれとイェーナ期以降のそれとのあいだには、反知性主義から知性主義への転回がある。そこにヘーゲルの弁証法的理性が誕生する。生の弁証法がいかにして弁証法的理性となるのか。

四　支配と因果性

カントのカテゴリー表では、関係のカテゴリーは、「実体性」、「因果性」、「交互性」の三者である。『差異論文』でのヘーゲルの念頭にまつわりついていたのは、このカントの「関係のカテゴリー」であったらしい。まず因果性のカ

★4　Th. L. Haering, Hegel-Sein Wollen und Sein Werk, I. S. 643. および本書第九章を参照。

テゴリーについて言えば、フィヒテ批判の主たる論点が、主客を因果の関係に置いたことへの批判から成り立っている。フィヒテにおいて「自我は……非我と因果性の関係にはいり、それによって非我は消え失せ、客観は絶対的に自我によって規定されたもの、それゆえ＝自我となってしまうであろう。ここでは因果性が支配しており、それによって理性、すなわち主観＝客観が対立者の一方として固定され、真なる綜合は不可能となってしまう。」（SK2 S. 68）自我の自己直観（自己対象化）を介した自己同一性が、対立の一方となって、内なる対立の契機を抹消して抽象的な同一性となり、その自我が非我と因果的に関係するような関係では、真なる綜合は原理的に不可能であるとヘーゲルは言う。

因果性批判の意味は二つある。ひとつは因果性が、関係の根源性のカテゴリーではありえないということである。なぜなら因果関係の項はその関係「以外に存立を」もつ「自立的なもの」（SK2 S. 49）でなければならないからである。もうひとつの意味は、因果関係は、その関係そのものが関係の項の不等性、非同一性を要求する結果、因果関係における同一性は真なる同一性ではありえないということである。これらの論点から、実践哲学の領域においては、自由を因果性のカテゴリーのもとにおいたカントの自由論を全面的に否定するという結果が生ずる。理性的自由による自我の自然性の「支配」という関係は、自我の分裂をもたらすというのである。「一方が支配するもので、他方が支配されるもの」であれば、「主観的なものは客観的なものに等しくなく、両者は因果関係におちいる。」（SK2 S. 75）同じく神と地上のものについても因果性が拒否される。「誤った同一性は絶対者とその現象とのあいだの因果関係である。なぜなら、この関係の根底には絶対的な対立が存するからである。そこで対立する両者は存立はしているが異なったランク（Rang）におかれている。合一は暴力的であって、一方は他方を従えて自分のものとし、他方は従者の立場に立つ。」（SK2 S. 48）ここで「因果性」と「支配の関係」とはほとんど同義である。フィヒテの国家論を「あらゆる関係が悟性の法則による支配と被支配である」（SK2 S. 81）と批判するとき、彼はそこに因果性を見出していたといってよい。——こうして自我と自然性、人間と人間の共同存在、人間と絶対者について語られた因果性批判の原型が、人間と自然、人間と人間、人間と神という根源的関係における「生の統一」にあることはたやすく見てとれる。
しかし、青年期の観念がそのまま継承されたかに見えるこの問題領域に、『ドイツ憲法論』の国家中心主義が与えた微妙な影を見落とすことはできない。——話はカントに遡る。第一章でふれたように、カントはその『宗教論』で「ツングース族のシャーマン」と地上の権力をも有する「ヨーロッパの司教」とを比較し、信仰の原理に、「善き人間」たらんとする道徳性が欠落している以上、両者に野蛮と文明という区別はない。区別はただ「見えざる教会」の理念をもたらす道徳性への超越（Überschritt）の有無にあると論じた。青年ヘーゲルは、この個所を半ば引用しながら、道徳性においてすらも「一方が自己を奴隷とし、他方が自由であるというちがいはない。ただ一方が自己の外なる主を、他方が自己の内なる主をもつというちがいがあるにすぎない」（Nohl. S. 266）と批判する。カントの自律性は内在化された他律にすぎないという批判である。罪に「ゆるし」を与える宗教性は「善悪の彼岸」にある。青年ヘーゲルを、カント的な意味での自律性を原理とする「客体性、実定性、他律性」（Nohl. S. 265）への批判から、自由と自然との「生の統一」へと転回せしめたものは、このカント批判であった。

この青年期のヘーゲルが行なったカント批判は、一見そのままイェーナ期のフィヒテ批判に引き継がれたかに見える。「自分自身の主人であり、かつ奴僕であることは、たしかに人間が他人の奴僕である状態よりはすぐれているように見えるかもしれない。ところが自由と自然の関係が、道徳性において、ある主観的な、支配と従属の関係、つまり、自然（本性）の自己自身による抑圧でなければならないとしたら、この関係は、支配者、権力者が生きた個人の外部にいるものとなって現われてくる自然法〔国法〕における関係よりもはるかに不自然である。自然法の関係では、生きた個人が、あいかわらず自己内に完結した自己性をもっている。……内なる自然は自己に忠実である。ところが、道徳理論では、支配者が人間の内におかれ、そこで支配者と従属者とが絶対的に対立するなら、内的調和は破壊される。」（SK2 S. 88）

ここでは、カント的自律性は、つまり内在的超越性は、内在的他律性にすぎないという青年期の論点を継承しながらも、そこからさらに、外在的他律は内在的自律と両立しうるという論点がつけ加わる。『ドイツ憲法論』の国権主義が、個人に許した自由もそれであった。これに対してカントならば、「超越を含まない内在的自律は不可能である」と論ずるであろう。

ここでヘーゲルは、「感ずる我、思惟する我、〔衝動に〕駆られる我と、自由意志をもって決定する我とは同一である」というフィヒテの言を、自然と自由とが「実体性関係、もしくは少なくとも交互関係」にあるものとし、この本来あるべき同一性を、フィヒテは「因果関係」として解釈することによって裏切り、原理と結果の不一致をもたらしていると批判している(SK2 S. 75)。感性我と自由意志の同一性という明らかに反カント的な自我規定をヘーゲルはフィヒテ以上に徹底して貫こうとする。問題は実体性と交互性なのである。さしあたりまず、交互性を取りあげることにしよう。

五　交互作用と悪無限

交互作用については、ヘーゲルに、相反する二つの態度がみられる。——まず交互作用で批判の対象になるのは、フィヒテの自我—非我の相互規定である。フィヒテは「自我と非我とが相互に規定し合う」(F-Werke I. S. 246)という。いわば自我と非我とが一本橋の上で押しつ押されつしている。自我自身が作用するものでありかつ反作用を受けるものである。「自我は非我によって規定されるものとして自己を定立する」と同時に「自我を規定するものとして自己を定立する。」(F-Werke I. S. 246) ここに自我は制約するものとして「無限」であり、制約されるものとして有限であるとされる(F-Werke I. S. 255)。自我の無限性とは志向する自我の純粋な能動性をさしているとみてよい。志向する自我が非我によってこうむる自己惰性化における抵抗が実在性である。この志向性をフィヒテは「努力」(Streben)とも呼んで「努力なくば客体なし」(F-Werke I. S. 262) という。ところがヘーゲルは「この努力のうちに含まれたもののいっそうの展開はすべて……非同一性の原理を内に有している」(SK2 S. 71) と真っ向から否定する。

彼はフィヒテの主張を要約すべく、「対立のうちに自己を定立する自我、すなわち自己自身を規定する自我」を「主観的自我」と呼び、「無限なるものの内に進んで行く自我」を「客観的自我」と呼んで、「両者の規定は交互規定である」(ibid.) という。ところが、これでは主客の規定がフィヒテとあべこべである。そして「主観的観念的自我は、客観的自我によって、その理念の質料ともいうべき、絶対的自己活動性、無規定性を得る。客観的な無限なものに進んで行く実在的自我は、主観的自我によって限定される」とフィヒテを「要約」する。

論敵フィヒテのみならず盟友シェリングともあべこべである。当時のヘーゲルの思想ともっとも密接な関係にあるシェリングの『先験的観念論の体系』でも、絶対的能動性―観念的主観的、相対的受動性―実在的客観的という用語の並行関係は動かない。「自我が自己を直観する。……しかし自我は、その内に否定的なもの、観念的能動性でないとみなしたものを、同時に自己にフレムトなものとして見出すことなしに、実在的能動性を自己と同一のものとして直観することはできない。」(Sch. Werke II. S. 402) 細かな論点をはしょって言えば、観念的能動性は作用の面で〈限定するもの〉、実在的能動性は反作用の面で〈限定されるもの〉である。「自我が自己自身を限定されたものとして直観する」(Sch. Werke II. S. 411) ことが「感覚」であり、感覚は「根源的な被限定性における自己自身の直観」(Sch. Werke II. S. 412) である。

フィヒテ、シェリングは、ともに自我の根源的能動性そのものにまず自我の自己同一性を設定し、そこから自我の被限定性を導出すべく苦心を重ねている。つまり、彼らにはカント的な先験的自我と経験的自我との区別の意識が働いている。それゆえ自我の自己同一性は、自我の被限定性に先立って、同一律と相通ずるものとして立てられる。ところが、ヘーゲルでは、先の引用で純粋意識と物自体とが経験的意識においてのみ現実的である (SK2 S. 61f.) とみなされたように、まず主観的自我そのものが被限定をもっている。彼には先験的自我を純化して自己同一性にもたらすことが一面的であるとする見方があればこそ、根源的同一性と同一律とは相反するものとして把えられたのである。フィヒテ、シェリングにとっては同一性を担う能動的な自我こそが、根源的である。ところがヘーゲルにとっては関係を担う自我こそが、根源的なのである。

フィヒテの論点を要約したつもりで、それをあべこべにとったヘーゲルの自我規定は、経験的自我と先験的自我とを根源的同一性という関係の内部において把える彼自身の考え方を示している。それゆえ、彼のフィヒテ批判は、このあべこべの規定をそのままにして、別の論点からなされる。「主観的自我は無限性という理念によって規定されているがゆえに限定をふたたび廃棄し、客観的自我を、その無限性において有限ではあるが、その有限性において無限なものとする。」(SK2 S. 71) 果てしなく限界をこえていこうとする志向する自我が、制約された自我に制約をこえさせるが、それによって志向する自我は志向性における限定をこうむる。しかし、その限定において無限な自我はふたたび、主観的自我を規定するであろう。「こうした交互規定においては、有限性と無限性の対立、実在的規定性と観念的規定性の対立が存続する。観念性と実在性とは合一されない。」(SK2 S. 71f.) このとき彼は「悪無限」という言葉を用いてはいないが、要するに、悪無限をもたらす交互作用は真なる媒介ではないということである。「自我はその存在を拡張していく無限の過程のなかで、果てしなく自分の部分を産出していくが、しかし自己自身を主観—客観としての自己直観の永遠性において産出してはいない。」(SK2 S. 72)

ヘーゲルは「因果関係のより完全な形式は交互作用として」成り立つと考え、これと対比的に「不完全な因果性の関係が対立するものの根底にある」とき、統一は不可能だという (SK2 S. 48, 71)。それゆえ「交互関係は、相互的な規定と被規定とを内含しているが、しかし交互作用の内にあるものの絶対的な対立と分裂を、絶対的同一性に高める不可能性を前提にしている」(SK2 S. 52) と言われるのは、この交互関係が、因果性関係の交互性だからであろう。

しかし、他面、ヘーゲルが「分裂の時代」としての自己の時代と、そこでの哲学の使命を語って「人間の生から合一の力が消失し、対立項がその生きた関係との交互作用を喪失して自立性を得るにいたると、哲学の要求が生ずる」

(SK2 S. 22) と述べたとき、彼の念頭にあったのは「生の美しき交互関係」(SK2 S. 82) にほかならなかったであろう。「思弁の真なる関係、実体性の関係」(SK2 S. 49) があれば、「美しき交互関係」が成り立つというのであろうか。ここで、因果性を前提にすれば「悪しき交互関係」が、実体性を前提にすれば「美しき交互関係」が成り立つと要約したいところだが、さほど自覚的に厳密に用語を選んでいるわけではないというのが、実情であろう。因果性より交互性、交互性より実体性を高く見る位置づけは見込んでいても、交互性から生ずる「悪無限」を「真無限」に高める可能性、つまり真ならざる同一性が真なる同一性に高まる可能性を彼は確かめかねている。それは結局、何をもって実体性を把握するかという問題であろう。

六　実体性と体系性

因果性、交互性、実体性という、関係の三つのカテゴリーのうちで、両極に立つのは因果性と実体性とである。ところで因果関係といっても、事物間のそれと、主客間のそれとではまったく異なるはずである。主客間では、むしろ現実には因果関係でありえないものが、因果関係として理解されているのである。たとえば「実在論では主観が客観の所産として、観念論では客観が主観の所産として定立されている。」(SK2 S. 48f.) ところが、ここでの産出と所産の関係は、ふつうの意味でのそれとは全然異なるものであるはずである。そこでは「所産は産出の内における以外のいかなる存立ももたず」、それゆえ「自立的なもの」(SK2 S. 49) ではないからである。ここに「因果性の関係が支配しているように見えても……しかし本質的には因果関係は廃棄されている。」(ibid.) だとすれば、そこには因果性とは別の真なる関係がつねに存在していなければならない。「たとえ哲学が……因果関係を用いたとしても、主観〔A〕に対立して現われる客観〔B〕は、その対立態にかんしては……ただ偶有性である。そして思弁の真なる関係、実体性の関係は、因果性の仮象のもとにおいても、先験的原理である。」(ibid.)

この表現は一見、実体と偶有性とに同一性と対立とを振り分けたかにも見える。問題は実体そのものがどのように把えられていたかということである。当然、この実体概念はスピノザのそれと結びつけて考えられている。カントの「物自体」とスピノザの「実体」とを対比的に、ヘーゲルは次のように述べている。「反定立（対立）の空虚な形式」にすぎないはずの「物自体がふたたび実体化（hypostasieren）され……絶対的な客観性として定立され、カテゴリーそのものは知性の静止した死せる仕切りとされるかと思うと、他面、最高の原理ともされている。こうしたことによって、たとえばスピノザの実体のような絶対者そのものを語る表現が抹殺されてしまっている。」(SK2 S. 10) カントに対してはスピノザの側に立つヘーゲルが、スピノザに対しては、「いかなる哲学の始元も、スピノザのように定義をもってする始元ほどに拙劣な様相を呈するものはない」(SK2 S. 37) と批判の矢を放つ。

このスピノザ批判に関するかぎり、ヘーゲルは、ある意味でヤコービの直観主義を受け容れている。ここに、ヘーゲルが受容したかたちでの〈ヤコービの論点〉を挙げてみよう。

（1）「絶対者が意識にたいして構成されねばならぬ。これが哲学の課題である。しかし反省の産出も所産もただ制約されたものであるから、これは一個の矛盾である。絶対者は反省され、定立されねばならぬ。しかしそれによって絶対者は廃棄されてしまう。なぜなら、定立されることによって制約されてしまうからである。」(SK2 S. 25)

（2）「反省によって定立されたもの、命題（原則）は、それだけで制限されたもの、制約されたものである。その基礎づけのためには果てしなく他のものを必要とする。」(SK2 S. 36)

（3）「命題が表現するある思想内容について、これは対立によって制約されているから絶対的でないと証明することはたやすい。……その体系そのものが、原理となる絶対者を命題や定義のかたちで表現するとき、その形式は根本的には二律背反なのであり、それゆえ、たんなる反省にたいして定立されたものとしては、自己を廃棄してしまう。このようにしてたとえば、スピノザの実体は、原因であると同時に結果、概念であると同時に存在として説かれ、対立するものを一個の矛盾の内に合一しているのであるから、この実体の概念は概念であることをやめてしまう。」(ibid.)

ここまではヘーゲルはヤコービとほぼ同じ観点に立っている。同じく大雑把に言えば、青年期のヘーゲルが「概念の統一」を「死せる殺害的」なものとして斥け、反省と知ではなく、心情と生の内に絶対者との合一を見出したのも同じ根本思想からである。ところが、ヤコービと青年ヘーゲルが、ここから「学」と「知」を捨てて、「信」と「心情」においてしか絶対者は把えられないとしたのに対して、イェーナのヘーゲルは、この同じ地点から逆に「二律背反、自己自身を廃棄する矛盾が、知と真理の最高の表現である」(SK2 S. 39) という結論を出す。(もっともこの「結論」が、端的に彼自身の思索の原理となるためにはさらに一歩進まなければならないのだが、その点は次節にふれる。)

ヤコービの論点を受け入れたうえで、スピノザの実体を生かすためには、二律背反を真理とみなさねばならぬ。そこに弁証法的理性が誕生するはずである。それはスピノザの理性ではないかもしれないが、「もしも理性が反省の主観性から純化されたならば、そのとき、哲学をもって哲学を始め、理性をただちに直接的に二律背反をもって登場せしめたスピノザの無邪気さも正しく評価することができる。」(SK2 S. 37) スピノザが「無邪気」にも、定義や命題の形式で表現した実体は、自己原因、すなわち原因であることが直接的に結果であることを意味する思弁的な二律背反なのであった。

それにしても「哲学をもって哲学を始めるスピノザの無邪気さ」とは何であろう。ヘーゲルは「自己自身をもって始める哲学に……前提という表現は不適切だ」(SK2 S. 24, 25) と哲学の自己完結性を暗示し、「すべての哲学はそれ自らで完結している」(SK2 S. 19) と語る。スピノザは、哲学の体系において証明される定理に先立つ前提として、定義や公理を提示したが、ここにもう哲学は始まっている。スピノザが「無邪気」にも、哲学以前とみなしたものが、すでに哲学である。「哲学に序文はいらない」と語ったのと同じ考えである。ここからヤコービを受け入れたうえでスピノザの実体を真なるものとするために、つまり、青年期の反知性主義を克服するために、ヘーゲルが自らに付した条件は、二律背反の真理性の承認、体系の形成という二項目であったといってもよいであろう。

「スピノザの実体のような絶対者そのものを語る表現」とは、直接的には『エチカ』の神の定義「神によって私は、絶対に無限な有、すなわちそれのひとつひとつが永遠かつ無限な本質を現わしているところの無限な諸属性を通じて確立している実体を、理解する」（定義六、高桑純夫氏訳）をさしている。この定義が矛盾であることは『論理学』の「絶対者そのものはただあらゆる述語の否定として空虚なものとして現われる。しかし、同様に絶対者はすべての述語の定立としても表わされざるをえないから、もっとも典型的な矛盾である」(Log. II. 157) という言にも語られている。絶対者そのものが、一なる実体としての「否定的統一」と無限に多なる属性との矛盾なのである。しかし、この両者は相互に不可欠である。ヘーゲルは、クザーヌスの「神はすべてが神においてあるという意味ですべてを包蔵し、かつ神自身がすべてのなかにあるという意味ですべてを展開する」との言を翻案したかのように[★5]、「思弁にとって、有限者は無限の焦点からの放射物（Radien）であり、これは有限者を照射すると同時にその有限者によって形成されている」(SK2 S. 42) と語っている。この関係は同時に絶対者の「流出」(SK2 S. 47) の過程でもある。絶対者の現象は根源的同一性の自己分裂であり、それは主客の二つの「相対的同一性」へと「流出」するが、この同一性は、さらに第三、第四の同一性へと高まり、最後には「膨張が同時に、もっとも豊かで単純な同一性へと収縮する」地点にまで到る (ibid.)。「絶対者は現象そのものの内に、自己を定立しなくてはならない。すなわち、現象を抹殺するのでなく現象を同一性にまで構成しなければならない。」(SK2 S. 48)

s　この過程をわれわれの側から見れば、それは現象の認識にほかならないであろう。ところが、認識は主客の対立による反省の仕事である。ここでふたたびヤコービの論点が問題になる。「分離する行為は反省行為である。この行為は、それだけとして見れば、同一性と絶対性を廃棄する。認識には分離があるがゆえに、あらゆる認識は誤謬であろう」(SK2 S. 97) と、ヘーゲルはいったんヤコービに譲歩したかのごとくに見せておいて、「諸体系は組織された非知であるというヤコービの表現にたいして、非知――個別的なものの知識――は、それが組織（有機化）されることによって知となることが付け加えられなければならない」（SK2 S. 107）と切りかえしている。個別知識を、「生の連関」にもたらすこと、つまり有機化し、体系化することは、神の無限の属性に同一性を与えることなのである。ヘーゲルは、体系性の理念をこう語っている。「理性の自己産出の内に、絶対者は自己を客観的綜体性へと形成する。それは〔イ〕一個の全体者を自己内に荷い、〔ロ〕自己内に完結し、〔ハ〕自己外にいかなる根拠をももたず、〔ニ〕その始元、中間、終局において、自己自身によって根拠づけられている綜体性である。」（SK2 S. 46）

このような体系の形成は、しかし、絶対者そのものにとっては「自己を自然および知性として産出し、それらの内に自己を認識する」（SK2 S. 101）ことにほかならない。

絶対者、すなわち実体は、自己を分裂させて、自己を産出し、その所産の内に自己認識する主体である。体系性において「神の知的愛」が成就するのである。われわれは、「体系の叙述」に呼応して、「真なるもの」絶対者が、「実体―主体」として説かれるあの『精神現象学』序文の根本思想（SK3 S. 22f.）が、ここに懐胎されているのを見とどけることができる。

七　二律背反と先験的直観

弁証法的理性は、ほとんどその原型を形成し了えて懐胎されている。しかし、それはまだ端的に彼自身の原理として位置づけられてはいない。矛盾を真理とみなすという立言には、「反省にとっての」矛盾という条件が付されている。「もしひとが思弁の形式面だけを反省し、知の総合を分析的形式に固定するならば、二律背反、自己自身を廃棄

★5　クザーヌス（Nicolaus Cusanus 1401-1464）には「反対の一致」という思想があるので、ヘーゲルに影響を与えているのではないかと疑われるが、今のところ、ヘーゲルがクザーヌスを直接に読んだ証拠はない。

する矛盾が、知と真理の最高の表現である。」（SK2 S. 39）したがってもしも、反省の必然がないならば、矛盾を真理とみなす必然もないことになろう。思弁にとって反省は不可欠か否かと問うてみると、「反省が自分自身を反省の対象にしたとき、理性から反省に与えられ、反省が理性となるための最高の法則は自己を抹殺（vernichten）することである。……反省は自分に自己破壊（Selbstzerstörung）の法則を与えねばならぬ」（SK2 S. 28）というのがその答えである。この点では、青年ヘーゲルが「結合と非結合の結合」から発する「悪無限」が解消されるのは、この同一性が「反省の外なる存在であること」が自覚されねばならぬ、と語ったのとまったく同工異曲である。

反省から理性への道が反省にとって「絶望の道」であり、弁証法がここで「否定的弁証法」に終わるのだとすると、根源の同一性は何が把えるのか、という疑問が残る。ところが「こうした否定的側面のほかに、知には積極的な面もある。すなわち直観である。」（SK2 S. 42）ヘーゲルが「直観」（Anschauung）と言えばたいていは対象との一体感情を伴うもの（第四章四節の註参照）として言われている。「純粋知（すなわち直観のない知）は矛盾における対立項の抹殺である。対立するもののこうした総合を欠く直観は経験的、所与的、無意識的である。先験的知が反省と直観の両者を合一する。それは概念であるとともに存在である。直観が先験的になることによって、経験的直観の内では分離されていた主観的なものと客観的なものの同一性が意識に登場してくる。」（ibid.）悟性的であると同時に直観的でもあるこの「先験的直観」はフィヒテ、シェリングの「知的直観」とは、やはりある重要な点で異なる。彼らにとって、それは同一律の絶対性と同じ絶対性をもつコギトの自己直観であった。ヘーゲルにとってもっとも根源的なものは、つねに「同一かつ対立」なのであり、けっしてたんなる「同一」ではありえない。「哲学知において直観されたものは同時に知性と自然、意識と無意識の活動である。それは観念世界と実在世界とに属する。」（ibid.）このとき、確実にヘーゲルが自分の思想として駆使することのできた思想は個条書きすれば、（イ）純粋意識と物自体が経験的意識において媒介されている、（ロ）思考そのものが対立するものの能動的な同一化である、（ハ）主観的自我がそのまま被制約性をもつ、（ニ）先験的直観は、反省と経験的直観を総合する、というようなものであった。要するに経験のあらゆる原理的な場面に「同一性と非同一性の同一性」を見出すということである。この観点をさらに進めれば、シェリングからの思想的離反をともなって、ラインホルトの意識律を換骨奪胎して「意識はあるものを自分から区別すると同時にそのものに関係〔合一〕する」(SK2 S. 76) という『精神現象学』における意識の規定に達するであろう。この意識規定はこう言い換えてもいい。〈意識は直観の側面で対象と関係・合一し、同時に悟性の側面で対象から区別される。〉そのかぎりでヘーゲルの「意識」は直観にしてかつ悟性であるという知的直観の存在性格を引き継いでいる。

いまヘーゲルの立たされている岐路は、「直観なき哲学は、有限なるものの果てしない系列を進行する。〔そこでは〕存在から概念へ、概念から存在への移行は正当化されざる飛躍である。……思弁において観念性と実在性はひとつであるがゆえに、思弁は直観である」(SK2 S. 42, 43) と語って、この根源的直観に「身を挺して飛びこむ」(SK2 S. 19) のか、それとも悟性と反省――それは絶対者にとっては分裂と対立であるが――にある種の必然を認めて、悟性と反省への迂路を経て理性にいたるのか、という岐路であろう。絶対者に自己分裂の必然をみとめるという点には、当然、一種の弁神論的問題がつきまとってくる。これについては、しかし彼はほとんど結論に近いものをあらかじめもっていた。青年ヘーゲルは、存在忘却が存在の運命であるとばかりに「生は客体としての客体を存立させざるをえない。まさに生きているものを客体にしてしまわなければならない運命がある……」(Nohl. S. 349) と語っていた。そしていま、彼は「必然的な分裂は生のひとつのファクターである。生は永遠に対立的に自己を形成するものであり、そして綜体性は最高の生動性において、ただ最高の分離からの再建を通じてのみ可能である」(SK2 S. 21f.) と分離の必然を語っている。ただしこのときの彼は、分離から統一への道を、「ピストルから弾丸が飛び出す」ようなサルト・モルターレにしか認めていないのである。

「二律背反、自己自身を廃棄する矛盾が、知と真理の最高の表現である」という思想が留保ぬきで端的に彼自身の思想として語られるには、わずかな一歩が不足している。それが語られるのは、イェーナ大学への就任論文として書かれた、近代物理学との正面からの対決の書、『惑星軌道論』に付された「就任テーゼ」においてである。その第一条に彼は、端的にこう書いている。「矛盾は真なるものの規則である。無矛盾は偽なるものの。(contradictio est regula veri, non contradictio falsi.)」(ED. S. 404, SK2 S. 533)

このテーゼを彼がイェーナ大学で発表した一八〇一年八月二七日は、たまたま彼の三一歳の誕生日にあたっていた。ヘーゲルの誕生日に、彼の弁証法的理性が誕生した。それはまた、彼の青春の終りの日でもあった。

理性の観点に立つということは、ヘーゲルにとってたんに書斎内での哲学の問題にはとどまりえなかった。主客という対立項がそもそも全体と個との社会的対立の投影でもあった。当然、そこには人倫・歴史の問題があった。絶対者の分裂はいま「絶対者の現象であるものが、絶対者から分離され、自立的なものとして固定されている教養」(SK2 S. 20) という時代精神の形をとっている。ルソーの文明論に学んで、「教養が栄えれば栄えるほど分裂が身をまつわらせる生の外化 (Äußerung) の展開は多様化する」(SK2 S. 22) と語るヘーゲルにとって、時代精神としての「分裂」に統一をもたらすという課題は、たんなる「批判の武器」でも、また弁神論をもってしてもなしえない現実的な課題であったはずである。

第五章　疎外と承認——『精神現象学』における疎外論の構造

理性の観点から人倫・歴史の問題が解かれねばならぬ。その人倫・歴史の現実は、いわば疎外という病いをかかえこんでいる。その病いの自覚としての「疎外論」は、青年ヘーゲルの思想の内にすでに芽生えていた（第三章）。本来的に内なるものが外なるものに外化され、自己のもとに（bei sich）あるものが、自己に疎遠な（fremd）ものに転化したとき、彼はそれを「実定性」（Positivität）の名のもとに批判したのであった。その基にあるのは、人間の本性（Natur）をその主体性において尊重しなければならないとする、いわば主体性の立場である。この立場を彼は、フィヒテ的に理解したカント哲学の道徳の自律性と重ね合わせて考えていた。しかし道徳性こそは、概念化された他律性にすぎないのではないか。そうであるとすれば、たんに「客体からの遁走」にすぎないような主体性の立場は、かえって他律的であるかもしれない。そこでもしも「主体と客体、自由と自然」との合一こそが求められるべきものであるとしたならば、それはいったん得られた合一が、ふたたび対立を生み出すという形における完全な合一への段階的な歩みでなければならない。矛盾が真であるとすれば、それは理性の歩みであり、よりよき共同体への社会史的な歩みでもある。なぜなら、合一の完全性は「その生が可能なかぎり少ししか分裂していない幸福な民族」に求められるからである。つまり、疎外からの回復は歴史の歩みのなかに求められる。

歴史の歩みという観点に立つとき、超歴史的な「人間本性」という概念のもつ抽象性はおおいがたい。「いったい、純粋な人間本性とは何なのか」とヘーゲルは自問する。ところが逆に人間本性が歴史的なものにすぎないとしたら、時代の暗黒はすべて歴史的な人間本性の名のもとに正当化されるであろう。批判を停止して過去と歴史性を救済するか、ユートピアを語って歴史性を放擲するか。青年ヘーゲルの思想は「ユートピアのジレンマ」によって彩られている。

ひるがえって彼は、超歴史的な人間本性という啓蒙主義的理念の歴史的形成を追求しようとする。しかし、この課題が果たされるのは、ここで論究する『精神現象学』の「疎外論」においてなのである。

一　意識の遍歴のめざすもの

意識は根本的に対象意識である。それをわれわれは、光が物に当たるように表象するかもしれない。そのさい、われわれは意識の関わり方の観察者として、その物が何であるかを、すでに知っていることになっている。そしてたとえば「彼は花を鑑賞している」と記述する。ところが彼はじつは物理学者であって、花ならぬ、ただの「物体」を見ているかもしれない。あるいは彼は花屋であって「商品」を見ているかもしれない。彼が何を見ているのか。彼が見ているものは何か。つまり、対象の即自を彼はかくかくのものと確信している。彼が対象の何であるかを確信する仕方にしたがって、詩人意識か、物理学者意識か、花屋意識かという、意識の形態が規定される。

ヘーゲルが狭い意味でことさらに「対象意識」と規定したのは、感覚、知覚、悟性であるが、これらは、対象のありかたとしての直接的存在、物体、法則に対応している。それぞれの確信が真であるかと言えば、そうではない。存在の真理を直接性にありと確信する感覚は、そういう仕方で存在に関わり、存在の何であるかを経験するが、じつはこの経験は、こうした関わり方の許すかぎりでしか対象を経験していない。つまり有限な知であって、絶対的な知ではない。意識は、自己を否定して成長し、即自的真理と対自的確信が一致する境地まで遍歴の旅をつづけなければならないのである。

意識は、自然認識を完成するところで目標に達するのだと考える人がいるかもしれない。客体を自然科学的に規定される自然だとあらかじめ決めておいて、意識がそこに達するとか、あるいは、現象を統一する自己意識に統一ある現象としての対象が一致するとか、考えられるかもしれない。ところが『精神現象学』には、あらかじめ固定的に考えられた客体＝自然も、同じく固定的な主体＝意識も存在しないのである。客体も主体も、相互の関わり方によって規定されてくるのであって、前もって固定されているわけではない。[★1]

意識を広い意味で考えたとき、対象意識だけでなく、自己意識も理性も意識である。意識である以上、対象を自己の外にもつ。この性質を意識の「志向性」と呼んでもいい。意識の理想は、この外なるものの即自をそのまま把えることである。ところが意識が即自を把えたとき、把えられた即自はもはや即自ではない。「意識にとって」対他存在である。対象は観念化されている。意識の求める認識とは、触れれば枯れる定めにある花そのものに触れたいと思う不可能な願いなのだ。意識の願いは、自分がすべての他者を奴隷化してしまう暴君でありながら、自由な女の愛を求めるのに似ている。それでは意識の歩みはいかにして終わることができるのか。

主体と客体という対立関係が成り立つ場面において両者の真なる一致はなりたたない。意識は外的な対象にかかわる意識であることをやめて、自己自身を自覚する精神へと発展しなければならない。すなわち、他者の知ではなく自己の知としてはじめて一致が可能となる。その可能性を荷う意識は自己意識である。しかし自己意識も広義には意識である。外部にある対象を意識することに変わりはない。自己が対象化される。これを物象化、疎外、疎外化等何と呼んでもいい。[★2] しかし、対象化されたものは、もはや精神、主体、自己ではない。この、一見解きがたい矛盾が解か

★1　第一章一節の引用を再度要約しておく。「学の視点に立つためには、……認識する主体と、それとは統一されざる客体（各側面は、それだけで独立して、固定したもの、真なるものとみなされている）という前提を放棄することが必要である。」(Heidel-Enzy., §35, GW13 S. 34, Gl-Bd. 6. S. 48) なお、『精神現象学』の認識論的側面については、第九章でさらにくわしく論ずる。

れねばならないのである。
この対象化された自己が、他者ならぬ自己だと知られる場面において「意識が、意識に対していながら、しかも、他者としてあるような疎遠なもの Fremdartiges にまつわりつかれているという外見を脱したとき」(SK3 S. 81)、そのときこの遍歴はやむのである。つまり、意識の他者として意識に対しているような疎遠なものの消失において、言葉をかえれば、あらゆる疎外の終焉において、意識の遍歴は終わるのである。★3
意識が自己を精神という本質において知ること、つまり、現象と本質との一致において絶対知が成り立つ。精神の現象である自己が自己を精神という本質において知るのである。

二　欲望という名の自己意識

あらゆる意識形態が本質的に対象意識であるから、自己意識の成立もまた、外なる対象にかかわる意識のありかたから、内なる自己にかかわる意識のありかたへの展開として把えられる。狭義の対象意識の最高段階にあたる「悟性」の内に「自己意識」が懐胎される。

外的対象の認識は、「悟性」の段階において物を外なる現象と内なる法則として把える。内なるものは、外なるものがなければ空しい点であり、外なるものは内なるものがなければ、ばらばらの知覚にすぎない。両側面の統一を悟性は、内なるものが外へと発出、外化 (Äußerung) する、外なるものが内へ収斂すると考える。この外化力と収斂力という二つの力について、ふたたび相互の媒介関係を立てなければ、統一はなりたたない。内と外とは、不可分であるが、同時に区別されている。つまり、「区別なき区別」(Unterscheiden des Ununterschiedenen) (SK3 S. 134, 137 etc.) である。意識が把えているものは考えてみれば、じつに奇妙な存在の仕方をするものである。いったい、物のどこに内と外の区別なき区別があるのであろう。見えない芯、未知の領域、これらはみな「内なるもの」ではない。現象の統一の根拠ではない。未知の現象にすぎない。物を内と外として把える把え方は、じつは物の側に根拠があるのではないのである。意識はそれと知らずに、自己を意識しているのである（SK3 S. 134）。意識はじつはもう自己意識なのである。内なるものは自己を外化する、内と外とは「区別なき区別」であるというありかたは、自己意識のありかたなのである。★4

デカルトのコギト、フィヒテの自我は、まさに「区別なき区別」なのである。意識が自己を意識するとは、区別のない同一の自己に、意識するもの—されるものという区別をすることである。同一性に着目すれば、「自我は自我である。」（SK3 S. 138）区別に着目すれば、意識されている意識は、外なる他者にかかわる意識である。この「区別なき

★2　これらの概念の意味形態の相異は、のちにふれる。さしあたり、これらの概念が、「内なるもの」と「外なるもの」というカテゴリーの諸様相として、同一の意味を有することが確認されるべきである。たしかに、その「内なるもの」が意識の経験の歩みにおいて、狭義での「対象意識」であるか「自己意識」であるか「理性」であるかに応じて、これら概念の意味内容は区別されるべきであろう。しかし、そのさいにおいても、あるものが行為一般の止揚さるべからざるありかたであり、他のものが止揚さるべき歴史的な形態であるという意味の相異はない。それは、ひとつには、内なる主体的なものと外なる客体的なものとが、存在のレヴェルで不等でありながら、認識のレヴェルで同一であるという認識論的同一性（宗教を含めて表象の立場）は、あくまで対立の内にあるものとして、かかる同一性の止揚が目論まれているからであり、また、ひとつには、永遠なるものもまたすべて歴史的な形態となって現われる『精神現象学』において、右の区別は根本的には存しないからである。外化と疎外、行為一般とその歴史的形態に対応させて、両者の区別が立てられるべきであるとするならば、そこに前提される歴史性の概念が、ヘーゲルのそれとは異質であることが自覚されてしかるべきであろう。

★3　対象意識ではなく、精神においてのみ合一がなり立つという考え方は、すでに青年時代の先に二章の七で引用した言葉「山と山を見る目とは主体と客体であるが、人間と神、精神と精神とのあいだには、かかる客体性の裂け目はない。」（Nohl. S. 321, SK1 S. 381）に見られる。

★4　「力の遊戯」における「外化」Äußerung, sich äußern（SK3. S. 110ff.）という概念は「疎外化」（Entäußerung）、「疎外」（Entfremdung）の原型のひとつをなしている。力の外化の真相が自己意識にあるということは、逆に言えば、力の外化が自己意識の外化の外在化されたものであるということである。

区別」すなわち「二つのものが二つであるままにひとつであること」を整除して、二つか、ひとつか、どちらかにしてしまうことはできない。自己意識（自我）は、見られてくまどられた静止的存在者ではないのである。

この「区別なき区別」を論理的な用語としては「無限性」という。外部から他者によって規定される——他者との関係が〈自己〉の自立性を否定する——ことが有限性である。無限性とは、自己関係における自己規定である。「無限性」という語から「有限者を自己の内に包みこんだ全体性」というように事柄を表象するのは誤解である。まして流出論的に考えられた「有限者に自己を実現する絶対者」などという表象ではない。無限性とはコギトが関係の存在として見直されたものだと言った方がいい。『精神現象学』は、コギトすなわち自己意識の展開であり、『（イェーナ）論理学』[★5]は無限性の展開である。このように両者は相関している。また、そのかぎりでヘーゲルはデカルトの忠実な弟子である。

しかし同時にヘーゲルの自己意識は「コギト」をはみ出している。自己意識は自己関係によって中心・〈自己〉をもつ自我である。

自我は非我と触れ合う。しかし、この接触は、第三者から見られた静止的接触ではない。自我は非我に関わり合う。非我を同化しようとする。自我にとって非我は、同化されるべき「自己の非有機的自然」[★6]（SK3 S. 141）である。

非我を同化することは、同時に自己を異化することである。自己意識は生命としての欲望というありかたをしている。しかし、自然の外に、距離をおいた物体的個体が前提されてはならない。個体は、こうした営みの前にあるのではなく、こうした営みとしてあるのである。いわば「自然－内－存在」である。自己は他者（自然）を否定しつづけるかぎりで存在しつづける「絶対的に不安定な無限性としての静止」（SK3 S. 140）である。それはまた「空間の充実した形態を、その自己同一性においてもつところの時間の単純な本質」（ibid.）とも言われる。

ここで空間的に見られているものは、欲望としての自己意識がその営みによって、自然から自己を区別しているという否定性である。時間性によって象徴されているのは、いまが不断にいまでなくなりつつ、いまでありつづけるのと同じ否定性の持続である。個体は「自立的形態」(SK3 S. 141) として、普遍的実体(自然)の連続性の真只中にあって「実体との連続性を拒否し、自己をこうした普遍者に解消されないものとして主張する。そしてむしろ、こうした自己の非有機的自然から分離することによって、それらを食べつくすことによって自己を維持するものであることを主張する。」(ibid.) 個体は、汎通的なものへの反抗において自己を主張し、自立しようとする。この自立はいわば反抗の自転車操業である。

ところがこれを全体的な視点から見ると、全体としての「生命は、普遍的流動的な媒体において諸形態〔諸個体〕を静かにはなればなれにしておくこと」でもあり、諸個体と自然との関係は牛と牧場のごときものとなるが、「これによって生命は、諸形態の運動、過程としての生命となる。」(SK3 S. 137) 実体的生命があらゆる生あるものを循環する。真に自立的なものは、この実体的生命のみである。しかし、逆に言うと、この実体は個体によって食いものにされる非自立的存在でもある。しかし、ふたたび逆転させれば、個体は実体に反抗しながらも、実体によって養われる非自立的存在である。このかぎりでは、実体に吸収され、実体的なものに埋没し、個体としての存立を廃棄している。しかし「この存立の廃棄が存立を生み出す。」(ibid.) こうして、普遍的実体と個とは否定的に媒介された統一をなしている。「この統一が単純な類 die einfache Gattung である。」(SK3 S. 141) この類はもちろん、普遍と個という対立の一方である普遍ではない。普遍と個の統一としての「具体的普遍」である。しかし、また両者の「媒介の総和」といったものでもない。おのおのの「契機を廃棄されたものとして自己の内にもっている」(ibid.) のであって、集合として

★5 ラッソンが『イェーナ論理学・形而上学・自然哲学』(Jenenser Logik Metaphysik und naturphilosophie, Meiner 1967) として出版したもの。通称は「イェーナ論理学」あるいは「LMN」。GW7と同じ。

★6 cf. マルクス「自然は人間の非有機的身体である。」(MEW. Ergänzungs band. 1er Teil. S. 510.『経済学・哲学草稿』岩波文庫九四頁) マルクス疎外論の基礎にあたる自然と人間の交渉関係から類的性格を導出する手法は、『精神現象学』における「生命論」(SK3 S. 137-S. 145) とほぼ重なり合う。

もっているのではない、それ自体「単純な」ものなのである。

普遍が〈食う—養われる〉という関係で個体と媒介する。そこに「類」がなり立つ。この同じ関係の構造が「市場経済」を普遍者とする市民社会的関係でもなりたつ。ヘーゲルの疎外論（「教養」の章）では「類」という概念は用いられていない。「類」は生命論（「自己意識」の章）にある。マルクスの疎外論における「類」の概念は——フォイエルバッハからの影響を別とすれば——ヘーゲルの疎外論にその前提となる生命論を重ね合わせたものだと言ってよいと思う。

この類という統一が、非常に抽象化された表現においてではあるが、肉体と精神との接点をなしている。普遍と個との右に展開した連関をわれわれは、少なくとも実在的な連関として了解することができる。欲望という実在的意識は、すでに普遍と個との媒介を経験している。日本語で「体験している」と言えばより適切であろう。この欲望という自我において、身体は俗に「からだで知る」と言われるように、物体的なものと精神的なものとの相互浸透である。この身体において「類」が経験されているということは、全体的な自然生命、つまり、平たく言って大自然の側から言えば、大自然が、個的身体的欲望に自己を啓示し、物言わぬ自然がそこで自覚の契機を見出したことになる。つまり、人間を通じて自然が自覚する。「この結果のなかで、生命は自分の存在とは別の他者、すなわち、意識を指示 (auf das Bewußtsein verweisen) していて、この意識にとって生命はかかる統一として、類としてあるのである (für welches es als diese Einheit, oder als Gattung ist.)。」(ibid.) ここに実在的普遍としての生命と、実在的個としての欲望との媒介の体験が、広義における意識的、知的な経験に転化する転換点がおかれている。食べるという行為は、自然が自己を啓示するゴルゴダである。ここで、イエスが、その死によって自己を精神化したように、実在的普遍が知性的普遍に転化する。「この〔意識であるところの〕他の生命は、類そのものがそれにとってあり〔つまり体験されており〕、しかもそれ自体として類である生命、つまり自己意識である。」(ibid.)

自己意識は、欲望というありかたで、自分が類であることを体験している。そこで——サルトルばりに言えば——自己意識（コギト）の存在のきずなで、類としての自己を確信することになるのである。

三　類の存在性格について

類的存在としての人間とは、肉体と精神の接点におかれた人間であり、自然の人間化[★7]が人間の自然化であるような、そうした行為的な存在者なのである。いま、この考え方に学説史的な反省を加えてみよう。これはまず第一に、フィヒテの自我‐非我関係[★8]、第二に、青年ヘーゲルの中心思想であった「生命論」、第三にアリストテレスの「類」概念からなり立っていると言えよう。

個的生命と普遍的生命とが、欲望という名の「事行」によって媒介され、そうした行為的自己同一性において、個が普遍であるという類が維持されている。この類は、個に先立つ、いわば永遠の類ではない。個の営みにおいて、あるいは個から個への生殖過程においてのみ存在しつづける類である。もちろん、この類も概念の普遍性と無縁なのではない。ところが、抽象的概念性から、類的生命を説明するのではなく、生命のありかたから、いわば生命体をモデルにして、むしろ逆に概念を把えるところにヘーゲル哲学の根本性格があるといってよい。彼は『自然哲学』でこう語っている。「概念は、外化（Äußerung）、……自己外発出（Außer-sich-kommen）のなかにあって、それらの統一、観念性としての自己自身を維持する。……生命は自己を顕現せしめた概念である。」（SK9 S. 36f.）たしかに、生命の内には、類

★7　「自然の人間化」というのは、もちろんヘーゲルの表現ではない。しかし、自然の対極にある人間とは結局、どこかの点で精神的な存在であらざるをえないであろう。

★8　類という考え方は古来のものであるから当然フィヒテにもある。「目的によって類は繁殖しつづける。」（NR., 78）「諸個体は……合一されうるかぎりではじめて類を形成する。何故なら存在することと形成する bilden こととは有機的自然においては同じことだからである。」（NR., 300）

的なもの、いわば形相的なものが維持されている。しかし、ここでアリストテレスとの根本的ちがいを言えば、ヘーゲルではこうした事態が、質料‐形相関係からは把えられていないのである。いま、ここに維持されている同一性を、生命的、時間的、否定的同一性と呼んでみる。「時間的」とは「時間のなかで」という意味でなく、「時間と同じ否定性をもつものとして」という意味である。いまでなくなりつつ、いまでありつづけるというような存在様態である。

ところで、生命がひとつの類を維持することを、質料を変化の原理として、形相を同一性の原理として説明するならば、同一性そのもののもつ否定性は成り立たない。ヘーゲルは、平行する二原理という固定的区別を廃棄して、ヘラクレイトス的観点に立っている。生命は自己でなくなりつつあることによって自己でありつづける否定性をもっている。形相を内なるものとし、質料を外なるものとすれば、両者の関係はまさに「区別なき区別」である。

アリストテレスにしたがって、質料的なものを主語に、形相的なものを述語に対応させるならば、両者のあいだの固定的区別こそまさに廃棄されるべきものである。ヘーゲルはいくたびとなくこのことを言明している。少なくとも、この文脈から言えば、ヘーゲル批判として「主語と述語の転倒」を持ち出すことは、両者の固定的区別を前提するかぎり、失当である。失当でないとしても、少なくとも弁証法を廃棄する結果にはなる。——固定的区別にもとづくかぎり、「類」という概念も、具体的普遍、「生ける本性」ではなくて、抽象的普遍、「果物」となってしまうのではないであろうか。「思弁的構成の秘密」は、ヘーゲルに、というよりも、ヘーゲル批判にあるというべきかもしれない。しかし、この点については、本稿の末尾でふれることにしよう。

四　われ、もの、なんじ、われわれ

自我は自己の普遍性を体験し、確信している。「おれは類的存在だ」と思っている。しかし、いったいどうやって

「この自己自身の確信を、真なる確信として、彼自身にとって対象的な仕方で生じている確信として自分のものにする」（SK3 S. 143）ことができるであろう。

まず、われがかかわるのは内なるものである。すなわちわれがわれにかかわる。「自己意識は、さしあたりはただ、こうした単純なもの（Wesen）としての自己を、純粋な自我としての自己を対象としている。」（ibid.）すなわち「純粋な区別されていない自我が、自己意識の最初の直接の対象である。」（SK3 S. 144）ところが、この「われ」は、区別なき区別の内にあって自立的対象ではない。「自我の概念〔作用〕の対象となっている自我は、ほんとうは in der Tat 対象ではない。」（SK3 S. 145）したがって自我は、それによって自己の確信を対象的に確証することができないのである。

つぎに、われがかかわるのは、外なるもの、他なるものであるが、「この単純な自我は、形態化された自立的なモメントの否定的本質であることによって、こうした類なのであり、言葉をかえれば、区別を区別としないような単純な一般者である。そこで、自己意識は、自立的な生命として彼にあらわれてくる他者を廃棄することによってのみ、自己自身を確信する。」（SK3 S. 143）他者にかかわる自己意識は本質的に、他者に対して否定的にかかわる。「欲求の対象である生命に」この「否定」がかかわるかかわり方は二つある。第一は「自分以外の形態に無関心であるような規定としての他者、すなわち、自己の非有機的普遍的自然としての他者」である。つまり、かんたんに言えば、ものとしての自然である。第二は「他者がすなわち欲求である」ような場合で、つまり、なんじとしての他我にかかわる場合である。★9

そこでつぎに、われがものにかかわる場合を考察する。われはものを食いつくして満足し、ものの「空しさ」を確証し、自己の自立性を確証したという満足をも得ている。ところが逆にこの「自己確信は対象によって制約 bedingen されている。なぜならば、満足はこの他者を廃棄することによって得られたものであり、廃棄が成り立つ

★9　この個所（SK3 S. 143-145）の記述は、かなり混乱していて解釈も一定していない。しかし、ヘーゲル自身は、自我の対象が（a）われ（b）もの（c）なんじと発展し、われわれにいたるという整理の仕方を行なっている（SK3 S. 144）。

には、他者も存在しなければならない」(SK3 S. 143) からである。ところがじつは「欲求の対象は、普遍的な不滅の実体、流動的な自己同一的存在者〔大自然〕であるから度しがたく自立的である。」(SK3 S. 145) 欲求と、それにともなって欲求の対象とはふたたびつくり出されることになるが、「自己意識は、自己の対象の自立性を経験するはめになって……欲求の本質は自己意識とは、じつはちがっている、という真理が彼に自覚される。」(SK3 S. 143) 自己意識は、対象を否定して、じつは対象の否定すべからざる自立性を経験した。こういう仕方で彼は自己の否定性を体験している。この体験は柱をたたいて手を痛める体験に似ている。そこに成り立っている自覚は、柱が手をたたいた、たたかれた手が自分であるという自覚である。たたかれた手という対象（自己）を、たたいた柱の側に立って意識している。そしてたたかれたものとして反省する自分を見ている「二重の反省、自己意識の二重化」(SK3 S. 144) なのである。「おれはばかなことをした」という反省は、直接的な痛みではない。痛みによっておろかさを思い知らされた自分（おのれ）を自覚することなのである。自己意識はいま、「内なる他我（おのれ）」を見ている。対象（内なる他我）そのものが「区別なき区別」というありかたで自立性をもっている。こうして自己意識はなんじ（おのれ）に出会う構えを自己内に形成する。★10

自己意識（対自）と相互意識（対他）とのあいだには「存在の絆」がある。この絆が精神と精神、人間と神とのあいだの和解の伏線となる。

かくして、第三に、われはなんじにかかわることになる。自己意識はものとしての対象の否定において、かえって自己の否定を経験したが、今度は「対象が自体的に否定であり……同時に自立的でもある。」(ibid.) したがってここには自己充足の可能性、つまり、確信を真理にする可能性がある。「自己意識は他の自己意識においてのみ、その満足をうる。」(ibid.) しかも、ここではなんじとしての自己意識も自己の栄養的生命を通じて「類」としての自覚をもっている。こういうふうにして、いまや「ひとつの自己意識がひとつの自己意識に対している。★11 こうしてはじめて自己意識はほんとうに (in der Tat) 存在している。なぜならここではじめて自己の他在における自己自身との統一が自覚

(für es) されるからである。……対象は対象であるとともに自我である。ここに、すでに精神という概念が、われわれ〔哲学者〕には現存している。」(SK3 S. 144f.) ここに語られているのは、いきなり結論から言えば、疎外からの回復が真の共同体を実現するという思想である。すなわち「自己が他在においてある」ということは、自己が疎外されているということである。ところが、この疎外態、他在において「自己自身との統一」が成り立つ。すなわち、対象は疎遠なものではなくなるのである。そしてこの統一が、たんに「ある」のではなく「自覚されてある」。これが「精神」であるとヘーゲルは言う。

われわれはまずわれ、つぎにもの、そしてなんじとかかわってきた。すなわち、自我―自我、自然―欲望(身体)、自我―他我である。「これら三つの契機においてはじめて、自己意識の概念が完結する。」(SK3 S. 144) かんたんに言えば、ここにはじめて自然世界、身体、他我との生きた交渉をもつ現実的人間が成立したのである。言葉をかえれば、世界と身体と他我をエポケーして、カッコ入れして成り立ったデカルト的コギト(非現実的自我)が、類的存在としての人間存在と等価になったのである。

こうしてはじめてわれわれは歴史的世界に立ちいることができるのである。「これから意識にたいして生じてくるものは、精神が何であるかの経験である。つまり、精神という絶対的な実体が、その対立者、すなわち相異なって独立に存在する諸自己意識の完全な自由と自立性のさなかにあって、両者の統一であることの経験である。つまり、われわれであるわれと、われであるわれわれとの統一であることの経験である。」(SK3 S. 145)

★10　次項で明らかになるように、「内なる他我」と類比的に、「外なる他我」を見出すのではない。内なる他我がそのまま直接的に汝の内に見出されるのである。

★11　ここに観念論の歴史におけるヘーゲルの特異な地位が明らかである。つまり、「自我は自我である」というコギトが、たとえば「自己明証的なもの」として前もって措定 (voraussetzen 前提) されているのではない。意識の経験の歩みのなかで、それは確立される。すなわち、まず対象との関わりのなかにおかれた意識がある。この意識の関わりから自立した自己意識、すなわち自我が生起してくる。その自我にとって、自立性は与えられるものではない。課せられている。

そこで、かかる経験の構造が明らかにされねばならない。

五 「承認」をめざす運動

自我と他我は、それぞれ自立的な主体でなければならない。しかし、私が私にとって自由な自立的主体であることを私は見ることができない。意識は本質的に対象意識である。しかし、対象化された自己は、外的な疎遠な物象化されたものであって、自由な主体ではない。本当は、他人もまた私と同じ主体である。しかし、見られた他人はもはや自由な主体ではない。意識の不幸は、それが対象性の形式を要求するという点にあるといってもよい。ヘーゲルは、類的存在としての自我の定立と、他我の認識とが、同時かつ完全に相互的であるような意識の経験の構造を提起して、この難問に答えようとする。それが「承認」(Anerkennen)[★12]の論理である。

「承認」の思想を、ヘーゲル自身の形成史にふりかえってみると、これの原型は「愛」というありかたに見出される。「私が与えれば与えるだけ、私は多くもつ」(The more I give to thee, the more I have.) というロメオへのジュリエットの愛の言葉を引いて、彼は、愛における完全な相互性、そこにおける根源の生への還帰を語った。しかし、愛するものの共同においてさえ避けることのできない、所有 (Eigentum 自己のもの) と、共同体の外部の世界とのかかわりから生ずる運命は、生としての愛を死にもたらすのであった。しかし、愛の相互性を、所有関係をも含む社会総体の論理にまで具体化すればこの論理はよみがえるのである。すなわちそれが「人倫」の内部論理としての「承認」である。[★13]

ヘーゲルが展開した「承認の純粋概念」(SK3 S. 147) は、表現として抽象的にすぎる。そこで説明のための便法として、「承認」の論理に「愛」を読みこんでみることにしよう。

自己意識はすでに内なる他我を経験している。つまり、そのかぎりでは自己を外在化している。自己意識は、外在化された自己の他在を、直接に他我の内に見る。すなわち「自己意識にたいして他の自己意識がある。自己意識は自己の外に出ている。außer sich gekommen sein. これは二重の意味をもっている。」(SK3 S. 146) ひとつは、自己を棄て、自己を否定するという意味である。俗に言えば「私は貴方のもの」である。「自己意識は自己を喪失して、自己を他の存在として見出す。」(ibid.) しかし、もうひとつの意味では「他者を廃棄している。何故なら他者を実在としてではなく、他者の内に自己自身を見ているからである。」(ibid.) 俗に言えば「君はぼくのもの」である。★14 これでは自己肯定は自己否定に通底し、その逆でもあり、完全な自己確立は成り立たない。

ところが、この他者も私にたいしてまったく同じことをしている。「おのおのは、自分がするのと同じことを他者

★12 「承認」の原型もさしあたりフィヒテにある。彼は「有限なる理性的存在者は、自己の外なる他の有限なる存在者を、法関係と呼ばれる特定の関係において、それ〔他我〕と共存するものとして自己を定立することなしには、それ〔他我〕を受容することはできない」(NR., §4, Dritter Lehrsatz) というテーゼに関連して「承認」(NR., 44f.) を語り、そこから「あらゆる財産は相互の承認にもとづく」(NR., 129) をも導出している。ここで、「承認」は自我の自己定立を先件として前提する社会契約説のなかに位置づけられている。ヘーゲルの『法哲学』でも、「承認」は社会関係一般の土台である (§71, cf. §35, §57)。彼は、「承認」に関して『精神現象学』の参照を求めているが、両者には微妙なずれがある。極端に単純化して言うと、『精神現象学』では疎外の止揚がなければ社会関係一般が不成立であるかのごとき、『法哲学』では、社会関係が成立する以上疎外は止揚されているかのごとき、いずれにせよ、奇妙なことになる。なお「教養」との関連では、cf. Sys. Sitt., S. 18.

★13 愛が、運命（必然性）にひきわたされるとするのは、『精神現象学』でも同じである (SK3 S. 270.「快楽と必然性」)。愛は社会化されないかぎりふたたび疎外におちいる。しかしフォイエルバッハは、人倫の社会性を感性化することによって愛を脱社会化してしまった（第三章参照）。

★14 一方を「献身」と呼び、他方を――あまり適切でもないが――「私物化」と呼んだとする。この二つの概念は疎外論を構成する重要なカテゴリーとなる。のちに説くことを先取りするが、国家への献身がじつは私物化であり、市場経済の私物化がじつは公共の福祉への献身であるという構図が成り立つ。「不幸な意識」にとっては、不動の絶対者への献身が、じつはその私物化にすぎない。青年期以来ヘーゲルにとって献身は重要なテーマだった。自己喪失にも、私物化にもならない献身の真実のありかたを追求するところに、彼の疎外論が生まれたと言ってよいであろう。献身については、次の第六章でもふれる。

もするのを見、自分が他方に求めることを自分でも行なう。自分がすることをするのは他方が同じことをするかぎりにおいてである。」（SK3 S. 146f.）つまりこれが相互に承認し合っているということである。

しかし、これではまだ、自分が愛するように自分も愛されていると一方的に想いこんでいる幸福な片想いかもしれない。しかし、愛し合うものは、同時に「互いに承認し合っているものとして、互いに承認し合っている」（SK3 S. 147）のである。

愛するという自己喪失は、愛するものによって愛されるという自己回復をもたらすが、かかる自己回復は、相手の側の同じ自己喪失―自己回復によってのみ可能なのである。これがつまり「与えれば与えるほど、もつ」ということの意味である。

マルキ・ド・サドならば、同じようにして憎悪の相互性を語り、憎悪においても、他者と自己との相互承認が成り立つというかもしれない。フーリエならば引力（愛）と斥力（憎しみ）の交代を語るかもしれない。しかしじつはヘーゲルが「承認の純粋概念」として語ったものは、愛でも憎しみでもない、純粋な相互性の論理である。ここでは少なくとも、支配―被支配の関係は止揚されている。彼がここにつづけて語ったものは「主と奴」を原基的関係とする不等な関係における、平たく言えば承認の挫折である。しかし、そこでの挫折の原因はほとんど自明である。それは「主が他方に対して行なうことを自分自身に対しても行ない、奴は自分自身に対して行なうことを他方に対しても行なうという〔相互性の〕契機が欠けている」（SK3 S. 152）からである。ヘーゲルは「承認の純粋概念」として完全な相互性の論理を提起し、その現実の歴史的な姿として、相互性の欠如の明々白々たる「主と奴」の関係を叙述している。こうした執筆態度の背後にある本当の意図が何であったかはわからない。ただ、いくつかの臆測が成り立つ。★15 ヘーゲルの叙述は、主と奴、ストア主義、懐疑主義、不幸な意識（キリスト教）という、主としてローマ時代に対応する意識形態に、承認の成立を拒んでいる。意識のいかなる歴史的な形態に承認が成り立つかが問題となる。

承認の成立において、疎外・外化の論理は不可欠である。内なる即自は、外なるものへと、いったんは外化されねばならない。外化され、物象化された自己に、もはや疎遠でない、ほかならぬ自己を見出すことができるならば、すなわち、自己が「他在において自己自身のもとにある精神」となるならば、そこに承認は完成するのである。★16

六　疎外が疎外を転倒する

「主と奴」を原型とする不等関係で承認の挫折を経験した意識が次に試みるのは、「外なるものは内なるものの表現である」(SK3 S. 254) というテーゼに促されて、物的世界の内に自己を見出そうとする「観察」の試みである。★17 精神としての自己を、その対極にある物的世界に見出そうとすれば、その結果は、物体のなかでも、もっとも非精神的なもの、たとえば「この骨が精神である、自己である」とする判断にいきつく。しかし、こうした極端な唯物論は、「物は精神である」という反対の極端にあたる観念論の転倒された表現でもある。これは言葉をかえれば、「精神は物象化される」(外化) と「物象化されたものが精神である」(内化) との相互転倒にほかならない。

観察する理性は自己を物質として見出す。この「対象は自立的である。しかし自己意識はこの自立的な対象がけっして自分にとって疎遠ではないと確信している。それゆえ、自分が即自的にこの対象によって承認されていると思っ

★15 (イ) 現象する意識にとっての悲劇が「われわれ」にとっては喜劇となる。これが『精神現象学』の方法論的ドラマトゥルギーだ。(ロ)『精神現象学』の初期のプランでは自己意識につづく理性で全体が完結するはずだった (第六章四節で引用する)。近代法の成立を承認の成立とする予定を変更して、ヘーゲルは同時代の法哲学への批判を展開してしまった。(ハ)「自己意識」の章は、キリスト教の実定性を批判した青年ヘーゲルの発想をそのまま多く残している。この発想ではキリスト教が全体として「不幸な」ユダヤ的色合いをもち、ローマから中世につづく暗い時代に、近代の曙が対置される。この時代意識に対応するのが、相互性の不在から相互性の成立へという論理である。彼はしかし、同時によりリアルな歴史記述へと進むとともに、キリスト教を啓示宗教として包摂する方向に進んで行った。

ている。」(SK3 S. 263) この意識は、対象一般に自己意識を見ていると信じている。★18

「精神は骨である」という極端な唯物論が逆転を内包していると語ったときヘーゲルは、そこに比喩としてユダヤ民族のばあいを持ち出している。ところで、その数頁後には、ギリシア民族（と思われるもの）のばあいについて語っているのであるが、――おそらく偶然そうなったのではあろう――ここに示される両民族の対比は、ヘーゲルの思想形成史のある核心的なものを物語っている。

　青年期のヘーゲルは両民族を疎外と非疎外に対応させて考えていたといってよい。ところがここでは、ユダヤ民族の方にむしろより多き可能性をみとめているかのごとき口吻なのである。「ユダヤ民族については、それがまさに救いの門の真近かにいたという理由で、もっとも救いがたい (verworfenst) ものであり、またそうだったということができる。この民族は、それが本来的に (an und für sich) あるべきものであるもの、つまり、そうした自己本質性 (diese Selbstwesenheit) を自分のものとせずに、それを自己の彼岸に置きちがえてしまった。この民族は、こうした疎外化 (Entäußerung) を通じて、もしも、自己の対象をふたたび自己内に取り戻すことができたならば、それが存在の直接性の内部にとどまっていた場合よりも、より高い生存を自ら可能にしたであろうに。」(SK3 S 257)

　その数頁後に、ヘーゲルはギリシア民族を念頭において、こう述べている。「ある民族の生活のうちには、実際に、自己意識的な理性の実現という概念が完全な実在性を得ている。すなわち、他者の自立性のうちに、この他者との完全な統一を直観すること……」(SK3 S. 264)、つまり「承認」が実現されているのである。それならば、歴史はギリシアに帰るべきなのかと言えば、そうではない。「理性は、こうした幸福から脱け出すよりほかはない。なぜなら、ある自由な民族の生活が実在的な人倫であるとしても、それはただ即自的、直接的にそうであるにすぎず、言葉をかえれば、この人倫性が存在する人倫性にすぎないからである。」(SK3 S. 266) かんたんに言えば、ここには自覚の契機、「人倫的実体の本質についての意識」(ibid.) が欠如している。それでは、この自覚の契機はどこに見出されるのか。

右に述べたユダヤ民族のばあい、ヘーゲルは、それが「存在の直接性の内部にとどまっていた〔ギリシア民族の〕場合よりも、より高い生存を可能にする」と語っていた。ユダヤ民族が、ギリシア民族よりもより高い生存を可能にするのは、ユダヤ民族の経験する疎外が自覚の契機となることによって、疎外が疎外を逆転し（cf. SK3 S. 366）、疎外からの回復が果たされるからにほかならない。ヘーゲルは、ここに少なくとも、青年期の「ユートピアのジレンマ」を解決してはいる。

★16 承認の完成は私的所有の否定と結びつけられてはいない。ヘーゲルの知っていた私有の否定形態で、プラトン、トマス・モア、およびたんなる歴史上の知識（奴隷は所有することを否定されている）をのぞいて、彼が主題的に関わったものは原始キリスト教（等）の教団組織、および、フィヒテが一八〇〇年の『封鎖的商業国家』で提案した一種の福祉国家とであった。教団組織の私有放棄にたいして彼のとった態度は青年期以来一貫している。財産の放棄は自己放棄であり必ず欺瞞を生む、というのである（SK3 S. 421,『法哲学』§46, Zus.）。――我執の人としてたえず友を敵にしていたフィヒテのかたわらに一生ついてはなれなかったものは貧困であった。彼は商業活動に国家の道徳性を脅かす大いなる脅威を感じ、商業活動の国家管理、最低財産の保障、私的対外貿易の禁止、等の「封鎖的商業国家」を提起した。いくら「無神論論争」で名を売り、革命権を肯定したフィヒテとは言え、「バブーフとフィヒテが無神論と共産主義を唱えた云々」のモーゼス・ヘスは、フィヒテにとって（生きていれば）迷惑千万だったであろう。しかしヘーゲルはこのフィヒテに新しい社会思想の匂いをかぎつけていた。ゲーテですらも『ファウスト』（第二部）にフーリエ的社会建設を描いている。ヘーゲルはまず、カント、フィヒテの「形式的手法」を批判する。「所有そのものが、直接的に普遍性に放置され、等置されれば、所有は廃棄される。……貧者が普遍的に救けられると考えるなら、貧者がまるでいないか、貧者ばかりか、どちらかになる。」（SK2 S. 465f.）形式化された原理では、救う者―救われる者の対立関係は把握できない。実際、生計の問題と権利の問題とは次元がちがう（『法哲学』§49 u. Zus.）。財産（所有）を形式的に、個別性の範疇で考えても矛盾が生ずる（査法的理性――これはフィヒテ流の社会契約説への批判である）。ヘーゲルは、結局、財産をつねに承認さるべき個体性の極として肯定していた。またそれだけに救貧問題（第六章参照）は法哲学の主要なテーマとならざるをえなかった。

★17 外は内の表現 das Äußere ist der Ausdruck des Innern という論理は、表現、発出という意味での「外化」を表わしている（SK3 S. 190, 197, 200, 229, 232, 234, 236, 237, 250, 252, etc.）。「観察」も「承認」をめざす試みのひとつである。

★18 物象化された自己を対象として見るという構造の典型をヘーゲルはカントの認識論に見出している。ヘーゲルの「転倒」はある面ではカントのコペルニクス的「転回」ともつながっている。

それでは、この「より高い生存」は、どこで、誰によって果たされるのであろうか。ユダヤ民族の「戸口の外に」立っていた「救い」とは、もちろんキリスト教のことである。それでは、いつのキリスト教であるかと言えば、それは歴史上（ローマ時代）のキリスト教ではない。歴史的な、ユダヤ教からはじまって中世にいたる、広義での近代以前のユダヤ–キリスト教的宗教（不幸な意識）を、『精神現象学』は、こう語っている。そこで、自己意識は「自己の自我を自ら疎外化（sich entäußern）し、直接的自己意識を物象化してしまった（zu einem Dinge gemacht haben）」（SK3 S. 175f.）と。

奇異にひびくかもしれないが、疎外から人間に「救い」をもたらすのは、近代精神の仕事であり、キリスト教も近代精神においてはじめて真の「精神」なのである。[★19]「近代人の神」こそが、真の神であるとヘーゲルは説くのである。

七　ギリシア的人倫と「作品」

疎外の成立とそこからの回復過程は、図式化すれば、即自的人倫から、疎外された人倫へ、そしてこの疎外を自覚の契機として、承認の成立する絶対的人倫へ、となろう。これが、いま、われわれが想定しておいてよい三段階[★20]である。

疎外からの回復をもっとも端的に語る言葉は、「他在において自己自身のもとに（bei sich）あるという自覚」であるが、「他在」のもっとも一般的なありかたとして「作品」がある。あなたの作品がけなされれば、あなたは傷つくであろう。それは、「作品」があなたの他在だからである。自然が神の作品であれば、自然は神の他在である。作品（マルクスでは労働生産物）の疎外におけるありかたと、非疎外におけるありかたとが見定められなければならない。ところで、ヘーゲルの「作品」論には、よく言われることであるが、スミスに代表される近代経済学の考え方が投影されているのである。

「承認」が存在する「ある自由な民族」においては、次のような事態が成り立っている。「他者の自立性の内に、この他者との完全な統一を直観すること」、「私によって見出された他者の自由な物象性は、私自身にとって否定的なものであるが、それを私の対自存在（*mein Fürmichsein*）として、対象としてもつ」、「私はあらゆる人びとの内に、私がそうであるように、彼らもそれぞれ自立的存在者であることをみてとる」、「私は、あらゆる人びとの内に、彼らが私によって在るのと同じように、他の人びとによっても在り、他者との自由な統一があることを見てとる」、「私は、彼らを私として、私を彼らとして見る。」（SK3 S. 265）

要するにここで全体と個とは申し分なく調和しているのである。自己の普遍化（類の実現）によって、自己の個体性、自立性が可能になり、同時にまた、その普遍者は、個別者の作品なのである。「彼らは、彼らが自己の個別性を犠牲にし、この普遍的実体が、自分たちの魂、本質であることによって、自分がこうした個別的自立的な存在者であることを意識している。」これは、いわば「私は貴方のもの」という側面であるが、ここで言われたことを言いかえれば、「私はあなたのものであることによって私自身である」となるであろう。これはもちろん一方的な自己犠牲ではない。なぜなら「この普遍者もやっぱり個体的なものとしての彼らの行為であり、彼らによって生み出された作品Werk[★21]なのである」（SK3 S. 263）から。

★19　「キリスト教は、古代ローマそれ自身の内では自己の現実的な地盤を見出すことはできず、それによって王国を築くことはできなかった。」（SK12 S. 405f. 岩波文庫、中二九四頁）ヘーゲルのキリスト教意識の内には、原始キリスト教への回帰という志向が不在である。この点が彼の「プロテスタンティズム」を特徴づけている。

★20　ヘーゲルの記述は右の図式どおりではない。「ある自由な民族」とそれにつづく「精神的な動物国」、ギリシアの「人倫的世界」はいちおう第一段階と見てよかろう。「立法・査法的理性」、「法状態」、「教養」は第二段階にあたろう。この両段階は、社会契約説の自然状態と法状態とになぞらえることができ、そこでヘーゲルは仏独にまたがる啓蒙主義的な抽象的普遍性を痛烈に批判しているのである。

このギリシア的世界は疎外[★22]を欠いた世界である。それをヘーゲルは、「意識が排他的なこの〈自己〉だと見なされて〔個人主義が横行して〕いるわけでもなければ、〔人倫的〕実体が意識から排除された定在という〔超越的な〕意味をもつのでもない。すなわち、自己自身の疎外を通じてのみその定在と合一できるとか、疎外を生み出さざるをえないとかいうのではない」（SK3 S. 359）という。この言葉の裏を返せば、近代世界では、個人主義が横行し、個人が自分というものの中核をなす〈自己〉を自分から離反させ（sich entfremden）、〈自己〉なるものを他有化するという倒錯を通じてのみ、普遍的な共同性、つまり実体と合一できるというのだ。

作品を生み出す行為は「労働」である。労働は、自己を物象化し、自己を他人のためのものとして譲渡し[★23]、自己を犠牲にするという自己否定の面と、それによって自己が定立され、普遍的なものとしての自己を確証し、自己が真に個的存在として存在するという肯定（定立）の面とがある。この二面性が、他者の二面性との相互性とのなかにおかれたとき、作品を介する相互承認が成り立つ。それゆえ、観察するもの、されるものというような不等関係では承認は成立しないのである。これは支配・被支配の関係のばあいと同じである。「言葉や労働は外化（Äußerung）である。ここでは個人は自己自身に即して、自己を保持し、保有しているのではなく、内的なものが自己の外に出るにまかせ、それを他者に委ねている。それゆえこの外化は、内的なものを表現しすぎているとも言えるし表現したりないとも言える。しすぎているというのは、内的なものが外化のなかに吐き出されてしまうからであり、……したりないというのは、内なるものが、言葉や行為では別のものになってしまって……本来この特定の個人の行為であったものとはちがったものにされてしまうからである。」（SK3 S. 235）サルトルの言い方をすれば「他人が私の言葉を盗む」ということである。

労働の同じ関係が、「幸福な民族」においては、右とはまったく逆の意味をもつ。「自分の欲求のためにする個人の労働は、自分自身の欲求の満足であるとともに、他者の欲求の満足でもある。〔これを逆に言えば〕自己の欲求の満足は他人の労働によるよりほかはない。――個人が自己の個別的な労働においてすでに普遍的〔類的！〕な労働を意識せずに実行しているように、逆にまた彼は、普遍的な労働を自己の意識的な対象として実行してもいる。全体は全体として〔そのまま〕彼の作品（Werk「仕事」の意も）であり、そのために彼は自己を犠牲[★24]にするが、まさしくそれによって全体によって逆に支えられている。――ここには相互的でないものはなにもない。」（SK3 S. 265）彼はここに「見えざる神の手」を見出した。個人は、見えざる神の手になる「予定調和」のなかに生きて、全体を映し出すモナドである。

★21　青年期のヘーゲルにすでに、疎外からの回復として「人間的本性の美しさをふたたびわれわれの作品Werkとして喜びをもって認識し、ふたたびわれわれのものとする」（Nohl. S. 71）の言があるが、「作品」の概念は、ここではまだ術語化されていない（第三章参照）。青年マルクスが「君主制においては体制の〔ための〕民Volkがあり、民主制においては、民の〔ための〕体制がある。ここで体制は、即自的に、つまり本質にかんしてだけでなく、その実在と現実性に関して、それらの現実的根底である現実的人間、現実の民に、たえずつれ戻されており、民それ自身の作品Werkとして定立されている」（M. E. W., I 231）と語ったとき、この「作品」の概念は、右のギリシア的人倫における「作品」の概念とほぼ完全に一致している。

★22　疎外（Entfremdung）の日常語としての意味は「離反」である。哲学用語として用いられても、ほとんどつねに「離反」という意味が残っている。辞書にあるドイツ語の用法sich e-m Dinge entfremden――ヘーゲル自身は二格支配の形を用いている――をしいて直訳すれば「自分を或る物から離反させる」となる。これが辞典では「自分から或物を」と訳される。「自己疎外（Selbstentfremdung）」という用法はヘーゲルにはない。通常「自己疎外」と訳されているのはsich entfremdenである。これは遂語的に言えば誤訳で、ただ「疎外」と訳せばよい。ところが、ヘーゲルはきわめて特殊な意味で、〈自己〉（Selbst）という語を術語化して用いている。そして『精神現象学』では疎外という語を、ほとんど大部分の場合に、この特殊な意味での「〈自己〉を疎外する」（ドイツ語に直訳すればsich seinem Selbst entfremden）の意味で用いている。ヘーゲル自身の用例には「意識が自分から疎外したところの〈自己〉」（das Selbst, dessen es sich entfremdete）（SK3 S. 439）というのがある。そこでsich entfremdenを「自己疎外」と訳すことは、それに二重三重の誤解がつきまとうのだが、内容上は誤訳とは言えない。疎外とは〈自己〉の他有化である。ここにはつねに自他の逆転がある。『精神現象学』における「疎外」の実際の用例は、ほとんどつねに、「転倒、倒錯」という意味を含んでいる。

八　「作品」と近代世界

ヘーゲルが「作品」として具体的に考えていたものはじつに広い範囲におよんでいる。主として扱われているのは、学術・文化・芸術上のいわゆる「精神労働[★25]」の所産としての作品であるが、いわゆる労働生産物も右に引いたように「作品」であり、当然、財産もはいる。言葉は表現としての「作品」であり、表情、身ぶり、骨相もある意味では「作品」である。

「作品」はまず、自己の表現（外化）であるが、同時に、他者との関係を成り立たせる媒体でもある。自己と他者とは作品を媒体として関係を結び、そこに作品による社会が成立する。たとえば作者と鑑賞者は、作品によって媒介された社会である。この考えを徹底すれば当然「商品を媒体とする社会」という歴史範疇も成り立つはずである。

近代世界において、自己意識が自己を理性として確信し、作品には自己の「本性」(Natur) が投影されているがゆえに、作品によって承認が成り立つと考えるオプティミズムが生ずる。また、それはかかるオプティミストから成り立つ社会でもある。この社会、すなわち「精神的な動物国」が、じつは、普遍的な欺瞞の国であることを暴露するヘーゲルの手法には、彼の見てとった近代社会の論理構造があらわれている。

この「動物国」で各人はすべて自然の子である。各人は自己に与えられた自然（本性、天分）を作品化し表現している（と見なされている）。それゆえ作品の優劣を問うことはよろしくない。「みんないい子」であり、作品は、それなりにひとかどのものだ（ことそのもの Sache selbst──「物件」）として承認される。各人はめいめい「いい子」のつもりでいる理想主義──普遍の意識の内にある。しかし「悪い子」という個体意識も真実なのである。「いい子」の献身というタテマエだけでなく、「悪い子」の私物化というホンネも真実なのだ。個人を絶対的に承認しようとする善意が、ここでは平均化という抽象的普遍でしか表現されていない。個人の承認が結果としては、個人の平均化になってしまっている。

事態は、作品の価値（ことそのもの）のみならず、抽象的人格（ローマ的法状態）でも、国法の表わす普遍性（立

★23　疎外化（Entäußerung）の日常語としての意味は、放棄である。この語が術語的に使われたときにも、ほとんどつねに「自己放棄」とか「譲渡」とかの意味が働いている。だから、われわれが日常的に了解する「譲渡」から類比的に「疎外化」を解釈できるかと言えば、そうではない。「譲渡」では、まず所有主と所有権がある。私がたとえ何を譲渡しようとも譲渡の主体は私である。私は譲渡行為のいわば超越論的主体である。疎外化において他人に放棄されるものは、この私の〈自己〉である。疎外化のヘーゲルその人にとっての原義が献身であったことを考えれば、この〈自己放棄〉が了解できよう。疎外化では譲渡とちがって〈自己〉そのものが他有化される。じつはヘーゲルは疎外から譲渡を解釈しているので、その逆ではない。疎外を譲渡におきかえれば、疎外が自覚の契機となって疎外が逆転されるという歴史におけるその意味が失われてしまう。『法哲学』で彼はこう述べている。「意志が物件から自己内に反省することが譲渡であり、……これは無限判断である。」（§53）私のものという物象的存在は、私の意志という内的なものと物件という外的なものとの直接的統一（無限判断）であるが、譲渡（Veräußerung）によってこの無限判断は「私の物」から「私の物」に逆転し、意志が反省される。——「疎外すべからざる人間性」と「譲渡すべからざる人権」との結び目は、フィヒテに見られる。「ただ譲渡可能な権利のみをひとは国家に疎外化する。譲渡さるべからざるものは否。」（Nur veräußerlicher Rechte *entäußert* man sich im Staate, nie unveräußerlicher.）（Neuer Entwurf für Beantwortung der Frage: Hat der Fürst ein Recht..., 1792. Werke. hrsg. v. R. Lauth u. H. Jacob, II 2, S. 220）ここでは、疎外は永遠にあるべからざるものという超歴史性において考えられざるをえない。フィヒテは、譲渡から疎外を解釈している。

★24　労働はたしかに、個の普遍化、普遍の個別化（具象化）という二面性をもつが、ヘーゲルの論点を細かく追えば、彼は明らかに個の普遍化に重点をおいている。じつは、「労働」と深く関連する概念に「訓育」Zucht がある。主と奴の関係が逆転するのは奴が訓育によって自己の直接性を主に先立って止揚するからである。この言葉 Zucht の語源にもとづく意味は『歴史哲学』に興味深く語られている（SK12 S. 388 岩波文庫、中二六八頁）。

★25　マルクスの「ヘーゲルがそれだけを知り承認している労働は抽象的精神的労働である」というときの「精神的労働」はまったく別の概念である。この点でマルクスがヘーゲルを誤解することはちょっと考えられない。『精神現象学』では労働は意識の現象であり、これは同時に実体的精神の現象、つまり「精神の労働」なのである。

法、査法）でも、形式的道徳律（カント的道徳律）でも同じである。ここでは、自然状態における対立、および対立の欺瞞的統一が法状態にもちこされているのである。もちろん、純粋な自然状態を考えれば、「自然状態は不正ではない。しかし、それゆえにこそ、人はそこから脱け出さざるをえない」（SK2 S. 533）といえる。その理由は根本的には「直接的に、すなわち疎外なしに絶対的に妥当する自己なるものは実体を欠いており、荒れ狂う諸要素の戯れ」（SK3 S. 360）――それが力への意志であろうと、力なき憧れであろうと――にすぎないからである。

疎外こそが疎外を逆転する力である。現代が分裂と疎外の時代であれば、それは統一と承認への前ぶれである。「現代は誕生の時代であり、新しい時期への移行の時代……である。現存そのもののなかにはびこっている〔新しきものの〕軽率や〔古きものへの〕退屈、未知のものに対する定かならぬ予感は、何か別のものが近づいている前ぶれである。」（SK3 S. 18）

近代世界は、いまや、個と全体の分裂の相においてあらわれてくる。しかし、即自的に両者はすでに統一である。「この世界も精神的本質である。それは即自的には実体的存在と個人との相互浸透である。この世界の定在が自己意識の作品である。」（SK3 S. 360）この即自的な統一に自覚的な分裂が重なり合うと言いたいところだが、ヘーゲルの把えた事態はもう少し複雑だ。「実体は〔すでに〕……精神である。〈自己〉と本質との自己意識的統一である。ところがこの〈自己〉と本質とが、お互いにとって疎外という意味をもっている。」（ibid.）それぞれの意識が自分のタテマエや本領を相手の側に置き違えるという倒錯の関係だ。「精神は対自的に（自分だけで）存在する自由な対象的な現実性の意識である。この意識にはしかし右に述べた〈自己〉と本質との統一が対立する。現実的意識に純粋意識が対立する。」（SK3 S. 360）前者は自分の個的独立、自立（対自性）を守る現実意識、後者は普遍的本質（即自）をタテマエとし、自己の本分とする純粋意識である。――ここにヘーゲルが見込んだ世界では、まず現実界において、普遍性の原理である国家権力と、個体性の原理である富・財産とが疎外関係にある。つまり、国家と市民社会とが分裂している。この分裂した現実に、空疎な信仰が、一般に実体なき統一が対立する。第一の対立に関して、貴族意識と町人意識とが対立し、第二の対立に関して、啓蒙と信仰とが争う。争い合う啓蒙と信仰とは、原理の抽象性において同根でありながら、一方は地上、他方は天上と対立するのである。この世界は言うまでもなく革命を自己の内にはらんだ近代フランスである。

九　国家意識と市民意識の転倒

国家意識は、普遍性と自己同一性の意識、すなわち善の意識である。善意とは、自分があるべきところの即自であるという自己同一性である。「自己意識は国家権力と財力という二つのものの内に、自分の二重化した本質を直観する。一方〔国家権力〕には自分の即自存在《タテマエ》を、他方〔財力〕には対自存在《ホンネ》を直観する。……国家権力は善であり、財力は悪である。……〔しかし〕両者の本性は自己疎外する規定であるということだ。」（SK3 S. 368f.）両者は、自己の本領を自分とは反対の他者の内にもつという倒錯的な本性をもっている。両者はやがて逆転する。逆転とはしかし、「われわれ」から見れば、両者、すなわち即自と対自が統一していることなのだ。そのさい、伏線として次の規定を知っておく必要がある。「自己意識にとっては、自分自身が見出される対象は善、即自である。しかし自分と反対のものが見出されるのは悪である。善と対象的実在と自己意識との同等性である。悪とはそれらの不等性である。」（SK3 S. 369）

善の意識は、自己の身体や生命という個体性を犠牲にする高貴なヒロイズムとなって国家に奉仕する。このヒロイズムは「個別的存在を普遍者に犠牲として捧げ（aufopfern）、これによって普遍者を定在化する徳である。それはまた、所有と享受〔消費、享楽〕を自ら断念（entsagen）し、現存する権力のために行為し、そのために現実的である。」（SK3 S. 373）この意識は自己の個別性を断念し、普遍者に献身する。「断念」も「献身」も「疎外」の類義語である。この下からの自己疎外が、普遍者の上からの自己実現を支えている。「こうした運動によって、普遍者は定在一般と結合される。これと軌を一にして、定在する意識はこの疎外化（自己放棄）を通じて自己を本質性へと教養形成する。この奉仕において意識が自分から疎外〔除外〕するもの（Wessen dieses im Dienste sich entfremdet）は、彼の定在に沈潜した意識である。疎外〔献身〕[★26]の対象となった存在（das sich entfremdete Sein）は、しかし即自である。」（SK3 S. 373f.）これは、己れがタテマエ（即自）とする正義のためには、対自的定在、すなわち己れの命も富も棄てて省ない重厚な封建貴族型の意識「誇り高き封臣」（SK3 S. 374）である。しかしこれは軽薄な宮廷貴族型の意識に推移していく。両者に共通している「疎外の構造」は、わかりやすく言えば、「オミコシ担ぎの構造」である。神を担ぐ個人の自己犠牲が、神性という理念を実在化する。個人はそれによってのぼせ上がって、自分と神との一体性を感じとっている。端から冷静に「われわれ」が見ればたしかにここには普遍と個別、即自と対自の相互浸透が成立している。しかし、この相互浸透は、両者がそれぞれ自分の本領を相手の側にもつという、倒錯の「すれ違い」によって成り立っているものなのである。

封建貴族型の疎外が宮廷貴族型に移行することによって絶対王制が成立する。要するに王様のとりまきとしての貴族が成立する。〈王が絶対的であるがゆえに貴族がとりまく〉というのはタテマエである。ホンネは、〈貴族がとりまくがゆえに王が絶対化される〉という「オミコシ担ぎの構造」である。「沈黙した奉仕のヒロイズム〔封建貴族型〕がへつらいのヒロイズム〔宮廷貴族型〕になる。このように〔へつらいの〕言葉を語ることによる奉仕という反省が、精神の自己分解的な媒介物をかたちづくる。へつらい自身の極が自己内に反省するだけではない。普遍的権力の方もそれ自身の内に還帰する。……こうして、無制約的な君主であるというこの権力の精神が生ずる。無制約であるのは、へつらいの言葉が、国家権力を純化された普遍性にまで高めるからである。……へつらいの言葉は君主に固有の名を与えることによって、もしそうしなかったばあいには、ただ〈勝手な思いなし〉にすぎない個別〔者〕を定在する純粋性に高める。」（SK3 S. 378f.）王は王であるがゆえに王と呼ばれるのではない。王と呼ばれるがゆえに王なのである。へつらうという関係が物象化されて王という実体となるといってもいい。

「誇り高き封臣」はいまや「へつらう廷臣」となっている。「高貴な意識〔廷臣〕が単純な精神的統一〔タテマエとしての正義〕に従って疎外化（自己放棄）するもの（dasjenige, das edelmutige Bewußtsein sich nach dieser Seite der einfachen geistigen Einheit entäußert）は、彼の思惟の純粋な即自、彼の自我そのものである。」（SK3 S. 378f.）こうなればもはや「高貴」という語はこの意識にふさわしくない。独立自尊の「高貴」が他に依存する「下賤」と化している。

ところが、王権がへつらわれて成り立っているということは、王権がへつらいに依存しているということである。「この権力は、多数の点がそれらの内的確信を疎外化（自己放棄）することによって集約された〈自己〉という〔中心〕点である。」（SK3 S. 379）要するに、この権力は「担がれているオミコシ」である。「国家権力のこのような固有の精神が、高貴な意識による行為と思惟とにわたる犠牲のうちに、現実性と養分とを得て存立しているのであるから、この国家権力は疎外された〔依存する自立性という倒錯した〕自立性である。対自存在の極となる高貴な意識は、自分が疎外化（自己放棄）した思惟の普遍性（die Allgemeinheit des Denkens, der es sich entäußerte）の代りに、現実的普遍性という極を取り戻す。国家の実権力は、この意識の方に移行してしまっている。」（SK3 S. 379f.）国家への献身が、じつは国家を私物化している。国家権力が使用されるべき利権と化してしまう。国家はそのとき、「現実的普遍性」すなわち市民社会★27に呑み込まれてしまう。「国家権力はいまや犠牲にされ、身を放棄されること（aufgeopfert und preisgegeben zu sein）を精神〔本領〕とするような存在者《ヴェーゼン》である。つまり国家権力が富（Reichtum）として実存する。」（SK3 S. 380）この世界では、あらゆるものが「有用」か「無用」かである。

王権にへつらう貴族の存在論的規定は「同一」ではなく、それゆえ価値論的に「善」でもない。「彼の精神はまっ

★26　「疎外」（Entfremdung）も「疎外化」（Entäußerung）も『精神現象学』での構造上の意味は変わらない。どちらも「〈自己〉の他有化」だと言ってよい。しかしそれぞれの語が前身となる日常語においてもっていた意味に応じて、異なった意味形態をもつ。右の引用文に見られるように、その意味形態は一様ではなく、ときに両概念の意味形態が交錯する。代表的な意味形態を取り上げてみる。「疎外」とは「自己であるものを自己から離反させること」である。すなわち所在としての〈自己〉の離反である。「疎外化」（外化）とは「自己のもつ、自己を自己たらしめるものを自ら放棄すること」である。すなわち所有としての〈自己〉の放棄である。

たくの不同という関係である。一方では名誉を受けて自分の意志を保持するが、他方ではこの意志を放棄して自分の内面を自分から疎外して〔他人に委ね〕(seines Innern sich zu entfremden) 自分自身との最高度の不同におちいったり、またこうして〔国家という〕普遍的実体を自分のものにしてしまって、この実体をそれ自身とまったく不同一なものにしてしまったりする。」(SK3 S. 380) 彼の作品は、廷臣としての忠言の言葉であるが、忠告は「へつらいのヒロイズム」に、普遍性の意識は「権力への怖れ」と化す。「意識にとって国家権力は抑圧する存在者であり、悪である。」(SK3 S. 370) 普遍性と自己同一性がそのまま、じつは、個体性と自己分裂になる。

卑しい町人意識は、自己の個体、対自存在を主張するエゴイズム、悪である。しかし、市民社会を貫流する見えざる神の手は、このエゴイズムを普遍的利益にする。「富は善である。善は〔万人の〕普遍的な享受〔消費〕をめざし、自分を〔他人に〕委ねて万人に彼らの〈自己〉の意識を作り出す。富はそれ自体普遍的慈善である。」(ibid.) 富にかかわる意識は、利己的でいるつもりでいて、普遍的善を実現している。貴族意識も町人意識も、それぞれ直接に自己の反対物である。それぞれ自己を自己の外に疎外している。疎外において両者は媒介されている。しかし、この媒介は、当の意識には自分の背中が見えないように見えないのである。

二つの意識形態が、ひとりの人間の意識に見出されるのは「ラモーの甥」のばあいである。彼は、この世の善と悪との転倒をみごとに暴露する。そして彼自身、一宿一飯にあずかるためには、男娼まがいの卑しい所業をもあえてするが、彼を卑しいとはいいきれない。彼は自己自身に忠実である。なぜなら彼は「私は卑屈になりたいのです」と宣言するからである。「自己の卑劣 (Verworfenheit) を投げかえす反抗心をもったこの自己意識は、そのまま、絶対的な自己分裂における絶対的自己同一であり、純粋自己意識の自己自身との純粋な媒介である。」(SK3 S. 384)

彼は、道ばたのカフェで、あらゆる楽器、あらゆる作曲家の作品をみごとにまねてみせる。彼はホルンとなり、ファゴットとなり、また、リュリとなり、伯父のラモーとなる。彼は他人の「作品」に自己を失う。しかしこれが彼の「作品」なのである。

彼は、あらゆる善と悪とを混同させる。「真と善とを単純にうけとる」四角四面の「哲学者」は、善いものに悪が混ざってはいても、善さは善さではないかと、彼をたしなめてみるが、彼がそこで引き合いに出すのは、「実際の世間全体が転倒したことをやっているという普遍的な現実」なのである。この気ちがいじみた、卑しい徒食漢の「ラモーの甥」こそ、裏がえしの世界精神である。彼は「すべてのものが自己自身を疎外〔倒錯〕していること、対自存在が即自存在から分離していることを知っている。……しかし彼が実体的なものを知っているのは、実体的なものが自己を統一していない不統一と対立の面からであって、この統一性の面からではないから、実体的なものを評価する術は心得ているので、それを把える能力はなくなっている。」(SK3 S. 389f.)

貴族意識と町人意識、善と悪とが分裂する世界、すなわち国家と市民社会の分裂が露呈している現実世界に、いまや、この世界を逃れた純粋抽象の世界が対立している。啓蒙と信仰という相争う二つの意識形態は、じつは共通の風土に生き、共通のものに養われている。すなわち「純粋意識」(SK3 S. 393)の内に生き、それに養われている。信仰の抱く天上の「絶対的本質、最高存在」(SK3 S. 416)も、啓蒙のよって立つ「純粋な物、絶対的本質」(SK3 S. 424)も、と

★27 ギリシア的人倫を捉えるとき、ヘーゲルは基本的に、国家と家族という二極性を設定していた。「疎外された精神」では、国家と富(市民社会)の二極性が背後に設定されている。しかもヘーゲルは経済活動という「現実的普遍性」と法という「抽象的普遍性」とのあいだの相互交流の所在を前提していた。家族、市民社会、国家という三分法はまだ構想されていない。また用語として(次章に説明するように)「市民社会」は、まだ用いられていない。ヘーゲルの「疎外論」の主要な部分は、この二極的構図のなかに位置する。家族、市民社会、国家という三分法を設定した『法哲学』には、「疎外論」は不在なのだ。たしかに「疎外」、「疎外化」の用語は、『精神現象学』以前と以後でも用いられる。しかし私が「オミコシ担ぎの構造」と呼んだ「疎外論」は、『精神現象学』にのみ成立する。『実在哲学』にも「疎外論」は不在なのだ。『精神現象学』の直後の用例は『プロペドイティーク』(一八〇八―一八一三年、SK4 S. 117, S. 274, S. 282)にある。この著作のなかには小さな「精神現象学」が組みこまれている。用法も大きな『精神現象学』とほぼ一致する。キリスト教に関連した「悪は神からの疎外〔離反〕である」(S. 274)等の用例があるが、キリスト教観そのものは『精神現象学』のそれとは必ずしも一致しない。

もに現実を遊離している。それゆえ、両者は、この「純粋意識の内で相互に関わり合う」(SK3 S. 395) のである。

たとえば啓蒙はこう主張する。「信仰にとって絶対的本質となるものは、信仰自身の意識の存在、彼自身の思想、意識によって生み出されたものだ」(SK3 S. 406)、つまり神学の秘密は人間学だ、と主張する。ここで神は人間と結びつけられている。信仰はこれに応酬して、この絶対的本質は「なぜだかわからないが意識のなかに立っている疎遠なもの (ein fremdes Ding) などではなく、この個的人格的な意識としてそこに見出されるからこそ、信頼が成り立つのだ。服従とか奉仕とか言っても、それらはこの絶対的本質を、自分の絶対的な本質として、自分の行ないによって生み出すことにあるのだ」(SK3 S. 419) という。つまり、信仰も神学の本質は人間学だといっているのである。

すると今度は啓蒙は、神の方に重点を移動して、そんなものは「意識にはなんの関係もない、意識の彼岸だ」(SK3 S. 420) ときめつける。啓蒙は、自ら結びついていると主張しているものを、離れているといって非難している。ところが、信仰も同じことをやっている (SK3 S. 418)。信仰は、結びついているといって弁解したものを離れたものとして信仰しているのである。

改めてくり返すまでもなく、統一が純粋抽象にすぎない点に、疎外が疎外にとどまる根本原因がある。この純粋意識の行きつく先をヘーゲルは革命末期のテロリズムのうちに見届けていた。精神は「絶対的自由」として在り、「世界は端的に彼の意志であり、その意志は、普遍的意志である。」(SK3 S. 432) 普遍性の旗のもとに、あらゆる区別が、身分も分業もが廃棄される。普遍意志に対立する個的なものはすべて否定されねばならない。しかし「あらゆる現実的組織の解体をすませてしまえば」、そこにのこるのは、「自己の自由と個別性を知るにすぎないような」人間だけである。見出された対象としての人間への主体の関係は、ただ「直接的純粋な否定」(SK3 S. 436) であり、「普遍的自由の唯一の作品と行為は、それゆえ、死である。」(ibid.)

抽象的普遍性の乱舞は、それがたとえ「人間性《ヒューマニズム》」という名のもとに語られたとしても、テロリズムという即自的な人間否定にいきつく。人間の肯定とは、その個体性をも、一方の極として含むものでなければならない。個体性が普遍性にてらして悪であるならば、そして形式的普遍性の定立が人間社会にとって必然であるならば、犯された悪、すなわち罪はゆるされ、贖罪が成り立たなくてはならない。贖罪を包含する社会こそが、真の共同体である。かかる真の共同体の成立に見合ったときに、もはや、疎外形態ならざる真の「キリスト教」もまた成立しうるのである。

十　「承認」は不在である

「承認」は、それでは、いかなる歴史状況、歴史意識のうちに成り立つのか――気ぜわしく問いただしたくもなるであろう。しかし、『精神現象学』における歴史的世界の発展は、このテロリズムの時代で停止しているのである。たしかに、意識の経験はこのあとも、舞台をドイツに移し、カント的「道徳性」の展開から悪を告白する美しき「良心」にいたり、ヘーゲルはそこにひとつの「承認」を与えてはいる。この「承認」はしかし、ふたたび外化されて「宗教」にいたる。そして自己を犠牲にして子としてのキリストを世界に外化するキリスト教の神とのあいだには、神人の「愛の承認」（SK3 S. 561）が成り立つとした。

しかし、彼の青年期の痛ましい洞察からすれば、世界との関係が未済であるとき、「愛の承認」ですらも疎外の運命にひき渡されるのである。彼は、この洞察を忘れてしまったのであろうか。いや忘れてはいない。彼は「啓示宗教」（近代キリスト教）の章をこう結んだのである。「世界はたしかに即自的には、本質〔神〕と和解している。本質は対象を、もはや疎外されたものとは認めず、その愛のうちにおいて自己と等しいものとみなしている。世界はそのようなものとして、本質に知られている。だが、自己意識にとっては、この直接的な現存在は、精神の形態をとってはいない。……この即自はまだ実現されてはいない。言葉をかえれば、絶対的な対自存在には、まだなっていないのである。」（SK3 S. 574）

ヘーゲルに軽々しく融和主義者というレッテルを貼らない方がいい。ここで彼は、堂々と「承認が不在である」ことを告白しているのである。「そんなばかなことが」と思われるかもしれない。「まだ『絶対知』の章が残っているのではないか」と。たしかに、マルクスならずとも、この残された最後の「精神の形態」を求めて、「絶対知」の章を逐条的に精査したいところである。しかし、結論から言えば、そのような「精神の形態」はありえないのである。なぜかと言えば、「絶対知」は、過去の歴史的な精神の諸形態を、憶い出す(erinnern)ことによって、諸形態というかたちで外化されていたものを内化し、内化(疎外の止揚)を完成すべき章である。そこにキリスト教的神と世界との和解をもたらす精神の形態――それは歴史的な形態であらざるをえない――が、あらためて成立するはずがないのである(次章九で詳説)。

神と世界とは即自的には和解している。しかしキリスト教団の意識はそれを表象しているにすぎない。表象する意識にとって、表象されたものは彼岸にある。――既成の教会に対してヘーゲルが与えたぎりぎりの評価は、ここまでだった。「表象」は「概念」へと越えられねばならぬ。晩年のヘーゲルも盛んに「表象から概念へ」と語った。そのさい、老ヘーゲルは宗教の表象と哲学の概念とで「内容は同じ」(Enzy. §573 An. SK10 S. 379)であることを強調するのを忘れなかった。ところが『精神現象学』では、表象の立場がそのまま彼岸性の立場とみなされている。すると彼が教会宗教に帰した「即自的和解の表象」という規定は、一種自己矛盾的なひびきをもってくる。「表象の彼岸性」は「即自的な和解」そのものを分裂させかねないからだ。「知の純粋な内面化が即自的には絶対的な単純性すなわち実体であるという〔和解の〕側面を、この意識が把えるのにあるものの表象という形をとる。概念に従って把えるのではない。他人の贖罪行為(die Handlung einer *fremden* Genugtuung)というかたちで把えるのである。」(SK3 S. 573. 強調は原文による)へーゲルは神の受肉、イエスの死を、つまり神の啓示を、実体の疎外と解した。絶対者が自分を犠牲にし、さらけ出す自己否定と解したのである。啓示とは神の人間への献身だといってもよい。人間の神への献身、すなわち帰依を通じて、神と人は和解する。神が人となることは、この和解の表象でもある。「実体の自発的な疎外が、〈自己〉にとっては即自である。〈自己〉はこの即自を把えもしなければ、理解《ベグライフェン》もしない。★28 そして自分の行為そのもののうちには見出さない。」(ibid.) キリスト教神話という表象形式によるかぎり、いつまでも「他人事というへだたり」が消えない。和解が彼岸にあり、此岸には和解から取りのこされた世界がある。「教団の意識に即自として登場してくるのは、彼岸におかれた和解であり、現前して現われてくるのは、いまだ浄化が期待されるこの世界である。」(SK3 S. 574) これが教会宗教の現状なのだ。もちろんヘーゲルは、宗教の真のありかたをそれ以上のところにおいていた。「われわれは、世界における精神と宗教における精神とが同一であることを知っている。宗教の完成は両者がお互いに等しくなる (beides einander gleich werde) という点に成り立つ。」(SK3 S. 497) 現実に両者はまだ等しくない。宗教も世界も未完なのだ。

ヘーゲルは、あるべき「精神の形態」を忘れてしまったのでも、黙殺したのでも、いわんや、「絶対知」における「内化」で代行したつもりになったのでもない。それでは、この世界の最後の形態はどこにあったのか。それは、この書物が書き上げられようとするとき、戦火とともに、あの「馬上の世界精神」(ナポレオン) が彼のもとへと運びつつあったのである。宗教について言えば、プロテスタンティズムにつづく「宗教の第三の形式」という構想があった (一八〇二—一八〇五年とみなされている『自然法講義草稿』Kim. 45. Dok. S. 323)。「プロテスタンティズムが〈外来の聖化〉(die fremde Weihe) を脱ぎすてたのちに、……精神は新しい宗教において (in einer neuen Religion) 己れとの根源的な和解をあえて樹立することができる。それはすなわち、自由な国民が存在し、理性が己れの実在性を一個の人倫的精神として再発見しているとき……である。」(Dok. S. 324) この「第三の形式」という構想が『精神現象学』にもそのまま保たれていたかどうかは、はっきりしない。ただ言えることは、ヘーゲルが「現代は誕生の時代である」と語って世界も宗教も完成への途上にあるという「曙の感覚」を抱いていたということだ。彼はいったいどのようにして「黄昏のミネルヴァ」

★28 〈自己〉が絶対的本質であることが、〈自己〉の意識としての自己意識に把えられねばならない。つまり疎外論は自己意識の展開のうちにのみ位置づけられる。その意味においても疎外論は『精神現象学』に固有なのである。

へと変貌したのだろう。

十一　存在するものの「承認」なき承認

さしあたり、ここに残されている問題は、神と世界、すなわちヘーゲルの知的構図から言えば、宗教と国家の問題である。青年期のいわば「進歩的な」ヘーゲルは「教会と国家……宗教的な営みと世俗の営みとをけっしてひとつに融和することができないのがキリスト教の運命である」(Nohl., S. 342) と語って、キリスト教を批判した。体系期に、いわゆる「反動的な」ヘーゲルは「良心の解放を抜きにして、権利と自由の束縛を取り去ること、すなわち、(宗教)改革なき革命 (Revolution ohne Reformation) がありうると考えることが根本的誤謬である」(SK12 S. 535) と語ってフランス革命を批判した。批判の尺度は、つねに一貫して、天上と地上、教会と国家との一致ということであった。あえて対比のために単純化すれば、青年ヘーゲルは、共和国が成立しなければ、真のキリスト教は再生しないと語り、老ヘーゲルは、宗教改革が先行しなければ、国家革命は無意味だとしたのである。改革と革命は順序を転換した。それでは『精神現象学』はどうか。「承認」がギリシア的人倫の自覚化された再現であるとすれば、地上における全体と個との調和の実現が、神と世界との和解に先立つものと考えられざるをえない。この意味では、『精神現象学』は、青年期最後の作品なのである。

しかし、「承認」は不在である。それでは当然、承認を実現すべきではないのか。「哲学の実現」をはかるべきではないのか。しかし、理性的自己は、自己自らによって、世界に理性を実現すべしという主体性が、いかに善意であり「有徳」であろうと、世界を対象とし、自己を主体とする、主客の支配―被支配関係は、相互的なものではありえないことをヘーゲルは知っていた。その自己が個的な「快」の追求者であろうと、個的心情がただちに「法則」であることを信ずるものであろうと、端的に自己を「徳の騎士」とするものであろうと（以上三形態は『精神現象学』の「理性的自己意識の自己自身による実現」の章にあたる）事態にかわりはない。世界を支配しようとする情熱は、それ自体いかに善意であれ、支配を終焉させることはできないのである。それゆえ解放者は、敗北して狂気におちいるのでなければ、勝利してふたたび抑圧者となる。かつてユダヤ民族を解放したモーゼが、戒律によって「彼らにもうひとつの軛を与えた」（Nohl, S. 250）ように、解放の勝利が抑圧をもたらすことを彼は見ていた。「承認」は不在であるが、それを実現しようとすることは「承認」の否定にならざるをえない。いまや彼に残された道は、「承認」なきままに、存在する世界を承認されうるものとして「解釈」することのみである。「理性的なものは現実的であり、現実的なものは理性的である。」現実はわがロードスとして承認されねばならぬ。ここでは、運命（必然）への愛が唯ひとつの自由である。

支配という不等性の永遠の終焉を論理化した彼の論理が支配の論理に転化する。彼の『法哲学』が、すべての全体主義者とともに語っていることはこうである。——全体は諸君の本来的自己である。全体への服従は、諸君の自律性であり、反抗こそは自己の喪失である。この「全体」が、「国家社会主義」であれ、「社会主義国家」であれ、「開かれた世界」であれ、「前衛党」であれ、「大学」であれ、「会社」であれ、本質は変わらない。

しかし、これに本質的に対抗できる唯一の論理は、やはり、『精神現象学』のそれであろう。つまり、「全体が個人の自己であるか否か」ではなくかかるものとして「経験されるか否か」の一点にかけた、意識の経験の論理である。

十二　ねずみ取りの罠

ヘーゲルは「ねずみ取りの罠」（mousetrap）であると幾人かの人が語っている。入ったら抜け出せない、というのがそのこころである。ヘーゲルへの批判が有効であるかないかという問いが、批判者がヘーゲルを脱しているかいなか、という意味に解するなら、それは無意味な問いに終わるであろう。ヘーゲルの継承がヘーゲルへの批判とならざるをえないという事情があるのである。批判者としてたとえばマルクスを考えよう。『精神現象学』のヘーゲルと彼とは「現存するもののゆるやかな瓦解は、電光のごとくして、そこに一挙に新しい世界像をうち立てる日の出によって断ち切られるであろう」(SK3 S. 18f.) という曙の感覚を共有していた。ヘーゲルを革命恐怖病の患者に仕立て上げるのは、正しくない。ナポレオンが二度失脚したのちにも、彼は「だいたい国家の転覆などというものは、くり返されたときに、人びとが納得し、是認されるようになるものだ。……初めは偶然的で、もしかするとと思われていたにすぎなかったものが、くり返されると、現実的な、確かなものになる」(SK12 S. 380) と、ずぶといことを語ってもいる。ヘーゲルの求めたものをマルクスが「路上の世界精神」に求め、求めることを断念したヘーゲルをマルクスが批判したとき、批判が継承であるのは当然である。

ただし、批判と継承とのあいだに、ある奇妙な事情が介在したこともたしかである。ヘーゲルの基本的な立場は、抽象的普遍性に対して、生きた具体的普遍を対置した点にある。仏独にまたがる啓蒙思想の抽象性をこうして彼は批判し、フランス革命を「頭で立っている」と言い、ナシ、ブドウを「果物でない」という者の転倒を指摘したのである。ところがマルクスが同じレトリックでヘーゲルを批判する。啓蒙へのヘーゲルの批判と、ヘーゲルへのマルクスの批判(おそらくマルクスはそのレトリックがヘーゲルの内にあったことを、忘れてしまっていたのであろう。さもなければ、皮肉好きのマルクスが黙っているはずがない)とが、同じ論理になっている。

しかし、その対象は明らかにちがうし、対象のありかたもちがう。マルクスは、こう述べている。「思弁哲学者は(答えて)言う。『果物』は、けっして、死んだ、区別のない、動かないものではなく、生きた、自己の内で自己を区別する動的本質(だから)である、と。」(M. E. W. SK2 S. 61) つまり、マルクスは、ヘーゲルの説く「具体的普遍」なるものも、抽象的であるにすぎないといっているのである。これは「百ターレル」の問題とまったく同じ性質の問題である。概念としての「具体的普遍」はなんら具体的ではない。この批判は正当である。「具体的普遍」のカテゴリーが、存在するものの「承認」なき承認に用いられるのであれば、このカテゴリーは逆に具体性を失って、抽象化されてしまっていると言わなくてはならないであろう。「啓蒙の弁証法」は、くり返さるべくしてくり返されたのである。

たしかに、具体性を表わすあらゆるカテゴリーがヘーゲルの掌中にある。「存在」、「現実性」、「実在」、「質料」等々。その意味でヘーゲルはねずみ取りの罠である。「カテゴリーではない、本当の、現実の、感性的、対象的……存在」といったところで、その言葉のあらわすものはすでにヘーゲルの内にある。おそらくヘーゲルは失笑して言うであろう。「絶対にカテゴリーではない存在というような『語りえないもの』については、すでに『精神現象学』の冒頭で充分に論じました。どうか顔を洗って出直してください。」とすれば批判者はいまやこう言わざるをえない。「哲学者は世界をさまざまに解釈してきたにすぎない。問題はそれを変革することである」(M. E. W., SK3 S. 535) と。

第六章　人倫の理念の崩壊と回復

近代の人間は自分の個別性を放棄し〈自己〉を犠牲にしなければ、普遍的なものと和解できない。ここにはヘーゲルの個人主義への批判がある。このような犠牲に支えられて普遍は実在性を得て、実体となる。ところが、己れを棄てることが、己れを支える実体的なものを私物化し、実体を実体たらしめないとすれば、実体も〈自己〉も崩壊するよりほかにない。それが近代の教養を特徴づける疎外である。疎外を超えてこそより高次の和解が成り立つ。こうしてヘーゲルは近代社会を超える「より高次の理念」を定立する。この理念が高い分だけ、理念は現実から遊離している。しかし現実との和解ということも理念が具えねばならぬ条件なのである。理念はその理念性を失うことなく現実と和解することができるのだろうか。『精神現象学』前後のヘーゲルの思索の歩みのなかでは、理念性の高揚の波と低落の波とが交錯しているように見える。

一　『精神現象学』の特異性

『精神現象学』は、絶対知にいたる意識の経験の歴史を記す学的な展開過程である。この経験の概念には、前章に論じた疎外論によく現われているように、ある特有の意味で社会性の契機が含まれる。ひとつは意識そのものの社会性であり、またひとつは意識対象、意識内容の社会性である。意識主体の存在と意識対象の存在が統一される。この統一が絶対知を成り立たせる。それゆえ経験する意識はその社会性のあるレヴェルで歴史的社会存在のあるレヴェルと等置されなければならない。個的意識と社会存在とがあるイデオロギー的境位（精神）において和解する。その和解の構造が疎外からの回復の論理である。この論理と現実との乖離は、そのまま論理の破綻ともなりかねない。

ヘーゲルはその生涯を通じて、政治体制のありかたに深い関心をよせていた。その関心の所在は、たんに彼の哲学の傍らにあるものではない。哲学の中心に位する。たとえば第二章に見たように、彼にとっては主観と客観の対立は、そのまま個と全体との社会的対立でもあった。意識がその最高の境位に達するためにはいかなる社会性の経験が課せられるかという問題が、絶対知の——ひいては絶対者の——要求する社会性とはいかなるものであるかという問題と重なり合う。『精神現象学』にいたるまでにすでにいくつかの社会哲学的論述が残されている。『精神現象学』（一八〇五—七年）の直前および同時期に書き残された二つの通称『実在哲学』（Ⅰ〔GW6〕、Ⅱ〔GW8〕）（各一八〇三年、一八〇五年）にそれぞれ含まれる「精神哲学」もそうだ。『精神現象学』以後では『法哲学』、『歴史哲学』が社会的題材を含むことはもちろん、『美学』などにもヘーゲルの社会的関心は知られる。

一見した印象からいうと、『精神現象学』における社会性の哲学の内容は、彼のその前後の著作内容と比べると特異な性格を見せる。まるで彼の社会思想の成熟過程の順調な流れを遮っているかのようだ。まず第一は、人倫性の問題である。カント、フィヒテの形式主義的な「道徳性」に対して、より具体的・現実的な「人倫性」をより高次のものとして対置するという観点は、のちに触れるように、すでに『自然法論文』（一八〇一年）で確立された観点である。ところが『精神現象学』では、表面的にみれば、ギリシアの「人倫性」よりも高次のものとして、カント的「道徳性」が位置づけられる。おおまかにいって、形式主義的な道徳性に対する、共同社会の現実性に定位する生ける人倫性の対置という観点は、第一章でふれたカント批判から発して第四章で扱ったように『差異論文』（一八〇一年）に継承され、やがては、『法哲学』（一八二〇年）の存立そのものを支えるもっとも基本的な観点である。『精神現象学』においては、それが逆転しているかの観を呈する。

第二に、この道徳性と人倫性というテーマに市民社会論がかかわる。市民社会は共同社会の現実性という人倫の境位にありながら、人倫の実在的統一を破壊する。ヘーゲルは『自然法論文』においてすでに「一国民が第二身分（商工業身分）のみから成り立っている状態」(SK2 S. 492) に言及し、商品の生産と交換とから成り立つ一個の社会的システムの所在を看取していた。『実在哲学』（I・II）（現在では「イェーナ体系構想I・III」と呼ばれる）には、『法哲学』の「市民社会論」よりもいっそう詳細な、生産、労働、交換に関する記述がみられる。ところが『精神現象学』には、こうした具体的な記述が盛りこまれていない。スミス的商品社会の論理と経済学上のデータとは、いくつかの章に分散したかたちで間接的に用いられているにすぎない。――たとえば前章で論じた「ラモーの甥」をモデルとする革命前夜のフランスにおける精神構造の一契機としての「富」があった。――また「精神的動物国」にも準市民社会的なものがあった。しかも、『精神現象学』における〈市民社会〉の特性描写は、スミスから敷衍して言えば「見えざる神の手」の円満な作用という形に限定される。ほぼ同時期の『実在哲学』（I・II）（イェーナ体系構想I・III）と、のちの『法哲学』とに共通してみられる「見えざる神の手」の破綻の様相はない。『精神現象学』はこの破綻の現実から目をそむけようとしているのか。『精神現象学』においてヘーゲルはこの破綻を直視し、それに対処すべき視点をもつことができなかったのか。

第三に、国家論がある。『精神現象学』には固有の意味での国家論が欠落している。ヘーゲルの政治思想を扱う多くの論述が青年期、イェーナ期と叙述をすすめて『精神現象学』にいたると、この大著を前にして急に叙述の筆を休めるかに見える。すなわち当時のヘーゲルにとって最大の関心事であった、国家生活の本来的かつ現在的なありかたの記述がここには欠落している。前章で述べたように、「承認が不在」なのである。彼がここに描くギリシア的人倫の姿は、青年ヘーゲルが理想化し、理想化するとともに没歴史化したギリシア像とかなりの程度まで重なり合う。しかし当時の彼はすでに理想化、没歴史化されたギリシア的人倫像を克服し、ギリシア世界の社会倫理、人倫がローマ的世界へと解体・発展していくさまを歴史的に考察していくという観点を、少なくともたてまえ上は確立していた。

とすると、『精神現象学』におけるギリシア的人倫の記述を、青年期の彼のギリシア観と重ね合わせて、そのまま彼の国家理想として解するわけにはいかない。

ヘーゲルが初めから『精神現象学』では、もっぱら個人意識という形態における社会意識を取り扱うのみで、いわば社会イデオロギーとしての国家論そのものは扱わないという前提に立っていたというのであれば別だ。ギリシアについては人倫のありようを記述し、自己の生きる現在世界の人倫のありようについては沈黙する。われわれはこの点に疑念を抱かざるをえない。——たしかに問題は、人倫というまさに現在的に問われるべき概念を歴史的にギリシア世界に対応づけたという歴史的構成の仕方にある。しかし、ひるがえって考えれば、本来、現在的に問われるべき人倫の概念を歴史的にギリシアに定位せしめるよりほかに仕方がなかった事情があるのではないか。ギリシア世界はもともとたんに歴史的に過去のものではなかった。ギリシアを現在化、未来化した青年ヘーゲルの視点は、ルソーにみられるギリシアの理想化、さらに幅広くみれば、過去をギリシアにたいする中間期（中世）とみて、現在をギリシアの再生とみる近代の歴史意識のありかたともかかわってくる。ギリシア世界を過去化し、歴史化するためには、理想化されたギリシア的人倫にかわる現在の人倫のありかたが見定められなければならない。人倫の上位に道徳性をおき、現在の国家的人倫に沈黙した『精神現象学』は、いかなる歴史哲学を用意していたのであろう。

二　社会性と宗教性の相関

ヘーゲルにおける社会性と宗教性とのつねに揺れ動く微妙な相関にわれわれは思いあたる。ディルタイのようにできることなら社会性を棚上げして、「神秘的汎神論」の成立という観点から、青年ヘーゲルに限らず、ヘーゲル思想全体を把えようとする試みもおかしい。ルカーチのように、青年ヘーゲルの著作を「神学的」と名づけることは間違っていると、それ自体二義的な言辞をもって宗教問題を棚上げすることもおかしい。「二義的」といったのは、青年ヘーゲルが既成の「神学」に批判的であったとしても、広義での「神学」的なもの・宗教性そのものを却下したことは、青年期に限らず一度もなかったからだ。ルカーチは狭い意味で「神学的でなかった」ヘーゲルに、まるで「全然宗教的でなかった」かのような印象を塗りつけようとしている。

ヘーゲル哲学は――つねに――絶対者の哲学である。むしろ、あらゆる哲学は絶対的なものの学であるというのがヘーゲルの立場だ。たとえば彼は、同一律によって一個の相対的規定にすぎないものを絶対化するのが「形式主義」の哲学であるとする。真に絶対的なもののみを絶対者として規定しようとする点に彼の批判意識[★1]が成り立っていた。

ヘーゲルにおいて「絶対者」が問題にされる場面は大きく分けて二つある。体系期の言葉でいうと、ひとつは「絶対精神」という場面である。すなわち「絶対者」が芸術、宗教、哲学においてとらえられる。他は「客観精神」という場面である。神は人倫、歴史に内在にするものとして把握される。客観精神の観点から見れば、芸術も宗教も哲学も、国家統一をもつ国民文化（教養）という境位に成り立つ。それらはいずれも客観精神の変容であり、これとはなれた絶対精神は考えられない。第一章から第三章にかけて説いたように、ヘーゲルの思想的出発点はこの客観精神の観点にあった。「国民の精神、歴史、宗教、政治的自由の度合いは、……ひとつの紐帯に編みこまれている。」（SK1 S. 42）こう語ったヘーゲルの観点を推し進めていけば、国民共同体における内的合一の完成が、その国民に疎外を超える宗教性を可能にするという思想にまで到る。すなわち、合一の「もっとも完全な完全性は、その生が可能なかぎり分裂していない国民、つまり幸福な国民において可能である。」（SK1 S. 426）この「幸福な国民」がさしあたりギリシア人をさすことは、言うまでもない。

共和制を理想とする青年期の政治思想は、イェーナ期において君主制を支持する立場に変わった。しかし、宗教と政治の相関的把握は継承されている。『人倫の体系』（一八〇二―三年）でヘーゲルはこう語っている。「君主制においては、君主と並んで一個の宗教が存立しなければならない。君主は全体の同一性ではあるが、しかし経験的形態における同一性である。そして君主が経験的で、国民が粗野であればあるほど、宗教が権力をもち〔国家から〕独立した構成をとる。国民が自己自身と一体化し、自然および人倫と一体化すればするほど、国民は神的なものを自己内に採り入れ、国民に対立するような宗教は失われていく。」(Sys. Sitt. S. 91, GW5 S. 361) 前章で論じた「啓蒙と信仰の闘い」においてもそうだったが、つねに宗教と国家生活とは底で通じている。それでは宗教においてひとが把えるところのものはいったい何であるのか。「特殊性を端的に自己と合一させた普遍性こそ、国民の神性であり、かかる普遍者が特殊性の観念的形式において直観されると、それが国民の神である。神とはかかる普遍者を直観する観念的な仕方なのである。」(Sys. Sitt. S. 54f., GW5 S. 326) マルクスならば地上における国民の合一が完全であるなら宗教そのものが消滅するというところであろう。ヘーゲルでは、神とはいわば「国民統合の象徴」であって、少なくともこの神は、国民の国家的生活を離れてはありえない。ここではたんに地上と天上とが調和するだけではない。地上の調和が天地の調和をもたらすのである。

宗教と国家の内的相関というこの観点は、前章で見たように『精神現象学』においても貫徹されている。とうぜん、われわれは「啓示宗教」という最高度の宗教に見合う国家形態を同書のうちに見出すはずであろう。しかし『精神現象学』における歴史の歩みはフランス革命で停止してしまった。ドイツの現在で語られたのは「道徳性」であって「国家」ではなかった。同時期に書かれた『実在哲学』(II)において、たしかにヘーゲルは、キリスト教の「神が国民精神と同じもの」(JR S. 268. GW8. S. 282. 欄外)[★2]であり、「永遠なるものはその定位を国民精神にもつ」(JR, S. 270, GW8 S. 284, 加藤尚武監訳「イェーナ体系構想」法政大学出版局 二三九頁)と語ってはいる。しかし、宗教性の実体が人倫にあるという意

★1　イェーナ時代から終生彼は「批判」のための雑誌を企画しつづけた。真の絶対者を提示する「批判」が同時に新しい時代を切りひらくと考えられていた。

★2　同じ個所に「真なる宗教――絶対的本質が精神であるかぎり、神秘のない啓示宗教である。神は自己である。神は人間である」と書かれている。

味での、宗教と国家生活との相関関係をここに見てとることはできない。「絶対的宗教の思想、内面、理念は、〈自己〉、現実的なものが思惟であり、本質と存在とが同じものであるという思弁的理念である」（JR, S. 268, GW8 S. 282, 同邦訳二三六頁）と彼は語り、宗教性の所在を、むしろ「思弁的理念」の方に移そうとしている。宗教性は何かの理由で客観精神に居づらくなって、絶対精神に移住したがっている。

三　哲学者の神の弁神論

絶対者を把える形式が、芸術、宗教、哲学という絶対精神の内にあるという考え方は、客観精神におけるありかたと並行して、イェーナ期以後のヘーゲルにほぼ一貫して見られる。絶対精神としての絶対者のありかたは、認識論的な主観―客観問題と深く結びついている。第四章で説いたようにイェーナでのヘーゲルのデビュー作『差異論文』は、シェリング的表現をとった同一性の思想に立脚していた。主観―客観、観念―実在、自由―自然（本性）とが根源的に同一者であるというのだ。この根源的同一性がそのまま「絶対者」（絶対的なもの）と称されていた。この「絶対者」は、たとえばフィヒテ的な自我＝自我が絶対的なものだと言われる（SK2 S. 50）ように、唯一の原理から展開されるべき哲学体系の、その原理、根本的真理の意味であるとともに、「神性」と重ね合わせて解されてもいた（SK2 S. 99, 111f.）。絶対者の没意識的（客観的）直観が芸術であり、主観的な生ける運動としての絶対者の直観が宗教であり、両者を結合して思弁（哲学）が成り立つ（SK2 S. 112f.）。芸術、宗教、哲学という絶対者を把握する三形式は、その後、三形式がそっくり「憲法」（Konstitution）という表題のもとに組み入れられた形（『実在哲学』II 加藤尚武監訳「イェーナ体系構想」法政大学出版局）、宗教のなかに芸術が組み入れられた形（『精神現象学』（一八〇七年）―『ハイデルベルグ・エンツュクロペディー』一八一七年）という変奏を経て、「エンツュクロペディー体系」（一八二七、三〇年）の「絶対精神」にまで継承されていく。

この三形式の規定の仕方は、だいたいつねに、直観、表象、概念に対応づけられる。

『差異論文』における絶対者は、あくまで原理的根源的同一性である。――この根源的同一性は、根源的に同一であるがゆえに対立をそれ自身に内包する反同一律的なものである。しかし――第四章で見たように――、反省の立場から見るかぎりでは絶対者が矛盾として把えられるのであって、もし反省の立場を介することなく絶対者を把えることができるならば、絶対者は、必ずしも対立をはらまないであろうという解釈の余地を残していた。――そしてこの根源的な同一性の観点へと「死の飛躍」によって、身を挺して躍りこむことが要求された。ここでのヘーゲルの立場は必ずしも一義的ではない。この飛躍という点に着目すれば悟性的反省の契機の必然性の認識が欠落する。またこの根源的同一性なるものに到達する媒介的方法が欠落してしまう。こうした見方は必ずしもヘーゲルを故意に一面化するものとは言えない。このとき、ヘーゲルの哲学を支えていた根本的なものは、直観という形をとる。「先験的直観なくして哲学することはできない。……直観なき哲学は有限者の果てしない系列を辿り、存在から概念への、概念から存在への移行は不当な飛躍となる。……観念性と実在性とは思弁においてひとつであるがゆえに、思弁は直観なのである。」(SK2 S. 42f.) その直観は、直観でありながら反省でもある。それゆえ先験的知とも呼ばれる。「先験的知は、反省と直観の両者を合一している。それは概念であると同時に存在である。」(SK2 S. 42) これからしばらくあとに書かれた『自然法論文』(一八〇二年)には、その根本的立場が「学が完成されるためには、直観および像が論理と合一され、純粋に観念的なものの内に採用されることが必要である」(SK2 S. 435) と規定される。さらに『人倫の体系』は「絶対的人倫の理念を認識するためには直観が概念に完全に適合しているように定立されねばならない」(*Sys. Sitt.* S. 7, GW5 S. 279) と書き出されている。『差異論文』では〈反省と直観の合一〉と言われる。『人倫の体系』では〈直観と概念の適合〉と言われる。一見両者にさしたる違いはなさそうに見える。ところが、前者では、根本的に反省でありかつ直観であるような知が提示されている。後者では、両者の対立を前提して、そこから両者が総合されていくプロセスが問題になってきている。同じく両者の合一といっても、その中心が直観から概念に移る。「直観は自己を表現するため

には概念を欠かすことができない。」(SK2 S. 450)

ヘーゲルにこうした転換を強いたものは、根源的同一性という絶対者、哲学者の神にまつわる弁神論的問題であった。絶対者がすべての存在(知)の原因であるとき悪(虚偽)の存在はいかに解されるか。たとえば経験知というそれ自体としては虚偽の知がある。経験知の「こうした学的努力、その混濁した媒体において、それでもなお、絶対者の照映と支配を見てとること、とはいうものの同時にその絶対者が転倒されているのを見てとることはそれ自体、興味深いことである」(SK2 S. 442)と彼は言う。そしてさらに「いかにして絶対的統一は根源的統一と呼ぶことのできる単純な統一として現象するとともに経験的な知という照映においても総体性として現象するのであるか」(SK2 S. 444)と問う。

ただひたすら根源的統一の立場に立つことを求めた、かつてのヘーゲルは——同時にそれと相反する観点も用意してはいたが——仮言的な始元を設定してそこから真理に接近しようとする哲学のやりかたを「暫定的に哲学すること(provisorisch philosophieren)」としてきびしく拒否していた。「あとになってもはや仮言的でないとみなされるものは、初めから仮言的ではありえない。初めに仮言的であるものは、あとになって定言的にはなりえない。あとになって定言的になるくらいなら、ただちに絶対的なものとして登場するであろう。ところが結構なことに、ただちに絶対的なものとして登場するにはあまりにも内気すぎて、それを密輸入するのに回り道(Umweg)を必要とするというわけだ」(SK2 S. 180)と暫定的哲学を批判する。

この観点からは、当然、相対的に有限なものを通じて絶対者へ高まるという弁証法的展開は出てこない。いわんや、直観的な低次の知を始元として高次の知へ導くということも課題とはなりえなかった。後年のヘーゲルが哲学史で「精神の道は媒介であり、回り道(Umweg)である」(SK17 S. 55)と語ったことと較べてみれば、はっきりする。「回り道」(媒介)を拒否する姿勢から、「回り道」を積極的に追求する姿勢へとヘーゲルは転じたのである。★3

四 「精神は自然よりも高い」という新しい観点

相対を通じて絶対へという回り道を認めるにいたったとき、第二章で示した、青年期ヘーゲルの採った有限から無限への高揚という観点を回復する形になる。ヘーゲル自身が、回り道をしてたんに根底的であるにとどまる同一性の観点から、絶対的同一性への高揚という観点に辿りつく。しかし、ここに相対的同一性と絶対的同一性の関係如何というやっかいな問題が生じてくる。要約していうと、（イ）相対的同一性は〈根源的に同一的なもの〉に対して〈差異的なもの〉と呼ばれ、それは、単一性と数多性とからなる。（ロ）この単一性と数多性のおのおのが、それ自身一者と多者の統一である。（ハ）絶対的同一性は、この二つの相対的同一性（差異的なもの）の同一性である（SK2 S. 457）。――結局、数多性に重点をおいた〈一と多の統一〉と、単一性に重点をおいた統一というおのおのの統一が、それぞれ相対的同一性であり、両者の統一が根源的な同一性ということになる。

根源的同一性
- 単一性・統一（相対的同一性）
  - 一者
  - 多者
  - ……人倫的自然
- 数多性・統一（相対的同一性）
  - 一者
  - 多者
  - ……物理的自然

★3　この転機が『精神現象学』にいたる不可欠の転機であったことはいうまでもない。絶対者が、自己の絶対性を否定する現象形態に現実化されつつ、それでもなお、絶対者でありうるのはなぜか。知の原理と知識、絶対的人倫と現実精神等々、あらゆる場面に――ここでわれわれが問題にする〈社会性〉の場面にも――絶対と相対の弁証法が姿を現わす。相対的なもののもつ否定性の契機を明示すべく、イェーナ期に「弁証法」という概念が登場してくる。

そしてヘーゲルは数多性の方を物理的自然に、単一性の方を人倫的な自然に対応づける。——このさい「人倫的」(sittlich) という言葉は「道徳的」(moralisch) と同義でたんに「精神的」の意でもある。——ところが、そうなると物理的自然と人倫的自然、つまり自然と精神とは、もはや対等の同一関係におかれるのではなくなってしまう。同一哲学の根本前提であった、自然と精神、必然と自由、実在と観念の根源的同一性というテーゼは、事実上、放棄される。ヘーゲルがロマンティシズムと共有した観念のひとつがここで失われる。

『精神現象学』の扉にも誌されているようにヘーゲルは、イェーナで「王立鉱物学会」に加わっていた。鉱物を例にとって、彼はこんなことを言う。「もっとも完全な鉱物でさえも、ある塊から切りはなされた部分のおのおのにおいて、たしかに全体のもつ本性を表わしはするが、しかし、その観念的形式は、破片の外的形式としても、結晶の内的形式としても、一個の相互外在 (ein Außereinander) である。……その鉱物の実在的形式もまた無限性という真実の同一性によって浸透されておらず、その感覚は意識をもたない。その光は個別的な色であって見ることをしない。……その音は打たれれば鳴るが、自ら鳴りはしない。その味は味わず、その臭いは嗅がず、その重さ、硬さは感ずることがない。」(SK2 S. 501) 哲学者が難解な言葉を用いてつまらぬ当り前のことをいっているように聞こえるかもしれない。しかし、自然と精神の根源的同一性というテーゼをたとえば「水が冷たい」とは「水が冷たがっている」ということだと解することはありえぬことではない (次章の五を参照)。自然物のありかたを「相互外在」として規定する仕方は晩年のヘーゲルにまで引き継がれていく観点である。細部を省いていうと、つまり、自然物は自体的に統一をもつものではない。とすれば、何が自然物の統一を保証するのであろう。

「知性のみが、絶対的個別性であるがゆえに絶対的普遍性であることができる。知性のみが絶対的に否定性、主観性であるがゆえに、絶対的肯定性、客観性であることができる。絶対的差別と無限性であるがゆえに、絶対的 無差別と総体性であることができる。そして観念性と実在性の最高の同一性であることができる。(fähig sein)」(SK2 S. 502f.) そしてここに「精神は自然よりも高い」(SK2 S. 503) と誌されるにいたる。知性のみが同一性を成就することができる。

ということは、ここで同一性の概念そのものが、自己がそれであるところのもの（即自）を自覚（対自化）するという自己意識の構造で把られるにいたったということである。知性だけが、おのれの「冷たさ」を「冷たい」として自覚することができる。

それでは、「最高の同一性であることができる」知性は、いかなる場面でその同一性を成就するか。答えはまず、人倫（Sittlichkeit）においてというのであった。「人倫において個人はある永遠の相において存在する。彼の経験的存在と行為は、端的に普遍的なものである。というのは、行為するのは個体的なものではなくて、彼の内にある普遍的な絶対的精神だからである。すべての事物は神の内にあり、いかなる個別性も存在しないという、世界の必然性についての〔スピノザ〕哲学の見解が、経験的意識にとって完全に実現されているからである。」（Sys. Sitt. S. 53, GW5 S. 325）この考え方は人倫の汎神論と呼んでよいであろう。

われわれは、ヘーゲルにおいて絶対者が問題にされる二つの場面を区別し、ひとつは客観精神、他を絶対精神とした。絶対精神としての「哲学の見解」が「人倫」という客観精神に成就されているのであれば、両者はここで一致することになる。キリスト教的な神＝絶対者、ギリシア的な共同社会＝客観精神、近代的な哲学＝絶対精神、の三つがひとつに出会う。

『精神現象学』の初期プランと思われる断片には、人倫を絶対知とみなす観方が示されている。「絶対知は、まずはじめに立法する理性として登場する。人倫的実体なるものの概念の内には、意識と即自存在とのいかなる区別もない。というのは、純粋思惟の純粋思惟は即自的、つまり自己自身に等しい実体であり、そして同じくそれは意識でもあるからである。この実体にひとつの規定性が登場することによって——じっさいその最初のものは立法がなされるということだが——意識と即自とのあいだの区別も登場する。しかしこの即自は、人倫的実体そのもの、もしくは絶対的意識である。」（Dok. S. 353）ヘーゲルがここで言う「絶対知」は『精神現象学』の最終の一章をさすものではなく、今日見られる目次でいうと「精神」の章にほぼ重なり合う。実体的意識が人倫的実体にその現実的拠りどころをおきながら、分裂と再統一を経ていくという構想である。〈人倫的実体〉＝〈意識と即自との統一〉＝〈絶対的意識〉ということが読みとれる。この絶対的同一性が人倫において成就するという構想は、『自然法論文』から『人倫の体系』にかけて考えられていた。

五　人倫の理想の崩壊

ヘーゲルの思索の軌跡には、人倫において、国家、宗教、哲学が三位一体をなすという構想があった。『精神現象学』における承認の不在（前章十節）が問題になるとき、この構想がなぜ成就しえなかったかというかたちで問題にすることができる。まず第一に人倫における国家と宗教の一致という、いわばギリシア型を範とする構想が、近代国家とキリスト教という具体的なありかたにおいて成り立つか、という問題がある。

青年ヘーゲルがイエスの教えを自らの心胸に受けとめた、その場面で、イエスはユダヤ教の律法を超える愛の教師と目されていた。宗教的律法が同時に、実定法でもあるユダヤ社会に定位するかぎりで、あるいはそれに対置されたギリシア社会においてもやはり、宗教の律法と地上の掟とは結び合わさっていた。そこでは一種の祭政一致が理想化されている。ところがヘーゲルは、フランクフルト時代の終りからイェーナ時代にわたって書いた『ドイツ憲法論』（一七九八―一八〇二年）において、宗教と政治の分離を含む近代国家のありようを積極的に受け容れる姿勢をとる。彼はドイツの軍事的国家的統一を第一の急務とみなす政治的主張にもとづいて、宗教問題を主として国家的統一をおびやかすか否かという観点から論じている。「宗教は国家を完全に分裂させてしまったが、しかし同時に一種奇妙な仕方で国家の存立するいくつかの原則を暗示した。宗教の分裂は人間をもっとも内面的な本質において引き裂くが、それにもかかわらずある結合が存続するとみなされたのである。それによると、この結合は戦争遂行等の外的な事柄に関して、外的に結ばれるべきなのである。かかる結合こそ近代諸国家の原理である。」（SK1 S. 521. 岩波文庫『政治論文集』上、一二二頁）ヘーゲルは国家は外的、宗教は内的という二分法を採る。第三章で見たようにカイゼルのものと神のものとの分裂にキリスト教の不幸な運命を見出すというのが、青年ヘーゲルの基本的なキリスト教観のひとつであった。それゆえ、ある意味ではヘーゲルの宗教－国家観が一八〇度転換する。しかし、国家と宗教の調和という発想そのものは、曲折を経ながらも、歴史哲学や宗教哲学にもひきつがれていく。しかし、ここには当然、宗教と国家の両面にわたる内的変質が含まれざるをえない。

　それでは、まずイエスの愛と生の理念はどう変質するであろう。律法を越えるということは、現実の掟の側からみれば犯罪ということである。安息日に麦を摘むという行為は、イエスの時代においては、意図的に反復した場合には石打ちの死刑になるほどの重罪であった。愛と生の理念によれば、犯罪、たとえば殺人はその行為によって根源的生を損傷するが、贖罪においてその生に還帰することができた。同じ事柄を『ドイツ憲法論』の直後にかかれた『人倫の体系』は次のように描き出す。「殺人は個別性、主体としての生ある者を廃棄する（アウフヘーベン）。しかし人倫も同じこと〔死刑〕をする。しかし人倫は生ある者の主観性、観念的規定性を廃棄するが、しかし殺人は彼の客体性を廃棄する。……絶対的人倫は直接的に主観性を廃棄するが、それは、この人倫が主観性をただ観念的規定性、対立としては抹殺するのであるが、しかし、その本質は端的に存立せしめる……という仕方によるのである。」（Sys. Sitt. S. 40, GW5 S. 311）これもまた同じ個所でヘーゲルも語るように「生の回復」である。しかし、そこにヘーゲルは「宗教による回復は現実に関わるものではない」（Sys. Sitt. S40f.）という一句をつけ加えるのを忘れなかった。もはや、宗教生活と国家生活とが直接的に一体をなしているという意味でのギリシア型理想は維持することができない。それにしても、地上の国家における人と人との和解が、神を疎外から救い神人の真なる和解をもたらすという人倫の理想は維持されるべきではないだろうか。この理想が維持されるか否かの岐路は、国家というものが、個人にたいする抑圧的性格を脱却し、国家が国民の真なる〈自己〉であり、宗教における神人の和解、神の人間化（イエス）がそのまま、神的理念たる国家を自らの本質としてみることと結びつくことができるか否か、にかかる。

『実在哲学』(II)(「イェーナ体系構想III」、GW8に採録。)は、この人倫の理想と奇妙な対照をなしている。「宗教において各人は普遍的〈自己〉としての自己の直観に高まる。彼の本性(Natur)、彼の身分は夢のなかの像のように、遠く水平線上の海の泡に小さな霧のかたまりとして現われた島のように沈みこんでしまう。彼は王侯にも等しい。それは自己を精神として知る知である。彼はあらゆる他の者と同様に、神と等価である。それは彼の全圏域、彼の定在する世界のすべての疎外化(Entäußerung)である。たんに形式、教養〔にかかわり〕、その内容はふたたび感性的定在であるような疎外化ではない。全現実の普遍的な疎外化である。」(JR S. 267. GW8. S. 281 邦訳二三五頁)現実の世界には、自然本性や身分の不平等が存在しても、宗教という非現実界では、各人が王侯にひとしいという。宗教と国家、観念と現実の二分法は、宗教の内的意味まで変質させてしまっている。宗教は、現実世界の人と人との和解を表現し自覚せしめる契機ではなくて、あえて言えば、現実の世界との非和解を観念的に代償する阿片である。ここには、ヘーゲル左派がヘーゲルに内在する理想をもってヘーゲルを批判した正しさの拠りどころがあるといってもよい。宗教はまさしく疎外態にとどまる。この疎外を救うものと言えば、哲学あるのみである。「現実的意識においては、宗教は天国を逃れている。人間は地に堕ちる。そしてただ構想力の内に、宗教的なものを見出す。つまり、宗教における〈自己〉喪失が、宗教そのものに即してある以上、宗教は、たんに自己を表象するにすぎない精神である。すなわち、この精神の諸契機はこの精神にとって、直接性と出来事(Geschehen)という形をとっており、それらは把握されることも、洞察されることもない。たしかに宗教の内容は真実である。しかし、その真理は洞察なき断定である。この洞察が哲学なのである。」(JR S. 271f. GW8. S. 285f. 邦訳二四一頁)宗教が表象として自己の外に、理解の外に疎外したものの、尻ぬぐいを哲学がするというわけである。絶対者は客観精神と宗教ではいごこちが悪くなり哲学に赴く。しかし哲学がこの絶対者をそのまま帰宅した放蕩息子のように迎え入れることができるか否かは別問題である。ここにも哲学―洞察、宗教―表象という対応関係がみられる。

『精神現象学』においても、「教団はまだその自己意識において完成してはいない。その内容は一般に教団にとって表象という形式をとっている。こうした分裂が教団の現実の精神のありようなのである」(SK3 S. 573) と言われる。宗教を表象に、哲学を概念に対応づけるという規定において、「表象」という規定には主客の分裂にもとづく〈疎外態としての客体性〉という意味が含まれていた。それはたんに聖書の記述の神話的表現のみをさすのではなかった。たしかに宗教と哲学とが内容上同一であることは、ヘーゲルが『差異論文』以後つねにくりかえしてきた観点である。「内容」とは何であろう。その「内容」とは「世界との即自的和解」である。「宗教において内容であったもの、他者〔神〕という表象であったものが、ここ〔絶対知〕では〈自己〉自身の行為である」(SK3 S. 582) と言われる。世界との和解とはいかなるものか。

六　人倫は個別者の霊である

世界との即自的和解とはすなわち人倫における全体と個との調和であり、それは、「最高の共同が最高の自由である」(SK2 S. 82) とも、「われわれであるわれと、われであるわれわれという両者の統一」(SK3 S. 145) とも表現される。しかし、こうした表現は充分に明確であろうか。たとえば竹林に集う徹底したアナーキストの群に美しい調和がありうるように、全体への献身を誓う国家主義者がいつも殴り合いを演じているという図もある。アナーキストは国家主義者の殴り合いを、生命力ある秩序として是認し、国家主義者はアナーキストの静寂をこそ真の秩序として賞讃するかもしれぬ。鼓腹撃壌の境地も国家総動員もともに全体と個の調和でありうるだろう。全体と個の調和という思想をそれだけとしてとれば、そこには、いわば歯止めがない。どちらの極にも一面化することができる。

「最高の共同が最高の自由である」と語った『差異論文』において、ヘーゲルは、フィヒテの悟性国家に戦いを挑んでいた。フィヒテの「自然法は、純粋衝動と自然衝動の絶対的な対立のために、悟性の完全な支配と、生あるものの隷属の叙述と化している。すなわちこれは、理性の与り知らぬ、理性が投げすてる建物である。というのは、理性は、己れを捧げうるもっとも完全な有機体、すなわち一国民への自己形成においてこそ、もっとも明確に自己を見出すべきものだからである。」(SK2 S. 87) ヘーゲルは、「自由と自然との関係」を「支配と隷属の関係、自然の自己抑制」とみる見方そのものを「不自然」であるとして批判する (SK2 S. 88)。ここでは自由と自然の同一性という同一哲学のテーゼが、そのまま理性的自由と自然衝動の同一性におきかえられて考えられ、衝動の抑圧とは人間の分裂にほかならないとみなされているのである。それではヘーゲルは、いわば〈犯罪の自由〉を標榜したのか、と言えばそうではない。「生が悟性によって入れられた窮状と、規定と支配のこうした〔国民生活のあらゆる細部にまでわたる〕果てしなさとを、美しき共同の真なる無限性へと止揚し、律法を習俗 (Sitten) によって、満たされざる生の放恣を聖なる享受〔国民的祝祭〕によって、抑圧された力の犯罪を偉大なる諸目標（対象）への可能的行為によってなしですむようにすることが最大の掟とならねばならない」(SK2 S. 84) と彼は説く。こうすれば「叛逆行為の禁止や予防」は不要だとさえ言うのである。ここで彼は、国家の抑圧的性格を完全に除去することを求めたとみてよいであろう。

『ドイツ憲法論』の、この『差異論文』以降に書かれた部分をみると、ドイツ国家の軍事を中心とした中央集権的統一が急務であるとされて、国家の統一のためには、マキャベリズムを積極的に肯定するなど、一見すると君子豹変のおもむきである。もちろん細かくみると両論文には連続性がみられるのだが、国家の抑圧的性格を除去することを「最高の掟」とみなすという視点と、国家を「おのれとおのれの決定とを貫徹し個々の部分をおのれへの依存のうちにとどめておくのに必要な権力を備えた中心点」(SK1 S. 469) とみなす観点[★4]とは、何をもって国家の最高の規定とするかという点にかんして相容れない。〈上からの権力としての国家〉という思想を内面的に消化していくかたちで、ヘーゲルの社会思想がかたちづくられていく。〈下からの〉生命的な力と〈上からの権力〉とがどのように調和するのかと言えば、『ドイツ憲法論』は、国家が軍事的統一に不可欠な部分を除いて残りのすべてを自由放任に委ねること、そこに下からのエネルギーが権力にとって有効に働く理由があるとする。

市民社会的なものを含めた広義の国家生活を〈上からの軍事的なもの〉と〈下からの非軍事的なもの〉とに分ける

場合、どこまでが上から規定され、どこからが自由の領分かという限界が問題になろう。ヘーゲルは一方で「権力者がひとりであるか、それ以上か」、世襲制か選挙制か、といった憲法上の基本問題をも「国家にとって偶然的」とみなす（SK1 S. 474）かと思えば、「国家が存立するためには私的権利をその結論の全体に及ぶことを許さないこともできる」（SK1 S. 538）という。ここでは、国家において窮極的に優先するのは、全体か個かという基本問題について動揺がある。

この動揺に決着をつけるべく、絶対的人倫と個人との関係規定にアリストテレスが導入されてくる。「人倫は、個別者そのものにおいて自己を表現するかぎりでは、否定的なものである。人倫がもしも個別者の霊〔肉に対して形相的本質〕でないならば、人倫はまず個別者において自己を表現することができない。そして人倫が個別者の霊であるのは、ただ人倫が普遍者、国民の純粋精神であるかぎりにおいてである。肯定的なものは、本性上、否定的なものに先行する。換言すればアリストテレスの言うように、国民Volk[★5]は本性上個別者に先行する。」（SK2 S. 505——アリストテレスはPolitika, I, 2, 1253a20）

★4　ここで注目しなければならないのは、習俗と律法という対比に重ね合わせて、国家の機能が軍事的国家統一に集約して考えられた結果として、ヘーゲルの視野に律法と軍事とからなる狭義の国家の外部にある国家生活、つまりは市民社会的なものが大きく開けてきたということである。以後、彼が「国家」というとき、その多くの実質はすでに、しばしば「統治」(Regierung) と呼ばれる狭義の国家である。

★5　ヘーゲルがここで「国民」と訳した語はアリストテレスでは「ポリス」である。「ポリス」はこの文脈で「国家」と解するわけにいかなかった。彼は『ドイツ憲法論』に「今日の国民の規模の大きさからみて、自由人がおのおの普遍的な国事に参加すべきだという理想が実現することはまったく不可能である」(SK1 S. 479f. -72) という。国家はもはやポリスではありえないのだ。しかも、「国民」と訳された絶対的人倫は、制度的な国家、狭義の国家をこえたもの、実定法の規定の外部にある習俗を含むものとみなされている。ここには、律法の形式性を生きた習俗によって止揚するという発想がある。国法とは異なる宗教、習俗、市民社会的関係を含めて文化（教養）の総体の、いわば下からのエネルギーによって「律法が成就される」という発想である。

全体は個に先立ち、全体なるものの個における現われは否定的である。個はその自己否定においてのみ全体と和解することができる。しかし「否定的」であるというのは、われわれが用いた表現では「抑圧的」であるといってもよい。自己の否定をもって自己の実体的本質（霊）にいたるのが個別者の使命であるとすれば、個人の自由とはいかなる意味をもつものであろうか。

七　国家を内面化する自由

「自由は国民が国家へと法律によって結合することにおいてのみ可能である」（SK1 S. 555）という『ドイツ憲法論』の思想においてはもはや、犯罪者のエネルギーを犯罪たらしめない人倫のありかたは、断念されているとみてよかろう。法律において真に自由であるような自由は、もちろん、選択の自由といったものではない。「自由とは相対立する規定のあいだでの選択であるという自由観はきっぱりと放擲されるべきである。」（SK2 S. 476）一方を選択する者は他方によって拘束されてしまう。「絶対的自由は、この対立を超出して……いっさいの強制を不可能ならしめる。そこでは強制がなんらかの実在性をもたない。」（SK2 S. 477）しかし、人倫は、個人において否定的である。おのれの個的主観性を否定するという否定性の徹底においてのみ、個は自由であるとされるのである。自己の個的主観性の否定が自由であるのは、個人の存在が、その本質（即自）において、国民精神という普遍者であり、自己の即自の自覚こそが自由だからである。個人から個的主観性をいわばこそぎ落とすものが人倫のなかになければならない。「絶対的人倫は絶対的教養である。なぜなら永遠なるものの内には、あらゆる規定性が、実在的、経験的に抹殺されるからである。……絶対的人倫は絶対的な非利己性である。なぜなら永遠なるものの内にはなんら自己固有のものは存しないからである。絶対的人倫とそのおのおのの運動は、最高の自由および美である。」（*Sys. Sitt.* S. 57, GW5 S. 328）人倫は戦争によって（SK3 S. 335）、あるいは革命の恐怖や専制によって、個体を根底から震撼せしめ、個的主観性をこそぎ落とす。「絶対的〈自己〉としておよび個別者の否定としてのこうした〔政体の〕個体性において、統治〔組織〕すなわち、全体の頂点が完成している。戦争というかたちで、統治は存立しつつも、自己自身を、自己の諸身分の組織を震撼せしめており、かくして、統治はあらゆるものを浸透する法の体系である。」（JR S. 262, GW8 S. 262, 邦訳二一二頁。ただしテキストに異同あり。）

ヘーゲルが国家的統一、全体者の普遍性のために否定されるべきものとした個別性が何であったかと言えば、それはまず第一に、封建的諸勢力の私的特権すなわち「ドイツ的自由」（SK2 S. 453）と彼が呼んだものであった。そのかぎりでヘーゲルの国家主義はマキャベリのそれに同じく国家の近代性の要請に沿っている。個別性の否定は、しかし、第二に、社会契約説に代表されるような〈個人から国家へ〉という個人主義へも向けられていた。〈全体が個に先行する〉とき全体の個への映現の仕方は否定的である。ところでその否定性が同時に「疎外化」（Entäußerung）とも呼ばれる。「こう考える人がいる。〈共同体・国家結合は、根源的な契約のうえに成り立っている。この契約に各人は暗黙のうちに同意を与えている――本来的にはしかし明言的に同意しているのだが――と想定される。このことが共同体のあらゆるそれ以後の行為を規定する。そしてこれが真に自由なる国家の原理なのである〉と。……ここでは多数者が現実的な個体として登場している。★6……しかし、彼らの肯定的《ポジティヴ》な個別性は、その個別性がまだ疎外化されておらず、換言すれば己れ自身に否定性をもっていないがゆえに、普遍者にとっては偶然的である。」（JR S. 245, GW8 S. 257, 邦訳二〇六頁）疎外化とは、わかりやすく言えばこの文脈では献身であり、〈個別において死し、大義（普遍）に生きること〉といってもいい。

しかし、個人は全体に奉仕するのみではない。アリストテレスが〈ポリスは個的なものに先立つ〉といった直後に、

★6　「疎外化」というそれ自体社会契約説と関わりをもつ概念が、ヘーゲルのこの文脈ではあくまで、社会契約説への批判的論点としてもち出されている。前章で説明したように、社会契約説はアトム的個人主義を前提し、その個人が自然権を譲渡するところに国家の成立を見る。全体が個に先行するという立場を取るヘーゲルはこの個人主義を根底から否定しているのだ。

「個人は孤立化されれば自足できない」というごとく、個人は全体によって養われてもいる。しかし、それによって個はなんらの恩恵を与えられるのでもなく、ただ個は個として利己的にふるまっているのみである。

「神の見えざる手」の論理はギリシア的人倫の論理でもありうる。と同時にそれが〈市民社会〉の論理のひとつであることは言うまでもない。次に引用するのは「法律の支配」について言及した文であるが、事柄としては人倫の本質にかかわっている。「この〔法的〕関係は、服従へと教養（形成）された者の共同体にたいする運動である。根底にあるのは、この現存する本質存在〔共同体〕である。登場してくる第二のものは信頼である。すなわち個人がおのれの〈自己〉をここにおいてもおのれの本質存在として知ること、自分がそこに養育されているのを見出すということである。……こうして普遍者は直接的に否定的な意味と肯定的意味とを同時にもつ。前者は専制によって、後者は個体の養育すなわち普遍者の疎外化によって。」（JR S. 248, GW8 S. 261, 邦訳二一一頁）ここで「専制」とは国家の個人に対する否定的性格を代表するものとだけ解していただいてさしつかえない。ここでは個の肯定が普遍者の「疎外化」となっている。個の疎外化、自己否定と普遍者の疎外化、自己否定とが重なりあって[★7]人倫が成立する。

いま〈市民社会〉が、たんに「見えざる神の手」の働きに終始していてくれればよい。しかし、この市民社会に働く神の手が熄んで、市民社会に貧富の対立の加速化という構造が看取されるとしたらどうであろう。国家の福祉政策が必要となろう。しかし、このことは、ヘーゲルの思索の文脈ではきわめて困難な思想的難問とならざるをえない。つまり、一方で、国家外の人倫（ここでは市民社会）において、全体と個との肯定的調和が成り立たないなら、国家が抑圧的性格を失うことはないであろうという、ヘーゲルの基本的発想があり、他方ではすでに「神の見えざる手」の破綻をマルクスはだしに見抜いたヘーゲルにとって、国家の干渉、介入なしに市民社会に人倫性（全体と個の調和）を実現せしめることはできないという現実認識がある。

ヘーゲルが『精神現象学』でこのジレンマに対処した仕方は、自己の生きる現在の市民社会にそのまま「神の見えざる手」を見出すことができない以上、アリストテレスにしたがって、「神の見えざる手」をギリシア的人倫に帰するという方向であった。「ある国民〔ギリシア人〕の生活において、自己意識的理性の実現という概念が、実際に完全な実在性をもっている。すなわち、その概念とは、他者の自立性の内にこの他者との完全な統一を直観するということである。……個人が自己の欲求のためにする労働が、自分の欲求のためであると同様に、他人の欲求を満足させることでもある。また個人の欲求の満足はただ他人の労働によるしかない。個人が自分の個別的な労働においてすでに意識することなく普遍的な労働をなしとげているように、個人はさらに普遍的な労働を意識的な対象としてもなし遂げている。全体者は、〔個別者の〕全体として、個別者の作品であるが、個別者は全体者のために自己を犠牲にし、まさにこのことによって全体者から自己自身が支え返されている。」(SK3 S. 264f.) 人倫の肯定的側面をギリシア的人倫に帰してしまった以上――もちろん、それに加えて、彼があるべき国家像を細目にわたって構成するにいたっていなかったという思想的未成熟、および当時の政治状勢への彼の対処からして、一個の国家像を提示するにいたりえなかったという主体的かつ客観的状況、さらには一個の精神形態を歴史的に配置するという『精神現象学』構成上の難問が重なり合ってのことではあるが――『精神現象学』においてヘーゲルは自己の現在における国家(人倫の否定的側面)のありようを具体的に描き出すべき歴史的境位は不在とせざるをえなかったのである。これが、『精神現象学』が市民社会のもつ否定的側面に沈黙するとともに、自己の現在における国家のありようにも沈黙せざるをえなかった理由であろう。――しかし、おそらくこれのみで充全な理由をなすのでもない。国家理性を内面化する場面が、人倫をはなれて道徳性において設定されるという事態も、右に述べた理由と相関わってくるはずである。

★7 この二重性を個人に即してみると「同じ人物が自分や家族の面倒を見、労働し、契約を結び等々する。ところが同時に彼は普遍者のためにも労働し、普遍者を目的とする。前の側面からみて、彼はブルジョワ(町民、私人)と呼ばれ、のちの側面からみて彼はシトワイアン(市民、公民)と呼ばれる。」(JR S. 249) ――マルクスのヘーゲル批判(私人と公人の分裂)に呼応するかのごとき言い方であるが、もちろんマルクスにこの著作は知られていなかった――人倫の肯定面と否定面は、市民社会と国家とに対応づけられている。

八　諸身分と道徳性

道徳性が「人倫、教養、道徳性」という構図に、つまり精神の第三段階に収まるという『精神現象学』の特異性は、いかに説明さるべきであろう。人倫を道徳性の上位におくというのがヘーゲルの基本発想とすれば、「道徳性[★8]」という言葉の意味がここですっかり変わってしまったのであろうか。

『人倫の体系』におけるヘーゲルの構想を瞥見する。〈全体は個に先行する〉、〈おのれの習俗にしたがって生きることこそもっともよき生である〉、〈ポリスの学は道徳の学に先行する〉というギリシア人の倫理が、かつてはギリシアを理想として時代に挑戦したヘーゲルの心を把えている。ここにおいても個人の倫理のありようは、「相対的人倫」の標題（*Sys. Sitt.* S. 60, GW5 S. 331）下に「道徳性」と呼ばれるが、両者の関係はまさに〈人倫性が道徳性に先行する〉のでなければならない。ここに個人倫理として考えられていたものは、諸身分の構成を諸徳性に対応づけるといったプラトン以来の基本構想のうえにある。諸身分の徳性というカテゴリーを通じて、市民社会の問題がヘーゲルの学問的枠組のなかに登場してくる。要約的に言うと、第一身分、自由な主（ギリシア貴族、近代官僚）と第二身分、自由ならざる奴（ローマ奴隷、近代商工民）の二身分説から不整合を犯して第三身分（農民）を導入し、美しきギリシア的人倫が散文的ローマの市民社会に堕落しつつ解体していくという歴史像に、主と奴の転換を位置づけて、奴が普遍性（カント的形式道徳でありかつ、ローマ法の形式性）を得るというのが大筋である。すなわち『精神現象学』の「自己意識」から「精神」にいたるまでの論理がここに圧縮されたかたちで登場してくる。

しかし、この第二身分は「一国民が第二身分のみから成り立っている状態」（SK2 *S.* 492）という表現からわかるように、すでに実態上は一個の身分ではなく〈市民社会〉である。しかしここでヘーゲルは未だカテゴリーとしての〈市民社会〉[★9]を規定しえず、あくまで「身分」のカテゴリーで把えようとする。

有機的に組み合わされた諸身分が人倫性をかたちづくり、この諸身分の徳性として道徳性が織り込まれる。こうした構図は、『精神現象学』と重なる時期に書かれた『実在哲学』(II) すなわち「体系構想III」ではいっそうはっきりしてくる。「有機的全体は、それぞれが抽象態の内で形成 (ausbilden) される内部組織 (内臓) をもつ。」こうした全体をヘーゲルは次のように描いてみる。[★10]――「さて三様のものが展開されねばならない。まず、(α) 全体の分肢、外

★8 人倫と道徳性を対比した最初の用例と思われる『自然法論文』に当ってみよう。――「絶対的人倫の本性には普遍的なものである、もしくは慣習 (Sitten) であるということが含まれる。人倫を表わすギリシア語〔ethos エトス〕もドイツ語もこうした本性をすぐれたかたちで表現している。ところが、近代の〈人倫の体系〉は、何しろ対自存在と個別性を原理としているものだから、これらの言葉がこうした〔共同体との〕関わりをもつことに咎めだてしないではいられない。こうした内心での意向が強く現われてくると、この体系は、その主題を表わすのに、これらの言葉を間違って使うわけにはいかなくなって、道徳性 (Moralität) という言葉を採用することになる。これはたしかに語源的には先のと同じこと〔ラテン語の mores 習俗に由来〕を指すが、どちらかというと新造語であるために、その低劣な意味にただちに抵触するということはないのである。」(SK2 S. 504)

★9 用語として「市民社会」は青年期論文に三例みられる (SK1 S. 61, 63, 160) が、「国家」と区別された概念としては、ベルリン時代に書かれた『ハイデルベルグ・エンツュクロペディー』への書き込みが初出例 (Ilting. SK1. S. 189) である。

★10 欄外にはなおいくつかの構想が描かれている。そこではつねにα、β等の記号の用法が乱れている。右の引用文中、αとγとは筆者の暫定的な挿入である。断片のひとつを左にやや図式化してみる。記号は原文のままである。

「精神の有機組織

(α) 義務

(b) 道徳性、各人は己れの身分から、自分を超えて高揚。

(α) 自然――もしくは個別性の身分

(β) 普遍的身分　目的〔は〕普遍者。役人――学者、兵士および統治

(γ) 宗教、哲学、存在する精神」(ibid.) ――ここでは商工業身分が欠落している。

的なしっかりした有機組織、およびその有機組織の内部組織と、それらが身に具えている権能である、（β）各身分の気構え、その自己意識、その内面的に純粋に知る者としての存在、――定在からの直接的な離脱、――それの分肢そのものについての精神の知、そして（γ）それを超える高揚とである。前者は人倫性であり、後者は道徳性であり、第三のものは宗教である」(GW8. S. 265)。

ヘーゲルの構想は定形的な図式に結晶してはいない。それ自体としては観念的な道徳性を実在的人倫性に組み入れようとする意図は明瞭である。したがってこうした人倫的組織をはなれれば、道徳性は、まったく空虚な義務となってしまう。ヘーゲルは人倫的有機性の喪われるような場面として、「永久平和のための諸国民の普遍的連盟」を描いている。――「永久平和のための諸国民の普遍的連盟があるとすれば、ひとつの国民の支配となってしまうであろう。さもなければ、ただひとつの国民だけが存在するということになるのだ。諸国民の個体性が抹殺されて、――普遍的君主国となる。こうした関係では、道徳性はなす術をしらない。なぜなら、道徳性とは義務それ自体の、充たされざる、個体性なき知だからである。」(GW8. S. 275) しかし、道徳性の本質的規定は、きわめて不安定であらざるをえない。右の註に示したように、道徳性は一方では身分という実在性に定位するとともに、その実在性から普遍性への高揚でもある。その高揚の過程は、ひとまず、身分―道徳性―宗教―哲学と追うことができる。しかし、あたかも四つの段階があるかのように考えてはならない。たえず、なしくずしに、次の段階が求められていく[★11]のである。

しかもおのおのの身分が己れの特殊的な道徳性を通じて普遍性という観念に高まるという発想と、諸身分の序列が個別性の身分から特殊性を経て普遍性の身分へと高まるという発想とが、未整理のままに並存していたのではないかと思われる。たとえば「各人〔各身分〕は、この道徳性に従って一致する。しかも、彼が彼の身分に属することがらを行なうこと〔において〕。」(ibid. S. 273 Am. 1) という言葉は前者の発想を示すであろう。各人、各身分が自分の分限を守れば普遍的一致が実現する。他方、彼はこうも言う。「ある身分の特定の精神とは、そもそも、己れを形成して進むものである。素朴な信頼と労働〔農民の心性〕から、己れ自身についての絶対的な精神の知にいたるまで」(ibid. S. 265. Am.

2）後者の発想を諸身分という枠からはずしてみたとする。[★12] するとそこには、もっとも素朴で直接的な意識からはじまって、「己れ自身についての絶対的な精神の知」にいたる心性の系列が存在するはずである。この心性の系列は、『精神現象学』の運びと一部で重なり合う。

　身分と心性の系列を構想する二つの発想が——あったとしても——第三の身分、最高の身分ではそれらが重なり合う。「役人身分の気構えは、自分の義務を果たすということである。彼は規定された普遍者を普遍者の知へと高める。彼は己れの規定された行為の内に絶対者を見る。これが道徳的な気構えである。——精神は〔身分上の〕性格を越えて高まる。精神は普遍的なことを行なう。」(ibid. S. 273)

　右の理由からして役人身分の道徳性について語られたことは、そのまま道徳性一般についても語られる。「道徳性とは、自分自身と自分の身分の行為を促して、普遍者のために何かを行なう行為において、身分をこえて高揚することである。」(ibid. S. 281) 観念的なものを実在に根づかせるには、特殊化しなければならない。しかし、精神は身分という特殊性から離脱しなくてはならない。離脱の方向を求めていけば、道徳性—宗教—哲学という心性の系列が生まれてくる。この系列はどこで、いかにして終わることができるのか。宗教と哲学を対比した条りに、その答えが読みとれる。「宗教の内容はたしかに真実である。しかしその〈真理であること〉は洞察なき断定である。この洞察が哲学、絶対的な学である。」(ibid. S. 286) その洞察とは、——いま、体系への関係を捨象して結論的に言えば——自己認識である。「哲学においては、自我そのものが絶対的精神の知である。……ここで自我は絶対者を認識する。自我は

★11　右の引用で筆者は暫定的に（α）人倫性、（b）道徳性、（γ）宗教性という三段階を設定した。この三段階が註に引用した、（α）、（b）、（γ）と一致しないことに注目してほしい。（α）道徳性の規定がすでに「身分からの高揚」である。むしろ、人倫性—道徳性と考え進めてきて、途中から三段階規定にきりかわったとみたい。

★12　右に引用した文における記号の誤用を今度は別の角度から見直してみる。「（α）自然もしくは個別性の身分、（β）普遍的身分……（γ）宗教、哲学、存在する精神」という順位が読みとれる。このカテゴリー上の混乱は身分と心性の対応からくる。すなわちはじめは身分の順で記号をつけていたのに、のちに心性の順にすり代わってしまう。

認識し、把握する。しかしそれは他のものではない。直接的にこの〈自己〉である。」（ibid.）絶対者の認識がそのまま自己認識であることに絶対知がなりたつ。心性が道徳性へと高まることが、絶対知に近づくことであるのは、道徳性に自己認識という契機があるからである。

もちろん、ここ『実在哲学』（Ⅱ）（「体系構想Ⅲ」）においてもヘーゲルは、道徳、宗教、国家、哲学という各項目の関係を、あらかじめ構想されたプランのなかで明確に論じ切っているわけではない。いくつかの基本となるモチーフが必ずしも協和しないポリフォニーをかたちづくる。たとえば、こういう文がある。「教会は、〈自己自身を普遍的なものとして知る精神〉であり、国家の内的な絶対的な保証である。〔それによって〕個人が個人として通用（gelten）する。外的なものはすべて、即自的に、不確かで、移ろいやすい。〔外的であるかぎりで〕国家は、教会のその精神の内に自己の完全な保証を〔もつ〕。人間が宗教にもとづいて行なうことが洞察ではないかぎりで、人間はそれを自分の自己思惟にもとづいて行なう。個別者のあらゆるさまざまな多様性において消え去ることのない普遍的な思想、これが義務である。すなわち、私は義務に専念しないではいられない。これが存在するということであり、すなわち、絶対的本質の内で義とされるということである。道徳性は、私の知であるかぎりにおける絶対的本質の内にある。彼のところ（dort 宗教）では絶対的本質一般である。」（ibid. S. 285）

断っておくが、原文は、右の引用文よりもはるかに多義的である。引用はふつうの意味での挙証にならない。引用が解釈の裏づけではなく、解釈そのものだからである。そこで右の引用が見込んでいる思想的モチーフを明示的に取り出してみる。まず、外的なものの存在は内的なものによって保証されるというモチーフがある。国家の保障は教会である。個人の保障は義務である。一般化して言えば個物の存在の保障はイデアである。イデアの自己同一性と言った方がいい。自己同一性について、第二のモチーフがある。自己認識というかたちの自己関係が同一性の根拠である。教会の内面性は、〈自己自身を普遍的なものとして知る精神〉に成り立つ。道徳性の内面性は、〈私の知であるかぎりにおける絶対的本質〉に成り立つ。一般化して言えば、同一性はコギトの構造をもつ。これによってイデア論がイデアリスムス（観念論）となる。内面性について第三のモチーフがある。教会の精神においては、内面性それ自体が表象的外在性をもつ。つまり「洞察なき断定」である。宗教が絶対知に止揚されねばならない。道徳は宗教よりも絶対知に近い。そのかぎりで道徳性は人倫性よりも高い。当然である。道徳性は、はじめから、人倫的組織に有機的に組込まれた身分からの高揚として意義づけられていたのであるから。

何故、人倫性それ自体が実在的に身分からの高揚を行なわないのか。精神の普遍性の成立が、実在する人倫性における普遍性の不在の観念的代償として行なわれる。身分からの観念的高揚として宗教は不可欠である。しかし宗教は克服さるべき疎外形態である。宗教を克服して絶対知に達するのに、しかし、はたして道徳性は充分な力をもっていると言えるだろうか。この問題は、『精神現象学』における絶対知の成立に場面を移して見直した方がいい。あらかじめ断っておく。『実在哲学』（Ⅱ）（「体系構想Ⅲ」）でヘーゲルは身分の有機化と克服というテーマの展開として、人倫性への道徳性の優位を示した。しかしこの思想はそのまま『精神現象学』における道徳性の優位を説明するものではない。

九　良心と絶対知

よくこんな説明をこころみる人がいる。——『精神現象学』では人倫性をこえたところに道徳性が成り立つ。これは意識の現象の学という特有の方法論に由来する。意識にとって先なるものと、本性上先なるものとは逆の順になる。後者の展開は『実在哲学』にある。云々。——まず、『精神現象学』で一貫した方法論が守られているという想定は根拠がない。ヘーゲルが「意識の経験の学」という最初の考えを、なしくずしに変えて、「精神の現象の学」が生まれたというのが、今日では定説化した見方である。現象の学と本体の学とを一般的に対比させる説明は成り立ちえない。次に、『実在哲学Ⅱ』（「体系構想Ⅲ」）では、人倫性があとにくるという見方は、表面的であって、右の八節に紹介した「道徳性の優位」という思想は「国家体制」constitution というそれ自体は人倫性を示す表題のもとに書かれている。第三に、人倫性をこえたところに道徳性が成り立つと『精神現象学』で言えるかどうかが、問題である。目次の順番がそのまま、事柄の順番になるかどうか。この本の目次に深刻な混乱があるのは周知の通りである。そして実際、のちに示すように、ヘーゲルは目次の順番を度外視した記述を行なっている。第四に、絶対知の近みにおかれたのは、道徳性ではなくて良心であることが指摘されねばならない。それらは表題のうえでは「自己を確信する精神、道徳性」という章のなかにある。三節から成る。前二節a、bが道徳性にあたり、第三節cは道徳性の克服である。つまり「道徳性」という表題のもとに、道徳性を超えている「良心」が展開されている。たんに表題から、人倫性に対して道徳性が優位に立つとは言えない。

『実在哲学II』(『体系構想III』)とはちがって、『精神現象学』では、精神が歴史的形態を取る。たとえば、人倫性はギリシアの共同体にある。歴史と理念が図式的に一義的な対応をしてくれればわかりやすい。しかし実情はひどく混乱している。歴史で辿る糸と、理念で辿る糸とがもつれてくる。

VI「精神」の章は、ギリシア―ローマ―フランス―ドイツという展開である。理念の流れで言えば、人倫―法―教養―道徳性である。VII「宗教」の章では、東洋―ギリシア―キリスト教という展開が、自然宗教、芸術宗教、啓示宗教に対応する。形のうえで見れば、それぞれの章の内部には整合性がある。二つの章を重ね合わせようとすると無理が出る。一方は東洋を欠き、他方は東洋をもつ。ローマ時代が一方で法状態であり、他方でキリスト教である。等々。細部における混乱や不整合はきわめて多いが、いまはふれない。

二つの歴史意識が、容易に重ね合わせを許さない対立をはらんでいる。東洋があるかないかは、年表の長さの違いではない。ギリシアを始元とする歴史は、根源的合一から、対立における自覚へ、さらに自覚的合一へという弁証法的展開となる。歴史の過程は、ギリシア的なものの「取り戻し」という構造になる。他方、東洋を始元とする過程は取り戻し型にはならない。低次のものから高次のものへの発展という進歩型となる。『精神現象学』に先立つ『自然法講義草稿』(Kim. 45) では、ギリシア的人倫に自然宗教が対応づけられていた。それゆえ、宗教史もまたギリシアが始元になっていた。ところが、ギリシアの始元性が『精神現象学』にも隠れている。展開の内実に着目しよう。

キリスト教を頂点とするかたちで宗教史が成り立つのは、そこに神人一体という理念が内実となっているからである。ヘーゲルはギリシア芸術において、神が人の姿をとったことと、キリストにおいて、神が人であることとのあいだに、理念的連続性を見出す。ギリシアにおける神人一体性はその喜劇に頂点を見る。喜劇は仮象と現実の対立を暴く。両者の対立は消える。俳優は神の仮面を脱ぐ。神は人に演ぜられていたという現実をさらけ出す。俳優は、仮面を脱いで己れの自己を取り戻す。俳優と役柄の対立が解かれるとき、同時に個体精神としての主人公と普遍精神としてのコロスとの対立も失われる。観念世界としての舞台の上と、現実世界としての観客席との対立もない。笑いのなかにすべてが発酵し、合一している。ヘーゲルはここに実体が主体になったと宣する。

この合一を、壮絶な悲劇性を帯びた宗教、キリスト教が表現する。イエスという個体に形象化して。すなわち、表象において合一を表現する。対象と主体との対立の解消という理念を、対象化する。神人一体性に着目したとき、ギリシア的なものの取り戻しがキリスト教である。しかし、対象化(表象化)という代償を支払っている。どうやって、この最後の対象性が克服されるのか。この克服なしに絶対知は成立しない。しかし、もはや絶対知への移行を可能にする意識形態がない。ヘーゲルの叙述は、ここで極度に暴力的なものとなる。キリスト教のあとに良心がくる。

もちろん、はじめから強引に良心を持ち込んで来るのではない。まずヘーゲルは、これまでの意識形態のなかで、良心が決定的な意味をもつことを指摘する。「物はたんに存在という直接性と物の規定性に従って知られるのみであってはならない。また、本質もしくは内面的なものとして、〈自己〉としても知られねばならない。このような知は、道徳的自己の意識の内にある。」(SK3 S. 578) 物が自己である、即自が対自であるという絶対的な意識が道徳意識の内にある。自分の〈自己〉がそのまま普遍的精神である。はたから見れば、純粋の善意とは独善にすぎないのだが、その内的意識に即して言えば、そこでは知が存在なのである。「この自己意識は自分の知を絶対的本質性として知る。

すなわち、存在を端的に純粋意志もしくは純粋知として知る。ただこの意志即知のほかにはなにも存在しない。それ以外のものといえば、ただ非本質的な存在、つまり、即自的でない存在、その虚しい殻があるのみである。」(ibid.) この意識は、純粋であるかぎりでのみ絶対的なのである。しかし純粋であるとは、さまざまな現実に対して没交渉な態度をとることである。現実を「勝手にせよ」とばかりに、放下 (entlassen) する。このように現実から逃避して自己を純化する以上、じつは道徳的意識は現実にとらわれている。純粋な〈自己〉というタテマエと、定在する現実というホンネとがいたちごっこになる。つまり自己欺瞞におちいる。「道徳的自己意識がその世界表象において定在を〈自己〉から離してしまっている (entlassen) 以上、この意識は同様にふたたびこの定在を取り戻す。良心となったとき、ついに意識は、もはやこうした定在と〈自己〉とを代わる代わる置いたり置きかえたりする〔欺瞞〕ことではなくなる。意識は自分の定在そのものが、この純粋な自己確信であることを知っている。こうしたことが、精神がその本来の〔対象〕意識との和解を造り上げる諸契機である。諸契機はそれだけでは個々別々のものである。それらの精神的な統一こそがこの和解の力をかたちづくるものである。これらの契機のうち、最後のもの〔良心〕こそが、必然的にこの統一そのものであり、それらすべてを実際に自分のうちに結びつけていることがわかる。」(SK3 S. 578)

良心は宗教が外在的対象性において、つまり表象において統一しているものを、内在化する。宗教が絶対知に移行する決定的な契機が良心にはある。良心と宗教が、それぞれ、内在と外在の極をかたちづくる。「概念の充実は、一方では、行為する自己確信的精神〔良心〕においてであり、他方では、宗教〔キリスト教〕においてである。宗教においてこの概念は絶対的な内容を内容として得ている。すなわち、表象という意識にとっての他者存在の形式においてである。」(SK3 S. 580) 良心は絶対的なものとしての〈自己〉を確信する。日本語では「……を確信する」と言うが、ドイツ語では seiner〔2格〕selbst gewiß という。自己を四格対象 (sichselbst) として知るのではない。自分の存在の懐で確かめるのである。他方、「表象する」とは、自分の前に四格対象としておくことである。——右の引用につづけて——「これに対して前者の形態〔良心〕においては、形式が〈自己〉そのものである。というのは、この形態には、行為す

る自己確信的精神を含むからである。〈自己〉が絶対的精神の生命を演ずる。」(ibid)

宗教というかたちでの最後の対象性がいかにして克服されるかが問題なのである。とすれば、宗教と良心は並行するのではなく、良心が宗教を克服するのでなければならない。ヘーゲルの叙述には、この順序の逆転の跡が残っている。彼は、こう言う。「宗教において内容、すなわち他者という表象の形式であった（war）ものが、ここ〔良心〕では〈自己〉自身の行為である（ist）。」（SK3 S. 582）——良心は道徳も宗教も超えて、絶対知への一番の近みにある。もちろんこのような構造は『精神現象学』の目次とは一致しない。強引にヘーゲルが良心を宗教のあとにおいてしまったのである。したがって、さしあたり、ここには叙述構成上の誤りがある★13と言っておいてよい。

しかしこの叙述の誤りを偶然に帰するわけにはいかない。道徳的意識を超えるものが同時に宗教をも超える。ここには、両者がともに「表象」の立場とされたという事情がある。良心という内在性の構造をもつ意識形態が、表象という外在性の構造をもつ意識形態を超える。表象の立場はいずれも現実と対立する観念性の立場である。道徳も宗教も、現実から離れて立つところに、その純粋性があり、純粋性を欠くとき、同時に存立の条件をも欠く。良心が、現実と和解しているとみなされるのは、良心の究極のありかたが、「ゆるし」におかれるからである。行為する美しい魂は、それを裁く評価する魂によって「ゆるし」を得る。裁き—裁かれるという主客の対立を超えたところに両者の合一が成り立つ。この「ゆるし」が、良心をして、道徳と宗教の表象性を超えさせる。ヘーゲルは宗教の内部での「ゆるし」を、彼岸性を超え出ないものと見なした。神が外からゆるしを与えるかぎりで、神人一体の理念は未だ完成していないからである。

表象性が同時に彼岸性を意味するかぎりで、道徳も宗教も超えられるべく未完である。じつは、『精神現象学』で道徳性の章の良心にいたる展開過程にはすでに道徳宗教というかたちで宗教が織り込まれていた。それゆえVI「精

★13 『精神現象学』に整合性や体系性が隠れているかのように想定する解釈態度ではなく、整合性の破綻そのものを解釈するという態度が必要なのである。

神」の章と、VII「宗教」の章の後半とははじめから重ね合わせになりやすい、いわば体質をもっている。そこを相容れない歴史意識の形態がひき裂いている。宗教と道徳が重なりやすい体質をもっているのは、もともとヘーゲルが道徳宗教というかたちで宗教を考えてきたからである。カント主義を超えて「愛における運命との和解」という思想に達したときにも、宗教、道徳、国法を重ね合わせにする発想法は変わらない。道徳と宗教を重ね合わせるという発想から見るかぎり、『精神現象学』が絶対知への一番の近みに置いた「良心」とは、「愛における運命との和解」の思想と本質的に変わりはない。★14 ヘーゲルは青年時代から回り道をして、また同じ地点にたどりついているように見える。

愛は――五章の六に示したように――外部にある国家との関係が未済であるとき、ふたたび、疎外の運命にひきわたされる。これを、道徳宗教は人倫性によって支えられないかぎり、彼岸性を克服できない、と言いかえてもいい。『実在哲学』（Ⅱ）（「体系構想Ⅲ」）は、人倫性における身分的区別からの実在的な止揚の代りに、道徳、宗教、哲学という意識形態を挙げていた。現実のなしえないことを、哲学が果たさねばならぬ。――まるで、哲学の実現が哲学の止揚になることを逆に裏書きするかのように。『精神現象学』は、人倫を歴史的ギリシアに対応づけた。もちろん、それだけでは現在的人倫が不在にはならない。歴史がもしも現在を、ギリシア的なものの取り戻しと位置づけるならば、歴史を通じて、人倫が現在化される。ヘーゲルの歴史意識そのものが、「精神」と「宗教」とで分裂していた。しかし、どちらにも、ギリシア的なものの取り戻しというイデアが働いていた。

ギリシア的なものは絶対知の成立にとって決定的な意味をもつ。芸術宗教における神人一体の理念がキリスト教に継がれる。しかしこれはじつに奇妙な観点である。キリスト教文化はギリシア的人倫をも同時に取り戻すべきではないのか。この問いに対するヘーゲルの答えは、ある比喩のかたちで出されている。「これらの〔ギリシアの〕作品はいまやわれわれにとってあるものである。樹から折りとられた美しい果実である。〔シラーの作品で異郷の〕乙女が果物を差し出したように、親切な運命がこれらをわれわれに手渡してくれた。運命が与えるのは、もはやこれらの定在の現実の生命ではない。それらを実らせた樹、それらの実体をなした大地と四元ではない。それらの特質を定めた気候でも、生成の過程を支配した季節のめぐりでもない。このようにして運命は、これらの芸術作品とともに、その世界を与えはしない。これらの作品が花咲き、成熟した人倫的生活の春と夏を与えてはくれない。ただ、こうした現実の隠しつつまれた憶い出を与えるのみである。」(SK3 S. 547f.)――要するに下部構造抜きの上部構造の伝達が可能だと言う。★15 たしかに作品一般ならそれでもいい。問題は国家意識と相互に照合し合った宗教意識の場合でもそれでいいのかということである。このシラーの「異郷の乙女」をふまえた比喩のなかに歴史観念論がはっきりと刻印されている。ギリシア的人倫の現実を取り戻すという実践的志向は断念されたのである。

『実在哲学』(II)(「体系構想III」)においても、『精神現象学』においても、ヘーゲルは真の人倫性の不在という条件のなかで、表象の彼岸性を克服しなければならなかった。意識の対象性を克服するという、絶対知に到達するための意識論的要請を果たしうるのは、人倫的現実による支えをギリシア世界に置き去りにしたままの良心よりほかになかった。

十 人倫の理念の再建、または「歴史哲学」の成立

宗教は宗教の外部にある人倫の調和を表現し、国家の律法はその外部にある習俗の調和を表現し、そこに哲学は

★14 この点はすでに Emanuel Hirsch, Die Beisetzung der Romantiker in Hegels Phänomenologie, 1924 in:Materialen zu Hegels ›Phänomenologie des Geistes‹ (Suhrkamp) で指摘されている。ヒルシュは、しかし〈自己〉という観点が導入されている点に成長があると見る。両者にはたしかに同一と差異がある。問題は、同一がどのような差異のなかでの同一であるかだ。

★15 この引用文をガーダマーも用いている。Gadamer, Wahrheit und Methode, 1960. Tübingen. S. 160. 彼はこれによって芸術作品の歴史的復元を含めて、伝承を論じている。引用文のある一面を論じているのみにせよ、ヘーゲルの歴史的観念論に賛同している。

〈自己〉の絶対性を見て取るという人倫の理想は、習俗の世界を市民社会に蝕まれて、大幅に後退せざるをえなかった。理念の世界にある身分という分裂もしくは、市民社会内部の人倫の分裂は現実世界では克服されることなく、宗教という観念世界において「克服」される。国家権力の行使をさけてその「狡智」によって、現実に均衡をもたらそうとしても、いかんともしがたい現実が見えている。「国家権力が出ていって、仲裁にはいったり救助策を講じたり新しい販路を外国に求めたり、ある活動が他者によって不利益になりすぎるかぎりそれを阻止したり、といったことを行なわざるをえない。〔とはいえ〕営業の自由〔というものがある〕。それゆえ干渉はできるだけ控え目にしなければならない。ここは恣意の領分であるから」(JR S. 233, GW8 S. 244) ――つまり国家の狡智。★16

美しい共同世界を舞台にする国家、宗教、哲学間の和解という理想は崩壊した。代わって登場するのはその現実に対していかんともしがたい国家の運命を宰る歴史の狡智である。★17

歴史の一般的な理論が初めて登場するのは『自然法論文』においてである。ここで歴史はまず、哲学と類比されて、人倫の実在に均衡をもたらすものとして登場してくる。すなわち力学や化学といった諸学問分野の越権を訂正するのが有機的体系性をもつ哲学であるように、民法、契約、国法、道徳原理などの越権から正しい均衡を保つものが「人倫的総体性の歴史」(SK2 S. 519) として現われるとされる。ここでは同時に、社会的変動にかんして、当初「習俗と律法がひとつ」(SK2 S. 526) になっていた「生ける統一」に、実定法の形式性によって固定化された面が生じ (実定性)、生動的な力にとっての桎梏と化するが、歴史は――「熱せられた金属が蠟のように軟化するのではなくて、突然、液状となってほとばしる」(SK2 S. 529) といった「飛躍」を含みつつ――有機的に生成するという歴史過程論も姿を見せる。ところで、こうした歴史の必然性のもとにおかれた個体は、つねに「絶対的総体的必然性そのもの」(ibid.) ではなく、そこで哲学の任務はむしろ「絶対的人倫の高き理念のために、もっとも美しい形態を認識」(SK2 S. 530) することにあるとされたのである。つまり、ここではまだ歴史と哲学とがしっかり手を結んではいない。哲学はより実践的な関心にとらわれている。ここではまだ固有の意味での歴史哲学は生まれていない。しかし、彼の歴史哲学の歩みはその観照的性格を強めるかたちで進んでいった。

『実在哲学』（II）（『イェーナ体系構想III』）に曰く、「世界史において〈精神と自然とが即自的にのみ一個の本質であるということ〉が止揚される。」（JR S. 273）――すなわち世界史は精神と自然の同一性の対自化なのである。「精神は即自的にすなわち世界精神として完成しないうちは自己意識的精神としてその完成を達成することができない」（SK3 S. 585）とヘーゲルは『精神現象学』で語る。こうして「絶対知」の末尾に登場する「歴史」[★18]（SK3 S. 585, 590f.）は、一面で

★16 〈狡智〉については『実在哲学』（II）（『イェーナ体系構想III』）（JR S. 198f., 212, 240, 251f., 262.）を参照。

★17 すでに『ドイツ憲法論』でヘーゲルは「世界史」に言及している。「代議制度はあらゆる近代ヨーロッパの国家制度である。それはすでにゲルマニアの森にあったものではないが、しかし、そこから発生したものであり、世界史に一時期を画する。世界の教養（文化）の連関は東洋的な圧制と共和国の世界支配ののちに、共和国の腐敗を通じて両者の中間へと人類を導き入れた。そしてドイツ人は世界精神の第三の汎世界的形態を生み出した国民である。この制度はゲルマニアの森にあったものではない。なぜならおのおの国民は、世界史の普遍的な展開のうちに侵入するに先立って、文化の各自固有の諸段階を独自に遍歴していなくてはならないからである。」（SK1 S. 533）境界に不明の点はあるが、東洋、ギリシア、ローマ、ゲルマンというベルリン時代に完成する彼の歴史哲学の基本的構図はここに読みとれる。もちろんここには歴史を支配する原理の何たるかは示されてはいない。後年の歴史哲学の図式の原型ではあるが、それ自体まだ歴史哲学ではない。――ヘーゲルに歴史への関心をひき起こした具体的な問題意識は、おそらく〈なにゆえに人類は封建制のごとき悪しき国家体制を生み出したか〉という点にあったであろう。この問いは青年期の『実定性論文改稿』とイェーナ期の『ドイツ憲法論』、『自然法論文』を結んだ線上に浮かんでくるものだからである。代議制の成立を説明しようとして、ここでも彼は封建制の成立を論じて、封建制の本質的な構造と市民階級の抬頭とが結びつくところに代議制の成立根拠を見出している。

★18 そこでは絶対知が自然と歴史という二つの極に自己展開するという構想が示されている。この構想は厳密に言えば、ヘーゲルのいかなる著作においても陽の目を見なかったものだ。ヘーゲル自筆の『精神現象学』の出版広告でもすでに体系は論理学―自然哲学―精神哲学となっている。自然と精神を哲学体系の内容的部分と見なすという考え方は、彼のイェーナでの講義予告でもしばしば示されている。自然と歴史という構想は――それがそのまま体系の構想とは言えないにしても――まったくユニークである。とは言え、この構想は精神哲学全体が帯びる「歴史」性を暗示している。

は『精神現象学』がすでに描き出してきた精神史の諸形態への回想（SK3 S. 590）であるとともに、他面では、『実在哲学』（II）の末尾にある「世界史」への言及（JR S. 273, GW8 S. 287）と同様に、これまで主題化されるにいたらなかった「世界史の哲学」の新たな主題化でもある。いわば、歴史哲学への〈見切り発車〉である。つまり、世界との即自的な和解を自己の生ける現在に見出しえなかった哲学が新たに求める人倫の理念の回復の場が「歴史哲学」なのである。美しき共同に代わって、歴史という「国民の幸福、国家の知恵、個人の徳が犠牲に供される屠殺台」（SK12 S. 35）の回りに、宗教と哲学と国家とが再会する。ここにギリシア的人倫の実践的回復は断念され、ただ理論的なものとしての人倫の理念が回復され、体系が完成する。――『精神現象学』は人倫の理念の崩壊と回復の谷間におけるヘーゲルの惑いをさらけ出している。この谷間の所在を度外視してみるとき、この著作がヘーゲルの思想の流れのなかで、理解しがたい特異性を示すかに見えるのである。

人倫の理念はいわばきずだらけとなって体系と化した。イェーナに向かうとき、ヘーゲルはシェリング宛書簡に「青年時代の理想はひとつの体系へ転化せざるをえなかった」と書き送ったが、体系が成就するのが、不惑の齢を越えたヘーゲルのベルリン時代においてだったとすれば、青年の理想は体系へと転化するために、そこにヘーゲルへの主要な批判的論点のほとんどすべてを含むほどに大きな代償を支払ったと言わなければならない。

第七章　「経験」のひろがり

　哲学は体系でなければならない。——これはドイツ観念論の哲学者たちに共通の考え方であった。絶対的なもの、真理は体系に住まう。人倫という意味での真理もそうである。人倫においては理想と現実が一致しているたてまえである。その一致が得られなかったとしても、必ずしも思想家の不名誉ではない。理想が理想として屹立しているならいい、とわれわれなら思う。ところがヘーゲルでは、体系化が現実の正当化になってしまう面がある。前章で見たように青年時代の理想が体系化への途上で骨抜きにされてしまう。今日の哲学で「体系」は不評である。ひとつは、体系が不当な正当化を果たすからである。ひとつは、「真理は主体性である」という観点が採られるためだ。いずれにせよ体系は知的誠実に背くとみなされる。体系は体系的であるほど、ますます不評になる。それゆえヘーゲルはもっとも不評である。

　ヘーゲルが体系を完成したというのは、嘘だ。また当人も完成したつもりではなかった。ヘーゲルは体系の思想を確立したのだ。曰く、哲学は体系であらねばならぬ。真理は体系としてのみ語られうる。「私の見解の正しさは体系そのものの叙述によって示すよりほかにない。[★1]この私の見解では、すべては次の点にかかっている。真なるものを実体としてではなく、同様に主体としても捉え、表現することである。」(SK3 S. 22f.) 体系においてこそ、真なるものの

★1　引用文前半は「体系の叙述」を語り、後半は「実体・主体」説を語る。前半部は「本格的な叙述は体系にゆずる。さしあたり述べると……」という趣旨ではない。「真なるものは体系としてのみ現実的である。すなわち oder 実体は本質的に主体である」(SK3 S. 28) とつづく個所に言われている。右の引用文で言えば、前半「体系の叙述」と、後半「実体・主体」とは同義なのだ。

自律的展開が可能になる。それゆえ、真なるものそのものが、静的な実体としてではなく、体系的展開の動的主体として捉えられなければならない、というのだ。

この体系概念は、しかし経験概念と矛盾するものではない。むしろ、このような体系に呼応する「経験」の概念がいかに成立するかが問題になる。

一　経験の内にないものはなにひとつ知られない

ヘーゲルにおいて「経験」の問題は、ある部分的な問題領域をなしているのではない。それは、彼の哲学の全体にかかわると同時に、その根底にかかわる。哲学自身がひとりで経験を脱け出し、いわゆる「経験」に対して特権的な観察者となるのであれば、たしかに、経験の問題は、その哲学の全体を脅かすことはない。また、根底にもかかわることもない。たとえ、その哲学の観察対象が経験に限られたとしても、経験は、本質的にその哲学そのものを除いた一部分にすぎない。哲学する自己自身を度外視したとき、その扱う対象は根底的ではありえないであろう。

人間精神の産物の数多くが、経験にもとづかない謬見であるとして断罪されるとき、経験は、人間精神の部分領域である。そこでは、経験のみが真理の源泉なのである。――はたしてそうか、経験をこえたものこそが、経験を可能にするものなのではないか、というカントの反問においてすらも、経験は、ある一定の領域をさしている。経験をこえるもの、それをもひとつの経験とみなしうるような意味での経験――ヘーゲルにおける「経験」という概念が指し示しているのは、そのような意味での経験である。

そのとき、経験の範囲外ということを、われわれは考えることができない。「意識は、自らの経験のなかに在るもの以外はなにも知らないし、なにものも把握しない。」(Phän. S. 32. SK3 S. 38) たとえ「経験不可能なもの」といっても、それをわれわれはある種の経験のなかでしか語れない。そのような意味での経験が、問題なのである。すなわち「経験の内にないものは、なにひとつとして知られない。……感じられた真理として、内的に啓示された永遠者、信じられた聖なるもの、かかるものとして存在しないようなものは、なにひとつとして知られない」(Phän. S. 558. SK3 S. 585) のである。当然のことながら「自由、不死、神」というようなカントの視界では、経験をこえた理念とみなされるものも、この意味での「経験」には含まれる。「自由、精神（精霊）、神というような対象は、……感覚的に経験されるものではないが、およそ意識の内にあるものは、経験されるものなのである。」(Enzy. §8) ここに語られている「意識の経験」とは、したがって知的世界の全内容、すなわちエンツュクロペディーの全内容が、意識の内にあり、経験[★2]されるものであることを含意する概念である。

そしてもしこの意味での「意識の経験」を、「現象」と呼びうるならば、ヘーゲルは、そのような意味におけるかぎりでの「現象主義」の立場に立っているといってよいであろう。その「現象」の世界こそは、一般に、存在と思惟の同一性が成り立つ境位であり、言葉をかえて「知のエーテル」が浸透している世界といってもよい。ここでは、経験の世界が、そのまま世界なのである。

それ自身、世界でもありうるような経験、それはいったい誰が、何に関して行なう経験であろうか。これに対してヘーゲルは「意識が、自己に関して行なう経験」(Phän. S. 74. SK3 S. 80) であると述べている。「意識が自己に関して行なうこの経験は、その概念からいって、まさに意識の全体系、すなわち、精神の真理の全王国を包括せざるをえない。」(ibid.) ――それではいかにして、このような経験が成り立つのか、またそのような「経験」の概念は、どのようにして形成されていったか。本章は、この問いに答えることを目標 Ende とする。

★2　ヘーゲルは自ら「経験」を語るとき、経験主義的な経験の概念との対比を意識している。「経験が哲学の明瞭な認識と矛盾すると言われる。このような経験は端的に否定されねばならない。真なる経験においては、哲学に［矛盾するような］ことは何ひとつ生じえないからである。」(Kim. 69; GW7 S. 347)

二　感覚には精神の全素材が現存している

この「精神の真理の全王国」が、何を素材として成り立つのかという問いから出発しよう。そしてここでわれわれは、一面としては、狭義での経験主義者でもあるヘーゲルを見とどけなければならない。彼は、こう説いている。「感覚のなかには、全理性、精神の全素材が現存している。外的自然、法的なもの、人倫的なもの、宗教の内容に関するわれわれのすべての表象、思想、概念は、われわれの感覚する知性から発展してくる。」(Enzy. §447, Zus.) つまり、ヘーゲルもまたある意味ではタブラ・ラサ（削られた粘土版・何も書きこまれていない）を説いているのである。

このことはけっして偶然ではない。ヘーゲル哲学のひとつの側面として、確実にそこに含まれているものである。第一章と第二章で示したように、彼は青年時代に、カントの道徳宗教の考え方を基にして、既成のキリスト教への――また、キリスト教文化全体への――批判的な論述をすすめることによって、自分の思想を築いていった。そうした時期に、彼は『心理学と論理学に関するノート』(Dok. S. 195-221) を書き残している。ノートは、カントの第一批判や第三批判からの、ときとして自己流に改釈した書き抜きなどから成り立っている。成立の時期（ベルン時代、一七九四年と推定）や、抜き書きの原本には、不明の点も多い。しかし、これによって、当時ヘーゲルが、キリスト教を中心的な関心の的としながらも、他面、認識論の領域に対しても強い関心をよせていたことが知られる。

まず目につくのは、素朴なかたちではあれ、カントの批判主義を全面的に受け入れているとみられることである。たとえば「理性による認識は、無制約者を求めるものであるが、われわれが物自体を感性と悟性によって認識するとみなすならば、自己自身との矛盾におちいるであろう」(Dok. S. 196) と、カントの認識思想を祖述している。ここには、カントの改釈はありえても、認識論的にカントを越えようとする構えはみられない。なかには、カントよりもむしろヒュームに拠ったかとも思われる記述もある。
つぎに目立つのは、著しい心理学的・人間学的傾向である。カントの認識思想を祖述する文面のあいだには、夢遊病、熱狂等々、精神の病理現象を含めて、人間精神の諸相が組みこまれて記述されている。そして認識能力を分類的に記述するさいにも、脳から、口蓋の発声機能にいたるまでの生理学的記述をともなっている。――ヘーゲルの認識論的関心を示す最初のテキストであるこの「ノート」の特色を一言で言えば、先験的なものと経験的なものの混淆と並存である。この発想を下地として、ヘーゲルに特有の同一哲学が生まれる。第四章で指摘したように、彼はフィヒテ、シェリングとは違って、先験的自我と経験的自我を根源的な関係の内におかれたものと見ている。

当時（ベルン時代）の彼の――立場とはいえないまでも――積極的に関心をよせていたものは、いささか心理学的・人間学的に傾いたカント的批判主義であった。それは、その時代のカント理解と共通する面をもっていたであろう。また、この素朴な批判主義と、人間学的関心とは、当時の彼のキリスト教批判にみられる実践理性の優位に対する素朴な信念、および人間精神のパトロギーをも画一的にしか把えようとしない教会道徳の形式主義に対する批判的態度と、底の方で通じ合っている。いずれにせよ、ヘーゲルもまた、このようにしてカントの批判主義の洗礼をうけているのである。

三　統一、または真無限という形式

どちらかというとヒュームに近くカントを解した彼は、やがて、ヒュームに近いものとしてカントを批判していく。『精神現象学』の直前に書かれた『イェーナ時代の論理学』（『イェーナ体系構想II』、正式のタイトルは『論理学・形而上学・自然哲学』、略してLMN）には、ヒューム、カントをこえて自己の「経験」の概念を形成しつつあるヘーゲルの歩みが、はっきりとみてとれる一節がある。まず次の引用文によって、いかなる観点から、ヘーゲルがカントとヒュームを同一視したかを見ることにしよう。――「カントはヒュームが語ったのと同じことを語っている。ヒュームの言う諸実体とは、相互に継起し、相互に並存し、一般的にいって、それぞれ独立して相互に無関係に (für sich gleichgültig gegeneinander 存在しているものである。こうしたものがカントにも存続しているのだ。」(Jen-Log. S. 48. GW7. S. 50) このさい、実体といっても、現象といっても、印象といっても、その言葉のさしている当のものは同じである。先に述べたように、ヘーゲルにとっても、こうしたものが、「精神の全素材」であることにちがいはない。ただし、その実質というよりも、それがおかれている関係の存在の仕方が問題になっている。それが、相互外在的な独立した存在という存在の仕方において把えられている点に、カントとヒュームの共通点をヘーゲルは見出している。すなわち「ヒュームが物と名づけたものは、カントにとっては感覚であり、知覚であり、感性的表象、等々である。それによってそれ以外にどんな呼び方をしようと――事態はまったく変わらない。つまり〔一方では、いわゆる感性的なものとして〕それぞれ独立して存在する実体がある。〔他方では、いわゆる悟性的なものとして〕相関における〔対立し合った規定が、あたかも微分点のように統一されたものである〕無限性や必然性は、これら〔感性的なもの〕から分離された別のものである。」(ibid.)

感覚的実体が、相互外在的な、独立存在として把えられるのは、それが、感性と悟性の対立という把えられかたをすることによって、相関的対立規定の統一や必然性から切りはなされているからにほかならない。ここで、大雑把にいって、カント、ヒュームの対立の論理に対して、ヘーゲルが対置した統一の論理を表わしているのが、「無限性」という概念である。当時のヘーゲルの立場を表わす根本概念である。

実在的なものと観念的なものの統一としての経験世界――つまりは世界そのもの――においては、「その規定性は、根源的に〔すなわち〕その即自存在において、ある他者のモメントなのであり、同様にして、その他者も、そのもののモメントである。」(Jen-Log. S. 148, GW7 S. 142) したがって、こうした観点から世界をみれば、「世界は、総合的な系列の、完全な静止へと沈めこまれた相互作用にほかならないであろう。」(ibid.) そこでは、規定するものが、規定されるものとなり、規定されるものは、じつは、ふたたび別の他者を規定するものであることによって、規定性の無限系列が生じ、そのなかでは、なにものも独立した存立をもたず有限であって、無限性と自由をもたない。アンチノミーは世界に遍在し、その根本対立は形式的に言えば規定するものと、規定されるものの対立である。

アンチノミーの解決として要請されるものは理念である。理念的なものは一般に無限なものであるが、無限進行における無限、つまり、いわゆる「悪無限」は、つねに「まだそれでない」ものであり、「両方の交代する項を止揚するという要求にまでは達するけれども、要求までにしか達しない」(Jen-Log. S. 28, GW7 S. 30)のである。無限進行をいかに追い求めていっても、無限性は実現しない。それは無限系列を形成するもとになった相互の対立する規定、一般的にいって、規定するものと規定されるものが統一されることによって、のみ可能なのである。たしかに、無限進行の系列にとらわれていると「諸規定、または諸限界は、統一を自己の外部に立てることによって、自己を保持し〔存立を保っ〕ているかに見える。しかし、それらにとって、その保持と存立のためには、統一という、この彼岸的存在が不可欠なのであるから、それらは本質的に、そこ〔彼岸の統一〕に関係づけられている。限界の排斥〔による自己存立〕や、自己自身の保持は、真相においては、この統一と一体化している存在(Einssein)なのである。」(ibid.)すなわち、ここでは相互制約の系列において、もの一般が自己的なものとして存立する必然性によって、対立する規定の統一が導出され、その統一——対立する規定の統一がとりもなおさず、有限者と無制約的、彼岸的統一(Einheit)との一体(Einssein)であるような統一——が、「無限性」というカテゴリーで把えられているのである。「無限性」という概念は、第二章の四で引用した「合一と存在は同義である」という考え方の結晶化したものだと言っていい。関係であるような単一性、「三位一体」なのである。

そのような観点からみるとき、カント、ヒュームの認識理論は、主客の統一そのものが主観性において果たされる以上は、ふたたびその統一そのものが客観性との対立におかれ、かくして、いかに統一を求めても、つねに対立にとらわれる悪無限的なものとみなされざるをえない。「差異をもつもの〔相互外在的なものとしての感性的存在〕を、彼〔カント〕

は、客観的なものとみなして、偶然的な並存と呼び、そして必然的なものは、主観的であるままにされている。すなわち、かの現象は、それだけで独立して存在し、悟性概念としての必然性もやはり、それだけで独立して存在しているのである。」(Jen-Log. S. 48. GW8. S. 50) ばらばらに並存する感性の多様を、外から悟性概念の必然性が統一しようとしても、「第三の人」と同じ構図（悪無限）で、いつまでたっても統一は成就しない。

しかし、そのヘーゲル自身にとって、経験というものの意味は、カントのそれと、さほどへだたっているわけではない。彼にとっても、やはり「経験というものは、たしかに、概念と現象との結合である。」(ibid.) ――しかし、そこにただちに、ヘーゲル特有の考え方が導入される――「概念と現象との結合である、ということは、とりもなおさず、無関係に並存する諸実体や感覚、あるいは別の言い方をしてもいいが、そうしたものを動勢化 (Mobilmachen) することにほかならないのである。そうすることによって、それらは規定されたもの、つまり、ただ〔規定するものとの〕対立においてのみ存在する存在者となる。しかし、この相関関係〔として存在する実体〕は、〔それ自体、自立性をもっているという意味で〕自己的 (selbst) であり、それが何であるかということは〔この関係それ自体ともなれば、反省による概念規定をこえているものだけに〕そもそも語りがたいものである。そして〔同じく、語りがたいとはいっても〕少なくとも〔カント的な〕物自体がそうであるようなものとはちがうのである。それは、あえて名づけるならば、純粋に〔自己的であると同時に動的であるという意味で〕主体的なものである。」(Jen-Log. S. 48f., GW7 S. 50) このように、実体の動性化、すなわち、主体化とは無媒介の実体を、関係のなかにもたらすということにほかならないのであるが、それが運動というかたちで把えられるのは、自己性の喪失から回復への運動として実体そのものが展開されるからである (cf. Jen-Log. S. 148)。すなわち、実体が主体化されるのである。主観と客観を対立の相で見るか同一の相で見るかはもはや問題ではない。イデア論に固有のアポリア（悪無限）を克服して、同一が成就するには実体が動勢化されねばならぬ。「すべてはこの点にかかっている。」(Es kommt...alles darauf an...) (SK3 S. 22f.)

四　自我は思惟する直観、直観する思惟である

ヘーゲルにとっても、経験は現象と悟性概念との結合であった。しかし、その結合の形式は、「無限性」という彼独特のカテゴリーによって把えられていた。そこに結合される――むしろ統一される――感性的なものと悟性的なものそのものも、カント的視野におけるものとは、異なった存在の仕方を示さざるをえない。ヘーゲルがカント的な見方からすれば、じつに「不用意に」といってもいいくらい、現象を「実体」と呼んでいるのが見られたであろう。彼は「現象」ということを、どのように解していたのであろうか。彼は、どちらかというと、この言葉をさけている。というのは「もし、現象という言葉が無意味でないとされるならば、この言葉は、かの差異をもったもの〔感性的存在〕が、そのようにしてただそれだけで〔分離して〕措定されており、それ自体に即して（an sich selbst）、その本性にしたがっても、措定されてもいないこと以外のなにごとも意味してはいない」（Jen-Log. S. 49, GW7 S. 51）からなのである。つまり、「現象」は、はじめから、物自体、物の本質から分離されて、それ自身の内に統一を欠く存在であると前提されている。ヘーゲルは、物自体を、思惟構成物にすぎないとしてしりぞけることによって、感性と悟性の統一を、いわば意識経験の内在領域において果たしうるものとみなすと同時に、実在的なものと観念的なものの統一ともみなしうる立場に立っている。いまや、感性的なものと、悟性的なものの存在の仕方そのものが、把え直される。「真相において」事態は、カント的な分離をしりぞけている。「これら差異をもつ〔感覚的な〕ものは、即自的に端的に無限なもの、自分自身の対立物と同一であるものなのであり、そしてまた、悟性概念と呼ばれるものも、なにものにも関係しない関係〔自己関係〕としての、関係の無限性であり、……即自的には、かの感覚、対象も、この概念、すなわち〔他者との相対的な関係ではなく、自己自身との〕絶対的な関係も、両者はまさに、ひとつにして同じものなのである。」（ibid.）これ

が先に述べた経験的自我と先験的自我との根源的な関係と軌を一にしていることは言うまでもない。
ここでは、もはや、認識の二つの源泉をなす感性と悟性とが、結合されるべきであることが説かれるのではなく、相互制約的な関係として存在する感性と悟性とが、それぞれ無限性というありかたをすることによって、根源的、即自的には同一であることが語られているのである。もちろん、一方は、自己に対立する他者と同一なるものとして、他方は、自己自身に関係する自己同一なるものとして立てられてはいる。しかし、両者はともに、関係というありかたをすることによって、同一性を保っているのである。
もし、そうであるとすれば、必然的に、人間の認識能力としての感性と悟性も、カントとは異なった観点から把え直されざるをえないであろう。「自我は、思惟する直観であり、または、直観する思惟である。……自我はカテゴリーを直観し、把握する。自我が理解するところのものは、事柄そのものであるが、しかしそれは、それが直観するものであるからであるとか、自我性の形式であるからという理由によるのではない。自我はまさに事柄を理解するのである。」(J. R. II. S. 188 欄外, GW7 に不在)
これによって、カント的二元性を克服する手だては、すべて整ったといってよいであろう。感性的存在と悟性的存在は根源的に同一であり、自我は感性的にして悟性的なものである。しかし、ヘーゲルは、かかる根源的統一の立場は、その根源性を深めれば深めるほど、世界の多彩な現実に背を向けた抽象的にして、たんに根源的であるにすぎない同一性と化することを、明確に見ぬいていた。すなわち、対立が生ずる以前の直接的同一性は、まさに、感性と悟性の対立関係が発生していないがゆえにこそ、概念なき直観の盲目性と、直観なき概念の空虚さを兼有した「夜」なのである。

五　夜――表象と像の王国

すべての牛が黒く見える夜――感性界と叡知界を統一する根源一者が、ピストルの弾丸のように飛び出す――といって彼が非難したシェリング的な立場をこえて、自己の立場を築いた『精神現象学』を書きおえたあと（いわゆる『実在哲学』II すなわち「イェーナ体系構想III」）、ヘーゲルは、あらためて、この「夜」の克服を理論化しようと試みている。このことは、彼自身にとってそうした「夜」が、必然的であったことを示してもいよう。じっさい、彼はかつて自らこう語っていたのである。「無と無限性の純粋の夜から、神秘なる深淵から真理が生ずる。」（G. u. W. S. 123. SK2 S. 431）

精神は、その最初の直接性においては、対象と一体化している。「まず最初には、精神自身は直観である。」（JR S. 180, GW8 S. 186）直観においては、見るものと見られるものの統一が成り立っている。青年期のヘーゲルの言葉で言えば、「直観するものと直観されるものの、それらが、主観と客観であるという対立は、直観そのものにおいては、消失している。両者の差異はただ、分離の可能性にすぎない。太陽の直観の内にまったく沈潜しきった人間がいるとしたら、彼はもう光の感情、存在者としての光感覚そのものであろう」（Nohl. S. 316, GW2 S. 273）ということになる。すなわち、イェーナ期の言葉でいえば「われわれが、それを見たり、聞いたり、さわったりするかぎりで、われわれは、それ自体であり、それと一体になっており、それによって充たされている」（JR. S. 184, GW8 S. 190）ということである。体系期のヘーゲルは、アリストテレスの『デ・アニマ』（この著作は、イェーナ期において、ヘーゲルの思想形成の決定的なモメントとなったと思われるが）を解釈して次のように述べている。「鳴る物体がある。そして聴く主観がある。存在は〔たしかに〕二様である。しかし、聴くということは、それだけで内的にひとつであり、ひとつの活動である。」（Gl-Bd. 18, S. 382）この「内的にひとつ」であることが何によって可能になるかは、のちにあらためて考察しなければならないが、ともかくいまは、その点において、主客の直接的統一が成り立っていることに注目しなければならない。ヘーゲルはこうつづけている。「私が固さの感覚をもつ、ということはつまり、私の感覚は固い、私はそう規定されている、ということである。」(ibid.) 前の章の四で引用した「鉱物の実在的形式は無限性という真実の同一性によって浸透されておらず、その感覚は意識をもたない。その光は見ることをしない」と較べてみればいい。「感ずる私は固い」もしくは「見える光が見る」という同一性、すなわち「感ずる—感じられる」、もしくは「見る—見られる」という主客の同一性(無限性)が、感覚においては成り立っている。

それでは、ふつうの意味での主・客の対立は、どうして生ずるかと言えば、それは反省の作用によってつくり出されるのである。こうした固いという感覚に関して「反省は、それは、そこの外部にある固いものだ、それと私の指とは別の二物だ、などという。私の視覚が赤いのだ、といえば反省は、赤い物があるのだという。しかし、それはひとつのものなのである。私の目、私の視覚は赤く、そして物なのである。」(ibid.)

このようにして直観されるものは、私の内なるものとなる。「直観することにおいて、直観されるものは、私の内にある。何故ならば、私が直観するのであるから、それは私の直観なのである。」(J. R. S. 180, GW8 S. 186) 鳴るという客観的物理現象と聴くという主観的心理現象とが、聴くことそのものにおいてひとつであるとはいっても、物理現象と心理現象とが同一の現象であることにはならない。ただ「聴く」において、「鳴る」という物理現象は「存在者としては止揚されて対象となっている」(ibid.) ということである。それは、なんらかの意味で「像(Bild)」となっている。しかし、同時に、私の目が赤いと言われるように、その像は精神と一体化してもいるから「直観において精神は像である。」(ibid.) 精神はいわば距離をおかずに自分自身を見ている。これが「意識としての精神」(ibid.) にありのままに映ずる事態である。しかし、意識は、そうした関係の成り立ち自体を自覚しているわけではない。「両者の統一」を知っているのは「われわれ」(ibid.) なのである。

世界は像となり、「精神はそれを所有している。それの主人である。」(ibid.) たしかに、ここには「真理の全王国」を形成する素材がある。しかし、これは、やっとかろうじて精神の内にとり入れられ、精神という境位におかれて、単純化された世界にすぎない。対象の外在性が止揚されて、主体に内在化されているとはいっても、主客のきわどい接触面で、かろうじて主体の側についている（an ihm）にすぎない。「それは意識を欠いている。つまり、表象作用の前に対象として立てられているものではない。」（ibid.）それどころか、たんに精神の像と化して、その物的実在を止揚されたにすぎない世界は、単純な精神の内に溶解してしまって、「区別のないものとして存在する。」（ibid.）

これは、すべてを包み、すべてをその内に守蔵しながら、そのものの区別を明らかにすることのできない、世界の「夜」（ibid.）なのである。人間というものを、その精神の最初の直接性において、つまり、この像であるものとして把えれば、「人間はこの夜であり、この空しき夜である。すべてをその単純性の内に保持する、無限に多数の表象と像の王国である。」（ibid.）表象や像とはいっても、明確に規定された対象物として存在するようなものではなく、把えようとすれば逃れ、区別しようとすれば溶解してしまうような影のあつまりなのである。ちょうど、「幻像に充ちた表象においては、あたり一面が夜であり、ここには血まみれの頭が疾駆するかと思えば、かしこには、他の白い亡霊が突然に現われては消える、等々」（ibid.）と同じ影のあつまりにすぎない。

直観そのものにおいて、直観するものとされるものは一体であった。それによって、外的存在は、止揚されて像と化した。精神は像である。「この夜の内へと存在者は還帰した。しかし同時に、この〔夜を消失させる〕力の運動もまた措定されている。」（JR S. 181, GW7 S. 187）それは「ロゴスであり、理性、物と語の本体 Wesen であり、事柄でありかつ語ることであるようなもの、カテゴリー」（JR S. 183, GW7 S. 190）なのである。

六　名辞において直観が克服される

直観は、「あたかも、蠟が金の指輪の図柄だけをうけとり、金そのものは受けとらないように」（Gl-Bd. 18, S. 379）、世界の像をうけとった。それ自身の内に、なんの対立をも含まない直接的同一性の世界は、ただちに「夜」であった。

その夜に光を与えるものは、根本的にはロゴスであるが、さしあたりは、形式的なもの一般である。

まず精神は、立ち現われてくる像を、自由に「ひき裂いたり、それらをまったくとりとめのない仕方で結合したりする」(JR S. 181) が、そこで、さまざまな像を引き出してくるさいに、自分が「感受する関係のままにして、なりゆきにまかせるとき、いわゆる観念連合の〔法則の〕支配下におかれることになる。」(ibid.) したがって「この観念連合の法則は、表象の受動的な秩序以外のなにものも意味していない」(ibid.) ことになる。

しかし、これによって像も自我も、ある一定の変様をこうむらざるをえない。かつて「直接的な直観において、私はそのものの意識 (das Bewusstsein seiner) をもっているにすぎなかった。」(ibid.) ところがいまや「対象が、……私のものであるという (meiner zu sein) 形式、規定性」(ibid.) をもっている。

たとえば、「犬」という観念 (Idee) ——このような「たんなる像」をイデーと称する英語の習慣にヘーゲルは少し抵抗を感じてもいるが——をとり上げてもよい。「犬」という観念を私がもつということは、私が「すでに見、聴きして」熟知している犬というものを、私自身の内部によび戻しているということである。「いまや私は、それを想起している。私は〔もはや〕たんに対象を見、聴きするのではなく、私自身の内部に赴き、想起(自己内化)している。」(J. R. S. 182, GW8 S. 188) また、そのかぎりで「私の意識をもっ」てもいる。

私は私自身を見ている、といっても、その当の私自身が、じつはまだ、たんに像に形式を与えるだけの空しい自我にとどまっている。そういう「私の前にあるのは、内容と自我〔形式〕との総合である。外的対象そのものは、止揚されたものとなってしまっている。それがあるところのものとはちがったものになってしまっている。」(ibid.) 外的対象はその外在性を失って、私の内に観念として内化されている。しかし、それは、こんどは規定性としての独立性を与えられている。もはや、観念連合の受動的な秩序以上のもののなかにおかれている。つまり「象号 (Zeichen)」として存在する。そしてこの象号が、言語の内に本来のありかたをしめるものであることも、容易に予測されよう。「名辞においてはじめて、本来的に、直観が克服される」(JR S. 184) のである。直観のもつ直接的統一において「存在者的には、聴くと鳴るとは異なっているが、その根拠（ロゴス）Grund（λόγος）は同じものである。」（GI-Bd. 18, S. 382）そのロゴスが、措定的にとり出されたとき、対象の存在は「鳴り止みはするが、しかし、聴きとられる（vernommen）。」（JR S. 181, GW8 S. 189）つまり、存在の外在性を止揚されて、理性化される。ここにおいて「世界、自然は、もはや像の王国ではなく……名辞の王国である。」（JR S. 184, GW8 S. 190）

像の王国――夜において、精神は「まどろむ精神」であった。いま「その目覚めこそは、名辞の王国なのである。」（ibid.）夜はひらかれ、「いまや、諸像は、はじめて真理を有する。」（ibid.）

七　分裂――精神の自由なる高揚の始元

名辞の王国によって夜の闇には光が投げられた。光はしかし、影をつくる。「目覚めこそは、名辞の王国である。ここには同時に分裂が存在する。精神は意識として存在する。」（ibid.）名辞において精神ははじめて、直観における外在的存在への埋没から真に脱却して、自立性をえた。しかし、そのことは、同時に精神が自己を分裂させて、その一方を対象とする営みにほかならなかったのである。この営みは同時に「精神の自由なる高揚の始元である。」（JR S. 188, GW8 S. 194）精神が自己を対象化し、対象の意識として存在することによって、自己を実現し、その対象性を克服することによって、絶対的精神に到達する道程としての『精神の現象学』が、ここに始元をもつのである。

精神は直観において存在との同一性、密着する面をもつと同時に、名辞によって直接的存在から離反する面をもつ。精神のこの二面性が、端的に分裂として現われているありかたが意識である。すなわち「思惟する直観であり、直観する思惟」でもあるような精神の、感性的契機と悟性的契機の区別を、意識は自己自身において実現している。この区別は「物における区別ではなく、悟性における物の区別である。これは……意識の経験に属する。」（JR S. 190, GW8

S. 196) 意識はいわば、物と悟性とにひき裂かれて存在する。言葉をかえれば「意識のなかには、自我と、自我の対象となる実体とのあいだの不等性が存在する。この不等性、両者の区別は、否定的なもの一般である。」(Phän. S. 32, SK3 S. 39) しかも、もともと、直観において意識が対象に密着していたことを考え合わせれば、対象から自我を自我として区別させるところのものは、名辞、ロゴス等々、何と呼ぶにせよ、知の契機である。すなわち「意識は二つの契機をもっている。知という契機と、知に対して否定的な対象性の契機とである。」(ibid.) 意識の存在の仕方は、われわれが、物の存在から了解している存在の仕方とはまったく異なる。意識は、それ自身が概念であるかぎりで、対象をはなれた存在であり、対象を対象として知る主観であるが、対象に密着しているかぎりで、概念からはなれた存在であり、概念としての自己自身を知る存在である。すなわち「意識の立場においては、対象的事物は、自己自身との対立において、自己自身については、対象的事物との対立において知られる。」(Phän. S. 25, SK3 S. 30) 一言で言えば、意識は対象との結合であると同時に分離である。「意識は、あるものを、自分から区別〔分離〕すると同時に、そのあるものに関係〔結合〕する。」(Phän. S. 70, SK3 S. 76)

したがって、意識とは、それ自身概念と対象的存在の比較であるような存在である。もし、概念と存在の統一を絶対知と称しうるならば意識が、このような自己分裂から救われて、自己自身の統一を獲得するときにこそ、絶対知は成り立っているといいうるであろう。

意識は本質的に分裂を負わされている。本質的に対象知である。いったんは、対象として自己の前に立てることのできたもののみを知ることのできるような存在である。しかし、その対象に対して立つ主観は、対象の存在と別個に、不動のコギトとして基底的なものとして存在するのではない。意識の存在は本質的に関係的である。対象の本質をひとつの概念として把えるかぎりではじめて、対象をはなれた主観なのである。したがって、意識が、対象と概念の比較(Ausgleichung)によって、その同等性(Gleichheit)をえられず、新たな概念のもとに対象を把えるとき、その変化は対象の変化として現象する。「かかる弁証法的運動は、意識にとって新しい、真なる対象がそこから生じてくるかぎりで、意識が自分自身において、自己の知と、自己の対象において行なう運動であり、本来、経験と呼ばれるものである。」(Phän. S. 73, SK3 S. 78)

精神が本来すでにそれであるところのもの――すでに歴史的に形成されて現在到達している境位――が、意識に対象化される仕方は、そのつど中心となる概念に応じて、意識の諸形態が形成され、その諸形態を遍歴する意識の経験というかたちをとる。こうした遍歴によって、意識が自己の全体性と本来性をおのれのものとし、それによって自己同一性を真に回復するとき、意識はもはや、分裂を背負ったものとしての意識ではなく、絶対知[★3]である。すなわち「意識が自己自身に関して行なうこの経験は、その概念からいって、まさに意識の全体系、すなわち精神の真理の全王国を包括せざるをえないのである。」(Phän. S.74, SK3 S. 80) こうしてわれわれは、本章の出発した地点に戻った。

経験は体系を覆う。もっとも低次の認識から、もっとも高次のものまで。そこに同一の構造がある。すなわち、意識は直観と言語という二つの側面をもつ。この構造によって、経験の高次化が可能になる。経験の高次化とは、意識にとっては、「新しい、真なる対象」の生成である。この新しい対象は、意識の経験の結果でありながら、その当の意識にとって直接的である。このような「直接性」とはいかなるものか。次章(第八章)ではこれを論ずる。当然さらに「真なる対象」とは何か、も問われねばならぬ。これは第九章の課題とする。

★3 前章九節で示したように、ヘーゲルの叙述が絶対知の成立を説くことに成功しているか否かは、おおいに問題のあるところである。原理的に〈主客の統一を主客の対立の相で見ること〉を克服しなくてはならない。逆に言うと、主客対立の構造を背負う意識が主客統一を果たせねばならぬというアポリアがある。

第八章　直接性と意味の先験性

ヘーゲルが「直接性」（Unmittelbarkeit）にたいして、「媒介性」を対置し、直接性を低次のもの、抽象的なものとみなし、反対に、媒介されたものを高次のもの、具体的なものとみなしたことは、彼特有の思考様式を示すものとして、よく知られている。はたしてこの考え方は、より観念的なものをより現実的であるとみなす、悪しき形而上学的観念主義の立場をあらわすにすぎないのであろうか。

もしわれわれが、ヘーゲルの思想全体を、直接的なものを具体的であるとみなすという、彼とは反対の前提を抱いて――その前提が、経験論、唯物論、現象学、いずれの言葉で語られるにせよ――裁き、評価し、位置づけるのであれば、彼に悪しき形而上学、あるいは反動的観念主義、あるいはまた西欧近世主観主義の終結を見いだそうと、それらの規定はいずれも、きわめて不毛であると言わなければならない。

たしかに彼は、あらゆる実在の真理を、思惟的なもの、ロゴス的なものとして把えた。ひとはしばしばそれを、本来超越的な観念の、世界へ「流出」したものとして解する。しかし、ここで、プラトンからカントにいたるまでのあらゆるイデア主義（観念主義）とヘーゲルのそれとの重大な相違を見おとすべきではないであろう。それは、まず、ヘーゲルが、イデア的なもの、ロゴス的なものに「生成」を与えたということである。また彼はカントの主観主義を批判して、ロゴス的なものが経験に投入されるのではなく、経験に内在するものであることを説いてやまない。ロゴスが生成、運動を負わされているのは、それが、ロゴス的でないもの、すなわち、ふつうの意味で経験的なものとの交渉関係におかれているからである。自己の否定としての経験的なものを内に含むことによってロゴスの運動は成り立つ。ロゴスにとって、「生成」と「経験への内在」は表裏一体をなしている。
ロゴスと経験的なものとの関係を成り立たせる存在が意識である。意識とは、それ自身ほんらい純粋な関係にほかならないような存在であって、意識の関係する実在の真理が、ロゴスの統一性の内に成就することによってのみ、自己意識の「不幸な」分裂から救われるのである。この意味においても、意識の存在を実体化することに第一原理をおく近世の主観主義とヘーゲルの観念主義とは、原理的に異質である。

意識を媒介とすることによって、経験に内在し、経験に内在することによって、生成を負わされたロゴス、それは何か、という謎にたいして、われわれは「ロゴス」の元義にたちかえることによって、たやすく「それは言葉である」と答えることができるであろう。このときロゴスとしての言葉が生成を負わされているということは、いかなる意味に解すべきであろうか。むしろ、言葉は生成を欠き、生成を欠くからこそ、言葉の論理性が成り立つのであり、たとえ事実上、新しい用語や用法がつくりだされるようなことがあったとしても、権利上、言葉はつねに自同的なものとして定立されなければならない、と考えられるかもしれない。たしかに、言葉に意味の自己同一性を保証しなければ、それは使うことができない。それでは逆に、言葉に生成をみとめることなく、あたかも永遠のイデア界、英知界にある「神的本性」(cf. Phän. S. 89, SK3 S. 24) をもつものとみなすべきであろうか。われわれは、どの言葉、どの概念をとっても、それが歴史的経験を通じて形成されたものであることを否定できない。たとえば、カントがア・プリオリの必然性、普遍性をもつと考えた「物体界のあらゆる変化において物質の量は一定である」という命題が今日その普遍性を失ったことをわれわれは知っている。ア・プリオリのものがア・プリオリとして成り立つためにも、それなりの経験を前提とする。ア・プリオリの概念がもつ自己同一性もまた、形成されたものである。われわれは、したがって、言葉の形成ということを、言葉の意味の先験性、自己同一性の形成と考えなければならない。

しかし、言葉を使用する自然的意識に、言語の意味が自己同一性でありながら、形成されたものであるという、いわば「種の起源」(スペチエスの生成) が、受けいれられることはないであろう。かんたんに言えば、「言葉を使用する」とは「言葉の形成を忘れる」ことにほかならないからである。自然的意識にとっては、生成なきイデア的・英知的論理空間を設定することの方がはるかに自然である。しかし、自然的意識の真理を展開し、熟知されたものを媒介的認識にもたらすことが哲学知のありかたであるとすれば、窮極的には、自然的意識もまた哲学知への道を辿りうるのでなければならない。

それでは、はたして、さしあたり自然的意識の段階にあるものとして、われわれは、ヘーゲルの観念主義を、経験における、そのつど先験的なものとしての言語（意味）の内在というふうに解しうるであろうか。そのためにまず、われわれはヘーゲルとともに、存在はいかなる意味で理性的であるかという問いを、もっとも始元的な、われわれにとってもっとも先なる地点から問いはじめなくてはならない。すなわち「直接的なものは、いかなる意味で、抽象的であるか」と。

一　感覚的・直接的なものは、思惟的には抽象的である

直接的なものは抽象的であるというヘーゲル特有の考え方が「ふつうの考え方と正反対である」（cf. EGPh. S. 140, GW18 S. 59）ことは彼自身充分自覚していたようである。彼はおよそこんなふうに述べている。——ふつう、人は初めのものが具体的なものだと考えるかもしれない。たとえば子供は動物的な生活をおくり、大人は知的生活をおくるという意味で、子供の生活は直接的・具体的であり、大人の生活は抽象的である、[★1]と。このようにして「感情や直観が最初のものであり、完全に具体的なもので、思惟は反対に、よりあとのもの、抽象の働きである」と考える。「しかし、ここで事実は反対なのである。……感情と思惟を較べてみれば、たしかに、ひとつの見方としては、感情とか感性的な思惟一般は、より具体的なもの、すなわち一般的により具体的なものである。しかし同時に思惟においては、

もっとも貧しいものである。われわれは自然的に具体的なものを、思惟における具体的なものから区別しなければならない。」(EGPh. S. 140, GW18 S. 59)——要するに、「自然的具体性」と「思惟の具体性」をはっきり区別しておかなければならないのである。ひとまずわれわれは「自然的・感覚的に直接的なものは、同時に思惟的には抽象的である」と考えてよいようである。

しかし、こう考えることができるためには、まず、「感覚的なものが、同時に、思惟的である」のでなければならない。感覚的なものと思惟的なもの、すなわち、カントの言葉で表わせば、感性と悟性との統一が果たされていなければならない。こうしてわれわれは、一見したところカントとは非常に異質的だと思えるヘーゲルの思想展開の一齣のなかに伏在する「カントの問題」——認識論の問題を探り出さなければならないのである。

感覚的即直接的、直接的即抽象的という考え方は、ヘーゲルの論述の非常に多くの個所で語られているけれども、そのさい多くは直接的なものが、「最初のもの」という資格で登場していることも見のがせない。それではいったい、われわれの全経験における最初のものとは何であり、それは体系的論述における本性上先なるものと一致するのであろうか。

前章で説いたようにヘーゲルは、カントとともに、われわれの認識の始まりが、感覚にあることを否定していない。「感覚（Emp-findung）のなかには全理性——精神の素材が存在する。あらゆるわれわれの表象、思惟、概念は……われわれの感覚する知性から発展してくる。これは逆の言い方をして、それらが完全な展開（Auslegung）を得たのちには、感覚の単純な形式に集約されるといっても同じである。」(Enzy. §447. Zus., GW10 S. 248) すなわち、われわれの精神生活

★1　ヘーゲルはこうした常識を批判した戯文『抽象的に考えるのは誰か』を残している。殺人犯を美男子と呼ぶ貴婦人と、殺人犯を殺人犯としてしか見ない「抽象的思惟」を対比する。「殺人犯の内には彼が殺人犯であるという抽象以外のなにものも見ないこと、この単純な性質によって彼における他のあらゆる人間的本質を解消してしまうことが、抽象的思惟と呼ばれる。」(SK2 S. 578)

の全体は「外的自然、法的なもの、人倫的なもの、宗教の内容」(ibid.) にいたるまで、感覚の変容なのである。一見したところたんなる経験論の立場を述べているにすぎないかのような、こうした断言を、それだけ切りはなして把えれば、彼の思想を誤解することにもなろう。しかし、経験論の立場と決定的に異なるのは、感覚と悟性との関係の仕方である。感覚を外から受容するものと考え、悟性的概念を内から投与するものと考えて、両者を相互外在的に考える考え方にヘーゲルは反対するのである。カントの言葉「内容なき思考は空虚であり、概念なき直観は盲目である」(B75) を念頭において、ヘーゲルはこう述べている。「感覚から発する精神のある発展は、しかし、あたかも知性は根源的、徹底的に空虚であり、したがってそれゆえに、あらゆる内容を、知性にとってまったく疎遠なものとして、外から受容するかのように解されるのが常である。しかし、これは誤謬である。」(ibid.) しかし、外からの受容を認めないとすれば、最初のもの、根源的に直接的なものとしての感覚そのものの内に、すでに思惟的なものが内蔵されているのでなければならない(次項参照)。

ヘーゲルの経験論に対する批判的態度は、しばしば誤解されているように、根底的な素材としての感覚的経験を否定するような性質のものではない。彼が批判するのは、感覚と思惟を外在的に把える先験哲学と経験論――これは反省的形而上学と直接知とも言いかえられる――に共通する「誤謬」なのである。

かくして、こう言わなくてはならない。「感覚 (Sinn)、経験 (Erfahrung) のうちになかったなにものも思惟 (Denken) のうちにはない、という命題は……もしも、思弁哲学がこの命題を承認しようとしなかったならば、それは誤解とみなされるべきである。しかし思弁哲学は同時にその逆、すなわち、知性のうちになかったなにものも感覚のうちにはない、という命題をも主張するであろう。」(Enzy. §8, SK8 S. 52) われわれの経験において最初のもの、直接的なものにも思惟は内在している。われわれは、ひとまず、直接的即抽象的というヘーゲルの考え方を、感覚的・直接的なものも、そこに内蔵された思惟に即して言えば抽象的である、という意味に解することが許されるであろう。

二　直接的なものの単純性において、感覚と思惟は同一である。

われわれは、経験において直接的とみなされる感覚的なものの内にも、思惟的な契機が存在し、そうした経験の一層面を、その思惟的なものの次元で問題にすることによって、直接的なものが抽象的であるとする立場が可能であることを見てきた。そこでは、「直接性」という概念そのものは「自然的・感覚的」というふうに、いわば一般常識にしたがって考えていた。しかし、この直接性という規定は、思惟そのものには該当しないのであろうか。ヘーゲルには「思惟そのものの直接性」（アプリオリのもの）(unmittelbarkeit des Denken (das Apriorsche)) (Enzy. §12, SK8 S. 57) という言い方がある。すると「直接的」と「抽象的」を、経験を構成する二つの要素にふりあてて考えることには、いささか危険があると言わなくてはならない。しかも、こうした振り分けには、解釈者自身が二つの要素をふたたび外在的にみる立場・反省の立場に立たざるをえないという危険もある。問題は、最初から感覚的なものが同時に思惟的である、とみなされるその同一性の性格にある。たんに「初めから同一である」という直接性に終始するのであれば、哲学史的に批判以前的、哲学的に反省以前的立場を固定することになるであろう。これを同じく固定的な反省の立場からながめて、「感覚的―直接的」そして「思惟的―抽象的」という振り分けをするとき、かんじんの同一性は無規定のままに放置されることになる。

ひとまず、われわれは、最初にある同一性と、それが反省され、批判され、対立に移行したのち、ふたたび回復された同一性とを、ともに規定している「単純性」という概念に目を向けたいと思う。

経験におけるもっとも直接的・始元的な場面として、「感性的確信」を分析し始める『精神現象学』の冒頭の一節をよく見てみよう。こう書かれている。「最初に、または、直接的にわれわれの対象となる知は、それ自身直接的な知、直接的なもの、または、存在するものの知である。そこでわれわれもまた、直接的な、または、受容的な態度をとり、現われてくるままのこの知にいささかの変更も加えず、それを把えるにしても概念的把握を遠ざけなければならない。」(Phän. S. 79, SK3 S. 82) すなわちここでは、まず、現象学を記述する「われわれ」の対象としての現象知が、最初にして直接的であり、つぎに、その現象知が主観としてそれ自身直接的な知であって、そして現象知の対象が直接的なものとしての存在であり、さらに、それを把える「われわれ」も主観として、受容的・直接的な態度をとるのである。「われわれ」と現象知という二つの主観と、それに対応する二つの対象、都合四つのものがすべて「直接的」というありかたをしている。そして現象知という主観の存在と、その対象との両面にわたる弁証法的展開を通じて、現象知が直接性というありかたにおいて把えているものが、真実には媒介された普遍性であることを明らかにするのであるが、対象と主観の両面にわたる弁証法的展開は、同一の形式で行なわれるので、ここでは、いちおう、対象の側の展開を略述し、単純性という規定に光をあててみることにしよう。

第一段階は「純粋存在、または、単純な直接性」(Phän. S.80, SK3 S. 83) と規定される。ここで感性的確信は、単純な直接性としての、これ、ここ、いまといった直観内容に真理があると考えている。しかし、それが真理であるためには、あるまとまりをもった何かとして把えられなければならない。感性的確信は、それを「いま」、「ここ」、「これ」と表現し、真理であることを要求する資格をうる。しかし、このまとまりは、意味内容としては普遍的なもののもつ形相的単純性によってしか成り立たない。「まとまり」とは、なんらかの意味で、そのものがひとつであることを意味する。その「ひとつ」であることを、その質料的意味はさしおいて、ひとまず、存在の形式的条件として確保しておくものが、この「単純性」である。存在にまとまりを与える概念の単純性は、ラーケブリンクの言葉をかりて、これを「意味形態の完結性」(Bernhard Lakebrink: Hegels dialektische Ontologie und die thomische Analektik. 2. Aufl. S. 111) と呼んでよいであろう。

しかし、いま、最初のもっとも直接的な次元において、存在と概念の対立を語ることは「われわれ」にも許されていない。ここではむしろ「存在するものは、その存在において、概念である」(Phän. S. 47, SK3 S. 54f.) と言わなくてはならない。直接性とは、思惟が存在の資格で登場し、存在が単純な純粋存在であるような次元である。このもっとも直接的な次元においては、統一が対立するものの統一であるがゆえに、対立が現われていないという現象知にとっての真理と、統一が対立するものの統一であるがゆえに、統一には対立がはらまれているという「われわれ」にとっての真理とが、直接的に未分化の状態にあると考えなくてはならない[★2]。これが「四つのものの直接性」として述べたことの意味であり、ここでは、すくなくとも、感覚の直接性と思惟の抽象性とを二つの要素に分けて振り当てる必要はない。

しかし、「われわれ」にとっての真理である対立は、現象知自身にとっても現われてくる。存在は「ひとつ」でなければならない。「ひとつ」は概念の単純性によって支えられている。しかし、概念はそれ自身普遍的なものとして、多を内包している。「いま」は、朝であり、昼であり、夜である。単純な (ein-fach) 直接性であるべきものに、多数の「いま」がまつわりついている。

第二段階は「否定的なもの一般、……自己自身を維持するいま」(Phän. S. 81, SK3 S. 84) と規定される。「いま」とは不断にいまでなくなることによって「いま」であるような、いわば脱自的存在である。自己自身でないことによって自己自身であるような存在、「否定的なもの一般」である。しかし、そうすることによって「いま」は「いま」として自己自身を維持している (sich erhalten)。ちょうど踊りの輪が、成員がつぎつぎに出入りすることによって、不断にそれ自身ではなくなりながらも、それ自体としては、ひとつの静止した輪であるように、卑俗な例をあげれば蚊柱が

★2 『精神現象学』(Kim. 74) の直後に書かれた断片 (Kim. 75) に、直接性は単純性と規定されている。「もしも存在が直接性として規定されるとすれば、この規定は〔定立されると〕同様に撤回されねばならない。直接的なものは、同様に絶対的な媒介である。あらゆる存立するものが解消される媒介運動である。なぜならば直接的なものとは……純粋な否定性だからである。換言すれば、直接性は絶対的単純性である。つまり、あらゆる区別された対自存在者の否定である。」(J. R. I. S. 263)

柱であるように、「いま」は「生成かつ消滅」であるようなありかたを通じて、自己を維持している。

この「自己を維持する」という表現には、普遍者における多数性と単一性の両契機を、有機体をモデルにして把えるヘーゲル特有の考え方が現われている。普遍的なものとは、いわば多数性を食べて生きつづける「スペチエス」なのである。たとえば具体的生命に関して言えば「生命は、諸肢体の過程のうちに自己自身を維持する」(Gl-Bd. 9. S. 68, SK9 S. 39) ものである。[★3] しかしそこに持続するスペチエスをそれだけとり出して考えれば、たんなる抽象的普遍性にすぎない。すなわち、外界との交渉関係を含めて自己を維持する具体的普遍性と、外界との交渉関係をもつにもかかわらず自己を維持する抽象的普遍性との、両者にまたがって、「自己を維持する」という表現がなされるのである。「概念は、外化……自己外発出 (Außersichkommen) のなかにあって、それらの統一、観念性として自己自身を維持する。……生命は、自己を顕現せしめた概念である」(Gl-Bd. 9 S. 65, SK9 S. 36f.) と言えば、前者であり、次の用例では、二義性が二義性のままに用いられている。「普遍的なものは、具体的なものの生命である。それは具体的なものに内在し、わずらわされることなく (ungehindert)、その多様性、差異性のなかにあって、自己自身と等しい。それは生成の内に引き裂かれることなく、それ自身によって、汚れなく (ungetrübt) 自己を持続する。そして不変不死の自己維持 (Selbsterhaltung) の力をもっている。」(Log. II. S. 242, SK6 S. 276) 普遍的なものが生命的なものでありながら、多数性への「無関心さ」(Gleichgültigkeit) によって抽象的なものに留まるという二義性は、窮極的には有限なものとしての外的世界を認識するという経験の場面では止揚されえないのであるが、しかし、絶対者との和解に向けて一歩一歩すすんで行く経験の歩みは、そのつど、この二義性を解消して、単純性を回復するような仕方で展開されていく。――ともあれ、直接知の語る「いま」も、「自己を維持する」ものとして、普遍性へと橋渡しされる。

第三の段階は「媒介された単純性、または普遍性」と規定される (Phän. S. 82, SK3 S. 85)。一者に対して対立していた多者を、一者の他者であるがゆえに、一者の他者へと、一者の内側にとり入れることによって、多者の自立性を、一者への対他存在へと没落 (zu Grunde gehen) せしめることによって、多者への対他存在から、一者は自己性を回復する。

すなわち、他者としての多者によって「媒介された単純性」となる。多者は概念の単純性の内にとり入れられることによって、知性化され、普遍者のモメントとなる。こうして、知的統一のなかに透明化されている、一者と多者の区別は、いわば、普遍者の単純性という土俵の中の区別となり、潜在化されて、もはや「区別ではない区別」と化している。普遍者は、他者を自己有化することによって、他者との関係・媒介それ自体は失うことなく「他在において自己の許にある存在」へと高められている。すなわち、生動性を自己の内にはらんだ具体的普遍性である。

第一段階「単純な直接性」においては、四つのものの直接性という始元的、絶対的直接性を地盤にして、思惟が存在の資格で登場していた、ということができるとすれば、第三段階「媒介された単純性」においては、存在が思惟の資格で登場している、ということもできよう。いずれにせよ、単純性（Ein-fach-heit）は、統一（Ein-heit）に対応し、その形式性を表わしている。「知のエレメントにおいては、精神の諸契機は、単純性の形式において展開される。」（Phän. S. 33, SK3 S. 39）感性的存在の直接性が、思惟的に抽象的であるとされるときの、感性と思惟の統一そのものが、思惟の単純性におかれている以上、両者はひとつのものの異なった二面というよりは、端的に「ひとつ」のものなのである。しかし同時にわれわれは、この統一がただちに対立に向けて自己を展開する統一であることも忘れてはならない。

三　絶対化・存在化された単純性が経験の各次元をきざむ

直接的単純性において感覚的存在と思惟は同一であったが、それは、対立に向けて自己を展開していく同一性であ

★3　生命体は非有機的自然との同化・異化過程、すなわち新陳代謝を通じて「自己を維持」する。この同一性の有機体モデルが、同一性一般に適用される。同一性とは本来、意味の単純性なのである。第十章を参照。

った。存在と思惟、直観と概念、多者と一者の対立は、同時にまた、直接性と媒介性、自己存在と対他存在の対立でもあった。この対立は「他者において自己の許にある」媒介された単純性へと止揚されるが、これは、いわば経験の現場にのみ成り立つ生動的・流動的な事態であって、その単純性を単純性のままにとり出してくれば、ふたたび、単純な直接性というありかたに転化せざるをえない。

すなわち、媒介された単純性は、それの含む対立項を総合した新たな概念の成立によってのみ、その単純性をひとつの概念として保証することができるのである。「これ、ここ、いま」と表わされた経験の真理を保つものは、「これ、ここ、いま」ではなく、たとえば「食塩」というような新しい概念である。食塩は物（Ding）として存在の直接性をもつと同時に、それ自身普遍的な多数の性質をもっている。諸性質は、「白い」であれ、「硬い」であれ、「からい」であれ、直接的感覚的経験の結果を、表わす普遍的なものである。こうして「食塩」のなかには、過去の経験がひとつの単純な概念として保有されているのである。しかしわれわれが経験のなかで「食塩」という概念を使用するとき、それはふたたび直接的単純性としての「食塩」なのである。「食塩をとってください」というとき、それによって狙われている、志向されているのは、他との媒介を度外視された、単純な存在、さしあたり、実物としての食塩である。われわれの食塩に関する経験はここからしか始まらないのである。こうして、存在の知性化としての生動的経験内容は、ふたたび存在化され、主観的なものと対象的なものの統一の結果は、ふたたび対象化されている。

こうした直接化・媒介の止揚は（意識が根源的に対象についての意識である以上）経験のあらゆる次元で成立し、これによって、そのつどの第一段階、「単純な直接性」が形成されるのである。もっとも具体的、生動的な精神としての神ですらも、直接性という形式によって、抽象的な存在に転化し、意識に対しては、表象（Vor-stellung）として対象的存在というありかたで現われる場面が成り立つ。なぜならば「概念は……媒介の止揚によって生み出されるものであり、したがって、それ自身直接的な自己関係である。ところが、存在とはまさにこうした自己関係にほかならないのである。」（Enzy. §51. Anm., Gl-Bd. 8. S. 151, SK8 S. 136）すなわち、概念の形成とは、第三段階としての「媒介された単純性」から、媒介を止揚して、それを存在化し、第一段階としての「単純な直接性」に転化することにほかならない。

　こうして形成される直接性★4の領域は、われわれの日常的、自然的意識の領域でもある。「いま」がそのままいまであり、「食塩」が食塩であるような世界——ヘーゲル的な「自同律」の世界——は、また経験科学の世界でもある。物理学者が手にする物は、存在する単純性としての「剛体」であり、また、存在する単純性としての「半導体」である、等々。「剛体」も「半導体」も、経験の結果として形成された、媒介されたものであることは、まちがいない。しかし、それが直接性へと止揚されることによってはじめて、「剛体」なり、「半導体」なりについての経験が成り立つのである。

　直接性の形成とは、かんたんに言えば、媒介の忘却である。「食塩」が食塩であるのは、「食塩」が食塩についての過去の経験を総括したものでありながら、それを括弧に入れて、単純な無時間性としてもつかぎりにおいてなのである。「食塩」によって食塩を志向的に指示することは、そうした「志向的自己忘却」(Iwan Iljin: Die Philosophie Hegels, Bern 1946. S. 65, 54, 420) によって成り立っている。この忘却に対して媒介を想起させる、「意識にもたらすことが哲学の仕事である。」(Gl-Bd. 19. S. 550, SK20 S. 328f.) 自然的意識の世界とは、経験のあらゆる次元に成り立つ概念の直接性だけをつまみとって拾い集めた世界であり、哲学は、概念形成の歴史をたどることによって、それに必然性を与えるのである。

　概念形成の歴史は、同時に、経験が高次化していく過程でもある。すなわち、媒介されたものが、直接性へ止揚されることにより、そこに生まれた存在する単純性を結節点とする新たな経験の配置がつくり出され、この関係における対立項を形成したものをモメントとして自己の内に含むふたたび新たな概念が形成されたとき、ふたたび新たな関係の配置が生まれる……というようにして経験は、段階的に高次化していくのである。この段階をきざんでいくものは、そのつど形成される直接性である。

★4　従来のヘーゲル解釈では、「直接性の止揚」という契機のみが視野に収められており、「媒介の止揚」という契機が無視されてきた。

真相においては、媒介の結果であるものが、意識には、純粋な単純性として現われてくる。概念は、ここにおいてのみ、汚れなき同一性をもつ、すなわち媒介から止揚されることによって、多者との対立から離脱している。「同一性とは、矛盾とは反対に、単純な直接性の規定である。」(Log. II. S. 5) 通常の考え方では、ある観念が抽象的であると論ずるとき、抽象的なものを考察する視点が、反省の立場に立っていることを自覚していない。そして多数性一般との対立におかれ、すでに自己同一性を対他性へと引き渡しているような概念を抽象的と断定するのである。哲学上の立場では、悟性的反省的形而上学の立場と、直接知の立場とがともにそうである。直接知は、概念の直接性を認めることなく、概念を媒介知としてのみ把えることによって、概念を拒けてしまう。悟性の立場も同じく、直接性が概念の単純性、自己同一性に成り立つことを認めることなく、直接知と概念との対立に固執する。ともに両者は反省の立場を固く守って、そのおのおのの立脚点が同一であること、「抽象的思惟(反省的形而上学の形式)と、抽象的直観(直接知の形式)とはまったく同一である」(Enzy. §74) ことを自覚していない。

直接性への転化とは媒介の忘却であり、他者との関係を消滅させることである。すなわち、媒介の内にあるものを、それだけで独立に存在するものとして、つまり「絶対的なものとして (als ab-solut) 定立する」(Enzy. §74) ことなのである。食塩が「食塩」であることによって、食塩は他者との関係のなかに沈潜したありかた (Versinktsein) から切りぬきだされて、絶対化されている。もちろん、直接性の成立は、経験にとって必然的ではあるが、直接性にとどまることは許されない。なぜなら、媒介を失ったものである以上「直接性という形式はまったく抽象的なものとして、いかなる内容に関しても無関心であり、それゆえまさにいかなる内容でもうけいれることができる」(ibid.) からである。したがって、直接性にとどまるかぎり、直接性の真理は保ちえない。ただ、それを概念形成を展開する必然的歩みの一駒へ組みこむことによってのみ、その真理は保たれるのである。

四　そのつど前もって知られたものの直証性が経験に統一を与える。

概念の自己同一性がもつ直接性という規定は、抽象的概念の直証性と考えるならば、よりよく理解されよう。これは、シェリングとともに「同一哲学」を語っていた時期のヘーゲルでは「知的直観」と呼ばれていたものであるが、その独断性を克服すべく、段階的に発展する概念形成の一齣とされることによって、経験の内部に位置づけられたものなのである。それでは、この直接性、直証性は、意識形態としては、どのようなありかたをするものであろうか。

媒介された単純性が、新しい概念の形成によってふたたび単純な直接性に転化するとき、その内容は、すでに経験を通じて知られている、すなわち熟知されている bekannt のでなければならない。「たとえば、私はアメリカについて直接的に知っている」(Gl-Bd. 19. S. 549, SK20. S. 328) というとき、それはアメリカについての見聞の集成なのであり、そこにはコロンブスの発見とか、メイフラワー号とかさまざまな媒介が含まれている。「われわれがいま、直接的に知っていることは無限に多くの媒介の結果なのである。」(ibid.) しかし、新聞紙上で「アメリカ」という概念に出会ったとき、私はそこに多数の知識の集成を思いうかべるのではなく、単純性としての「アメリカ」を了解する。多数の知識は、いつでもとり出せる状態にあるが、それがそのまま意識に現前しているわけではない。すなわち「もっとも複雑な、このうえなく媒介された考察の結果であることがよくわかっているような真理でも、そうした認識に通暁した人には、直接的に彼の意識に現前する。」(Enzy. §66)

直接性とは、つねにそのつど「前もって―知られたもの」(Heidegger: Holzwege. S. 72) として、単純性のままに現前するものであるが、それは過去のものという資格で現前するのではない。過去は、概念の単純性という無時間的なものに止揚されて、過去を総括しつつも、過去性（媒介、形成）を離脱したかたちで、現在的に存在し (präsentieren)、経験に統一をもたらす範例的なものとして未来性をもっている (cf. Bernhard Lakebrink: Der Platonismus und die Hegelsche Metaphysik, in „Dialektik und Dynamik der Person": Festschrift für Robert Heiss zum 60. Geburtstag, 1963. Berlin S. 248.)。経験の歩みは、たしかに時間的なものであるが、そのつど媒介の止揚によって無時間的な概念が形成されるという時間性の中断によってきざまれる段階的な形成なのである。

ここに、ヘーゲルが媒介の止揚によって生まれた「思惟の直接性」を「先験的なもの（das Apriorische）」[★5]とよぶ理由も充分理解できよう。なぜなら、それは「普遍性、思惟の自己の許での存在（Bei-sich-sein）一般であり、この普遍性のうちに思惟が自己充足している」（Enzy. §12）ようなものとして、直証的に了解されるものだからである。この「自己の発展への無関心さを植えつけられた」（ibid.）思惟によって、「経験的諸科学は、現象のもつもろもろの個別的なものを知覚するにとどまらず……普遍的規定、類および法則を発見する。」（ibid.）すなわち、この「先験的なもの」は、諸科学に「本質的な形態」を与え、「必然性を保証する」という役目を果たすのである（ibid.）。

ここにはっきりと示されたように、ヘーゲルの直接性とは、彼の思想のなかに影をおとしたカント的先験性なのである。いま、カントの先験性概念を仮に三つの要素に分解して考えてみよう。第一は、経験にまとまりを与える統一性（Ein-heit）であり、第二は、当該の経験から生まれたものではなく、前もって知られているという先行性（Vor-heit）であり、第三は、経験内容に必然性を与える普遍性（All-heit）である。まず、統一性に関してヘーゲルは、それが諸要素の結合という複合体ではなく、数的一者性をもつ単純性によって保証されるべきだとした。直観と概念の統一もまた概念の単純性にもとづく以上、直観が概念であるような段階として、直接性が確立されなければならない。第二の先行性に関しては、カントでは「あらゆる経験から独立に生ずる」（B3）という意味であるのに対して、すでに述べてきたように、ヘーゲルでは、そのつど先行的なものとすることによって、概念形成の必然性を経験の進行と結合したのである。第三の普遍性については、経験に内在する先験性という立場からして、当然ヘーゲルは概念一般に先験性（統一性と先行性）をみとめるが、その必然性は、概念形成の必然性によるという立場をとる。したがって、経験に内在する概念一般に先験性が成り立つことになる。

ヘーゲルは直接的なものの例として、プラトンのイデア、大陸合理論において唱えられた生具観念、数学上の諸知識をあげている。しかしさらに芸術や技術、常識や人生経験にもそれはおよび、驚くべきことに、身体の運動までも算えあげている[★6] (Enzy. §66, 67)。彼は身体運動のなかにも知的統一が働いていることを洞察しているのである。

こうして、あらゆる意識形態一般に成り立つ直接性としての思惟の介在を、現実的に示しているものは、当然、われわれの言語の内にみられる。「思惟形式は、まず、人間の言語の内に表出され貯えられている。……人間の内面、表象におこるもの、人間化されたすべてのものにおいて、言語が介入している。」(Log. I. S. 10, SK5 S. 20) まさに言語こそ、直接性、先験性をもつ知そのものなのである。したがって「人間が言葉にし、言葉に表わすものは、不明瞭であれ、混合したかたちであれ、明瞭なかたちであれ、いずれにせよカテゴリーを含んでいる。」(ibid.) もちろん言語を有する動物は人間のみである。そして言語の使用は人間のたんに外面的特徴ではない。「論理的なものは、……人間にとって本性的 (natürlich) であって、むしろ人間固有の本性そのものである。……それは人間のあらゆる自然的行為、すなわち、感覚、直観、欲求、欲望、衝動のなかにはいりこんで、それを人間的なものにしている。」(ibid.) すなわち、人間的意識のあらゆる形態が、言語的であり、人間であるということは、その意識の言語性において成り立つものであるといってよい。

★5　a priori はふつう「先天的」と訳される。「先験的」は従来 transzendental の訳語であった。しかし最近では前者は、たんに「アプリオリ」と称され、後者は「超越論的」と訳されることが多い。ヘーゲルはふつう a priori の語を用いない。それゆえここではカントの用語のつもりで用いている。しかし、カントそのままではない。ここでの用法は、「経験にそのつど先行的」という意味ではありえても、「あらゆる経験に先行的」＝「先天的」という意味ではない。それゆえ従来の慣行に背いて「先験的」と訳した。

★6　習熟とは一般に直接性の形成である。同時に、習熟とはすべて身体への刻印である。そしてヘーゲルが右に挙げたものはいずれも「いつ」(何時) とは言えない「想起」である。常識や人生経験や身体運動はたしかにカント的な意味での普遍的必然性はもたない。しかし経験に単純性をもたらす、そのつど先行的な知ではある。

五　意識の二重性を通じて、言語記号は思惟（意味）へと内化・想起される。

直接性とは、媒介の止揚によって形成された概念が、自己同一性において、直証的、先験的なものとして、経験のなかに登場する仕方なのであった。そしてその先験的なものを、純粋性において展開するのが論理学である。しかし、論理学のカテゴリーは、「いつもわれわれが口にする……言語のなかに貯えられている」（Enzy. §24 Zus. 2）のである。それでは、いかにして、さしあたり記号という外的存在のかたちで登場するものが、思惟規定を実現することになるのであろうか。

意識は一般に対象意識である。意識と対象との関係の仕方そのものは、外的物的対象と関係するばあいも、自己自身を対象化して意識するばあいも、またたとえば神といったものを表象において対象とするばあいも、変わりはない。しかし、意識とは「一面では対象の意識」であり、かつ他面で自己自身の意識（Phän. S. 72）である。意識は対象と直接に関係する。しかし同時に対象から自己を区別してもいる。意識が（媒介の止揚、先験的なもの、時間性の中断として）単純なものであるかぎりで、意識は対象から自己を区別するが、それはまた同時に、意識が対象と直接に関係するかぎりにおいてなのである。「意識の立場においては、対象的事物は、自己自身との対立において、自己自身については、対象的事物との対立において知られる。」（Phän. S. 25）

われわれが言語記号を対象として意識するばあいも、この関係は同じである。問題は、あくまで外的物的存在としての言語記号が、意味という内在的なものに転化されながら、転化そのものは意識されることなく忘却されているという事態が、いかにして生ずるのか、ということである。

まず、意識に関して、それが言葉を理解できる状態にあることは当然前提されている。もちろん、たんに言語のみならず「プラトン的想起にしてからすでに、本質的に教育すなわち発達が必要である。」(Enzy. §67, SK8 S. 157) しかし、そうした発達、媒介は「即自的に人間のうちにあるもの」(ibid.) として、いまや、言語の理解は、直接的な再生としての記憶にもとづいている。つぎに、対象に関しては、音声にせよ文字にせよ、それが外的な物理的存在であって、しかも相互に区別される部分からなる非連続的な (discrete) 存在であることは前提されている。

意識は――物体的記号がなければ形の定まらないたんなる能力にすぎないであろうが――外的存在としての記号を対象とすることによって、自己を対象から区別する。こうして、思惟的なものを対象化する地盤が導入されるのであり、また、物的存在の規定性によって、思惟の規定性が導入される。すなわち、物的記号という「この定在はわれわれの思想にとって絶対的に必要である。われわれがわれわれの思想について知るのは〔対象性の要求〕――そしてまた、規定された現実的な思想をもつのは〔規定性の要求〕、われわれが思想に対象性の形式、われわれの内面性からの区別という形式――したがって、外面性の形態を与えるかぎりにおいてなのである。」(Enzy. §463 Zus., SK10 S. 280)

さて、記号としての対象は、分節されたものとして存在する。すなわち、単純な部分に明晰に区別されるということ、対象性の内に単純性が与えられているということである。しかし、その単純性を開示するのは意識である。意識は対象と関係することによって、対象から自己を区別した単純性として、対象の単純性を開示する。分節されるべき記号とは、内面化されることを求めている外面性である。記号を読むことにおいて、意識は、記号の分節を開示しつつ、自己自身を単純な内面性へと規定する。記号は「同時に最高の内面性の彫印を帯びた外面性である。そのような外面性はただ分節された音、すなわち言葉 (Wort) あるのみである。」(ibid.)

分節が開示されて、たとえば「これはライオンである」と読むとき「その名辞は当のものとみなされる (der Name gilt für die Sache.)」(Gl-Bd. 3. S. 211, Prop. §159, SK4S. 52)。意識は記号「ライオン」から自己を区別した単純性であるが、そのことは、当の意識にとっては、単純なものを物的対象性の資格において存在させることである。熟知されたものとして意識の内部にあるものを、外部として意識することによって、外的なものとしての名前は、内部にある外的なものへと内化されている。「知性内での内容の実在（Existenz）〔外化存在〕としての名前は、知性のなかにある知性自身の外面性である。そして知性自身によって作り出された直観としての名前を内化（Erinnerung）することは、同時に、疎外化（Entäußerung）することであって、知性はこの疎外化において自己自身を定立する。」（Gl-Bd. 10. S. 353, Enzy. §462, SK10 S. 278）しかし、それは当の自然意識にとっては、あくまで外面性を失わないという意味で、「当のもの」（Sache）なのである。（『精神現象学』の「理性」の章にある「事そのもの（Sache selbst）」を考え合わせられたい。）意識は再生的記憶として「名前のなかに当のものを認識し、当のものとともに名前を認識する。」（ibid.）

この「当のもの」とは、もちろんさしあたり実物のライオンと直観をいっているのではない。またすでに単純性へと透明化されている以上、心像（Bild）でもない。それは対象性と単純性をともにもつところの表象、観念である。「言語は直接的な定在における感性界の抹殺であり、またそれを止揚して、あらゆる表象的存在の内に反響する呼びかけであるような定在にする。」（Gl-Bd. 3. ibid., SK4 S. 52）すなわち、記号が観念へ内化されることにより、観念は他のあらゆる観念相互の連関のなかにおかれている。かくして「われわれが名前を了解するということにおいて、名前は、心像なき単純な観念（表象）である。われわれが思惟するのは名前においてである。」（Gl-Bd. 10. ibid., SK10 S. 278）

内面化が完成し「意味と名前の区別が廃棄された」（Gl-Bd. 10. S. 356, SK10 S. 281）とき、言語意識としての「記憶……は思想の活動に移行し、もはや〔名前に対立するものとしての〕意味をもたない。すなわち客観性から、主観的なものは区別されたものではない。」（Gl-Bd. 10. S. 357f., SK10 S. 281）すなわち言語意識は思惟へと止揚されるのである。その思惟が、われわれがふつう「意味」とよぶものにまったく等しいということは、いままでの論述から充分に納得できることであると思う。

六　言語は思惟の定在である。

こうしてわれわれは思惟という境位に達した。いうまでもなく思惟は一般にヘーゲルの思想世界では、世界に内在するヌースとも言われるもので、彼を「観念主義」と断罪するものに格好の証拠を提供している。しかし、ここに思惟、事象（Sache）、意味として語られるものが「知性の産物すなわち思想が事象であり、主観的なものと客観的なものとの単純な統一」（Enzy. §465, Gl-Bd. 10. S. 359, SK10 S. 283）であることを忘れるべきではない。すなわち「外的存在」でも、またカント的意味で思惟の内発性に由来する「普遍性、必然性」でもなく、「思惟された存在者の即自」（Gl-Bd. 8. S. 127, SK8 S. 216）を表わすものなのである。

ここに統一されているもの、それはまず第一に認識論的な主観と客観の統一である。すなわち、存在の一者性が、カテゴリーの単純性によって保証されると同時に、カテゴリーのいわゆる観念性が、存在の実在性によって止揚されているのである。統一は複合態としての結合ではない。単純態としての数的一者性である。こうして、主観と客観の結合をふたたび主観的なものに求める認識論的主観主義を克服しているのである。

第二にそれは意識自身の統一である。意識は対象についての知であることによって自己自身の知であるという根源的二重性を負わされている。この二重性、真と知の対立はカテゴリーの単純性に止揚される。カントとともにヘーゲルも、自己意識の自同性を、カテゴリーによる経験の統一と連関させているが、それは自己意識の同一性から経験の統一が生ずるということではなく、カテゴリーの形成において自己意識の分裂が克服されるということである。（『精神現象学』において、分裂した「自己意識」が理性の統一に移行した最初の場面が「カテゴリー」であったことを考え合わせられたい。）

第三に、この統一は論理的なもの自身のもつ諸契機の統一である。認識論的に感性と悟性、意識存在における対象と自己（真と知）は、論理的なものとしては、多数性の契機と一者性の契機にほかならないからである。このように、論理的カテゴリーの諸契機が同時に二重性としての意識の契機であることによって、経験の運動全体を通じて、カテゴリーは経験に内在し、そのつど経験の達成する認識論的真理を実現しつつ生成するのである。そのつど生成するカテゴリーは、経験の無時間化されたものとして、先験的なものであり、また意識にとっては、新しい概念の生成は、「新しい対象の生成」(Phän. S. 74) である。それは、形成されたものが直接性というありかたをすることによって、概念が存在の資格で登場するからにほかならない。

この先験性が言語の先験性として把えられることをわれわれはみてきた。ヘーゲルの弁証法が言語哲学としていかなる意義をもつか、さしあたり次の三点を指摘しておきたい。

第一にそれは、本来普遍的かつ先験的なものとしての言語が、存在の資格で登場する場面を確保したということである。ごくありふれた存在に関して、言葉は存在の住家である。言葉の使用とは、直接性における思惟であり、それが一方では媒介の止揚として、他方では反省以前の統一として、存在と思惟の同一を実現する。これはある意味では実在論の立場を保証するものといってよいが、しかし、そこにとどまることのできない展開の一段階としての実在論である。

第二に直接性が、反省と対立の次元へと自己の真理を展開することによって、言語の意味を、一般に一者と多者の外在的関係として把える通常の反省的、悟性的、形式的論理学の成立する場面を保証すると同時にそれを批判的に照明する可能性がえられるということも、充分うかがいえたと思う。この点については第一〇章でふたたび論ずることにする。

第三は、思惟を経験に内在せしめることによって先験性そのものに生成を与えたということである。これによって、言語を獲得された習慣とか、約束の体系とか、総じて経験主義的に把える言語観と、言語をイデア的、規範的な生成なき先験性と把える総じて合理主義的な言語観とを統一、総合する立場を確立しているということである。

ヘーゲルの思想の枠組のなかで、直接性とは、われわれにとってほとんど自明な感覚的事物のもつ不透明さのことではない。この枠組のなかでは、じつは意識の彼方に自存する不動の対象という、われわれにとって親しい前提もない。「新しい真なる対象が生成する。」対象もまた生成を負っている。ここには、自存する対象との一致を真とみなす、われわれに親しいもうひとつの前提も存在を許されないかのごとくである。それなら、われわれは、どうして「真理」ということを語りうるのだろう。

第九章　真理と存在

今日われわれは真なる存在は何かと問うことと、真なる観念は何かと問うことを、ひとつのこととみなしてはいない。「真」という概念は、存在論と知識論とに分かたれている。これは少なくとも、真なる観念、つまり思想の真理性の追求が、真なる存在、つまり、存在の意味の追求と独立になされうるという想定を意味していよう。しかし、かつて、移ろうもの、死すべきものに対して、永遠なるもの、不死なるものが、すなわち、「あり、または、あらぬもの」に対して、「ありて、あるもの」が対置されたとき、真という概念は、存在という概念を基にして考えられていた。「一般にこの地上の事物がつねに転化しており、けっして自己同一にとどまっていないように見えるというこの現象をもとにして、真理について判定を下すということは不都合である。なぜなら真実を追い求めるには、永遠に自己と同一を得ていてけっして転化することのない事物から出発すべきで……あるから。」（アリストテレス『形而上学』1063a 出隆訳）

ここにはまだ例の存在論的証明にまつわる問題は生じていなかった。「真なる存在」はそれが「真なる存在」であるがゆえにあるのか、それとも、それ以外の理由であるのか。問われた存在はもはや当初の自明なる存在ではない。それは存在からカッコでへだてられ、「存在」という観念の資格で問題にされている。いかなる存在も問われることによって「存在」という不在者に変容するとしたら、「偽とか真とかいうのは、たとえば善は真であるとか、悪はただちに偽であるとかいうように事態そのものの内に存することではなくて、ただ思想《ディアノイア》のうちにあることにすぎない」（1027b）という、いわば第二の真理観、つまり観念の真理を問う立場も不可欠である。

しかし、ここでも存在の問題から離れることはできなかった。アリストテレスは、概括的に言えば、存在と非存在、真と偽、肯定と否定とがそれぞれ第三者を排して二元性をなすことに自己の真理観を設定していた（1006b その他）。矛盾律、同一律等が立てられるのもこの文脈においてである。彼は、この点の論述においてしばしば論拠としてある言明の意味とその否定が同一でありえないことを語っているが、それは、存在と非存在、真と偽、肯定と否定との対応関係そのものは疑うべくもないことだったからにちがいない。彼に真と存在との関係を問いただせば、「永遠なる存在者の原理は、それ自身つねにもっとも真なるものである」（993b）と答えたであろう。

たとえば「存在するものを存在しないと言い、存在しないものを存在するというのは偽であり、存在するものを存在すると言い、存在しないものを存在しないというは真である」（1011 b）というとき、言明の真偽に先立って、事物の存否は自明であったのであろう。真偽が吟味の問題であるとき、前もって真であると判明しているものがある。先立つ真理と決論される真理がある。デカルトの言うように、基になるものは単純でなければならない。しかし、真理を定義するばあい、何が先立つ真理かによって定義する仕方と、いかなるものが真であると決論されるかによって定義する仕方とがある。これを「規定的真理概念」と「反省的真理概念」と呼んでもよいであろう。明晰判明知の規則は、要素的で規定的な真理概念である。真理を検証手段の集合で定義すれば、それは複合的で反省的な真理概念である。「実践によって検証された判断は真である」とか「何人も承認すべき普遍妥当性をもつ知識は真である」とかいうのはいずれも、後者である。

それなら——と合理主義者なら誰でもいうであろう——もっとも単純で要素的な真理概念から出発しようではないか。ところが、「何をもって学の始元とすべきか」を定める、より上級の真理概念をここで持ち出すことはできない。「そこにはただ恣意ともみられうる決断があるのみ」（Log. I. S. 54, SK5 S. 43）なのである。「始元はなにものをも前提できない。なにものにも媒介されず、根拠をもつはずがない」（ibid.）のである。いかなる真理概念も、それが根本的であると宣言されるや否や「一方のそっけない断言が他方のやはりそっけない断言とまったく同等に妥当する。」（Phän. S.

(66) 複数の真理概念が並立する知的世界は、価値原理の並立する世界と同じく、「神々の争い」の場面であり、真理概念の相対主義こそ知における窮極の相対主義である。

自らの立てる真理概念を派生的であるとわざわざ宣言する哲学者はいないが、幸いにして自らの真理概念が派生的か基本的かを問うことなく多くの真理概念は語られている。しかしこれはいったん出されるや、もはや避けることができなくなる奇妙な問いなのである。

ドイツ観念論の思想家たちはこの「根本的な真理概念は何か」という問いを正面から受けとめた。問題の所在を告げたのはラインホルトとヤコービという、その歴史のなかでは傍系的に扱われることの多い人物であるが、フィヒテ、シェリングを受けてヘーゲルが、知の窮極の相対主義にたいして挑んだ巨人的な闘いの跡は、彼の弁証法の形成と原理を示すであろう。そのさい、彼らが包括すべく見込んでいたものは次の三つの基本的な真理概念であるが、そこにひるがえって彼らの闘いの今日的なアスペクトを見ることもできると思う。

一 対応説、明証説、斉合説と真理概念の一義性

経験を構成する三つの要素、すなわち、存在とロゴスと意識に関して三つの代表的な真理概念がある。存在に関して対応説、ロゴスに関して斉合説、意識に関して明証説である。これらはいずれも疑いを容れない真理として語られる命題や観念を拠りどころに、他の真理を規定するものとみなされている。

対応説は、存在の不可疑性に立脚し、つねに真理問題の中心的なテーマをなしているが、意地の悪い「専門」の哲学者の手にかかるとたちまちに「論駁」されてしまう。細部を略して「反駁と答弁」の例を挙げておく。

観念（表象）と実在との一致が真であるとした場合、

（1）元来、直接に実在的でない観念内容については、その一致をたしかめる手段がない。たとえば、過去や未来の事柄、数学上の命題、一般に高次の抽象的判断、ばあいによっては否定判断がそうである。（こうした不都合を避けるべく、実在の概念を拡張して、「事柄」とか「志向対象」とか呼ぶ。拡張された実在が、それについての観念と独立に規定されるとすると、この拡張された実在にも同じ問題はむしかえされよう。そこで知的世界の全体を実物的事実に根ざした原子命題――ヘーゲルなら「質的判断」というであろう――という象形文字と、それのトートロジーによる「複合観念」として描き出す。この知的世界を三角形に描くなら、問題は底辺に残される。ここでは底辺に知と存在との「根源的同一性」をおく権利も留保されよう。）

（2）あらかじめ、何が実在であるかを知っていなければ、一致をたしかめることができない。ゆえに循環論法におちいる。Iここに本があるというのは真である。IIここに本があるときに、ここに本があるというのは真である。IIIここに本があるというのが真であるとき、ここに本があるというのは真である。（この不都合をさけるためには高次言語を導入しなければならない。それによって実在の次元におかれた内容と、それについての言明を、次元の異なる言語系に射映することになる。ここでは、対象言語と高次言語がひとつになるような次元を設定して、せっかくの階型を崩壊せしめるという挙に出ないかぎり、無限背進はさけられない。無限の梯子のどこに滞留するかは、「習慣と信念」によってというか、「恣意ともみられうる決断」によって「真理は主体的である」というか、「自由」であろう。）

（3）われわれにとってあるところのものはすべて表象である。表象と表象の比較によって、表象と実在との一致を確認できないのは自明である。もし、可能とすれば、存在論的に異質な表象と実在のあいだに第三の共通者を想定せざるをえないが、これも無限背進を生む。（ここでI表象と実在とのあいだの写像関係が論理であるとしよう。IIさらに写像関係の無限性に存在というものの意味があると考えることもできる。しかしIII存在と知の一致が真であるとすれば、この無限性は、悪無限ではなく「真無限」でなければならない。「主観性と客観性という形式の対立は、もちろん有限的なものである。」(Log. I. S. 146, SK5 S. 173) ちょうど微分点で直線と曲線が一致するように、「真無限は……実在性であり、……観念的なものがそこに契機として存する。」(Log. I. S. 139, SK5 S. 164) 観念性と実在性がこのように一致するのであれば、「むしろ困難はその分離に関するもの」(Log. I. S. 144) となろう。)

しかし、こうした批判 (cf. ME. Kap 6-d.) によって対応説の問題に片がつくわけではない。もし、吟味することが、観念の実在性を求めることであるとすれば、問いそのものがパラドクシカルである。対応説というかたちでの真理概念の表現はさけられても、その含むところのものはさけられないのである。

しかし問いの求めているものはそれだけではない。真理とは、かくかくの実在性Xであるとしよう。しかし、Xであることはいかにして確実性をうるであろう。デカルトは、疑うということを確実性の追求という意味に解して、何かの確実性を求めるかぎり、その確実性を求める疑う存在者の存在は確実であるとした。すなわち、確実性を求めるものと求められたものとの同一性が成り立つ。ここに明証説の拠りどころがある。(しかし、コギトの明証性が、確証するものとされるものの同一性にあるとすれば、この明証性はかかる同一性の成り立たないものに拡張することができない。コギトには窓がない。この同一性そのものを先験的なカテゴリーとして、そこから他のあらゆるカテゴリーを演繹しようとする試みはフィヒテによって始められた。ところで生具観念の存否をめぐってデカルトとロックのあいだに対立があった。興味深いことにヘーゲルは「イデーの成立」を求める「ロックによってきり開かれた道は、まったく正しい。しかし、弁証法的ではなかった」(Gl-Bd. 19. S. 424, SK20. S. 209) という。そのうえで彼は先験的なカテゴリーの成立を「論理学」に樹立しようと試みた。)

いま、吟味が問いただしているものは、判断、命題、観念、情報、思想等々、何と呼んでもよい、虚偽の可能性をもったものである。問われているものは、虚偽の可能性をもつがゆえに真であることの要求を掲げる。要求は誰でもいい誰かに向けられている。つまり、それは文字、声、信号の何であれ、伝達されうる表現でなければならない。矛盾律に反した表現は、真偽を問いただすことができない。真偽を二値的とし、ある表現とその否定が、アリストテレスのいうように対応するとしたら、つまり、Pと$\bar{P}$が、TFとFTにしか対応しないなら、Pでありかつ$\bar{P}$である表現はFとTのいずれにも対応しない。しかし、これはFとTの決定方法を語っているわけではない。二値的であろうと三値的であろうと一般にそうである。「論理学は真偽の区別が成り立つという確信とともに、はじめて開始される。」(G. Frege: Schriften zur Logik u. Sprachphil. Meiner. S. 24) 斉合説の真理概念が二値性による否定記号の定義を意味するなら、矛盾律に反した表現は、もし別のところで真偽の決定がなされえたとしても、その表現については決定不能であることを示している。したがって、斉合説は、真理決定の資格にかかわるものとして、他の真理概念と同列におくことはできない。また、それゆえにこそ、真偽の広義での経験的決定に先立つアプリオリティを主張し、知のア・プリオリの同一性という不可欠の知の理念を生み出したのである。

複数の真理概念の並立という問題は、すでにライプニッツの「理性真理」と「事実真理」の問題として出されていた。カントのいう「分析性と綜合性」というかたちで、この問題を受けとめたドイツ観念論の思想家たちは、おそらくライプニッツとは反対に、明証説の求める知の確実性の内に対応説の求める知の実在性を内在化させ、斉合説の求める知のア・プリオリの同一性を、非形式化し、ア・プリオリの綜合判断の体系化に向かった。

フィヒテは「すべての真理は、ただひとつの原理から導き出すことができる」(F-Gesam. I. 3. 59) と語り、シェリングは次のように言う。「知のあらゆる命題の真理が、絶対的に同一であることは、もし諸命題がその真理を異なった諸原理から取り出してくるのであれば不可能であるから、あらゆる知においてただひとつの原理が存在しなければならない。」(Tra. I. 22) フィヒテの『知識学』、シェリングの『先験的観念論の体系』、ヘーゲルの『精神現象学』はいずれも知識哲学の体系をめざすものであったが、そこに彼らが求めたものは、真理概念の一義性と、真理の全体性であったといえよう。彼らはそのために、それ自体は証明すべからざる根本原理から発して、真理の全体を総括しようとした。しかるに、知の真理性を追求するこの試みは、じつにそのすべてが真なる存在に帰着するという結果(ヘーゲル)を生み出したのである。

彼らの試みは今日、失敗したものとみなされている。「体系」を語ることは、記号論理学の公理系をのぞけば、むしろ哲学者としての節度に欠けることとさえ思われている。ニーチェの言に曰く、「体系への意志は誠実の欠如である。」そしてドイツ観念論の崩壊のあとに生まれた今日の哲学に真理概念の一義性を求めることはできない。対応説に依拠する唯物論、明証説の現象学、斉合説をとる分析哲学は、それぞれ自分の仕事にいそしんでいる。もしも真理の「一にして全」であることを求めることが本来の愛知の営みであるならば、われわれはあらためて、彼らの尊大にして奇怪なる、性急にして煩瑣なる「体系」の意味を問うべきであろう。しかし、そのさい「体系」は知識の外延的集合であることを要しない。体系をなす根本の発想、いわば大文字のジステームに代わって、小文字のシステムであればよい (cf. Klaus Harlander: Absolute Subjektivität u. Kategoriale Anschauung. S. 1f.)。そこにたとえ真なる根本原理を見出すことができなかったとしても、少なくともこれら真理概念の相互関係は見出しうるであろう。われわれにとって必要なことは、さしあたり、そこにひとつの問題の圏を見出すことである。さて、その問題の圏は、ほとんど一挙にしてフィヒテによって創られたのである。N・ハルトマンは、こう述べている。「この思想上の創始者はフィヒテひとりである。シェリング〔『先験的観念論の体系』の著者としての〕は、しかしそれに透明で確定的な定式化を与えたのであった。」(ME. Kap 16-c S. 148) そこで、われわれはフィヒテの知識学におけるその初発のものを探り、さらにその定式的表現としてのシェリングを精査して、それがヘーゲルに継がれることを見とどけたいと思う。

ところで、そのフィヒテにとって、真理の問題は、今日のわれわれにはどうしても奇異にひびかざるをえないような不思議な情熱の対象なのであった。

二　根本原理による真理概念の綜合――フィヒテ

フィヒテはじつにいくたびとなく「真理愛」ということを語っている (F-Gesam. I 1. S. 175, 205, 208, 293, I 2. S. 145f., I 3. S. 90, II 2. S. 152f., 156ff., 189, 192, 206, 231, 239, II 3. S. 233f., 246, 338, III 2. S. 72, 279, 307, etc.)。真理は彼にとって「人間の使命」に、彼の実存に関わる事柄であった。「理論的な真理を、それが真理であるという理由で愛する、自由で私利をはなれた愛は、心術の倫理的純粋性へのもっとも実り豊かな備えである」(F-Gesam. II. S. 175. cf. 205)。この真理愛はしばしば熱情的な表現となってもあらわれる。「私は真理に証しをなすために召されている〔cf. ヨハネ伝18-37〕。私の生命も運命も何するものぞ。私は真理の司祭、真理の兵士なのである。」(F-Gesam. I. 3. S. 58) 真理の追求は人間存在の本性であり、「いかなる人も真理を追求する平等の権利を有する」(F-Gesam. I. 1. S. 233) という観点から、彼は激しく「思想の自由」を求めて闘いもした。理論と実践の真理、すなわち「真理と正義に従うことによりほかに人間を尊厳にするものはなにもない。」(F-Gesam. I. 1. S. 190) 真理は彼の哲学的な信仰の対象といってもよいものであった。真理について語るよりは真理愛について語ることの多かったフィヒテは、哲学から「愛知」の名を捨てさせようとした (Phän. S. 12) ヘーゲルと対照的である。

彼は「真理」そのものを、まずさしあたり――そしてじつは根源的に――対応説にしたがって「対象と表象の一致」として考えていた。「事物についてのわれわれの表象が、事物そのものに一致するとき、……われわれの認識には真理があり、この真理の反対は誤謬である。」(F-Gesam. II 2. S. 151)

ここからは周知のように、カントの言い方をすれば「認識が対象に従う」(B. XVI) のか否か、つまり実在論か、観念論かという問題が生ずる。この両者の関係はいろいろに語られる。「従う」という言葉をうけてカントは、認識は対象の「生徒」か、対象に証言を求める「裁判官」か (B. XIII) ともいい、両者の「コペルニクス的転回」というときは、どちらが中心か、どちらが不動のものか、という意味になろう。意識の「外の」実在をみとめるか否か、という人もいる。ところで、これらの表現はすべて比喩としての意味しかもたない。プラトン以来、主観と客観について語られたことの大半が「おとぎ話」である。ヘーゲルはこう語っている。「客観的なものだとか、主観的なものだとか……の語の意味が、一般に周知のもの (allgemein bekannt) として前提されているが……これらの意味が一般に周知だとか、誰でもそうした概念をもっているとか言いふらすのは、むしろこれらの概念を与えるという肝心の問題を省略するつもりとしか思われない。」(Phän. S. 65f., SK3 S. 71)

主客間の区別の成立そのものが解き明かされなければならないのである。フィヒテは、それをこう述べている。「経験 (Erfahrung) において、物……と認識すべき知性とは不可分に結ばれている。哲学者は両者の一方を抽象することができる。前者を抽象（捨象）すれば、知性自体がえられる。……後者を抽象（捨象）すれば物自体がえられる。……第一の手続きは観念論であり、第二のは独断論〔実在論〕である。」(F-Werke, I. S. 425f.) 哲学は知の知、すなわち「知識学」である。観念論と実在論とは、知の知の問題であり、知、すなわち経験の問題ではない。経験そのものにおいては、つまり、「通常の意識の観点においては、ただ客体のみが存在し、概念は存在しない。概念は対象に消失し、それと一体化している。」(F-Gesam. I 3. S. 316) 知識学の対象となる現象知のこうした性格づけは、シェリングにも、ヘーゲルにも共通である。ヘーゲルのいう「直接性」が、主として「経験における概念と対象の一体化」という事柄を指していたことは、前章で見たごとくである。ドイツ観念論はある意味では、パロールの実相を把えている (cf. Enzy. §160. Zus.; Gadamer, Hegels Dialektik. S. 65)。

観念論と実在論との対立は、哲学としての知に特有な「経験の説明根拠」(F-Werke, I. S. 425) をめぐる「根本原理に関する争い」である。しかし、それは、真に根本の原理であろうとするかぎりで、もはやなにものからも導かれない「始元」である。観念論と実在論（独断論）の「両体系はいずれも対立する体系を直接反駁することができない。」(ibid., 429) 当然それはもはや「理性根拠」の問題ではない。「観念論者と独断論者の相異の窮極の根拠は、それゆえ関心の相異である。」(ibid., 433) 関心、いわば実存の問題である。人が「自己の自由と絶対的な自立の性感情」を有しているか、それとも「自己自身を物の表象の内に見出しているか」(ibid.) のちがいなのである。ここに彼の言としてもっとも著名な例の言葉が揚げられる。「人がいかなる哲学を選ぶかは、彼がいかなる人間であるかに係わる。」(ibid. 434) つまり、この言葉は、哲学にはおのずと人柄が現われるという世間知を述べたものではなく、原理の不可通約性を基にして、観念論と実在論との対立を、自由と必然との世界観の対立におきかえる知識論的規定なのである。「真理の兵士」であるとともに、宗教上、政治上の自由の使徒でもあったフィヒテにとって、観念論を選ぶことは、人間の使命の問題でもあったであろう。

ひとはフィヒテに、物と知性とが不可分に結ばれている「経験」をこそ原理化して、両者の対立を超えようというかもしれない。しかしフィヒテにとって、観念論は選ばれるべき当為であった。こうして観念論に自覚的に立ったとき、真理概念としての対応説は否定され (F-Gesam. I 4. S. 236, I 3. S. 254)、主観と客観との認識論的区別は知性内の区別におきかえられる。「知性の内には……二重の系列がある。存在することと見ること、実在的なものと観念的なものとの系列である。この二重のものの不可分性に知性の本質が成り立つ（知性は綜合的である）。」(F-Werke, I. S. 436) ここで「綜合的」とは知の実在性すなわち、知性内に投影された対応説的な真理性をさすことになる。

こうした前提のもとに例の根本原則が提示されるわけであるが、それらはすでに周知のものとして、いまはその初発の姿を見ておくことにしよう。シュルツェ (Aenesidemus-Schulze) への批評（一七九二年著、九四年刊）で彼は次のように述べている。「カントのあとラインホルトは、哲学全体は、唯一の根本原理に帰着させられねばならない、この礎石を見出すまでは人間精神の継続的な行為様式の体系は見出されないということを、哲学に注目せしめて不滅の功績をなした。彼によってかくも名声高く切り拓かれた道をさらに遡行してもし将来次のことが発見されるならば、すなわち、

（1）直接的にもっとも確実なる我あり (Ich bin) が、また自我にとってのみ妥当すること。

（2）すべての非我はただ自我にたいしてのみ存在すること。

（3）非我はその存在のあらゆる規定を、ア・プリオリに、ただ自我への関係を通じてのみ得るということ。

（4）そのア・プリオリの認識が可能であるかぎりにおいて、しかし、こうしたあらゆる規定が、非我一般への関係のたんなる制約を通じて、端的に必然的に生ずること。もしこれらのことが発見されるならば、そこから次のことが生じてこよう。すなわち、

（5）物自体は、それが自我と対立しない非我とみなされるかぎり、自己矛盾すること〔文意はきわめて多義的だが、要するに非我は対他存在であって自体存在ではないということであろう〕。

（6）物は実際に、またそれ自体、あらゆる思惟可能の知的自我、すなわち、同一律と矛盾律にしたがって思考する存在者によって考えられるべきであるがままに、そのようになっている（so beschaffen）こと。

（7）それゆえ論理的知性は、有限な知性に考えうるあらゆる知性にとって（für jede der endlichen Intelligenz denkbare Intelligenz）同時に実在的でもあること。

（8）この知性以外にはなにもないこと（daß es keine andere gebe als jene）」。(F-Gesam. I 2. S. 62)

すなわち、ここでは「我あり」の明証的真理（1）を基に、自我と非我との対応説的真理が成り立ち（3、4、6）、そこになおかつ同一律、矛盾律の斉合説的真理性（6、7）が成立して、それが全体として観念論をなす（2、5、8）という構想が語られているのである。論理的知性が実在的である、つまり綜合的である、ということは、分析性が純粋な分析性としてではなく、綜合性へと非形式化されることを意味する。この考えは、あながちカントからの逸脱ではない。むしろ「ア・プリオリの綜合判断」という考え方そのものに内在する「矛盾」が露呈しつつあるとも考えられる。当然、ここにはすでに弁証法の論理が芽生えているというべきであろう。

同一律の形式性を彼は、A＝Aという形式においても、Aの定立それ自体は綜合的であるという点からつき崩していく。A＝Aはまず「Aが定立されていれば、Aは定立されている」(F-Gesam. I 2. S. 139) におきかえられる。ところが、「定立—被定立」の関係は自我によってのみ可能である。「それゆえA＝Aという命題は、根源的にただ自我にとってのみ妥当する」(ibid., 140) すなわち自我の自己定立、自我＝自我に還元される。自我の定立において自我は能動的で

ある。「それが定立されているがゆえに定立されているのではなく、それ自身が定立するものであるがゆえに定立されている」(ibid., 165) つまり、Aの定立とは、Aの全内容を「A」という否定的統一の内に綜合する意識作用のことであるとして、「……である」を「……を立てる」へと他動詞化し、しかもそれを「定立―被定立」という意識の志向性における内在的関係に基礎づけたのである。しかし、ヘーゲルの眼で見ればこの関係はけっして単純な同一関係ではない。対立者の同一という関係なのである。フィヒテ、シェリングは、あくまで自我＝自我と同一律との一致を確信していた。シェリングは、自我の矛盾、対立物の同一を語りながら、それでもなお、同一律との同等を信じつづけた。そのシェリングを見て、ヘーゲルは、当然それがもはや単純な同一関係ではないことを洞察し、単純な同一性の論理と、対立物の同一性の論理とを区別した。

当然フィヒテは自我そのものにおける対立の契機を充分自覚的に把えることはできなかった。自我の内在的対立という観点から、知識学の根本原理そのものを把え直したのは、シェリングである。そしてそのシェリングの内に自我の弁証法がかたちづくられるのである。

三　知そのものにおける同一性――シェリング

シェリングは、フィヒテの自我哲学にはその方法論的前提からして把えきれないものがあることを直観していた。彼は、それとして語れないまでも、「存在」の意味に確実に触れる体験から出発して、知の彼岸にあるものを自我の岸辺で把えるのではなく、自然と自我とが交響する世界の、その「すべてが自我である」と宣することによって、「自我がすべてである」と断言するフィヒテの立場に自己を対置しようとした。彼の思想的変転には一貫して、存在の重視、本質ならざる実在への凝視がある。それはフィヒテふうの言葉で書かれた初期の著作にも感じられる。彼は、この点でヘーゲルよりもわれわれに近い。われわれは彼と同じ体験を共有しているかもしれぬ。つまり、どんなにしても存在はわれわれにとって自明であるという体験である。われわれは何かを実在するとすでに知っているかぎりでしか、あるものの実在を問うことができない。存在するすべてのものが非実在ではないかと問うことは、「存在」に関して無意味である。トマスが言うように「われわれの知性がまずもっともよく知られたものとして把える……ものは存在である。」もちろん、ここから実在論が決論されるとは限らない。言えることはただ、存在が自明であること、われわれはすでにそれと問いただすこともなく存在了解をもっているということだけである。しかし、それを説明しようとすれば「途方にくれる」よりほかはない。

シェリングの問いも、確実に存在の意味にふれる地点から発されている。「知そのものにおいては……客観的なものと主観的なものとは……合一している。……ところがこの同一性を説明しようとすると、私はもうこの同一性を廃棄してしまっているよりほかはない。」(Tra. I. S. 7 同種の表現として cf. Sch-Werke, SK1 S. 665f.) たしかにこれは先にフィヒテに見たのと同じ経験である。しかし、シェリングはこの経験に立ち帰ろうとした。さもなくば、この根源的同一性そのものを原理化しようとした。しかし、自我からの道によってはたしてそれが可能か。少なくとも、シェリングはその困難さを充分自覚していたようである。

現象知にとって物体の存在が自明であったとしても自我の存在はそれ以上に明証的(デカルトの「身体よりもよりよく知られる」notior quam corpus という言葉が示すように)であるとする観念論の立場から、明らかにすべく求められていたものは、しかし「いかにして表象が対象に一致するものとして、同時に対象が表象に一致するものとして考えられるか」(Tra. I. S. 15f.) という対応説の真理性であった。シェリングは、ある意味で観念論が観念論のままに実在論であるようなありかたを追求する。「主語と述語がたんに思惟の同一性〔分析性〕によってのみならず、思惟にとって異質なもの、それとちがったものによって媒介されているようなあらゆる命題が綜合的と言われうるとしたら、われわれの全知識は純粋な綜合的命題から成り立ち、そこにおいてのみ、現実的な知、つまりその客体を自己の外にもつ知が存在する。」(Tra. I. S. 30) 彼はカントの問いを「無制約的な綜合命題」はいかにして可能かと問い返し、それが同一性(分析性)と実在性(綜合性)との矛盾をもつものだという(ibid., 30f.)。それが根源的な原理だという。「同一的な知が綜合的であるような……客体とその概念、対象と表象とが、根源的、端的に、あらゆる媒介なしにひとつであるような点」(ibid., 32)、それを彼は「自己意識」に見出す。要するにあらゆる経験に先立つ先験的なコギトである。それは「あらゆるものが結びつけられる定点、……知の無限に拡がる地平をもつつむ」(ibid., 23f.) 窮極の原理である。もちろん遡ってその根拠を求めることはできない (ibid., 23, 25)。「自己意識は知の全体系の光源点である。」ところが不思議なことにそれは「ただ前方のみを照らして、後方には照らさない」(ibid., 25) とされている。

自己意識は本質的に自己外発出的、自己外化的、志向的存在、つまり彼の言では「産出的」なのである。ということは、自己意識には真の知の原点、知と存在が同一性をなす地点から出ることはできても、いきなりそこへ戻ることはできないということでもある。しかしまた反対に、どんなに自己の外に出ても、そこもやはり自己の内なのである。「自我は完全に自己内に完結した世界である。それは自己の外に出ることもなく、またなにものも外からそこに入りこむことのありえないモナドである。」(ibid.,49) 内に外が定立されるか、外に内が定立されるか、と言えば文字どおり「おとぎ話」だが、彼はそれが同時に行なわれるという。「自己定立の根源的行為によって同時に対立者(客体的なもの)が定立されるのでないかぎり、その内に対立者(客体的なもの)が生ずることはありえない。」(ibid.) 根源的な自我の自己定立そのものによって、自我への対立者が定立される。ということは自我そのものが根本的に内在的対立をはらむものだということである。

定立される自我は思惟されることによって存立を得る自我である。もちろん「自我においてこの思惟されること (Gedachtwerden) と成立すること (Entstehen) の同一性は、多くの人びと〔反省以前的意識〕にはかくされたままである (verborgen bleiben)」(Tra. I. S. 34)。しかし、思惟作用が成立をもたらす定立作用でもあるのは、それが同時に限定、限界する作用でもあるからである。「意識されることと限定されることは同一である。」(ibid., 53, 57, etc.) それゆえ「自我は産出する自己自身を限界することによって自らあるもの Etwas となる。つまり、自己自身を定立する。」(ibid., 49) 自我は根本的に能動的である。その能動性の内に限界と対立がある。こうした事態をシェリングは、自我の内に、根源的に能動的な活動性、「観念的活動性」と、それの限定された活動性、「実在的活動性」との二重性が成立するというふうに考える。これは、あくまで作用的なものと、作用的でありながら質料（hylé）的なものといってよい。自己意識の「自己を意識する」という契機が成り立つのは、自我が自己の内在的限界をこえることによって、限界の抵抗を受けとめるからである。限界を限界として受けとめることができるのは、自我が根本的に限界をこえる無限定 (unbegrenzt) なものだからである。「自我は、それが限定されているかぎりにおいてのみ無限定であり、……無限定であるかぎりで限定されている。」(ibid., 50) フィヒテにおいては自我と非我とのあいだに成り立った限界概念が、ここでは自己意識の内在領域に投入されている。限界はモナドに内在化された。つねに他なるもの、外なるものにおびやかされるフィヒテ的悪無限は、限界はこえられることによって限界であるという、能動性と内在性をもつ領域に特有の仕方でこえられる。シェリング自身はこの特有性にたいして無自覚ではあったが。

しかしここからただちにモナドの内なる実在論が語られるわけではない。自己意識は純粋意識であり、「総じて意識と呼ばれる経験的意識」つまり、対象意識から「区別されねばならぬ」(ibid., 34) からである。

原理的存在は自己意識である。ヘーゲルの『精神現象学』とは逆に、自己意識から意識（対象意識）が導出されねばならない。それは、自己意識の自覚形態が対象意識であるという仕方でなされる。

（1）自我が自己自身を限定されたものとして直観する。——それが感覚である。

（2）自我が自己自身を感覚するものとして直観する。——それが生産的直観である。

（3）自我が自己自身を生産的なものとして直観する。——それが反省である (ibid., 66, 78, 121)。

図式的に言えばｎ次の意識形態を自覚するところに、ｎ＋１次の意識形態が成り立つ。それゆえ自己意識はA、A^2、A^3のように、直観、直観の直観、直観の直観の直観というようなポテンツをもつことになる (ibid., 93f.)。知識学としての哲学は、こうした自己意識の系列を記述する「自己意識の歴史」(ibid., 65) なのである。この歴史の始まりは「ひとつの絶対的行為」としての自己意識である。しかし「この行為の全内容を見出すためには、それを分解しなくてはならない。……このひとつの行為から、あらゆるものを連関させて、継起的に (sukzessive) われわれの眼前に、ひとつの絶対的な、すべてを包括する綜合から、同時かつ一度に定立されるものを、いわば成立させるのである。」(ibid., 55) このいわば「存在」を「生成」にする継起的な歴史は「われわれにとっての自我そのものが、われわれの出発点に達するまで進行しなければならない。」(ibid., 56) 故郷を行先に定め、帰郷を目的としたこの不思議な旅は、言うまでもなくヘーゲルの『精神現象学』に原型を与えている。

自己意識の歴史は経験の全広袤を包むことができるはずである。自己意識は「すべてのものを乗せて運ぶ原理である」(ibid., 47) という自己意識の汎通的原理性からして「客観世界の全連関、自然の全規定を無限の小さきにいたるまで」通覧すること (ibid., 5) が知識学であるとするならば、しかし、それは不可能事と言わなくてはならないのだろうか。そうではない。歴史には (Epoche) がある。「哲学はただ自己意識の歴史において、いわば (Epoche) をなす行為だけを数えあつめて、それを相互の連関にもたらすのである。……哲学はしたがって、さまざまな E (poche)（中断点）をもつ自己意識の歴史である。」(ibid., 65f.) そうであるとすれば当然、透明な自己意識そのものに (Epoche) が存するのでなければならない。

あらゆる意識形態は、自己意識の自覚形態である。もっとも原始的な意識としての感覚もそうである。「自我は自己を根源的に限定されたものとして直観することによって感覚する。……しかし同時に自己を直観するものとして直観することはできない。★1」(ibid., 78) 感覚において自我は自己自身から断点 Epoche をもってカッコ入れされている。N・ハルトマンの的確な表現によれば、「産出は無意識にとどまり、所産のみが意識に投ぜられる。」(ME. Kap. 16-c, S. 148) したがって「意識のなかにはただ絶対的受動性の跡が残っているだけである。」(Tra. I. S. 82, cf. 78f.) この受動感が感覚のもつ実在性である。「存在一般とは、ある阻止された自由の表現にすぎない。」(ibid., 47) しかし、この阻止、すなわち自我にとっての「否定性が自我によって定立されたものであるということは、たしかにわれわれは見ることができるが、われわれの客体、つまり〔現象知としての〕自我は見ることができない。それはただ自我にとって直観されることと限界されることがひとつであるという当然の理由によるのである。」(ibid., 73) すでにアリストテレスが「接触」ということを語っており、フィヒテでも主客関係が「限界」の概念で考えられているが、しかし、いまここでは、内在的限界が内在的エポケーによって阻止感、抵抗感、必然性の感情、受動性の跡、なにかフレムトなものとして直観されているのである。これがとりもなおさず「触発される (Affiziertsein)」(ibid., 88) ということだとシェリングは言う。物自体があるから限界が生ずるのではない。内在的限界がそれをあくまで越えようとする活動によって限界され、つまり直観されながら、当のその活動それ自体は見えないことによって、受動性の跡だけが意識されるのである。「物自体は、限界をこえる観念的な活動の影、直観によって自我に投げかえされた影にすぎず、そのかぎりでは自我自身の所産である。物自体を実在的だと考える独断論者は、自我が現在の瞬間に立っている地点に立っている。」(ibid., 89)

自己意識の歴史の第一歩である感覚を通じて見た「存在」の意味は、このようなものであった。もちろん、そこにとどまることはできない。終局点における存在と知の合一、自由と自然の合一は、芸術的制約行為において直観されるとみなされている。それが先存在論的に保証されていた存在の意味に再帰的に立ち帰る窮極の自己内反省であった。そこにおいて自我は自然を自己として、自己を自然として直観するとみなされた。いまこれを「存在」の意味から、存在の意味への運動と呼んでみよう。すなわち「存在」という観念から、存在感そのものへの運動と呼んでみよう。——存在の意味とは、たとえば「被造物」であり、「永劫回帰」であり (cf. Ernst Vollrath; Die These der Metaphysik. S. 283)、また「嘔吐」のようなものである。

自我の内在性に発して「存在」の意味を把えようとするかぎり、それが否定的、消極的なものとして把えられるということを身をもって示し、しかも、のちにそれへの批判を試みたのはシェリングであった。彼は、おそらく、存在から取り残される不安を感じていたであろう。しかし、「意志」をもって真に積極的な存在と規定した後年の彼の思想にも、「存在」と「抵抗」の同一視がみられるということは、そこにもちこされざるをえなかったある根本的な発想の所在を告げていよう。

自己意識としての自我は、定立—被定立、観念性—実在性という対立物の、自我＝自我という同一性である。自我そのものがいわば「方向に関して対立している（二つの）活動の争いである。二つの活動は同一の自我の活動なのであるから。」(ibid., 58) したがって「自我の内には根本的に対立するもの、主観と客観とがある。両者は相互に廃棄し合うが、しかし、いずれも他方を欠いては不可能である。」(ibid., 60) つまり、根源的に作用的なものとしての自我における主客の根源的統一とは、根源的な抗争にほかならない。しかし、この対立抗争のさなかに、いわば星雲状想として第三の媒介者が存する。「自己意識が両方向の二重性（Duplizität）であるがゆえに、媒介するものは対立する方向のあいだに浮動する活動 e（ine Tätigkeit, die zwischen entgegengesetzten Richtungen schwebt）でなければならない。」(ibid., 59) これを定式化すれば、正・反・合である（ibid., 61）。つまり、「二つの対立物aとb（主観と客観）は行為Xによって合一される。しかしXの内には新しい対立cとd（感覚するもの、されるもの）がある。したがって〔この新しい対立関係によって限定されて〕行為Xはふたたび客体となる。これ自体は新しい行為Zによってのみ解明される。……」(ibid., 79) これはもちろん自我に内在する矛盾である。「自我のあらゆる活動は自我自身の内なる矛盾から発する。……あらゆる精神的活動の継続は、矛盾の継続、つまり、たえざる矛盾の再生産による。」(ibid., 93) ——シェリング自らは、これ

★1　この言葉はヘーゲルにも共通の観念論のアポリアを如実に示している。彼らは、自我の認識の可能性一般をけっして自明のものだとは考えなかった。この問われるべき可能性は同時に、反省の可能性でもあり、知識学の成立の可能性でもある。しかし、自我は自己自身を対象化、物化、外化として見ることができるはずだ。ところが、それによって「精神としての自己」を知ることにはならない。ここにいわば第二のアポリアがある。言うまでもなく、これこそは『精神現象学』が正面から解決に取り組んだアポリアである。

を「綜合的方法」と称して「弁証法」とは言わなかった。たしかにここで対立物の同一性は自我＝自我のイコール記号にあって、概念にはない。シェリングは同一律を疑うという姿勢はとらなかった。ヘーゲルがプラトンから「弁証法」という言葉を学んだとき、同時に彼はその同一性がイデア的なものに固有の自己同一性であることをも学んだ。しかし、ヘーゲルはこの同一性は、単純に一面的に同一性であることができないと見てとる。同時に非同一である同一性である。第二章で見たように、「結合と非結合の結合」であり、第四章で示したように、「同一性と非同一性の同一性」である。青年ヘーゲルが自らの内に培っていった「生」の概念と、ドイツ観念論が展開していった認識論の問題構成とが重なり合ってくる。

四　主客の関係そのものへの問い

平たくいって、シェリングのやりかたは、ふつうに自我と物自体の関係として考えられているものは、じつは自我の内在的関係なのだと説明することであった。彼はモナド的内在世界の内に実在論に見合うものを位置づけようとした。そのかぎりでは、常識と自然意識のとる自然的態度としての実在論は、そのまま引き取られている。しかし、そこには、あの実在論を自己の体系に吸収しつくそうとして、吸収しきれない後味の悪さがのこる。かんじんなことはあの実在論の前提そのものをえぐり出すことだったのである。ヘーゲルの着目はそこにあった。彼は知と存在とを根底から相対化、関係化した。そこには、あの親しい三つの真理概念は、ほとんど姿を見せない。隠し絵の中から、ひとつの図柄を探し出すようにして、まずあの三つの真理概念の変貌した姿を探し出してみよう。

彼は、先行する二人とちがって斉合説の真理性をなす同一律を絶対化し、その絶対性の拠りどころとして自我＝自我の明証性を導き出すという手続きはとらなかった。自我＝自我が、綜合的であり、対立物の同一であるならば、観念の単純な分析性は、本来あるべき綜合性のなかから抽象されたモメントのはずである。モメントであるべきものを独立して考えれば、それは当然「形式的で抽象的な不完全な真理」(Log. II. S. 28f., SK6 S. 42)とならざるをえない。

しかし、逆に綜合性は同一性というモメントを不可欠にする。この同一性がなければ、観念性と実在性の統一が成り立たないのである。いま、単純化して実在—感性—多数性(ヘーゲルは「相互外在性」(Außereinander)というが、カントの用語を用いておく)と、観念性—悟性—単一性(同一性)との対立を考える。両者の「一致」、統一(Einheit)とは、多数性と単一性(Einheit)の統一(Einheit)である。当然これは無限背進を生む形式である。自己の内にこの悪無限を包括し、乗り超えるところの真無限を介してはじめて、この統一は可能である。いま、観念性と実在性の統一を「真」と呼ぼう。有限者は、自己の同一性を他者に仰がなくてはならない。それゆえ、有限者は「真ならざる」存在者である。言うまでもなく、観念性と実在性の統一を真とみなす見方は、思想《ディアノイア》の真理性を問う立場である。その理念がいま、真なる存在を規定することになっているのである。そこに同一性は、真理の不可欠のモメントである。

明証説の真理性も彼は否定しはしない。ただし、自我の存在の確実性と、哲学の求める真理とはちがうことを知っていた(cf. Gl-Bd. 19. S. 618)。むしろ、自我は概念なしには確実でないとする。「概念〔というもの〕の概念〔意義〕は、概念把握《ベクライフェン》するものにおいて、自己意識が自己自身の確実性を有する……という点に見出される。」(Gl-Bd. 19. S. 615)自己意識はデカルト的確実性としてよりはむしろ、カント的統覚として考えられている。それは同一性の担い手である。しかし、概念それ自体の単純な同一性は、意識の経験によって認証されなければならない。確実性もまた真なるもののモメントである。「存在する真」は「確実性」と統一されてはじめて、「真なる存在」となる。それゆえ、自己の内に確実性を有する存在者、すなわち、精神のみが真なる存在なのである。[★2] ここでも、知の理念が存在の理念を与えて

★2 第六章四節参照。物質については、次の引用文がわかりやすい。「物質は本質的に複合体である。相互外在的に存立する。物質は自分の統一を求める。つまり自分自身の止揚の止揚を求める。……精神とはこれと反対に、自己内に中心点をもつものである。」(SK12 S. 30)

いる。

対応説についても、ヘーゲルはそれ自体を否定しているわけではない。「私の表象の真理性は、表象が対象の性質や規定と一致するという点に成り立つ。」(Prop. Gl-Bd. 3. S. 34) しかしここで、「私の表象の」と断ってあるように、これが根本的な真であると考えられていたのではない。これはじつは質的判断の正当性《リヒティヒカイト》にすぎない。もちろん、かかる真理性も「真理のモメント」(Gl-Bd. 19. S. 417) である。すなわちヘーゲルの言う「対象とそれ自身との、つまり、その概念との一致」(Enzy. §172, Zus.) という真理性のモメントなのである。

対応説の真理性、すなわち「正当性」の「真でない」理由をまとめてみよう。

(1) 正当性は「意識との関係における真理にすぎず」、それはただ「この私 (Ich dieser) がもっている正しい表象にすぎない。」(Enzy. §213 u. A., SK8 S. 368) つまり、普遍的真理の徴表ではない。

(2) それは「ばらが赤い」というような直接的事実に限定されてしまっている。つまり「知覚、有限な表象、有限な思惟の制約された範囲」(Enzy. §172, cf. §213) に限定されている。有限なるもの、真ならざるものについての正しさにすぎないのである。

(3) 表象する意識とその対象とのあいだには、同一性が成り立たない。「私は家やバルコニーを表象する。しかし私はまだそれではない (das bin ich noch nicht.)。自我と表象とは別物である。ただ思惟においてのみ主体と客体の真の統一がある、それが私である (das bin ich.)。」(Gl-Bd. 18. S. 333)

もちろん、ここでヘーゲルが窮極に見込んでいるものは、1、私的主観性を脱却した高次の人間精神と、2、有限者ならざる存在とが、3、ひとつである (Einssein) ようなありかたである。[★3] ただ、彼はいきなり、その地点へ行こうとはしない。それはできない。あくまで知における「真理」のありかたから、問題を考えている。知が観念でありながらそこに実在性を求めるという対応説の真理性を、彼は求めている。それゆえにこそ、彼はフィヒテと、フィヒテ的であったシェリングに向けてこう言わざるをえなかった。「物は、それが外的な障害とか、経験的な実在とか、感性とか、物自体とか呼ばれようと、その概念において、統覚の統一にとって外的《フレムト》なものにとどまる。……理性はまだ真に実在ではないと自ら意識している。」(Phän. 181f.) 彼は対立する観念論と実在論の共通の前提を打破し、そこに観念論の新しい意味づけを与えようとする。

存在一般は、固定した焦点でも固い物体でもない。じつは「存在」というカテゴリーで見られた限りの存在でしかない。また、主観は固定した超越論的自我ではない。カテゴリーによって自己の形態を規定しつつ、自覚を高めていく動的主体である。つまり、カテゴリーを介して主客の関係のありかたそのものが運動する。これが認識問題におけるヘーゲルの根本的な前提である。「知は、存在が絶対的に an und für sich 何であるかの真理を認識しようとすることにおいて、直接的なものとその規定に立ち止まってはいない。この直接的なものを貫いていくのだが、そのさい、この存在の背後には、この存在そのものとはちがう他のあるものがあるのだ、この背後こそ存在の真理をなすものだという前提をもっている。」(Log. II. S. 3, SK6 S. 13) この前提こそ、素朴な実在論の前提であるように見える。知は存在という極限に接近する。存在は知の彼岸に立つ定点であるかにみえる。「ところが、この歩みは存在そのものの運動なのである。」(ibid.) 知の運動と存在の運動の相即というかたちで、真理が成り立つ。

第八章で説明した意識形態と対象形態、知と存在の関係を要約しておく。（イ）経験に先行するカテゴリーは対象的存在の同一性を保証し、認識関係を規定する。（ロ）意識は、カテゴリーを対象において見る。対象と自己との一致によって、カテゴリーは意識に認証され、確実性を得る。（ハ）意識は自己の関係する全体を見ない。その全体は、

★3　この Einssein は、対応説に言う correspondence とか adequatio とまったく異質であるように見える。ヘーゲルは青年期においてすでに、真なるものを対応ではなく Einssein で考えていた。第六章、第七章で言及したように、彼にとって「私は音である」とか「私は赤い」とかいうのが、直観という事態である。さらに広く言うとヘーゲルの文体上には、あたかも「sein 動詞の濫用」とも言うべき特色がある。ふつうなら「もつ」と言うところを、「である」と言う。「私は理性をもつ」に代わって「私は理性である」と言う。すなわち、理性の外に私が実体として存在しているのではない。それは私の外に「赤」が「赤さ」として存立しているのではないのと同様である。

の経験に対して、それに先行するものとして、その対象を規定している。(二)経験の結果としてカテゴリーは、いまや、より高次の経験の結果としてのより高次のカテゴリーの内実をなす。

この考え方の背景にあるのは、まず第一にプラトン以来伝統的に考えられてきた、存在と単一性(Ein-heit)との相即関係である。単一性は、存在者の存在理由(ratio essendi)を構成するものである。第二に、この考え方のカント的変様がある。カントは対象一般の対象性の根拠を、カテゴリーを介した統覚の単一性においた。対象的存在の知への外在的超越関係を、現象的存在のカテゴリー的単一性への内在的超越関係におきかえた。そして第三に、フィヒテ、シェリングによる知識学の理念がある。意識は対象に向かうのみである。意識はそこにじつは——真理においては——カテゴリーの統一を見ている。この対象意識に自覚されていない媒介関係を意識にもたらすのが、知識学としての哲学の仕事なのである。ヘーゲルの論理学そのものさえもが、こうした知識学的性格を帯びていることは、次の引用に明らかである。「論理の学は、一般にわれわれの精神を、本能的に無意識的に貫いている思惟規定、それが言語に入ってくるばあいですらも、相変わらず対象化されず、気づかれないような思惟規定を取り扱う」(Log. I. S. 19. cf. 16, SK5 S. 30)

ヘーゲルは知と存在とを相関関係においた。知は、そのつど「存在」の意味をカテゴリーによって規定されて、その存在にかかわる。そこに経験される存在の意味は、新たなカテゴリーの内に表現され、より高次の経験における「存在」の意味を規定する。たとえば、ただあるとだけしか言えない存在(Sein)、何かである存在(Dasein)、それだけとして取り出された存在(Fürsichsein)……。——しかし、知と存在が相関するとしたばあい当然、そこにもなおかつ認識関係が存立するかという問いが生じざるをえないであろう。

存在と知とが相関関係におかれれば、N・ハルトマンの言うように、「そこでは本来の認識問題は消失している」(ME, Kap. 18-b. S. 158)というべきかもしれない。それどころか、知の真偽の吟味すらも無意味ではないか。ハルトマンは、はっきりと「もはや、どうして誤謬や虚偽があるのかわからなくなる」(ibid.)とさえ断言している。ここでいかにして主観と客観との論的区別が成り立つか。ヘーゲルはこの問題の所在を自覚していた。それは、彼がたんに「区別」というときにおいても、この「認識論的区別」をさしていたほどに、彼にとって中心的な問題だったのである。

彼はシェリングの説いた自己意識の「二重性」を、意識そのものに見出す。「意識は二つのモメントをもっている。知のモメントと、知に対立する対象性のモメントとである。」(Phän. S. 32) 意識が空間の中の眼のように対象から距離を置いてあるのではない。意識が対象と知を、いわば押し開いている。そしてラインホルトの「意識律」を、自分の意識概念に組み入れる。「意識はあるものを自分から区別すると同時にそれと関係する。」(ibid., 70) 自ら区別を生み出すことによって、対象と関係している。「ということが言葉をかえれば、あるものが意識にとってある für ということなのである。」(ibid.) それでは、対象でないかぎりでの意識、すなわち知とは何であろう。厳密にはともかく少なくとも概念的なものである。それゆえ「概念と対象とが意識自身の内に現存する」(ibid., 72) ということができる。意識は、その対象と関係するモメントから言えば、アリストテレスの密蠟のたとえのように、対象によって刻印されるものである。「われわれがそれを見たり、聞いたり、触ったりするかぎりで、われわれはそれ自体であり、それと一体になっており、それによって充たされている。」(JR. S. 184) 存在それ自体であるありかたから意識が自己を区別するのは、意識が他方で概念であるからなのである。

「区別」は意識にある。「意識において、自我〔知〕とその対象である実体とのあいだに生ずる不等性は、それらの区別であり、否定的なもの一般である。」(ibid., 32) じつはこの区別は意識の働きによるのである。それゆえ、サルトルばりに、意識は実体に否定をもたらすといってよいが、サルトルの対自と異なって他方の極に概念をもつことによって、意識は自己とその対象を規定されている。すなわち、この「区別」、距離は「規定された無」(ibid., 70)、「規定された否定性」(ibid., 69) である。つまり、意識そのものに支えられた「この関係の規定された側面が知である。」(ibid., 70) すなわち、この「区別」は、意識の対象への関わり合いそのものにあり、意識はそれ自身、距離なのである。

五　真理と絶対者

完全に自律的な展開をとげようとする学にとって、その始まりのとき他のものの尺度となるべき絶対の真理は、まだない。しかし認識の吟味がすでに認識である。「認識を吟味するとは認識を認識することである」(Gl-Bd. 19. S. 657) それゆえ、まだ「真でない意識を、それが真でないままに叙述すること」(Phän. S. 68) の内に吟味の可能性が存しなければ、永遠に窮極の真理に近づくことすらできない。——しかし、意識の存在そのものが認識論的区別であった。この区別は、次のように言いかえられる。「あるものの存在の意識にたいする側面が知であり、この対他存在からわれわれはしかし、即自存在を区別する。」(ibid., 70) つまり、存在そのものを対他存在と即自存在に区別する。ここで認識論的区別は存在論的区別でもある。この即自存在、すなわち「知に関係づけられるものは、同時に知から区別され、この関係の外にもあるものとして定立される。」(ibid.) これがいわば直接的存在の背後にある「存在の真理」(Log. II. S. 1) である。「この即自という側面が真理」(Phän. S. 70) であるとしても、もちろんそれは「意識が自己の内部で即自または真であると言明するところのもの」(ibid., 71) であって、われわれにとって真であるかどうかは「われわれには関わりがない。」(ibid.) まず、真理とは存在者の即自である。意識はそのつど何が真なる存在（即自）であるかの真理概念を掲げて、自己を規定する。意識の自己吟味は、真理概念の吟味となり、経験の歴史は哲学の歴史を素描する。しかし、さしあたりこの即自は経験に先立つ存在の真理である。

つぎに、意識は存在を経験する。意識自身に吟味は可能である。「何故なら、意識は一面において対象の知であり、他面、自己自身の意識であり、つまり、自分にとって真であるものの意識であり、かつ、それについての自己の知の意識だからである。」(ibid., 72) しかし、意識はあくまで対象を見ているのであって、経験の全体は、われわれにしか見えない。この全体が経験の結果としての真理となる。これは現象学の記述者がじつは(in der Wahrheit)というときの、その真理である。そのつどの経験の全体は結果に現われるが(ibid., 21)、現象知はそこに自己喪失を感ずるのみである(ibid., 67)。経験の結果は新たなカテゴリーとなって、新たな対象の規定、つまり即自の概念を生むが、結果に自己を見出さない「意識には、新しい……対象の発生となる。」(ibid., 73)

こうして、実体は、一歩一歩、自己を知にゆずり渡して「透明な」ものとなっていく。したがって、知が実体に近づく運動は、そのまま実体が知性化される運動である。知と存在のあいだの認識論的区別が、存在そのものの対他と即自の存在論的区別であったように、「この否定的なものは、さしあたり、自我の対象への不等のように見えるけれども」この運動全体を通覧してみれば「同時に、実体の自己自身との不等である。」(ibid., 32) 経験とは、意識が対象を認識するつもりでいながら、じつは、実体が自己を啓示する「詭計」である。「実体の外に起こり、実体に向けた活動のように見えるものが、実体自身の行為であり、実体は本質的に自己を主体として表わす。」(ibid.) 主体としての実体は「根源的統一」にとどまることなく、自己を二重化し、この二重化から自己同一性を回復する円環運動である(ibid., 20)。この運動の全体が絶対的な真理である。真なるものは全体である。「全体とは、しかし、展開を通じて自己を完成する実在あるのみである。」(ibid., 21) したがって「真理が実存する真なる形態は、その学問的な体系以外にはありえない。」(ibid., 12) それゆえ、このテーゼは、そのまま「実体が本質的に主体である」というテーゼにおきかえることもできるのである(ibid., 24)。

意識の経験と実体の運動とは表裏一体をなしている。いま、その内部を貫く純粋なロゴスは、「事それ自身であるかぎりでの思想」とも「思惟された存在者の即自」といってもよい。そうであったにしても「真理は純粋に展開された自己意識である」(Log. I. S. 30, SK5 S. 43) ということにもかわりはない。

この展開がいわゆる「弁証法」である。素朴な自然的意識はこれを「逆立ち」(Phän. 67, 25) しているとみる。ここでヘーゲルは、自然的意識にとっては、あたかも天動説のような信憑性をもつ実在論と、理念的なものを実在の原因とするコペルニクス的真理、観念論との転回関係という「太陽の比喩」を語っているのである。この弁証法を、客体の反映と見ることは「逆立ち」しようと、何をしようと不可能である。ヘーゲル弁証法の現象学的転倒はありえても、反映論的転倒は「おとぎ話」である。意識の経験とロゴスの展開とはいわば背中で結ばれた兄弟なのである。

ヘーゲル哲学の根幹をなす「実体としての主体」[★4]は、それ自身、真理の展開なのであった。また、この考え方が従来の真理説への深い洞察と吟味から生じたものであることも了解されたであろう。

さて、この実体即主体は、絶対者、神に擬せられている。「哲学はまず宗教とその対象を共有している。両者は真理を対象とし、しかも、神が真理であり、神のみが真理であるという最高の意味における真理を有している。」(Enzy. §1) 実体的主体は新しき「哲学者の神」である。それでは哲学と宗教はどこでちがっているのか。ちがいは形式にあって、内容にはない。[★5]「われわれの意識を充たしている内容は、いかなる種類のものであれ、感情、直観、……思想と概念の規定性をなしている。そのかぎりで」これら意識の諸形態が、「同一なる内容の諸形式」なのである(Enzy. §3)。つまり、形式のちがいとは意識形態のちがいである。哲学は思惟形式における、宗教は表象形式における真理の展開である。しかし、これらの形式のなかで「思惟という形式が絶対的な (absolute) 形式であって、この形式の内に真理は絶対的な (an und für sich) 姿であらわれる」(Enzy. §24, Zus. 3) とすれば、その具体的なありかたは「論理学」であろう。「論理的なものは、真理の絶対的な形式であるばかりでなく、純粋の真理そのものである。」(Enzy. §19)

その真理の最高のありかたは理念である。そして「理念は概念と実在性の統一としての真なる存在である。」(Log. II. S. 410) すでに述べたように、ヘーゲルは存在の真理性の理念を、知の真理性から、同一性、実在性、確実性をモメントとして有するものと把えた。真なる存在は、それゆえ有限ではありえなかった。このことをヘーゲルは、次のように言う。「有限者が観念的であるという命題が観念論をなす。」(Log. I. S. 145) 有限者が観念的であるとは、それが観念性と実在性との自己自身における統一体ではないということである。つまり、有限者は、自己の存在の根拠である単一性を他に仰ぐ以上、自己原因者ではない。「真なる存在、窮極のもの、絶対者、定立されざるもの、創造されざるもの、永遠者」(ibid.) ではない。こうした思惟的真理を、表象の世界に移すと、それは創造説になる。「われわれは神によって創造され、しかも、世界を神がその内に自己を啓示している全体であると表象している。同じく、われわれは、世界を神の摂理によって統治されていると考えている。この点には、〔有限者〕世界の相互外在性が、それを生み出した単一性へ帰着させられ、それにしたがって保持されているということが含まれている。」(ibid.) これをさらに思惟の言葉で言えば、「すべて現実的なものは、それが理念を自己内に有し、それを表現するかぎりでのみ存在する」(Log. II. S. 409) となる。したがってヘーゲルが、その『論理学』を、「自然と有限精神の創造以前の永遠なる本質における神の叙述」(Log. I. S. 31) といったところで、彼はけっして空辞を弄したのではない。しかし、そのときにおいてすらも彼はカントの先験的観念論の継承者であったにすぎない。[★6]

「実体は主体である」という思弁的真理をもって、彼は、自己の宗教上の立場を、汎神論ならざる人格神の立場とし、単一性は存在原因であるという思弁の真理を「神は永遠に創造する」と表象世界へと翻訳し、論理・自然・精神の思弁的相互媒介関係を、父(論理)・子(自然)・精霊(精神)の三位一体と解釈していた。神は真理であるということによって、彼は真理の追求が、語のもっとも高い意味での「真なる存在」の追求となることを告げた。そこに言う

★4 「真なるものを実体としてではなく、同様に主体としても捉え、表現する」(SK3 S. 23) というヘーゲルの言葉は二義的である。「真なるものを実体としてではなく、主体として」という発想と、「実体としてのみでなく、主体としても」という発想とが並存している。前者は、実体と主体に関して「あれか、これか」であり、後者は「あれも、これも」である。真なるものは、基底的本体(実体)として把えられるが、だからと言って、静止的固定的実体と把えられるべきではなく、自己展開する動的主体として把えられ、表現されねばならない、という意味である。この実体が同時にスピノザが神の同義語とみなした実体である。

★5 第六章に述べたように、哲学と宗教、概念と表象のちがいは、イェーナ期では単純に内容的に同一だとは言えない意味をもっていた。つまりヘーゲルは表象のもつ対象性に克服されるべき彼岸性を見出していた。しかし、ベルリン時代では両者が内容上同一であることの方が強調されるようになる。

★6 「創造というのは、絶対的な運動という点から見た概念そのものを表わす表象の言葉なのである。」(SK3 S. 561)

「真なる存在」が、むしろ近代的な知の理念が実体化されたものであることを度外視すれば、ヘーゲルに与えられた「プロテスタンティズムのトマス」という評言は、あながち不当ではない。彼もまた、そのようなかたちではあれ、アリストテレスを追認したのである。ここに真なる観念の追求は、真なる存在にいきついた。

そうとすれば、エンツュクロペディー巻末に掲げられた『形而上学』からの引用文は、ピラトの問いに沈黙を守ったイエスに代わって、ヘーゲルが与えようと試みた答えであったのかもしれない。ピラト[★7]はイエスにこう尋ねたのである。

「真理とは何か」(ヨハネ18-38)

★7 ピラトの問いは——『ヨハネ伝』のみに見られるのだが——ヘーゲルが好んで引用したものだ。そのさいヘーゲルはピラトのシニカルな態度に不可知論を見て、それを批判的に見ている。ヘーゲルのキリスト教観には、大小さまざまな時期的変化があるが、イェーナ期の『信と知』以降、絶対者の認識を可能とみなす点は一貫している。そして「絶対者のみが真であり、真なるもののみが絶対的である」(SK3 S. 70)と言われるのである。大雑把に言えば、真理＝実体＝主体＝絶対者である。そして抽象的に言えば、これらはすべて自己関係である。たとえばスピノザの実体が「自己原因」であるように。ところで、この自己関係の論理が弁証法にほかならない。

第十章　弁証法の成立根拠

弁証法が一般に形式論理学と根本的にちがう考え方だということは、いくたびとなく語られてきた。けれども、どういう意味で根本的にちがうのかと言えば、じつは、それほどはっきりしているわけではない。いろいろな学説を思いうかべてみる。まず問題は、弁証法という考え方は、いったいどのようにして成り立つのかにある。この点が不明確なままで、論議がなされてきた。

いままで、一般的なかたちで言えば、弁証法を説くものは、たとえば運動とか、全体的なものとかを認識するうえで、矛盾律に反する表現が、必要かつ不可欠であることを説いて弁証法の成立根拠としてきた。じっさいのところ、たんにある特定の事象について、形式論理学的でない表現が可能であることを説く以上には出なかったと思われる。そして形式論理学と弁証法とが論理として同じ次元に成り立つものであるか否かという根本問題がはっきりと論究されることなく、両者を「初等数学と高等数学」の関係と同じだとする苦しまぎれの非哲学的なアナロギーも行なわれた。

要するに、弁証法という考え方の成り立つ、一番根本の前提はどこにあるのか、ということを考えなくてはならない。前章でみたように、弁証法とはすべての真理をひとつの原理から導くというラインホルトの要請から生じたものである。弁証法というものを、なんとなく「対立物の統一」というようなテーゼにまとめて、それが弁証法のあらゆる実例にあてはまるとしたところで、いわゆる「例証主義」を克服したことにはならない。そのうえで、形式論理学との関係を、なんとか弁証法が優位に立つように考えようとしても、はじまらない。もしも、形式論理学との関係を明らかにしようとするならば、両方が、どこで分かれたかということを、つきとめなければならない。はじめから根本的にちがっているといってすましているあいだは、どちらもいわば、喧嘩両成敗、すなわち権利的同格である。ことの決着はつけようがない。分かれ道の一番元のところ、といっても、自分では根源的だと思いこんだとたんに、独断にとらわれてしまうというのが思索のつねであるから、せめて、今日まで考えられてきたことより、一歩でもよいから、より根本的なところを見定めて、「弁証法の成立根拠」をさぐってみたい。

一　運動は矛盾であるか

「運動においては、同一物が、同時に、一定点に、あり、かつ、ない」という運動矛盾論は、弁証法のもっとも適切な例として、弁証法を論ずるさいにほとんどきまってとりあげられている。いわゆる弁証法の実例と称されるもののなかには、必ずしも「同じ関係において、AがBであり、かつ、Bでない」という厳格な意味の矛盾とはみなされないものが多いのにたいして、この運動矛盾論には、矛盾であるための条件が完備しているとみなされるのがふつうである。ローベルト・ハイス★1が言うように、これは一定の論理的な手続きからえられる論理的結論である。その論理的手続きにはどのような前提があるのか。それをさぐり出してみなければならない。

運動を映画のフィルムに映った像のように考えることは、まちがいであると、たとえばレーニンなど力説する人が多い。たしかにこれは「運動矛盾論」の解釈としてはまちがっている。しかし、運動の解釈としてまちがっているかどうかは別問題である。世界全体を、ひとつのモデルとして、点滅するネオンサインによって照らし出された世界のように考えたところで、論理上、実用上、不都合は生じないであろう。こうした前提のうえに立って、運動するものの連続性をみとめようとすれば、ちょうど点の集まりを線とみて、点線の方向や長さを語ることができるように、けっきょくのところ、存在する点と点に対して第三者になるものによって、点と点相互の関係がうちたてられることになるであろう。この第三のものが、「純粋意識」といったようなものであるのか、あるいは「先験的統覚」であるか、それとも、それ自身はメンタルなものではない「モデル」にすぎないか、いまは問題にしなくてよい。実在するものは、原子的な点であり、関係の存立は、点と点に対する第三者であることが確認されればよい。このさい、運動がたんなる「憶見」や「仮象」とみなされるか、あるいはなんらかの「実在性」が賦与されるか、それも問題にしなくてよい。

さて、この考え方によれば、運動する物体が、まるで点線のように、アル、ナイ、アル、ナイというありかたをするように思える。これはひょっとすると矛盾を生み出さないともかぎらない。なぜなら、同じものがアル・ナイというありかたをするとも考えられるからである。しかし、この「トビ」をなくするよう考えることは可能であろう。直線上に幅のない切断点を考え、この点によって、すべての直線上の点は厳格に前後に分けられるとする。そしてこの点そのものは、つねに前の組か、後の組かいずれか一方に入れるものとする。すなわち、前の組か、後の組か、どちらか一方にのみ端があると考えるのである。そのとき、運動する物体が、その切断点を通過するということは、つねに、一定時に、一定点にある、ということであって、「あり、かつ、ない」という矛盾は成り立たなくなる。つまり、先の例で、点線であったものを、連続した線におきかえても、やはり不都合は生じないのである。こうなると、しかし、運動矛盾論は存立の余地がなくなってしまうであろう。運動矛盾論はいかなる前提のもとに成り立つのであろうか。

まず、考えられるいくつかの誤解をとりのぞかなくてはならない。第一に、点と点のあいだのすき間を埋めて線にしたところで、運動する物体の持続的存在は保証されない、と考えられるかもしれない。しかし、物体が存在しつづ

★1 拙訳『弁証法の本質と諸形態』（未來社）。

けるとして、それはつねにどこかにある。もし「あり、かつ、ない」といったとしても、その「ない」は、どこか他の点の上にあるということでしかない。ところが点と点は連続しているのであるから、ひとつの点に関しては「ある」とのみ言うことによって、物体の存在の連続性は、充分に保証されるのである。

つぎに第二に、ひとつの点に存在するのみであるものは、その点から出ることができない、と考えられるかもしれない。しかし、このさい、運動する物体は、点の中にあるのではなく、点の上にあるのだということ、そして次の点とのあいだに「トビ」はないのだということを忘れてはならないであろう。

それでも第三に、次のような考え方がもち出されるであろう。「あり、かつ、ない」とは、点の中から出るという意味ではなく、点を通過すると考えたうえで、なおかつ成り立つ。「あり、かつ、ない」の「ない」は、けっして、他の点の上にあるという意味であってはならない。「同時に、一点に、あり、かつ、ない」ということによって、運動の内在的な把握が可能であり、そうでないかぎり、運動はつねに外部からもちこまれた原因によって行なわれると解されるよりほかはないという考え方である。じつは、運動矛盾論では、つねに、運動の内在的原因は矛盾であるということが語られている。しかし、その前に、運動が矛盾であるのでなければならないであろう。

さて、運動するものが、点の上に、あり、かつ、ない、のだとすると、この「ない」は、その点から「去ろうとしている」こと以外のなにも語っていないことになるであろう。しかし、「去ろうとしている」ことが「ない」によって表現される以上、「ある」ということが、すでにはじめから「一定点に静止している」という意味で考えられているることになる。つまり、この考え方では、空間上の一定点を、他の点が通過することを、その点上に単純に「ある」とはみとめていないのである。すると、ここでは「存在する」という語に「静止」という意味が含まれているかぎりにおいて、「運動する」を「存在する」で表現すれば、矛盾になるということをいっているにすぎなくなってしまう。運動矛盾論に対して、「たんに『運動する』と言えば矛盾はないではないか」といって論駁することは、一見、無造作にみえて、じつはもっとも根本的な批判となるのである。

さて、このようにして、運動矛盾論は、充分に批判されつくしたように見えるかもしれない。しかし、それはいかなる前提によってそうなったのであろうか。まず第一に、直線における点の連続を矛盾なく保証するということであり、第二に、「存在」の二義性――静的存在と動的存在――を排除することによってであった。ここには、たしかに、二つの根本的な考え方の分かれ道がある。しかし、われわれは、さらにこの二つの前提の根源にさかのぼることによって、分かれ道の根本《ねもと》に接近しなければならない。

二　連続する点の関係の存立する仕方

第一の前提は、こうであった。点を線上の切断点と考え、この考えによって、線上のすべての点は二組に二分され、その切断点の点そのものも、どちらかの組に入れる、したがって、その点がはいった方の組には端がない、ということであった。ここでは、切断点が両方の組に属するとするところから発生してくる限界一般がもつ矛盾を、切断点そのものを一方の組に入れることによって、さけている。一般に限界点は、両方に属するか、一方に属するか、どちらにも属さないかのうちのいずれかである。両方に属するとすれば、限界は矛盾をはらむ。どちらにも属さないとすれば、連続は成り立たない。そこで、一方に属すると考えることによって、矛盾をさけて、連続を保証したのである。数学の議論であればおそらく、それで充分であろう。

問題は、端をもつ一方の組と、端のない他方の組とは、関係としてどのようなありかたをしているか、ということである。[★2] 一方の組には端がないにもかかわらず、そこに連続という関係が成り立つのは、むしろ、端がないということ

★2　この問題はプラトン以来の古い問題と根をともにしている。この二組の関係を「異なり」という関係だ、と呼んでみればよい（『ソピステース』）。「同」と「異」については『論理学』の本質論に説かれている。

とによって、そのあいだに量としてのすきまがないという連続性の保障をもたらすものであるが、端がないということによって、関係の存立そのものがおびやかされる。この関係の存立を支えているものが、両方の組を比較することのできる第三者に帰属するのであれば、ひとまず問題はない。われわれは、第三者として、任意の点を、ただ一方の組にのみ帰属させうることを知り、一方の組と他方の組のあいだに「トビ」がないことを知る。そして関係の存立の仕方それ自体は、ちょうど点の集まりを、第三者の立場から、線としてみとめる、最初に述べた仕方と同じになるのである。そして運動を観察し、記述するものにとって、こうした関係の存立の仕方は、なんら不都合なものではない。しかしいずれにせよ、これは、左右でも、大小でも前後でもいい、ともかく第三の視点を必要とするような関係であろう。

しかし、それとは反対に、関係の存立を、第三者が橋渡ししているような、二つの世界にまたがる第三のものとしての椅子にたとえられるようなものとしてではなく、関係するもの、それ自身による関係として認めていこうとすればどうなるであろうか。端のない組と、端のある組との関係といったものは認められることなく、したがって、限界一般に関しては、限界が両方に属するという矛盾をなんらかの仕方でみとめるような方向が考えられるであろう。もちろん、ここで言う矛盾が形式論理学で言う「矛盾」と一致するかどうかは別問題である。いずれにせよ、ここでは、より根本的な問題として、関係の存立とは何か、という問いが導き出されざるをえないのである。

三　運動するものの関係における存在

運動矛盾論の存立を妨げた第二の前提は「存在」という語の二義性[★3]を排除するということであった。われわれはふだん、なんの気なしに「ある」という言葉をつかって、実際上「ある」とはどういうことかと考えてみる必要はおこらない。それなりに、なんとなく、その意味を了解している。そうした、あいまいな日常的な、「存在」についての了解に、運動矛盾論は、奇妙な仕方でかかわっている。いじわるな言い方をすれば、運動矛盾論は、日常的な存在了解のあいまいさを突いていながら、そのあいまいさを解消しようとはしない、つまり、そのあいまいさにつけこんでいるのである。すなわち、ある以上はどこかにある。しかし、どこにあってもある、のである。どこにもないものを「ある」というわけにはいかないが、ここにあるものだけを「ある」というわけにもいかない。ふつうの物体的なもの、眼の前におかれる物については、存在すると言える以上、必らずどこかにある、つまり、位置の規定を伴っている。しかし、位置の規定と存在とは同義ではない。どこにあってもある、のである。しかし、どこにあってもある、と言えるのは何故であろう。私の右側にあっても左側にあっても、ペンはペンである。ペンとしてある。何かがあるということが、そのものが、おかれたさまざまな関係をとり去っても、そのものが、そのものとしてあるということであると考えられている。しかし、位置という関係をとり去って、つまりどこにあるということを抜きにして、そのものの存在を語るわけにはいかないであろう。

関係というものを、物の存在にとって本質的であるとしよう。運動矛盾論のばあいでは、運動する点の存在は、それのおかれた座標上の点との関係において存在する。そのさい、運動するとは、ひとつの関係の存立であると同時にその関係の非存立でもあるのでなければならない、と言いうるであろう。そしてわれわれが、運動を観察・記述するさいに、そこに矛盾をみとめないのは、逆に、運動する物体が、剛体として、そのもののおかれた位置関係を抜きにしても存在するという仮定のもとに運動が考えられているからである、ということができよう。

いずれにせよ、われわれは、存在ということにとって関係とは何かという問いを導き出さざるをえないのである。しかも、関係一般が関係をはなれてもあるもの、つまり、自体的存在を前提にするとすれば、この自体的存在と、関

★3　動と静がともに存在と同じか否かという問いもまた、『ソピステース』篇で問われていた。

係において存在するもの、つまり附帯的存在[★4]という存在の二つの根源的なありかたを問題にすることになろう。

四　自己関係としての単独性

われわれは、より根本的なものへの問いを、運動矛盾論の検討によって着手した。そして二つの前提、すなわち、線上の点を矛盾なく保証すること、および、存在の二義性を排除することによって、運動矛盾論が、自己の根底へつきおとされるのを見た。そしてわれわれは、この二つの前提に対して、より根源的な問いとして、関係の存在とはいかなるものか、という問い、および、存在にとって関係とは何か、という問いに到達したのである。この二つの問いは「存在と関係」というひとつのタイトルにまとめることが許されるであろう。

ものの存在一般を考えるという、おそろしく抽象的な場面で、われわれは存在と関係ということをどう考えたらよいであろうか。ふつうの考え方では、まずひとつひとつ別々のものがあって、それらのものが、たがいに関係し合っていると考えるであろう。たとえば机の上に本がある。机と本という単独の物が上下関係で結ばれている。机と本とはそれぞれ、その上下関係をはなれても存在するもの、関係の外にあってもその本性を変えることのないものと考えられている。[★5]机の下においたところで本は本であると言えるならば、それでよいかもしれない。しかし机の上の本は「読まれるべき本」であり、本が本としてもつ目的にふさわしいありかたをしているのに対して、机の下の本とは、もはや読まれるべき本ではなく、枕代りの本か、たんなる私の所有品という資格で存在する本だとすると、本と机はその上下関係をはなれても本性を変えないと言い切れるだろうか。マルクスによれば汽車の走らないレールは、もはや可能性としてのレールであって現実的なレールではない。汽車とレール、本と机といったものについていえば、空間上のたんなる位置も、その本性にとって無意味ではない。私たちが世界のなかで出会うものは、いずれにせよ、特別な事情・連関のなかにおかれているのである。

たしかに世の中には偶然的な関係というものもある。「袖触れ合うも他生の縁」とばかりも言ってはいられない。ゆで卵を割るのに太い方の端から割るか細い方の端から割るかで戦争を行なうのは、戦争というものを風刺してみごとであるとはいえ、スウィフトによるその風刺がきいているのは、それが誰の目にも「どちらでもよい」という意味で無関係（gleichgültig）であるからである。たしかにそれは「われわれにとってどうでもいい」。しかし、「われわれにとってどうでもいい」ということは、一般に関係をはなれたありかたなのか、関係としてのありかたなのかと言えば、もちろん「われわれにとって」という関係を含んだありかたと言わざるをえない。

こう考えてくると、ものの存在一般を、関係というかたちで考えることには、たしかに利点がある。われわれがふだん気づかずにいるような、さまざまな関係をのこるくまなく明らかにするという構えができる。関係を媒介と言いなおして、ヘーゲルの言葉をかりれば「媒介を意識にもたらすことが哲学の使命である」。もちろん、われわれのふつうの考え方とはそぐわない点も出てこよう。しかし、この考え方を一貫させていくことはできるであろう。じつは、弁証法を語るものは、つねに、関係の遍在ということを語ってきたけれども、たんに関係の遍在を語ることに弁証法が成り立つのではなく、その考えを一貫させていこうとすると、そこに生まれてこざるをえない困難を解決するところから、弁証法[★6]が生まれてくるのである。

関係をつぶさに意識するということは、たしかにわずらわしい。「本」と言わずに「机の上の読まれるべき本」と

★4　「附帯的」は、ここで「二次的」、「副次的」という含みをもたない。むしろ、「附帯的」なありようの方が、より「根源的」、「一次的」であると言いたい。

★5　個体＝主語＝実体という個体観のうちに含まれる存在観をヘーゲルは批判しようとする。前章で見たように、個体の自存性の根拠が問題なのである。

★6　この「弁証法」がプラトンが思索をめぐらしていたイデア論をめぐる原理的なアポリアの問題学としての「弁証法」と密接な結びつきをもつ。

いちいち言わなければならないようなものである。何故わずらわしいかと言えば、本ということを言うのに、いわば二重の手続きをとっているからである。「机の上の読まれるべき本」と言うときにも、やはり「本」という言葉はつかうし、そのかぎりで、なんといっても、「本」は関係をはなれても存在するものという意味は失っていないからである。すなわち、関係を語る以上、それより先とはいわないまでも少なくとも、同時に、関係の項として、いちおう関係をはなれた存在を定立せざるをえない。

　関係の存在が根源的であることをみとめたうえで、しかも、関係の項になるものの単独性、独立性をみとめようとすれば、そうした項としての性質をもつものに「自己関係」という存在性質を賦与しておけばよい。もし、「媒介」という言葉を用いるなら「自己自身に媒介している存在」と言えばよい。じっさいヘーゲルにおいて、この用語法は非常に多くみられるものである。

　こういう考え方は、しかし、われわれの日常的なものの見方のなかにも存在しないわけではない。たとえば、英語の (by oneself) という言い方では、ものの存在をひとまず他との関係において設定しておいて、他者への関係からはなれた「単独性」を自己関係というかたちで表わしている。つまり、人というものを必ず誰かのかたわらbyにいるものと考えておいて、誰のかたわらにもいない単独のありかたを、自己自身のかたわらにいる、というかたちで把えるのである。「自分自身に向かって話しかける」のは「独《ひと》り言」である。「自分を教育する」は、「独学」である、等々。いずれも、自己関係というかたちで単独性を表現しているのである。

　ヘーゲルが、その弁証法的思想を表わすキイワードとした即自 (an sich) とか対自 (für sich) とかの概念も、同じ発想法から出てきている。関係するもののきわどい接触面で、それでも「一方の側に即して」成り立つ事態を述べるとき、ヘーゲルは、「それに即して」(an ihm (an ihr etc.)) という言い方をしている。したがって、即自 (an sich) と言えば、自分が自分に直接的に接していること、つまり、他との接触を、その接触のきわどい現場でたち切って、単独性を保持しているありかたである。だから即自的なものはすぐさま、対他 (für anderes) となって他に対してしまう。この「他に対する」という関係の局面から、自己を回復するには、一度、自己を他に照らし合わせて自覚する必要があるが、こうして自己の単独性を回復したものが、対自（für sich）である。即自も対自も、いずれにせよ他との関係を想定したうえで、自己関係というかたちで単独性をもつ段階を表わしているのである。ただ、即自が他への無自覚によって（したがって自己への無自覚によって）そうであるのに対して、対自が自他への自覚によって、そうであるというちがいがあるにすぎない。

まず関係が存在し、外に向けた関係の触手を自己自身に向けることによって単独性が成り立つ。このプロセスを、そっくり術語化して、ほぼ定着した用法になっているのが、ヘーゲルの言う「自己内反省」（in sich reflektieren）という言葉である。これにはほとんど同じ内容の「自己内に帰る」とか「自己内に戻る」とかの言い方があることでもわかるように、反省（Reflexion）といっても光の反射（Reflexion）と同じことで、他のものに当ってはね返ってくることである。こういう場面を考えればよい。たくさんの人間が手をつなぎ合っていて、関係の内に自己の単独性を喪失している。自己の単独性をとり戻すには、その手を、自分自身のなかへおりかえさなくてはならない。つまり「自己内に反省」しなくてはならない。（とすると、これが「反省」といういかにも心的なプロセスを意味する訳語をふりあてられていることを不当だと思う人もあろう。それがじつはまさに「反省」という意味をもつことはのちに述べる。）

五　関係の内在性

関係の項となるべき独立した存在を、さしあたり、自己関係、自己内に反省した存在と考えることによって、存在一般を、ひとまず関係として把えることができるのであった。それではつぎに、関係の存在はどのように把えられなければならないであろうか。

関係にとってもっとも根本的な問題は、関係の存在は、関係する存在者にとって、内在的か外在的か、ということである。われわれは、ごく素朴に、つまり反省以前の次元で考えるかぎり、関係が関係するものに対する第三のものによって成り立つとは考えていないであろう。すなわち、関係の内在性は直接性の次元では存立している。たとえば、電気スタンドの左に灰皿があるというとき、たしかにそれはちょっと考えてみれば、つまり、反省を加えれば、それを見る第三者の存在を抜きにしては成り立たない関係であるけれども、「灰皿はどこ」ときかれて「電気スタンドの左」と答えるときには、「電気スタンドの左」という規定を灰皿がもつものとして語っている。ちょっと心配になって、隣室で灰皿をさがしている友人に「窓の方を向いて左だよ」というとき、私はもはや反省の地平に立っている。すなわち、われわれにとって、それが端的に真理であるような関係とは内在的関係である。

もちろん、われわれはたやすく、左右が私の視点の位置という第三のものによって成り立つ関係であることを自覚する。しかし、それによって、左右という規定が、灰皿と電気スタンドそのものの規定であることが消滅するわけではない。私にとって左であるものが、私の向いに立つ訪問者の右であることは自覚されている。つまり、灰皿が電気スタンドの「隣り」にあるという関係は客観的なものとして残る。さて、この「隣り」という関係は内在的か外在的かと考えてみると、またしても、直接の真理としては内在的であると言いうるであろう。一般にAとBの関係がF(A, B)で表わされるとして、その関係の真理とは、その規定がAそのもの、Bそのものの規定であることにほかならないであろう。

しかし、われわれにとって関係の真理が内在性にあるとしても、本性上、関係の真理は外在性にあるのではないか、と問いが発せられるであろう。こう考えてみよう。二つのものの関係は、第三者[★7]によって成り立つとする。しかしさらに、関係におかれた存在者と、第三のものとしての関係そのものとの関係はいかにして成り立つか。関係一般が外在的であるなら当然第四者が求められ、かくして、第五者、第六者等々と、つぎつぎに関係の責任者を追求する営みは発展する。ヘーゲルの用語で言えばこれは典型的な悪無限である。関係はどこまでさかのぼっても、「まだ存在していない」のである。関係の外在性を原理とすれば関係一般は成立しない。こう言わなくてはならない。関係の内在性を原理として、その内に外在的関係をみとめることは不可能でない。しかし、外在性の原理は、関係一般を不成立におわらせてしまうのである。関係一般の原理は、その内在性にある。外在的関係は、一般に内在的関係に還元されてはじめて、関係としての存在をうるのである。

六　関係には統一が含まれる

関係の内在性は、関係が直接的真理として存在する仕方であるという意味で関係の理想であった。そしてあらゆる関係は内在的関係に自己の根拠をもつのであった。つまり、関係の内在性は根拠として関係の始元であり、理想として関係の終末である。すなわち、関係の内在性とは関係一般の原理である。

関係するものが、第三者の存在を抜きにして直接に関係するという事態は、「限界」によってもっとも端的に表象せられる。われわれはふつう、限界というものをあるものと他のものとのあいだの仕切りと考えるであろう。しかし、仕切りという第三のものがあると考えるわけにはいかない。仕切りそれ自体は、何かかさばったものでなく、それ自身はないものでなければならない。ないものによって仕切られているとは、なにものによっても仕切られていないこととなりかねない。しかし、仕切りがあるものであるとすれば、仕切られた両者は、直接に関係してはおらず、仕切りと仕切られたもののあいだに同じ関係が生まれることになる。★7

少なくとも、仕切りは無として存在しなくてはならない。この存在する無が、どちらにも属さないとすれば、両者

★7　アリストテレスがイデア論にまつわる難点として提起した「第三の人」という論点は、関係一般に拡張されて「悪無限」論となる。

は直接に関係しておらず、断絶があることになるであろう。その断絶に関係をみとめるとすれば関係は第三者によって成り立つことになる。仕切りが片方に属すると考えると、仕切りは無ではなく有であり、もはや仕切りではなくなるであろう。のこされた道は、仕切りが両方に属すると考えることである。これもまた仕切りとはいえまい。

どのように考えても、関係の内在性という原理をつらぬこうとすれば、矛盾はさけられない。それどころか、いずれにせよ、仕切りの解消という結果が生まれるのである。かくして、われわれは、こう言わなくてはならない。「関係には、関係するものの統一が含まれる。[★8]」

関係するものは、関係することによって、結合されている。しかし、この「結合」ということを、「接触」と考えるならば、これはふたたび限界の問題に立ちかえることになるであろう。したがって、ここで「結合」とは、二つのものの接触ではなくて、二つのものがひとつであることと解さざるをえない。ちょうど、二つの水滴が、ふれ合うことによってひとつのものとなるように、二つのものは関係によってひとつのものとなる。しかし、このひとつのものがふたたび他の何かと関係をもつならば、ふたたびより大きな水滴が生まれることになろう。このようにして、ついには世界は単一の一者となるであろう。この単一の一者は、もはや他のものとの関係をもたないもの、したがって、限界という関係をもたないものとして、無限なもの[★9]である。

関係の内在性という原理をおいつめていけば、茫漠たる「東洋的実体」にいきつくよりほかはない。この無限なる一者に、さまざまな物の区別が導入されて、規定が与えられるとしたら、この一者にとって「規定とは否定にほかならない」であろうし、したがってまたこの無限なる一者は、自己の内に、否定・限定をもつものを包含するであろう。すなわち「有限者」を自己の内に含む無限者であろう。

じつに奇妙なことに、関係の原理として、その内在性をたてたとき、やはり、関係そのものは解消してしまうのであった。しかし、関係の内在性の支配下にあって、関係を可能ならしめるもの、それは、東洋的実体のまっただなかに、関係の項となるべき個体性を生む原理として追求されなければならない。

七　個体化の原理——「ひとつ」にするもの

関係の本質をさぐってみると、じつはそれだけですでに「矛盾の巣窟」なのであった。しかし、この「矛盾」をもって弁証法の成立根拠とするならば、弁証法は世界についてなにごとも語りえない不毛の原理にすぎないであろう。そしてこの原理をつきつめて東洋的実体に到達したとしても、そこにわれわれは、純粋な「存在」を見出すのみであって、それについてなにごとも語りえないであろう。ヘーゲルはこう述べている。「実体的同一という東洋的な見方は、あらゆる真実の発展の根底となるものであるが、しかし、そこにとどまることはできない。そこになお欠如しているものは、個体性という西洋的な原理である。」(Enzy. §151, Zus.) 一方では、あらゆる個体性の解消をもたらすところの関係の内在性という原理の支配をみとめたうえで、なおかつ、個体性の基礎づけを行なわなければならないのである。ここに「個体化の原理は何か」という、かなり以前に哲学者たちによって見棄てられてしまった古い設問が、生きかえらせられるのである。もはや存在を原理的に、関係を含む存在として——たとえば、「人間」存在を「間柄」として——把えることによって、個体性と他者性、あるいは全体性とを、両立せしめうるというような、ある意味で楽天的な思想は、自己の根底へとつきおとされざるをえない。「間柄」が、個の抹殺にいたる必然性をはらんでいることを、充分に見とどけつつ、そのなかに、個体性の存立を保証しなければならない。一般に、「個体化の原理」を

★8　青年時代からずっと、ヘーゲルの用いる関係(主としてBeziehung)という言葉には、ほとんどつねに結合とか一体とかの語感がひそんでいる。代表例としては第二章で引用した『体系断片』のなかの「関係するものとして、つまり合一において」がある。また前章(等)で引用した意識の規定では「区別」と「関係」が対照的である。「関係」が「同一」を意味するからだ。

★9　パルメニデスの「存在」と重ね合わせて考えてよい。

求める問いにおいて、第一の前提となっている事態は、普遍者の実在という事態であった。しかし、いまここで、われわれは形相的実体としての普遍者の実在というエレメント（境位）において、個体化の原理を求めているのではない。むしろ、質料的存在が関係の内在性によって、一者という実体にもたらされた、その境位において、個体化の原理が求められているのである。

われわれはふつう個体というものをどのように考えるであろうか。私の目の前には、灰皿がある。私はそれをひとつの角度から見ている。しかし、私はそれを他のあらゆる角度から見ることができるということを知っている。灰皿が私の幻影ではなく、心の外にある実在であると確かめることができるのは、灰皿をさまざまな角度から把え、射影しつつも、その灰皿が、そのあらゆる角度からの射影をはみ出た存在であることを、私が多様な連続的射影を綜合するプロセスを通じて知っているからにほかならない。かんたんにいって灰皿は、多数の射影関係を集めている。

しかし、関係の内在性という規定からすれば、関係の集約とは、灰皿が個体性を喪失して、関係へと自己を拡散するということになりうるであろう。ここに集約と拡散は同義である。アナクサゴラスを逆手にとって、「集約」を「生成」といい、「拡散」を「消滅」というならば、「生成」と「消滅」は同一であると言いえよう。集約と拡散の同一性は、関係の内在性が支配する領域では、つねにあらわれている。マルクスが「人間とは社会的諸関係のアンサンブルである」というとき、彼は、人間的個体を、社会的関係の集約として把えることによって、人間的個体の実体性を、社会的諸関係へと拡散させたのである。ここにも「集約」と「拡散」が同義となるという、根源的流動性が露呈している。個体を関係の集約とみなすことは、関係の内在性という原理の支配下にあっては、なんら個体性を保証するものではなく、反対に、個体性の解消をも内含しているのである。

とは言うもののしかし、私の眼前の灰皿は、ふてぶてしくも存在している。他者への多様な関係へと相対化されることなく、他と隔絶した（ab-solut）なものとして、ひとつのまとまりをもったものである。私がこの灰皿を最初に問題にする、その仕方をもしも（This is an ash-tray）というとすれば、おそらく「ひとつの」を含意する不定冠詞は、他の多数の灰皿という集合から「ひとつ」をとり出していっているのではなく、「ひとつの」ということによって、灰皿をまとまりとして把え、灰皿のおかれた関係世界から、灰皿を切り抜き出して絶対化するという役目を果たしているにちがいない。

ひとつの灰皿が、「ひとつ」のものとして、関係から自立したまとまりをもつためにはたんに関係を集約しているのであってはならない。たんなる集約は拡散だからである。したがって灰皿は、純粋に・ひとつ・であるのでなければならない。それ自身の内部に部分とか、限定をもたないひとつ、あらゆる他者性を排除したひとつでなければならない。つまり、合成されたものではなく「単純な」ものでなければならない。しかし、あらゆる存在が関係であり、関係がその内在性によって他者との統一を包含するとき、この単純性（Ein-fach-heit）はいかにして成り立つであろうか。

単純性をもつものは、一般に「かたち」として考えられる。紙の上に描かれた三角形はその材料に関していえば、まとまりのない粗い点の集まりにすぎない。しかし、ゲシュタルト心理学が精密に明らかにしたように、それを「かたち」として把えることによって、われわれは、それを「ひとつの」まとまりとして把えるのである。もちろん、複雑なかたちもあれば、単純なかたちもある、ということはできる。しかし、どんなに複雑なかたちでも、それはあるまとまりをもつという意味で単純である。

かたちのもつ単純性と同じ単純性をもつのは、図形だけではない。時計は複雑であるけれども、「時計」という概念によってわれわれは、単純なまとまりとしての時計を把えている。どのような概念にも、かたちと同じまとまり、単純性がある。概念は、あらゆるものに単純性を付与することのできる万能の「まとめ」役である。概念のもつ形相的単純性によって、ものははじめて「ひとつ」なのである。灰皿や時計が、多数の関係に拡散してしまわないのは、「灰皿」や「時計」という概念によってである。「名もなき花」といってもそれは、まとまりなき花ではなく「名づけられるべき」花として、概念の単純性によってまとまりをえているのである。

しかし、ここに奇妙なパラドックスが生ずる。概念の単純性によって、「ひとつ」が保証されるのでありながら、概念自身はつねに多数性を内含しているものであるというパラドックスである。つまり概念自身はつねに普遍的なものである。関係の内在性の支配下にあって集約を拡散からすくう個体化の原理は、概念の単純性である。しかし、概念それ自体は、非個体的なものであり、多数性をもっている。この難問をさけようとすれば、概念が集合としてあるありかたから、単一性、一者性（Ein-heit）としてあることを切りはなし、概念によって保証される同一性の背後に、概念をこえてある純粋な自己同一性を、たとえばイデアといったものとして認めることになろう。そしてイデアにおいてのみ、関係を隔絶した自体的存在がなりたつことになるであろう。ここにも重要な「分かれ道」があると言わなくてはならない。しかし選択の方向はすでに定っている。この期に及んで、単一性の原理を、概念をこえる地平に成り立たせるならば、単一性は経験の地平をはなれた到達不可能な神秘と化するであろう。とすれば、われわれは、概念そのものの契機として、そこに内在するものとして単一性をみとめなければならない。しかしそれには、存在の仕方として関係における自体的存在、すなわち附帯的にして自体的というありかたを認めるよりほかにない。ヘーゲルに「他者において自己の許にある存在」、「疎外において自己自身である存在」等々の用語がみられるのは、そのためである。いったいいかなる存在を媒介として、そのような存在の仕方が可能になるであろうか。概念の単純性（Ein-fach-heit）、単一性（Ein-heit）が、関係という場合でいかなる役割を果たすかを、見ておかなければならない。

八　他との関わりから自己内へと反省する

存在は関係であり、関係は内在的であり、内在的関係者は実体的統一となり、実体的一者というエレメントにおいて個体化の原理となるものは概念の形相的単純性であった。もちろん概念と名前とは同じでない。同じ名前が別の概念を、別の名前が同じ概念を表わすことはよくある。こうしたことは、われわれが用いている語彙体系がいわばできそこないであるために起こることなのだろうか、それとも、どうしても語の多義性というのはさけられないものなのだろうか。「人間も牛も動物である」というとき、「鯨も卵も木に登れないものである」というのと同じ仕方で、「動物」という名前の一義性が確保されているといってよい。「人間は動物ではない」といったとき、事情は変わってくる。人間も牛も同じ意味で動物であるのかどうかがあらためて問題となってくるからである。もし人間がある関係において動物であり、他の関係において動物でないなら、「人間―動物」という定義は、人間を諸関係の集約点たらしめることに成功していないことになる。関係の内在性はここでも、力を発揮する。人間を理性的動物であると定義したとき、問題は、集約点の単純性をこの定義が保持しているかいないかということである。われわれはたやすく、人間の概念がもたらされたあとで、他と区別する目じるしとして定義を下すことはできても、定義をつみ重ねて概念に達することはできないことを理解するであろう。これは、パリを直接に知らない人に、何枚パリの絵を見せても、「ああパリだ」という嘆声をきくことができない、というのといくぶん似た事情にある。

時計にしても、軍隊にしても、羊飼いにしても、そうしたものの概念が、そのものの「用向き」にあるとする考え方には充分な根拠がある。時計はさまざまな部分からなるが、それにまとまりを与えているのは、その「用向き」である。軍隊にしても、さまざまな部分をもち、かつ、さまざまな関係のなかにおかれているが、その統一性は、ある人は善いといい、ある人は悪いというかもしれないが、その「用向き」、すなわち、それに固有の善さ《アガトン》によって与えられる。派閥の連合体ですら、その目的によって「ひとつ」のものとなりうる。すなわち、概念を、他と区別する――区別はさしあたり外在的関係と言えよう――ための徴表としてではなく、そのものが多数の関係のなかを、いわば生き抜いて「ひとつ」のものである根拠として考えるとき、その「用向き」こそ概念であるといいうるのである。「用向き」といい、「目的」といい、「善さ」といい、いずれも今日のわれわれには、ものの概念というには、人間臭が強すぎて困ることはたしかである。そして「理念」と呼べば、なんだかとても手がとどかない感じがする。「価値」と言えば、まず確実に誤解を招く。ある批評家がさる建築家の論文を諷して「かた」に血がかよって「かたち」になるといったことがあるが、まさに、血のかよった「かたち」としての形相が、概念なのである。

さて、ものの概念が「用向き」のごときものとすると、「飛バヌ飛行機」は、飛行機ではないのか、ということになる。しかし、それも概念として把えられることによって可能態として飛行機であるとはいいうるであろう。レールの上になくても、汽車が「汽車」であり、机の下の本が「本」であるのは、それによってである。本を本として、ありのままに、すなわち、本のおかれた関係のまっただなかで、本を「本」として関係から切り抜くという把え方をすれば、すなわち、先の説明で述べたように即自態としての本は、本の可能態なのである。

本が読まれるということは、本の存在にとっていかなる変化であろうか。本は現実態となる。同時にそのことは、他者との関係を回復することにほかならない。本は概念の単一性によって、解消からくいとめられてはいる。しかし、その単一性はもはや、自体性・自立性をもっていない、「対他存在」(Sein-für-anderes)と化している。概念はその自体性・自立性の喪失においてしか現実化されないのである。概念の形相的単純性によって自体性を得る以上、同時にそれ自身抽象的なものである概念の実現は、自体性の喪失を招く。言葉をかえれば、自己疎外こそ自己現実化なのである。

図式化していうと、単一性は多数性にとりまかれている。とりまくものもまたおのおの単一性をもたなければ、中心の単一性に（関係の内在性の原理にしたがって）吸収されてしまう。ひとつひとつの関係は、一者対一者の緊張関係である。集約と拡散の均衡である。中心の一者にとって、一者であることが自己同一性を意味する以上、一者と多者のおのおのの対立関係は全体としてみると、一者であることと、多数者であることの対立である。この対立は存在の仕方の対立として、絶対的矛盾である。

この矛盾——論理的矛盾との関係はのちに述べる——は、中心となる一者が、自立性を回復することによってしか解決されない。それは、他者である多者を自己有化することによって行なわれる。自己の他者を、自己の他者に転化するのである。つまり、他者を、他者の他者たらしめるのである。いま、自己が奴であり、他者が主だとすれば、主を奴の主たらしめることによって、主がもはや主ではなく、主を奴の主にすぎないもの、つまり、奴の奴としてしまう。こうした転換によってはじめの奴（自己）が主となる。一見すると、きわめて技巧的な論述に見えるかもしれないが、関係の内在性というエレメントにおいては、関係する者の自体性がつねに転換可能であることを理解すれば、そうした外見はとりのぞかれるであろう。

これは、他者との関係を自己自身の内に含むものとして、自己を再確立することである。そうすることによって自己は「他在において自己の許にある存在」へと成長するのである。本が、自己の他者との関係、つまり自己の使命（Bestimmung）を、自己の本分、すなわち自己の概念として、反省することである。反省することによって、自己は自己の可能性、即自を、自覚されたものとして、自己の内に把えている。つまり、「自己内反省」している。他者への触手は自己内におり返されて、自己の自体性・個体性が回復されるのである。本が反省する、汽車が反省するというのは奇異かもしれない。しかし、概念によってはじめて自体性を与えられるこれらのものにとって、概念の変化は（もしそれが実際上時間的に行なわれるとしたら認識する意識の存在を当然前提するのであるが、それにもかかわらず）、そのもの自身の変化であらざるをえない。

九　物体、人間、世界、神

概念というものを、多様な関係のなかに存在を解消させない単一性として、その内容を「用向き」的なものとして把える。なんらかの意味でものの「用」になるものはいい。無用のものや、それ自体有用のものでも、その用を度外視して考えるときには、概念は成り立たないのであろうか、つまり、概念には「無用のもの立入禁止」ということになるであろうか。

ヘーゲルは「犬」というような「たんなる表象」を「概念」と呼ぶカントの杜撰さを責めている。概念が存在世界と独立して成り立つものではなく、存在の発展段階のある特定の段階として考えられている。つまり「概念」は「名辞」と同義ではない。ある目的性をもつまでに発展した物のありかたをさしている。しかし、その場合でも、目的性をもったものとしての概念は発展段階の途中から突如として登場するのではなく、初めから可能的に存在していたものが実現されて、そうなる。

いずれにせよ、発展の初期にあらわれる関係の仕方と、後期における場合とで、根本的には同じ関係の仕方が存在する。したがって、「犬」にも、「国家理性」にも同型の関係がある。そのさい「用向き」というようなことは、最大限広く考えなければならない。要するに、自分自身を意味づける働きとでも言うようなものである。時計の「用向き」を概念としての「時計」に内在的なものと考える必要はないかもしれない。時計の用向きが人間をはなれて成り立つはずはないからである。しかし、時計を「時計」として、それだけで単独のものとして、把えるその段階においては、「用向き」が内在的なものとして把えられるのである。したがって、別の関係の配置のなかでは、時計の自体性はみとめられないことになる。それでは初めから、関係といえる関係を全部並べ立ててしまえばいい、世界は関係の線でできた、あたかも道路網を表わす地図のようなものとなるであろう、そして多数の線が重なる結節点——レーニンはこういう結節点としてカテゴリーを把えている——が、一目でわかるであろう、と考える人がいるかもしれない。しかし、じつはわれわれはでき上がった地図をもとに出発するのではないのである。ひとつの点ができて、線がひける、すると点（自体性）をもたないものは、すべて点に一体化される新しい配置ができる、というプロセスをくりかえして全体の図をつくっていかなければならないのである。時計をひとつのまとまりとして把える段階があればこそ、時計をひとつの結節点とする新しい関係の配置が可能になるのである。

ローベルト・ハイスが言うように、弁証法の展開において、上下の格づけは、本質的な意味をもっている。それを可能にするもの、それを促すものは、やはり関係の内在性のもとにおける、概念による個体化という原理である。へーゲルの形而上学思想をスケッチしてみれば、そうした事情が飲みこめると思う。物体的なものは、他者との関係のなかにおいてのみ自存する。したがって窮極的に、その自存性は、自己自身のものではない。つまり、物は自己の統一性を他者によって与えられるより他はない。そこに、「物の不幸」がある。物はつねに他との関係、限界を負わされた有限者である。物は、自己の無限性（非有限性）を自己自身において実現することができない。すなわち、自由であることができない。

自由を自己の存在の仕方とするものは精神である。しかし、精神の自由ということを、ヘーゲルのばあい、いかなる意味でも個人の恣意と結びつけてはならない。自由は、自体性に関する存在論的規定からのみ考えられている。つまり、関係によって他者の存在に同化されていないという「自己同一性」、したがって外面性の解消、そこにおける「自己自身の許における存在」ということである。しかし自己の外部を他者としてもつかぎりにおいて、この自由もまた「有限」である。他者も世界（歴史的世界）として客観という資格で存在する以上、有限である。精神の有限性は、世界を自己とし、自己を世界とする自覚によって止揚されるが、そこに成り立つ精神は「絶対」精神である。もはやいかなる他者への関係にも相対化されないという意味で絶対的であるが、しかし、これは、他者を外部にもってそこから隔絶しているという相対的絶対ではありえない。有限精神の場面へ自己を疎外しつつ、疎外において自己自身であるところの、自己を啓示する絶対精神として、それはキリスト教的神である。

きわめて簡単なスケッチであるが、物体、人間、世界、神という階層的秩序を形成するさいの基本的カテゴリーである、「自由」、「無限」（有限）、「絶対」等は、いずれも、関係の内在性のもとにおける自体的存在と附帯的存在を規定する存在論的規定として用いられていることがわかるであろう。

そして物体、人間、世界、神という段階の一段階ごとに、また一段階のなかでの発展の一齣一齣に、概念の形相的単純性が単一性、自体性を保証するのである。根本的に関係というありかたで考えられた存在が、自己の個体性の根拠を、概念の形相的単純性、自己同一性にあおぐということは、当然、概念と存在との一定の関係、あるいは相互の統一を前提するのであるが、概念それ自体は、関係から自己を自立させるもの、自己同一的なものである。したがって、概念と存在の関係は、きわめて特異なものとならざるをえない。つまり、自己同一的なものとしての概念の存立を保証しつつ、しかも、関係の存立をも保証しなければならないのである。

十　意識の根本的二重性

存在と概念、実在的なものと観念的なものとは、どのようにして媒介されるか、すなわち、経験はどのようにして成り立つであろうか。ここで経験と概念とを対立的に見る見方はしりぞけられなければならない。いわゆる感性的経験《エンピリー》も、科学的認識も、いわゆる実存体験も、すべて、実在的と観念的という契機をもった経験《エルファールング》と考えなければならない。もちろん、経験と概念との対立には根拠がある。経験にまとまりを与える概念は、それによってまとめられる当のものから発するのではなく、すでにそのときにはでき上がっていなければならない以上、それなりに先験的である。しかし、その先験性が「あらゆる経験から独立に生ずる」ものと考えられるかと言えばそうではない。その先験的なものの理解を可能にする経験がすでにあったと考えなければならない。ところが、昔歩いた道を憶い出しながら歩くように、過去の経験が時間的に過去という資格で経験に統一を与えるのかと言えば、そうでもない。ヘラクレイトスをまねて言えば、「われわれは同じ道を二度歩くことができない」のである。過去の経験を総括しつつ、その過去性を無時間的なものにしているのは、形相的なものの単純性である。そこで一方では現在として時間的に存在する存在に関わりながら、他方、無時間的なものとしての概念にかかわり、両者を媒介結合するもの、しかも、その結合においては、関係の内在性によって概念と存在とがおのおの他の存在に吸収されてしまって媒介の成就を妨げられることがないように保証する存在、その結合自身、両者の同一性、ひとつであることを保証するような存在——

それが、意識である。
意識は根本的に対象意識である。まず第一義的には対象に「ついての」意識、というよりむしろ、対象「の」意識である。意識は直接に対象と関係する。対象に附着しているという意味でなら、まさしく対象に「ついての」意識である。もしそうでなかったら、意識は、対象に「関する」知識を吟味すべき基準を、つねに対象と知識に対する第三のものに求めざるをえなくなり、したがって対象と知との比較吟味は不可能になるであろう。意識が対象についている、対象に同化されているかぎりで、じつは対象も、「対して立つもの」としては存在していない。

意識が対象から自己を区別するのは、それ自身が概念であるものとして存在するかぎりにおいてである。意識は概念であるかぎりにおいてのみ、対象でないものである。ここに対象は、「対して立つもの」となる。つまり、意識は概念であることによって、対象から自己を区別して、対象の意識となり、対象に対するかぎりにおいて概念である。意識をサルトルのように「世界に穴をあける」かまいたちとして考えることはできない。意識は、概念として、形相的自存性をもつかぎりで穴となるのであって、けっしてたんなる空隙ではない。言葉をかえれば、意識は対象を、何かとして把えるかぎりで対象と自己との距離をつくり出すことができるのである。ヘーゲルはこう述べている。「意識はあるものを自分から区別すると同時に、そのあるものに関係する。」(Phän. S. 70)――ヘーゲルが、「区別」と「関係」をとくに強調し、対照させているのは、関係の内在性によって、「関係」には、「統一」が含まれ、「区別と関係」という対照は、同時に「区別と統一」という対立でもあるからである。――概念と存在とは、この関係の両側面である。

すると、存在と概念が意識をはさんで、サンドウィッチのようになっていると考えられるかもしれない。そうではないのである。意識が概念であるかぎりで、意識は対象の意識なのである。意識が概念であるという仕方で対象と関係するということは、当の意識にとっては、概念が存在するものという資格で、その形成された過去を脱却して、存在する対象性の資格であらわれるということである。「これはペンだ」ということによって、私はこのペンが存在するものとしてとり結んでいる内在的関係の領域から切り抜き出して、絶対化し、それに個体性、自体性を与える。また、そのかぎりで概念としての「ペン」は、その形成を脱却して、無時間化された形相に高められている。それがインクをつけてものを書く道具になること等々の経験は、ペンを「ペン」として切り抜き出してくるかぎりで、もはや過去という時間性から洗い清められて、概念の透明なモメントと化している。こうした「ペン」をとりまく多様な知識は、いつでもとり出せる状態にあるが、それが直接に現前しているわけではない。

八章で示したように、ペンが「ペン」である、という直接的同一性の次元においてのみ、概念の自己同一性は純粋に保たれている。「ペン」が抽象的概念として、多数の実在と対立するという場面では、多数との対立にとらわれた同一性と化してしまっていて、純粋な同一性はなり立っていないからである。

存在と概念とは、意識の根本的な二重性——対象知であるかぎりで概念知であり、概念知であるかぎりで対象知である——によって、媒介を成就するのである。

十一　形成的発展

純粋な同一性は、純粋であるがゆえに、ただちに非同一性に転化する。ヘーゲルは、同一性には、絶対的な非同一性が含まれていて、それが発現する、と考えているが、俗な言いかたをすれば、「純粋とは潜在的不純ということだ」といってよいであろう。自己同一性は、自己の否定である他者を否定して自己内反省することになりたつのだが、そうした否定の営みは、紙からハサミで或る形を切り抜くように、図と地に対する、第三のもの（ハサミにたとえられるような）に属するのではなく、そのものに属するのである。こうして概念の単一性は、その抽象性を否定して、実現に向かう。概念は、このペン、このライオンではない。概念の単一性に対して、実在は多数なものとして、その回りをとりまく。意識は概念の単一性であるかぎりで、実在の多様によって否定され、実在の統一に自己をおけば、概念の多義性に直面する。内容における単一性と多数性の対立は、存在の形式における、同一性と差異性の対立である。この矛盾は、対立をそれ自身の内にはらんだ、新しい統一へと止揚されることによってのみ解消する。他者として統一に対立していたものは、新しい統一のもとに契機として、知性化され保持される。第三の段階において、概念はもはや、単純な直接的なものではなく、媒介を内にはらんだ生動的な統一である。

たとえば、何かを「これ」として把えるとする。初めは「これ」ということのなかに、あるものの存在と、そのものが「これ」と指定されることに成り立つこれの独立性、極端に言えば絶対性が成り立つ。それと同時にしかし、「これ」という概念を中心として考えると、あらゆるものが「これ」であり、当のものを中心にすると、自分について語られた「これ」が、どれも自分自身でないという経験をする。そこで他のものとさまざまな関連をもちながら、これでありつづけるようなもののありかたとして「物体」といえば、新しい統一がえられることになる。

こうした概念の形成過程は、一方からみれば、時間的な経験の結果を、純粋な概念の世界に送りこんでいくことであり、また概念世界がすでにでき上がっているとするならば、概念が、経験世界に実現し、経験によって吟味され、認証されるプロセスでもある。とするとこの概念世界は、客観的なものに対する主観的なものではない。意識が対象に向かって、それをもって直面した概念が、存在との交渉をへて、その関係を統一する真理を展開したものとなる。しかも、この主観客観の統一は、それに対する第三のものによって行なわれたのではなく、形成された概念の自己同一性によって保証されるのであるから、認識論上の主観主義におちいることがない。したがって、はじめに概念と存在が意識に媒介されるという関係が成り立っていたのであるが、ここでは、むしろ客観的存在と主観としての意識が、概念において統一されているというるのである。それであるとすると、この概念世界は世界存在に自分を外化、実現することができるはずのものである。存在世界は、そこに概念と意識を出会わせる仲だちとなるであろう。すなわち、意識、概念、存在は、それぞれ他の二つに対する媒介となることができる。

経験を構成した存在、概念、意識は、それらをおのおの独自の世界として把えるとき、自然、論理、精神からなるひとつの体系を形成するであろう。その体系の根本的ありかたからして、自然、論理、精神のいずれもが、他の二つを媒介する働きをするようなものでなければならないであろう。ヘーゲルは、哲学の理念を、じっさいそのようなものとして語っている (Enzy. §198 ~ §201)。もちろん、みごとな体系をつくるか、つくらないかは、ある意味でどうでもいいことかもしれない。最近の哲学者でヘーゲルふうの体系を非難しない人はいないといってよいくらいである。そうした非難は、きまって感性的経験にせよ、科学的認識にせよ、実存体験にせよ、いずれも広義での経験の実情にそぐわないという理由によるのである。しかしヘーゲルのばあい、根本におかれているものが、とりもなおさずそうした広義での経験を構成しているものであることをわれわれはみてきた。弁証法は、この経験の内在的な自己了解として成立する。それは、経験の形成的発展の必然性を表わすものであり、その根底となる原理は、存在を支配する関係の内在性、個体化の原理としての概念の単一性、存在と概念を媒介する意識の根本的な二重性なのである。

十二　矛盾律と弁証法の根底にあるもの

弁証法が矛盾律を否定するか、しないか、という問題も、これらの弁証法の成立根拠をもとにして考えていかなければならないであろう。もし矛盾律が、言語（概念）と認識（意識を前提する）と存在のすべてにわたる最高の原理であるとすれば、たしかに弁証法にとって矛盾律の存立する場面はありえないであろう。存在は、根本的に関係の内在性のもとにおかれるものである以上、或るものは或るものであることにおいて、他のものの或るものであり、或るものを「或るもの」として把えると同時に、その或るものは、もはや、他のものに移行している。存在の根本様相は移行である。（したがってヘーゲルの「存在論」の展開原理は「移行」である。）意識は根本的に二重性をもった存在であり、概念と存在、内的なものと外的なもの等々、要するに観念的なものと、実在的なものとの二極的相関性が、その根本様相である。この二極的相関性は、互いに他を反射板として自己内に反省するというかたちで成り立つ。（したがって、この二極性の領域を扱う彼の「本質論」の展開原理は「反省」である。）概念は、個体化の原理として、それ自身単一性をもつものであるが、同時にまたその単一性は、多数性への発展を自己自身の内にもつものでもあり、その根本様相は発展である。（したがって彼の「概念論」の展開原理は「発展」である。）「移行」も、「反省」も、「発展」も、それぞれ、弁証法の立場からは「矛盾」と呼ぶことができる。そしていままで弁証法と矛盾律とが両立しないと言われる場合、これらの移行、反省、発展のいずれかが、矛盾律と反すると考えられてきたということができるであろう。しかし、こういうものを、形式論理学の立場からは、「矛盾」とみとめることがない。あるいは少なくとも、語られる事柄が、形式論理学で言う「矛盾」にはならないような表現におきかえることができると主張するであろう。形式論理学から見ると、弁証法論者は、いつも言葉のつかい方をわきまえないバルバロス（野蛮人）なのである。ローベルト・ハイスなどは、その最たるものであろう。彼によれば「生は死への歩み」、「無知の知」、「無意識」などがみな「弁証法現象」であって、形式論理学の限界をこえているのである。しかし、形式論理学によれば、「生は死である」といっても「矛盾」とはならない。「生は死であり、かつ、死でない」というとき「死」という言葉が、多義的でないとすれば矛盾になり、多義的であれば別の言葉におきかえられる。「彼は商人であり、かつ、学者である」は矛盾ではなく、「彼は商人であり、かつ、商人でない」と言えば矛盾である。したがって「彼は商人でもあり、また商人でないものでもある」というのは矛盾にはならない。つまり、矛盾律は主語に異なった複数の述語（それが対立的なものであったとしても）が付されることを禁止するものではなく、述語が意味をもつということは、すべての主語が、その述語に属するものと、属さないものとに厳格に二分されるというたてまえで語られるということを意味するのである。つまり「商人であって、かつ、商人でないものである」ような個物があるかないか、は矛盾律の関知するところではない。「商人」というひとつの述語が意味をもつということは、およそ商人であるという属性をもつものはすべて、そこに属するというたてまえを立てるということに等しいのである。つまり、概念を輪で表わせれば、それはかならず閉じた輪である。私は、矛盾律が保証するものは、「意味形態の完結性」である、と言いたい。つまり、意味はひとつひとつモナド的である。ヘーゲルはこう述べたことがある。「規定性はモナドに等しい。」(Jen. Log. S. 177)

すなわち、矛盾律の保証しようとするものが、「意味形態の完結性」であるとすれば、それはわれわれがいままで「概念の自己同一性」(「単純性」、「単一性」)と呼んできたものにほかならないのである。たとえば、「円弧は線分である」ということが接線に関してなりたつ。これをもしも矛盾律に反する形式で、「この線は、円弧であり、かつ円弧でない」といったとしても、そのときわれわれは「円弧でない」という述語がなされていると考えて、それをひとつの「まとまり」をもった述語と考えるであろう。つまりこれは「SはPであり、かつ、Pでない」として理解されるのではなく「SはP_1であり、かつP_2である」として理解されるのである。

するとこういう問題がおこる。「霊魂は死すべきものであり、かつ死すべきものでない」と言えば矛盾であり、「霊魂は、可死的であり、かつ不死的である」と言えば矛盾ではなくなるということになるのである。カントは、「……は死すべきものではない(nicht sterblich)」という「否定判断」と、「……は不死的である(unsterblich)」という「無限判断」とを区別する古い論理学で行なわれていた区別を復活させて、判断の質に関して「肯定」、「否定」、「無限」という三つのものを区別した。ヘーゲルもこの区別を受けついだ。すると矛盾律は、同一の主語と、同じ意味の述語に関して、肯定判断と否定判断を連ねることを禁ずるものであって、肯定判断と無限判断を連ねることを禁ずるものではない、ということになるであろう。否定判断と無限判断がどこで区別されるかと言えば、「不死」、「無限」、「非分割」というような述語を、合成されたものとみるか、単純なまとまりをもつものとみるかという、意味形態の完結性にのみ関わっている。とすると、名辞が否定の接頭辞をもつ複合語であるか、いなかには関係がないはずである。試みに「欠如」という言葉を思い浮かべてみればよい。すると今度は、単純な概念もまた分割されうることになるであろう。

「欠如」は、「満たされていない」と同義である。ある述語を肯定形と否定形の両方のかたちで言えるか言えないかは、まったくその国の国語の性質によることで本質的意味はない。ある概念は本性上それと対になる否定形、または肯定形をもつと想定してよい。であるとすると、ついに、肯定判断と否定判断の区別も無意味になるのである。しからば、肯定判断と否定判断の連言を禁ずるという矛盾律も無意味である。われわれはただ、意味形態の完結性を保証しうればそれで充分である。ヘーゲルが「無限判断」をもって、矛盾律の無意味さを暴露するものと考えたのはそのためである。（したがって、ヘーゲルは、形のうえの肯定形、否定形という区別を無視して、「精神は骨である」とか「ライオンは机でないものである」ein Löwe ist kein Tisch とかを無限判断の例としてあげている。）

　弁証法の立場において、矛盾律の要求する事柄それ自身は、否定されていない。それどころか、概念の自己同一性が個体化原理として、存在の統一の必要条件であって、これなしには経験というものがなりたたないことは、すでに述べてきたとおりである。「円弧は直線である」ということに意味があるのは、まず、「円弧」と「直線」とが、まず自己同一性を保証されてあとのことであって、「円弧は円弧である」、「直線は直線である」として意味形態の自己完結性が保証されてこそ、そうなのである。「生」と「死」、「知」と「無知」等々は、独立にそれだけで了解されるという場面を通らなければ、いわゆる弁証法的矛盾は形成されない。一般的に言えば、それなしに関係の項は形成されえないのである。

　しかし、弁証法における概念の自己同一性が、ふつう同一律として述べられているものとちがっていることもたしかである。ふつうの同一律を「『ペン』は『ペン』である」というなら、弁証法においては、「ペンは『ペン』である」と言わなくてはならない。すなわち「直接的に存在するものの観念性」(Enzy. §115 Zus.) を表わしているのである。ここでは、学校文法の実例や、辞典に記載されているような概念、すなわち、使われていない死んだ概念は問題にしていない。概念を実在との関係において、つまり、経験においてあるべきものとして把えている。概念と実在との関係から、すでにのべた三段階が発展してくる。第一は、直接的同一の段階、第二は抽象的同一と実在的多様との対立の段階、第三は、実在の多様性を自己の内に含んだ生動的統一の段階である。自己同一性が純粋に存立するのは、第一の段階であるが、これは第三の段階の真理を、純粋な単純性において表わすものであって、したがって他者を否定する、つまり自己の否定を否定する自己内反省によってもたらされるものであり、そうした否定関係を自己の内に潜在させているような肯定性である。

したがって、弁証法における自己同一性と同一律とのちがいは、まず第一に、概念の自己同一性を実在との関係においてあるべきものとする点、第二に、否定という関係そのものを自己に潜在させていると考える点、第三に、自己同一性が対立へ発展する必然のなかにあると考えられている点、にあると言えよう。同一律は、自己同一性を、あくまで名辞そのものにおいて把え、それを説明するのに、多様なものとしての実在との対立における主語、述語の関係をもってし、問題となっている当のもの自身がおかれた関係を捨象しているのである。

われわれは、まず、弁証法が事柄そのものとしては同一律、矛盾律を否定しないばかりか、概念の自己同一性は弁証法の構成原理であることをみた。そして次にその同じものが、弁証法においては経験のなかにあるべきものとしてみられ、同一律においては、経験の外からみられていることをたしかめた。このかぎりでは、弁証法と形式論理学において、「矛盾」という言葉が、混乱して用いられていると考えてもよい。要は、弁証法の論者が、「矛盾」という言葉をやめて、たとえば「対立」という言葉を用いればよいので、そうすれば、形式論理学者は、バルバロスという非難をとり下げてくれるはずである。そこでさらにわれわれは弁証法における、「矛盾」の意味をたしかめておかなければならない。弁証法では「対立するものが必然的な相互関係におかれている」事態を「矛盾」と呼んでいる。すなわち、「あるものと、その否定が同一であること」と解している。まず「否定」を、「机である」と「机でない」の関係として考えることが、無意味であることはすでにのべた。「机でない」ものには、「椅子」も「ライオン」も「神様」もはいる。「ライオンは机でないものである」といっても、この否定を通じて、ライオンを規定することはできない。もし概念というものが、実在との関係において、そのものが自分を自分として意味づける働きのようなものであるとしたら、否定とはむしろその逆の働きをするもの、矢印の向きが逆になったもの、逆向きの用向き、と考えられるであろう。とすれば、「生」と「死」などが否定の代表例となるのである。ヘーゲルは、物質世界が、ちょうど無数の磁石が組み合わさってできているように、そうした否定、つまり二極性を原理として成り立つと考えていた。問題は、それが自然に対する知識として正しいか正しくないか、たとえば、それが陽子と電子にあてはまるとか、あるいは、陽子と反陽子であるとか、そういうことにあるのではない。概念をある矢印のようなものとして考える考え方、また、それをつねに実在との関係において考えることが問題なのである。この点から、形式論理と弁証法の分かれ道を求めるとしたら、やはりすでに述べた成立根拠へ、窮極的に、関係の内在性の原理にさかのぼらなければならないであろう。

　それでは「生」と「死」を相互に否定の関係にあるとしたばあい、その同一ということはいかにしていえるであろうか。有機体において、「生が死である」とは、有機体が新陳代謝によって、同化と異化を通じて自己の種を保っているということをいっているにすぎない。組織をくわしく調べれば、それはそれぞれ分業された別の機能であるかもしれない。別のものでなくても、電流のプラスとマイナスのようなものでもいい。形式論理学的には、「プラスはマイナスである」という必要はまったくない。ある人が商人であり教師であるからといって、「商人は教師である」という必要がないのと同じことである。ある関係において教師であり、他の関係において商人であるにすぎない。弁証法が、もし「商人は教師である」といったとして、そこで求めているのは、概念が実在をはなれて概念としてあるかぎりにおいて、概念「商人」と概念「教師」がひとしいということを言おうとしているのでないことは、明白である。そこで弁証法が求めているのは、ある関係において「商人」であり、他の関係において「教師」であるものを、関係の内在性による自己解体からすくって、それに個体性を保障すべく、概念の自同性をそれにあてがうことである。そのものに「ひとつ」であるという数的単一性を与えることである。資本主義社会が「ひとつの」社会として数的単一性において把えられるかぎりで、労働者と資本家の「矛盾」ということがいえるのである。つまり、個体化の原理が概念の単一性におかれているかぎりで、対立物の統一は「矛盾」なのである。存在にとってそれが「ひとつ」であることは、西欧の形而上学にとって抜き去ることができない根本義であろう。プロティノスの言うように「すべての存在はひとつであることによって存在である。」言葉をかえれば、本質は実存の条件である。「真にひとつの存在でないものは、真にひとつの存在でもない」(ライプニッツ)といっても同じである。実存の自体性と本質の単純性が、意識の二重性を通じて「ひとつ」になっている。対立物の統一といっても、その統一とは、そのかぎりでの実存の自己同一性をさしていると考えられるであろう。

弁証法とは、意味と存在とを内在的な関係の場で把えるものである。形式論理学との決定的な差異は、意味を考察するさいに、意味の単純性、自己同一性を設定する場のありようにある。誤解をおそれずに言えば、弁証法においては経験のなかで意味が見取られている。存在と意味との意識の二重性を媒介とする関係が、経験をかたちづくる。意味と存在にかかわるプラトンのイデア論に発したアポリアが、関係の内在性と意識の二重性という場のなかで展開しなおされる。弁証法は西欧の形而上学の伝統が生んだ正嫡の子である。

存在と意味と意識の相関の全体を、存在と意味の極からOnto-logik(存在論)としてのLogik(論理学)というアスペクトで見ることもできる。意味と意識の極から、「意識の経験の学」としての「現象学」というアスペクトで見ることもできる。不幸にして『精神現象学』に対応する「論理学」は書かれなかったし、『論理学』に対応する「現象学」も書かれなかった。「経験」の哲学者としてヘーゲルを把えかえす仕事には、あまりにも大きく開かれた領域が残されている。

何びとかもしも理想的なヘーゲル研究者がいて、この開かれた領域に一書をあてがって、問題に決着をつけることができるであろうか。それはシューベルトの八番に三、四楽章を書くよりも困難であろう。『精神現象学』という著作が、本質的に未完成なのである。『精神現象学』は、いわば未成熟の胎児の姿で生みだされた。成熟をまったら、ほぼ確実に流産したであろう著作である。この「可能的な」(!)流産の原因を考えてみる。「意識の経験の学」として完結すべきものが、「精神の現象の学」へと肥大してしまった。ここで「精神」とは、たんに「心」という意味ではない。一個の「共同世界の精神」である。意識が自己意識とならざるをえないゆえんは、五章の一、二に説いた。自己意識は、デカルトのコギト、カントの統覚という伝統を引きうけている。しかし、意識が本質的に、自己の外に、対象にかかわる脱自性をもつことから、自己意識は相互意識・共同意識から自己を回復しなければならない。ヘーゲルの自己意識によってコギトは歴史的世界に受肉したのである。

それと同時に、意識の経験が、共同世界の現実そのものにおける普遍と個別の媒介を経験しない以上、絶対知に達しえないことになってしまった。この「過大」な負荷を背負ったところに、流産の原因がある。しかし、これは思索することそのものにとって本来的に背負うべきでないという意味で「過大」なのであろうか。そうではない。ヘーゲル自身にとってみれば、青年時代以来ずっと背負いつづけてきたものなのである。むしろこの過大な負荷にこそ本来的な思索の場があることを、ヘーゲル哲学の形成が告げている。その思索の場においてこそ「青年時代の理想」である「生」の概念にはぐくまれ、原理化されて弁証法の「体系」へと成長したのである。その跡をひとまず辿り終えたいま、われわれの前には、ヘーゲルにおける実践の挫折が、そのまま理論の破綻を招来していった傷跡が大きく開かれたままになっている。『ヘーゲル哲学の形成と原理』という書名から、巧妙な図式的に完結した説明像を求めた読者は失望するかもしれない。しかし、いま、筆者は「永久の未完成、これ完成である」という詩人の言葉をもって本書を終えなければならない。

あとがき

筆者が過去に発表した左の論文一〇篇に加筆・修正を施して本書を編んだ。

一　「ヘーゲルにおける直接性または言語の先験性について」（『哲学雑誌』昭和四四年一〇月）第八章
二　「弁証法の成立根拠」（未來社刊『弁証法の本質と諸形態』昭和四五年六月）第一〇章
三　「共同存在の倫理性」（『実存主義』昭和四五年七月）第一章
四　「青年期ヘーゲルにおける生の弁証法」（『思想』昭和四五年九月）第二章
五　「ヘーゲルにおける経験の問題」（『理想』昭和四五年一〇月）第七章
六　「青年ヘーゲルにおける疎外論の出発」（『思想』昭和四七年三月）第三章
七　「疎外と承認」（『思想』昭和四七年一一月）第五章
八　「真理と存在」（『哲学雑誌』八七巻、昭和四七年一〇月）第九章
九　「弁証法的理性の誕生」（『現代思想』昭和四八年一二月）第四章
十　「〝精神現象学〟における社会性の発想」（『情況』昭和五一年一二月）第六章

加筆は、とくに第五章と第六章に多い。全体にわたって、記述や引用の重複が数々あるが、削除しなかった。特定の章のみを読む者もあると考えたからである。

本書に採録した右の論文のほかに、筆者は以下に記す論文と編訳を発表している。いずれも本書の内容と関わりをもつ。参照いただければ幸甚である。

一　「人格論への序章」（『思索』東北大学哲学研究会編、第六号、昭和四八年七月）
二　「人格と社会」（理想社刊『人格』昭和四九年一〇月）
三　「シェリング・ショーペンハウアーの芸術哲学」（学文社刊『美の哲学』昭和四八年四月）
四　「類型論とイデオロギー――またはE・トーピッチュのカメラ――」（『社会科学の方法』御茶の水書房、昭和四八年一一月）
五　「マルクス主義における〝人間〟の問題」（『理想』昭和五〇年五月）
六　「創造以前の神の叙述」（『理想』昭和五三年五月）
七　「市民社会観の転回」（『展望』昭和五三年六月）
八　「革命の死んだ日に歴史が生まれた」（『現代思想』昭和五三年一二月）
九　『ヘーゲル』（平凡社、昭和五一年五月、廣松渉氏と共編訳）
十　「知られざるヘーゲル」（『現代思想』昭和五三年一二月）

未來社の小箕俊介氏から、論文集をまとめるよう、お勧めを受けておよそ六年を経た。その間「待つ」という営みで私を支えてくれた小箕氏に、いま、心からの感謝の気持を伝えたい。そして故人を含めて恩師、先輩、同僚、友人、家族にも、あつい感謝の気持をここに記しておきたい。

一九七九年七月六日　仙台にて

単行本未収録論文

ドイツ観念論の文化的背景

（初出『講座ドイツ観念論6　問題史的反省』弘文堂　一九九〇年刊）

フリードリッヒII世が、オーストリアからシュレジエンを奪った七年戦争（一七五六―六三）が終わると、ドイツ固有の文化が興隆してきた。フランスの文人を身辺にかかえ、ドイツ文学を無視してきたフリードリッヒがドイツの象徴という皮肉な役割を演ずることになる。ランケは時代の雰囲気をつぎのように描いている。

プロイセン国王は大陸における〔オーストリアと同盟を結んでいた〕フランスの覇権を破って、ドイツの自由の擁護者となった。……この大きな変化は、国民文学においても、国民がフランスの規範やその誤った模倣から解放されるにいたったことによって、はじめて十分な意義を得た。私は、わが国民がそれまでも精神的独立をある程度もっていたことをけっして否認しようとは思わない。この点がもっともよく現われているのは神学体系の完成で、これはすべての人の心をとらえ、本源的にみてドイツ的なものであった。しかし、第一にそれをわがものとしたのはなんといっても国民の一部にすぎず、第二にそこでは宗教の純粋な、理念的な、内面的な認識がすこぶる奇妙なスコラ的形式に思い込められている。」（一八三三年「列強論」『ランケ』世界の名著、中公バックス版47、六八頁）

カントの活躍は七年戦争よりもあとである。ランケが従来からドイツ的な性格を示してきたと述べた神学は、ヴォルフのことだとしておいてもいいだろう。するとカントを含めてドイツ観念論は、この国民文化の興隆の波のなかにあったことになる。哲学の文献でも、ドイツ語でかかれたものが主流になってくる。ラテン語からドイツ語に翻訳されるものだけでなく、ドイツ以外の言語からラテン語に訳されてドイツで普及するものもあったりしたが、だんだんドイツ語中心になる。

国民化の他の側面は、宗教の人間化である。ランケは言う。「宗教はついにふたたび、狂信を去り、人間との関係を深めて心情に近づけられた。哲学は勇を鼓して大胆に、いっさいの認識の最高の根拠をあらためて論究しようとした」(同六八頁)。この言葉はカントからフィヒテにかけての哲学の流れをとらえていると言ってよかろう。宗教を道徳に近づけて理性主義的に人間化するか、もっと心情的なものとして感性的に人間化するか、道は分かれたが、人間化・内面化の方向は共通していた。哲学が、最高の原理を追求するという態度を強めていくとき、社会的には同時に、フランス革命の影響で、旧制度の解体が進行している。

現代はただ解体という傾向や力をもつだけであるというのが、ほとんどの人の考えである。すなわち現代の意義はまさに、中世から残っているところの、人びとを締めつけ、束縛する制度を廃絶するということだけにある。現代はそれに向かい一種の先天的な本能のような確実さで前進している。〔しかし〕われわれの世紀はたんに解体というような、否定することだけに甘んじているのではなく、すこぶる積極的な成果を生み出した。それはひとつの偉大な解放を成し遂げたが、解体は解放が建設し統一することに役だった。われわれの世紀は初めて強国を創り出したばかりでなく、すべての国家の原理である宗教や法を、とくにそれぞれの国の原理を、生き生きと更新させた。まさにこの点に現代の特色がある。」(同七九頁)

封建的な制度の解体が、強力な統一国家の建設に役だった。国家と国民文化という観点から、宗教も見直されることになる。普遍教会(カトリック)的世界秩序は同時に姻戚関係で結ばれた諸王家の作り出す世界秩序であった。国際的教会秩序に代わって、民族的な性格をもった「国民宗教」という構想がうまれ、市民生活に密着した信仰の形が求められる。市民生活に根ざした宗教としては、すでにドイツの敬虔主義があったが、宗教のもっと世俗的な形、国家主義を取り入れた形、奇跡信仰を要求しない合理的な形が求められていた。

しかし、文化全体の国民化という現象のなかには、さしあたりはフランスの影響をはなれて、イギリスふうのものを取り入れるという例もあった。演劇におけるシェイクスピアの流行がそうであり、フランス古典劇の作法を無視した、シェイクスピアふうの作品も作られるようになる。

悪趣味がドイツを支配していることを納得するためには、劇場通いをすればよい。そしてシェイクスピアのぞっとするような芝居にお目にかかり、カナダの野蛮人にのみふさわしい馬鹿げた笑劇に、全観衆が夢中になって喜ぶさまを目に当りにするだろう。これらの戯曲は演劇のあらゆる規則を破っている。『ゲッツ』という芝居がいま上演されている。これはあの忌まわしいイギリス戯曲のひどい模倣だが、平土間の観客は熱狂的に拍手を送っている。」(フレデリック・アーツ「ルネッサンスからロマン主義へ」望月雄二訳、音楽の友社、二四七頁)

ゲーテを世に送り出し傑作『ゲッツ』に感情的な批判をしている人物は、フリードリッヒ大王その人である。ギリシャからフランスに引き継がれた古典劇の規則を破るということは、なんと革命そのものに似ていることだろう。ゲーテはこう語っている。「規則ずくめの演劇とはもはや縁を切るべきことを、私は一瞬たりとも疑わなかった。場所の統一は牢獄のようにせせこましく、筋と時間の統一はわれわれの想像力を縛りつけるわずらわしい桎梏と思われた」(ゲーテ「シェイクスピアの日に」『ヘルダー・ゲーテ』世界の名著、中公バックス版38、三〇〇頁)。古い規則の桎梏を打ち破って根源の生命の回復をもたらそう。国王はアリストテレスの三一致の規則の崩壊を恐れたが、レッシング、ヘルダー、ゲーテはみな熱心なシェイクスピア愛好者である。

レッシングは、シェイクスピアはアリストテレスに一致とするのだと弁明する。よりょくその規則を生かしていると弁論の陣をはる。ヘルダーは、法則性という視点をとらない。現実と演劇との関わりという視点をとる。独創的な国民がその演劇を創造するとき「自己の時代精神、習俗、意見、言語、国民的先入見、伝承、好み」を取り入れる。それを果たしたのがシェイクスピアだという。

「シェイクスピアは目の前に合唱団は見出さなかったが、国家劇と人形芝居なら見出しただろう。国家劇と人形芝居というじつにつまらぬ粘土から、あのすばらしいものを作ったのだ。彼の見出したのは民族と祖国の性格の単純さではなかった。階級、生活様式、考え方、地方人と方言とが組み合わさった複雑なものだった。そこで彼はさまざまな階級と人間を、あちこちの地方民と言葉遣いを、王と道化、道化と王とを詩作して、すばらしい全体に仕立て上げた」(同一九八頁)。それは歴史の出来事と同じように一回だけのものであるが、その背後には世界を創造する神の摂理が働いているという。

ヘルダーのシェイクスピア論が「疾風怒濤時代」の開始宣言になった。この声はただちにゲーテに受け止められる。ゲーテになると、神の世界計画という考え方も消えてしまう。詩人は世界の歴史の認識者である。「シェイクスピアの劇はすばらしい覗き眼鏡だ。世界史の出来事が、目に見えぬ時代の糸にあやつられて、われわれの眼前を波うちながら流れていく」(同三〇一頁)。舞台には世界そのものが現出する。

高邁な哲学者たちが世界について語ったすべてのことが、シェイクスピアにもあてはまる。われわれが悪と名づけるものは、善の半面にほかならぬ。悪は善の存在のためにぜひともなくてはならず、全体の一部をなしている。温帯があるためには、熱帯が燃え、ラップランドが氷結しなければならないのと同様だ。シェイクスピアは全世界の案内役をつとめる。」(同三〇二頁)

「高邁な哲学者たち」のひとりはライプニッツである。神は無限にある可能的な世界から、このひとつの世界を最善のものとして選ばれたが、「最善の世界にすら悪がある」(弁神論)。もうひとりの「高邁な哲学者」は、もちろんスピノザである。この当時、クイズ番組があったら「高邁」という言葉がでてきただけで「スピノザ」と答えなければならないほどだったろう。それは、ピエール・ベール(Pierre Bayle)をはじめとするスピノザ批判者も、彼の「高邁さ」を讃える点では崇拝者に劣らなかったからだ。

シェイクスピアをスピノザと結びつけるというアイデアは、しかしすでにヘルダーにあった。「シェイクスピアはソフォクレスの兄弟である。彼は外見上はソフォクレスにまるで似ていないが、内面的にはソフォクレスそのままである。全世界はこの偉大な精神のための肉体にすぎない。自然のあらゆる場面はこの肉体の手足であり、あらゆる性格と考え方はこの精神をあらわす表情である。その全体をスピノザの巨神は『世界もひとつ、神もいっさいだ』というかもしれない」(同一九六頁)。要するにシェイクスピアは、すべてが含まれたひとつの世界で、それはスピノザの言う「神即自然」と同じようなものだという。

ひとつのまとまった小宇宙のなかに、さまざまな要素や力がごった返していて、一見するとひどい混乱のように見えるが、じつはそれがみごとな相互関係をかたちづくっているというイメージは、もともとは顕微鏡でみた微生物の世界からきている。哲学者では、ライプニッツがもしかしたら存在の原型はこのような生命なのではないかと思いはじめていた。もっともっと細かく見ていくことができたなら、生命がないといままで思われていたもののなかにも、生命がひそんでいるのかもしれない。小さな世界が世界のなかにたくさんある。

スピノザの神は、おおきなたったひとつの存在である。しかし、そのなかには小さな世界が限りなくあって、無限の数の有限者を含む無限者である。

ヘルダーは「シェイクスピアの世界」をスピノザの神(自然)にたとえたが、ゲーテにとっては、世界そのものがシェイクスピア的自然なのである。「われわれが悪と名づけるものは、善の半面にほかならぬ。悪は善の存在のためにぜひともなくてはならず、全体の一部をなしている。」世界の本質は善悪相克のドラマトゥルギーである。世界は善悪という相反する二つの方向をともにそなえた全体である。それはヘラクレイトスの描いたような均衡を保っている。世界は「ほどよく燃え、ほどよく消えて」自己を維持している。「温帯があるためには、熱帯が燃え、ラップランドが氷結しなければならないのと同様だ。」すなわち世界はガイアである。生きて、均衡をたえず破壊しつつ回復している、外部世界から熱を吸収しては発散して平衡をたもつ地球生態系である。

善と悪を、その両者を含む全体という視点では、絶対にとらえることのできない道学者の世界構造を代弁しているのは、カントであり、フィヒテである。彼らにとっては、たとえ百パーセントの実現はできなくても、理想の完成をめざして努力しなければならない。善も悪も含む全体というシェイクスピアのドラマトゥルギーの核にあるものを、単一の世界そのものに当てはめてみれば、道徳性とはまるで違う世界が見えてくる。悪はたえず現われるが、全体は同時にたえず自己を回復する力をもっている。この自己回復力をもった文化単位をヘーゲルは「人倫」と表現する。

ヘーゲルの伝記には、一七七八年、恩師のレフラー先生がウィーラント訳のシェイクスピアを「君はいまはわからないが、まもなくわかるようになる」という言葉を付けて贈ったと書かれている。『ウィンザーの陽気な女房たち』が少年ヘーゲルの心に訴えた最初の作品だったと伝記作家のローゼンクランツ (Karl Rosenkranz) が書いているが、作品名の根拠はわからない。ヘーゲルは一七七〇年生まれだから、八歳のときである。八歳の子どもに先生が『ウィンザー』を選ぶという選択眼は疑問である。私は十二歳のときに荷風の『腕くらべ』を読んだが、それは題名を見て、正木不如丘ばりのわんぱく物語ではないかと取り違えたからだ。ヘーゲルの場合、ローゼンクランツに取り違えがあるにちがいない。ともかく、レフラー先生もきっとレッシング、ヘルダー、ゲーテの影響で、シェイクスピアを愛するようになったひとりなのだろう。先生の期待は、十分に報われたと思う。ヘーゲルはシェイクスピアの作品を愛読し、青年期にはそのなかから重要な哲学的なモチーフをつかみだし、晩年には英国王室の権力をめぐる抗争を知るために、当時の年代記とシェイクスピアの作品とを読み比べるほどまでに深入りしている。

ショーペンハウアーがヘーゲルをこき下ろすために、彼の子供のときの愛読書は通俗小説の『ゾフィーの旅』だったと書いたのは、間違いではないが、一面的である。五歳のときからラテン語を習い、ギムナジウムではギリシャ、ローマの古典に親しんだ。大学に入って、ヘルダーリンと友人になったときに、二人を結びつけていたものはギリシャの文献だった。わけてもソフォクレスの『アンチゴネー』をヘーゲルは愛読した。ヘーゲルは『アンチゴネー』をシェイクスピアの感覚で読んでいる。男の理法、国家の掟、昼の世界にたいして、神の掟、女と自然がつかさどる家のしきたり、夜の世界が、ゲーテのいう地球の二つの側面のように、対立しながら一体をなしている。

ヘルダーリンはドイツ文化史のなかでも、とりわけギリシャ傾倒で著名な人物だが、当時のギリシャ熱は、ヴィンケルマンを抜きにしては考えられない。

ヨーハン・ヨアヒム・ヴィンケルマン（Johann Joachim Winkelmann 1717-68）は貧しい靴屋のせがれだったが、ホメロスが大好きで、一七五五年にイタリアに渡って司書になり、六三年にはローマやその周辺の古代美術保存のための委員会の議長になった。ポンペーイの発掘が行なわれていた時期で、ナポリの近くのヘルクラネウム発掘の場所を訪ね、記録を取って公表した。一七六四年には「古代芸術史」を刊行した。「芸術史（Kunstgeschichite）」という概念はここに始まる。

ヴィンケルマンはのちのシュリーマン（Heinrich Schliemann）とも似ているのだが、ホメロスのテキストを空想で作られた物語として読むのではなくて、詩人と直接に面と向かっているような臨場感で読んでいた。そのうえ、彼は後世の人が報告するものがなくなってしまうと思われるほど大量の芸術品、書類、記念物を記録して、それに歴史的な序列を与えた。「芸術史は、さまざまな民族や時代の芸術家に教えを授けてくれるばかりではない。それは芸術の起源、成長、変容と没落そのものでなければならない」と彼は「芸術史」の序文で述べている。

ヴィンケルマンは肉体と精神の美しい調和という人間性の規範をギリシャ芸術に見出した。彫刻の眼と眉毛の大きさ、鎖骨や他の骨格部分、手と足などの比例関係、バランスとポーズの関係などの比率を彼は示した。ギリシャは快適な気候とみごとな風景のおかげで自然全体がこのうえなく完全な発展をとげ、人間の心が自然の喜びへと誘われる国であった。ギリシャ文明と美術の本質的な特徴は「高貴な単純と静かな偉大」であり、「美しい均整と秩序と調和」であると断言した。彼自身は、ギリシャに渡る機会を得られず、一七六八年にドイツからローマに帰国の途上で、オーストリア女王マリア・テレジアからもらった金メダルを強奪しようとした男に殺されてしまうが、著作は「人間性の理想」を伝えてドイツに広まる。

ヴィンケルマンのギリシャ熱は、すぐさまレッシングとゲーテに感染し、考古学の領域をこえて文化全体に影響を与えた。ギリシャの作品にこそ美のイデアがある。永遠の完成と規範がある。シラーは自分の書く悲劇だけでなしに、人類そのものをギリシャ人のようにしたいと願った。ヴィルヘルム・フォン・フンボルト (Kahrl Wilhelm von Hunboldt) はギリシャを模範とする新しい人文科学の理念を抱いていた。

ヘルダーリンやシェリングにとって美の理念は、人間精神の最高の境地だった。ヘーゲルの場合は、すこし美のもつ意味がちがう。ヘーゲルは、芸術と宗教が社会文化の中心にあるような文化のありかたとして美をとらえていた。芸術も宗教も国家行事としての祝祭のかたちで理解していた。石川三四郎の芸術社会主義やロシヤ革命のときのシャガール (Marc Chagall) の思想に似ているが、個人主義的というよりは統合主義的である。国民統合の理念が美である。芸術共和主義だ。

晩年の美学では、美の理念を過去のものだとする思想が述べられているので、最近のドイツではポップ・アートに見られるような芸術の終焉をヘーゲルが予見していたというような早とちりの解釈が登場したが、ヘーゲルの本音は芸術共和主義はギリシャだけのもので、その再現を願うのはアナクロニズムだというわけである。芸術の終焉とは、じつのところヘーゲルが自分の青春に贈った訣別の言葉である。市民生活のアクセサリーとしての芸術作品が消滅すると言ったわけでもない。

だからヘーゲルの美学の歴史的構成は、進歩とはは逆のものになる。過去に完成がある。もちろんヴィンケルマンを魅了したギリシャの造形美術の絶対的な完成という感覚をヘーゲルも認めていたという事情もある。ヴィンケルマンの「われわれにとって偉大になる道、模倣を許さぬものになる唯一の道は古代人を模倣することである」という言葉を社会理想にまで一度は仕立てたヘーゲルにとって、現在に完成があるとみなす彼の歴史哲学が成立するために引き受けざるをえなかった負い目は、ギリシャ型の芸術共和主義を過去に押し込むことだったのである。

宗教思想の場合も、ヘーゲルはギリシャ型の芸術宗教の理念は引っ込めて、思弁哲学を表象の絵に描いたものが宗教だと開き直ってしまう。ヘーゲルというスフィンクスはある角度からみると、その神のシルエットがキリスト教の三位一体に完全に重なり合う。パンネンベルク、ヘンリヒ、フルダなどの現代のドイツの研究者には、この側面しかみえない。ところが別の角度からみると彼の神は世俗国家に中身を譲ったスピノザの実体にほかならない。しかも実体の中身の姿はゲーテの生命体である。ゲーテの神の異教性が彼らには見えなくなっている。シェリングとキルケゴールのあいだには超えられない溝があることを認める彼らが、ヘーゲルと現代プロテスタンティズムのあいだの溝を無視している。

ヴィンケルマンからうまれたギリシャ崇拝のなかには、ヘーゲルの理想のように挫折しないで、現実を動かした例もある。ウィルヘルム・フォン・フンボルトの場合には学問理念というかたちをとるのだが、それはベルリン大学の創設というかたちで具体化される。そのフンボルトの学問観に影響を与えたシェリングの講演に一八〇二年の『大学における研究の方法について』(勝田守一訳『学問論』岩波文庫)がある。そこではさまざまな学問分野が、有機体の器官や肢体のようにして全体をなして総合され、その中心部分が哲学によって担われているという構図が描かれている。

哲学は人間の全存在を感動させ、その本性のあらゆる側面をつき動かす。それ以上に哲学は、精神を一面的な教養の制約から解放し、普遍的で絶対的なものの領域に高めることができる。しかし、もしかすると、普遍的な学問と個人が身を捧げる認識の特殊的な分野とのあいだに、関係がなにもないかもしれない。あるいは、もしかすると、普遍性の側にある学問が少なくともこの関係を指し示すほどにへりくだることができないかもしれない。

自分でこの関係を認識する力のない者は、特殊的な学問にかんして自分が絶対的なものによって指導してもらえないように思い込んで、生きた全体とひとつになろうとして無駄な努力をするよりは、わざとその生きた全体から孤立しようとする。だから、個別分野の特殊的な教養に先だって、学問の有機的な全体が認識されなければならない。特定の学問に専念する者が知っておかなくてはならないのは、①その学問が全体に占める位置、②その学問に生命をあたえている特殊な精神、③全体の調和的な構造にはまりこむような仕上げの仕方、④奴隷としてではなくて、自由人として、全体のなかで考えるための、この学問の受け取り方である。」（岩波文庫、一二頁）

専門分野の教育を受ける前に、普遍的で絶対的なものの認識、すなわち哲学をまず学ばなくてはならないという考え方である。それはけっして抽象的な原理を先に学んで、だんだんに応用していくという実用的なことを考えているのではない。すべての特殊なもののなかには普遍的な霊魂があるから、まずそれを学びなさいという趣旨で、人間性そのもののためにそのような教育が必要だというのである。学問の全体が、ゲーテが地球の全体について語ったのと同じように有機的全体として考えられている。

結局、あらゆるものの原型が有機体なのである。存在も意識も概念も、みな有機体である。それは生きているから内発性をもっている。怪我をしたり、病気になっても自然に回復することからわかるように、自己形成的であり、自分のなかに自分の設計図をもっている。自己情報的存在である。回りのものから栄養物を取り入れても、廃棄物をそとに出しても、元どおりになるというかたちで、自立性を保っている。

論理そのものが有機的構造をもつということが第一の原理だと考えたヘーゲルのような人は、この時代にはすくない。多くの人は、意識が、自分を意識して自己同一性を保っているという構造が第一の原理だと考えた。自然そのものが、まだわたしたちにはよく見えない微細な構造をもっていて、そのなかでは精神と物質とは分けられないものなのだという構想もあった。どの構想をとるにしても、観念的なものと実在的なものが、根源となる原理によって統一されることになる。根源にあるひとつのものが成長して、分化していくというかたちで展開していくというイメージは、カントの晩年の遺稿のなかに見られるので、ドイツ観念論の精神は知らず知らずのうちに老カントのイメージを育てていたことになるのかもしれない。これは最近、注目され始めている研究動向でもある。

カントとドイツ観念論

（初出『哲学の歴史〈第7巻〉理性の劇場――18―19世紀　カントとドイツ観念論』中央公論新社　二〇〇七年刊）

一　哲学史的な虚像としての「ドイツ観念論」

「独立を失った国民」

十九世紀初頭のヨーロッパでは、たび重なるナポレオンの軍事的行動が、世の中を揺り動かしていた。革命軍の将校であったナポレオンは、一七九九年にクーデタを起こして独裁権を握ると、一八〇六年七月には、ライン同盟を結成させた。十月にはドイツの町イェーナでプロイセン軍と戦い大きな勝利をあげる。ナポレオン軍の戦火に包まれたイェーナの町では、ゲーテ（一七四九―一八三二）は友人たちの生活にさまざまな配慮をしたり、消息を伝えたりしていた。ヘーゲル（一七七〇―一八三一）もそういう仲間のひとりで、書きかけの『精神現象学』の原稿を抱えて、町の中を転々としていた。

フランスに敗北したプロイセンは、一八〇七年のティルジットの講和条約では屈辱的な条件を飲まされた。エルベ川以西と第二次・第三次のポーランド分割でえたすべての領土の放棄、一億二〇〇〇万フランの賠償金の支払い、兵力の四万二〇〇〇人への削減と一五万人のフランス駐留軍の承認である。

ナポレオン軍がベルリンを支配していた一八〇七年十二月から、翌年三月にかけて、フィヒテ（一七六二―一八一四）はベルリン科学アカデミーで『ドイツ国民に告ぐ』という講演をおこなった。「独立を失なった国民は、同時に時代の動きに働きかけ、その内容を自由に決定する能力をも失なってしまっています。もしも、この国民がこのような状態から抜け出ようとしないなら、この時代と、この時代の国民みずからが、この国の運命を支配する外国の権力によって牛耳られることになるでしょう」。

プロイセン国王、フリードリヒ・ヴィルヘルムIII世は、ベルリン大学を創設（一八一〇年）した。正教授二四名、員外教授九名、私講師二五名、学生二五六名でスタートした。総括責任者に指名されたヴィルヘルム・フンボルト（一七六七—一八三五）は、「大学の自由」の理念を確立するとともに、さまざまな学問が大学に有機的に統合されるという大学像を打ち出した。哲学は、さまざまな学の統合の姿を、知の体系として描き出すという使命を帯びることになった。

ベルリンには、世界各地から美術品、建築物などが集められ、壮大な美術館へと発展していった。ベルリンにいながらにして、あらゆる芸術作品にふれる機会が作られることになったので、学問の統合だけでなく、美術作品全体の統合原理は何かという哲学的な要求がたかまり、ヘーゲルはあらゆる芸術に通暁した哲学者として、その美学講義は人気を博した。

このような文化運動と並行して、フリードリヒ・ヴィルヘルムIII世は、宰相にシュタイン（一七五七—一八三一）、ハルデンベルク（一七五〇—一八二二）を起用して、農奴解放、行政改革・農業改革・営業の自由化などの政策を推し進めた。農奴から解放された農民を徴兵制で組織したプロイセン軍が軍事の主役となった。

こうじた状勢に対応する軍事改革を遂行したのは、シャルンホルスト（一七五五—一八一三）であった。彼は、徴兵制を実行する体制をつくり、師団編成、常設の参謀本部、陸軍省の設置、将校団内部での貴族特権の廃止などを行なった。

ナポレオンの軍事的な敗北以後のヨーロッパの体制はウィーン会議（一八一四—一八一五）で決定された。プロイセンはティルジットの講和条約で失った領土を回復し、「ドイツ連邦」が成立したが、統一国家ではなくゆるやかな連合体であった。こうした改革が扉を開くことによって、十八世紀末イギリスに発生した産業革命の波が、ナポレオン没落後のフランスをへて、ドイツをも巻き込むようになっていった。

一八四〇年にプロイセン国王フリードリヒ・ヴィルヘルムIII世が没して、フリードリヒ・ヴィルヘルムIV世が即位したが、その極端な保守主義が、三月革命（一八四八）を誘発したと言われている国王である。彼がミュンヘンにいたシェリング（一七七五―一八五四）をベルリン大学に招聘した。聴講生には、キルケゴール（一八一三―一八五五）、ブルクハルト（一八一八―一八九七）、エンゲルス（一八二〇―一八九五）、バクーニン（一八一四―一八七六）などがいた。

フィヒテ、シェリング、ヘーゲル

カント（一七二四―一八〇四）の死後、フィヒテ、シェリング、ヘーゲルによって展開された哲学的構想の多様な展開の全体が、「ドイツ観念論」(der deutsche Idealismus) と呼ばれている。この言葉はまったくの俗称である。ヴァルター・イエシュケは「「ドイツ観念論」はたしかにドイツかもしれないが観念論ではない」[★1]と述べている。「デカルト以来の自我中心主義がヘーゲルで絶頂を迎えた」という哲学史の虚像を擁護しようとすれば、どうしても「観念論」という呼称を取り下げるわけにはいかない。「カントをフィヒテが乗り越え、フィヒテをシェリングが乗り越え、シェリングをヘーゲルが乗り越える」という「内在的発展＋ヘーゲル絶頂」という俗論も、永いあいだにわたって、影響力を発揮していたが、今日では認められていない。[★2]

デカルト（一五九六―一六五〇）、スピノザ（一六三二―一六七七）、ライプニッツ（一六四六―一七一六）、カントという哲学者の系列を、「自我中心主義の展開」として理解することはできない。スピノザは、デカルトから影響を受けたことは確かであるが、その哲学は自我中心主義ではなく、自然一元論である。[★3] スピノザは、近代西洋哲学とは違う哲学的伝統を継承しているというその異質性を指摘する研究者が増えてきている。「ドイツ観念論」そのものが、スピノザの影響によってフィヒテの自我中心主義とシェリング、ヘーゲルの一元論とに分断され、さらにスピノザ主義を貫こうとしたシェリングと、スピノザ主義を論理的理念の一元論へと方向転換させたヘーゲルとが対立し合うことになった。

ヘーゲル自身が「観念論」という言葉の意味を、経験的実在にたいする意識に内在する純粋概念の優位という伝統的な「観念論」から、意識的に引き離そうとした跡が認められる。

フィヒテ主義の観点からデカルトが解釈された結果、「デカルトの自我中心主義」という虚像が作られたのである。[★4]それを「フィヒテをシェリングが、シェリングをヘーゲルが超克する内在的発展過程」という額縁にはめ込むと、「デカルトから始まりヘーゲルで絶頂を迎える自我中心主義」という哲学史的虚像が作られる。

また「ドイツ観念論」の哲学者には「理想主義」(Idealismus)という共通の特質があると主張することもできない。シェリングとヘーゲルの哲学には、カントとフィヒテの説いた「道徳性の完成をめざす無限の努力」という概念を否定しようとする意図があり、「悪への自由」を取り込むことが、彼らの哲学的営為には含まれるからである。

カントの死後の課題

カントは、ニュートン力学の示す機械学的必然性に支配される自然像とプロテスタント信仰に支えられた市民的な

★1　W. Jschke, „Der Deutsche Idealismus mag deutch sein ? aber er ist kein Idealismus", *Hegels Erbe*, C. Halbig, M. Quante, L. Siep (Hgg.), 2004, S. 165.

★2　ヘーゲルはフィヒテを乗り越えてなどいないという論点に精密な論証をして見せたラウトの研究(『フィヒテからシェリングへ』隈元忠敬訳、以文社、一九八二年、および『フィヒテのヘーゲル批判』隈元忠敬訳、協同出版、一九八七年)が重要である。

★3　Dieter Henrich: *Between Kant and Hegel*, Lectures on German Idealism, 2003 は、スピノザの影響をヤコービの「スピノザ書簡」の影響に限って記述している。したがってヘンリヒの記述は、自然哲学とシェリングを除外して、フィヒテを中心にして「ドイツ観念論」をまとめている。

★4　加藤尚武「哲学史記述におけるデカルト像の変遷」、『哲学雑誌』有斐閣、一九八五年七月号所収、同『二十一世紀への知的戦略——情報・技術・生命と倫理』筑摩書房、一九八七年に「デカルト中心史観の吟味——ポスト・モダニズムへの疑問」として再録。

自律の意識との対立、すなわち自然必然性と個人の自由との対立を、それらが両立可能になるようなかたちで解釈する道を切り開いた。自然の必然性は物自体を支配する運命ではない。現象を統合する仕方が必然性なのである。人間の自由は、英知的な存在としての人間理性にもとづくもので、月食の予測ができたからといって、人間の自由が成り立たなくなるわけではない。

カントの自然科学像は『純粋理性批判』に描き出され、物自体と現象の区別が不可避であることの論証が示された。他方『実践理性批判』では、「汝の意志の格律が普遍的な立法の原理となるように行為せよ」という定言命法に従う理性的な自己の自律が解き明かされた。自然の因果律の必然性と人間の自由とは両立可能であることが明らかにされたが、カントによる説明に従うかぎり、人間は、感性界（身体）と英知界（霊魂）という二つの世界に所属することになる。この立場を「二世界論」という。

カントの死後、単一の原理にもとづく体系的な展開のなかにカントの哲学を統合することが課題となった。最初に提案された解決案は、意識の構造論を原理とする展開であった。主観と客観とが関係する根源的な関係の場を描写することによって、根本的な原理を定めることができるのではないかと思われた。たとえば「主観は客観から離れているが同時に結合してもいる」という「即《つ》かず離れずの原則」（意識律）を立てたなら、カント的な世界の全体を覆う哲学体系を構築することができるのではないか。意識の構造論をよりどころにする方式は、ラインホルト（一七五七—一八二三）の「意識律」からフィヒテの「知識学」に引き継がれた。

これにたいして、存在の全体は一個の実体であるから、この根源となる唯一の実体の自己展開から、世界のすべてが体系的に展開されるのでないかぎり、カント哲学の統合は果たせないというスピノザ主義が登場した。スピノザ主義の立場に立てば、カント哲学の統合という課題が果たされる。しかし、スピノザ主義によれば人間の自由は成立不可能になるという指摘がなされた。

スピノザ的な実体論を前提にして、なおかつ人間の自由がどのようにして成立可能であるかを説明するための理論が、要求された。その要求に応じたのがシェリングの『人間的自由の本質』(一八〇九)である。シェリングは、スピノザ的な実体論を自然哲学というかたちで捉え直して、自然はどのようにして人間の自由を生み出したかという自由の生成論を展開した。スピノザ主義の基本的な前提に完全に忠実なままで、「ドイツ観念論」の課題を引き受けようとした。

「ドイツ観念論」の課題は、具体的に言えば次の問いに示される。一、主観性と客観性の根源的統一はいかにして可能か。二、すべての学問分野を統合する原理は何か。三、宗教上の神に対応する理性的な「絶対者」の概念はどのように把握されるか。★5

二　学問論と二元論

フィヒテいわく、「知の純粋な形式としての、……哲学的精神によって、いまや学問の全素材が、その有機的統一において、高等教育施設で把握され、貫徹されなければならない。それによって、何がこの素材に属し、何が属さないかが正確に知られ、したがって学問と学問でないものとのあいだに厳密な境界線が引かれる。★6」(「ベルリンに創設される予定の高等教育施設の演繹的プラン」一八〇七年、松本長彦訳、フィヒテ全集、哲書房、第二二巻、二四〇ページ)

★5　「神を直感するのは心情であって理性ではない」というパスカルの言葉(パンセB二七八)を再確認するかのように、ヤコービはフィヒテ宛の公開書簡で「真なるものは学の外に存在する」と指摘。岩波哲男『ニヒリズム』上、理想社、二〇〇五年、一九七ページ。栗原隆『ドイツ観念論の歴史意識とヘーゲル』知泉書館、二〇〇六年、五七ページ。ヤコービ、ハーマン、キルケゴールがドイツ観念論の彼岸に位置することになる。

★6　「ベルリンに創設される予定の高等教育施設の演繹的プラン」(一八〇七年)松本長彦訳、フィヒテ全集22、哲書房、一九九八b、二四〇ページ。

シェリングいわく、「国家制度は理念の国の制度の映像である。理念の国においては、絶対者はいっさいを流出せしめる力、すなわち君主であり、諸理念は——貴族でも庶民でもない、なぜならこういうものは相互の対立においてのみ実在性をもつ概念だから——自由民である。そして個々の事物は奴隷であり、婢僕《ひぼく》である。同じような順位が学問のあいだにもある。哲学は理念の内にのみ生き、個々の現実的な事物を扱うことを物理学や天文学等々に委ねる。[★7]」

ヘーゲルいわく、「学問のなかで、個々の原理とそれらの諸システムが、そのように固定化して弧立化したり、それらの原理がそのほかの諸原理にたいし干渉［越境］したりすることは、哲学によってのみ防止される。というのは部分はその限界を認識しないで、むしろ自分をひとつの絶対的な全体として構成する傾向をもたざるをえないからである。しかし哲学は全体の理念のなかにあって諸部分を越えているからである。諸部分を越えていることによって（dadurch）哲学は、部分がみずからを限りなく些細なものに細分化して増殖しないように各部分をその限界のなかに留めておく。それと同時に、哲学は、理念そのものの高さによって、部分がみずからを限りなく些細なものに細分化して増殖しないように防止する。[★8]」

実証的な学問に自律性を認めず、学問の全体的有機的組成は哲学のみが前もって知っており、真偽の最高の判定者であるという哲学像。このような哲学像が可能であるということの説明が、「ドイツ観念論」であった。

この哲学が可能であるためには、経験に依存しない知識の存在を認めなくてはならない。するとカントのような二世界論を克服するためには一元論が好都合だが、経験に依存しない知識の存在を認めるかぎり、経験（アポステリオリ）と経験に先立つもの（アプリオリ）との二元論が逆に必要になる。知の領域のなかのこの二元論を解消するためには、精神のさまざまな段階が、発展的に描き出されるような説明が必要になる。シェリングの『超越論的観念論の体系』（一八〇〇年）、ヘーゲルの『精神現象学』（一八〇七年）は、意識の低い次元から高い次元までの展開過程を描き出している。

三　禁欲主義と二元論

プラトン主義、ストア主義、アウグスティヌス主義（キリスト教）、カント主義は、みな禁欲主義の立場をとる。自然的な欲望それ自体の価値を認めていない。感覚的欲望を理性という「魂の支配的部分」によって抑制すべきであると主張することが、その道徳説の中心を占めている。人間が、本来、霊的な世界と地上的な世界と二つの世界に生きているのなら、霊的な世界から、たまたまこの地上の肉体に宿る理性的自己が、他者としての感覚的欲望を支配し、制御するということは、比較的説明しやすい。

自然主義一元論の立場に立ったストア主義が、同時に禁欲主義を説いたということは、哲学的には無理があるが、彼らは自然の一部である理性が他の部分である欲望を制御すると考えることに矛盾を感じなかった。

スピノザは、ストア主義と同じ自然一元論に立ちながら、なおかつ理性による欲望の支配（禁欲主義）を主張するということに伴う理論的な困難に気づいていた。そのあたりの事情は桂寿一『スピノザの哲学』第十章「道徳の問題」に丁寧に説明されている。

「そもそも感情を直接制御しうるとは、スピノザは考えていなかった。感情には、反対のより強力な感情によるという方法以外には、抑制や除去の手段はない。知性にもとづいて、反対のより強力な感情を培うことによって、この目的を達しようとする。[★9]」

★7　シェリング『学問論』（一八〇二年）勝田守一訳、岩波文庫、一九五七年、七二ページ。

★8　ヘーゲル『自然法論文』（一八〇二年）、松富弘志ほか訳、『近代自然法批判』世界書院、一九九五年、九八ページ。ズーアカンプ版全集2巻、S. 519; Knox 英訳 p. 124.

スピノザの立場に立つということは、感情から理性への意識の内在的な発展を認めるということ、その最高の境地で意識は神と一体となるということを意味する。

プラトン主義、アウグスティヌス主義は、英知界に属する理性が、「魂の支配的部分」として、感性界に属する欲望を支配するという骨格の倫理学説をかたちづくっていた。カントは、このプラトン゠アウグスティヌス主義の忠実な継承者として、近代的な市民の倫理を樹立した。

時期的にこの両者のあいだにはさまるストア主義は、心身の一体を原理として認めてはいたが、「魂の支配的部分」が欲望を支配するという禁欲主義は維持した。禁欲的に自己を支配する賢者こそが自由なのであって、感覚的な快楽にふけるものは奴隷であるとみなされた。「賢者だけが自由人であって、愚か者は奴隷である」★10心身の一体をストア主義以上に強く打ち出したスピノザも、「理性のみに導かれる人が自由である」というストア的な自由観を語っている。「無知な人は外的な原因によって動かされ、けっして心の真の満足に達しない。賢者は、自分自身や神、その他のものを永遠の必然性によって意識し、つねに心の真の満足に達している」★11。スピノザは「理性が感性を支配する」というプラトン以来の禁欲主義に無効だという宣告をした。

「自由とは必然性の認識である」という本質意志説から、「自由とは自発的選択である」という選択意志説への転換は、シェリングによって確立される。

四　後期フィヒテ——道徳宗教論

カントは「実践理性批判」で、人間が神を見ることができないということは、人間の自由が可能になるうえで必要だと述べた。恐るべき神の命令が、直接に道徳法則として、人間の心に伝わるなら、人間の心は恐怖に満たされていて、自由ではありえないと言う。[12]

フィヒテは、神の認識について、「概念から創られる存在は、道徳学にとっては、すべての存在である。この存在の外部にはなにもない。この概念、すなわち、自立的・生産的なものとして想定されている画像は、あるより高次の存在、他の世界の似姿なのである。道徳学〔原文で〈知識学〉を、〈道徳学〉の誤植とみなす〕では、それが神の像であることが、現実的になっている。[13]」

道徳の概念が、人間の存在にしっかり定着していれば、神の像が見えてくるということを、フィヒテは言いたいのである。そうした「真実の生」は経験的に目に見えるわけではなくて、概念によってしか見えない。これを指してフィヒテは「非経験的なものの絶対的な可視性[14]」と表現する。永遠の現在のものであるがゆえに、まさしく概念の眼によって、それゆえ自我の眼によってのみ眼前にすることができるものだからである。[15]

フィヒテの場合には「道徳の概念」、ヘーゲルの場合には「絶対精神」、シェリングの場合には「根源的な根拠」が、神という概念の実質を支えている。彼らはみな理性的な哲学と宗教が内容的に同一であるという立場を採る。

ヘーゲルの歴史哲学、社会哲学では、マンデヴィル＝スミス型モデル[16]が導入されているので、歴史・国家・市民社

★9　桂寿一『スピノザの哲学』東京大学出版会、一九五六年、三六六ページ。
★10　キケロ「ストア派のパラドックス」水野有庸訳、世界の名著13、中央公論社、一九六八年、一〇七ページ。
★11　『エティカ』第五部、定理四二注解、工藤喜作、斎藤博訳、『スピノザ／ライプニッツ』世界の名著25、中央公論社、一九六九年、三七二ページ。
★12　神の顔を見ることができないと主張するカントが、どうして「神の顔は怖い」と思い込んでいるのか。興味深い謎がつきまとう。
★13　「道徳学体系」（一八一二年）、I. H. Fichte 版全集一一巻、四ページ。
★14　同書、六五ページ。
★15　座小田豊「フィヒテにおける「真実の生」をめぐって」、『東北哲学会年報』東北哲学会、二〇〇六年、を参照した。

会など人間の集団の全体的な動きは、個人の発達や自覚の進化とは違ったかたちをとる。フィヒテは、このモデルを受け入れないので、個人の精神的な発達と同じかたちの歴史像を描き出す。

（一）本能によって理性が無条件に支配する時期。人類の無垢の状態。（二）理性本能が外的に強制する権威へと変貌する時期。究極根拠にまでは遡及せず、したがって確信できず、かといってその一方では強制されることを望み、盲目的な信仰と無条件的な忠誠を求める積極的な教説体系と生活体系の時代。罪が芽生える状態。（三）直接的には命令的な権威からの、間接的には理性本能と個々の形態をとる理性一般の支配からの、解放の時期。あらゆる真理にたいする絶対的無関心と、なんの手がかりもない完全に非拘束の時代。完全に堕罪の状態。（四）理性知識の時期。真理が最高のものとして認められ、もっとも愛好される時代。義認が始まる状態。（五）理性技術の時期。人類が確実で誤りのない手で自分自身を理性の適切な模写とする時代。完全な義認と浄化の状態。[★17]

歴史の主役となっているのは、神の摂理ではなくて、人間の心に理性が芽生え、発達するという理性の発達である。理性が、その目的を達成する過程として、歴史が捉えられているという点で、これは救済史的歴史像の一種である。しかし、この歴史像では、キリストの存在そのものの歴史性はまったく捉えられていない。

五　後期シェリング

自由論と歴史哲学

シェリングの場合でも、マンデヴィル＝スミス型モデルは採用されていないので、歴史は個人の発達と同じかたちをとる。彼の場合には、すべてが神即自然である根源の存在の内在的な発生の過程となる。

真っ暗で、のっぺらぼうの根源の存在からすべてのものがたち現われる。外部的な原因は存在しないので、すべては自己原因的な創造の過程である。最初の発生は「根拠という暗い原理」から光が登場することである。潜勢のうちから顕勢へと、自己原因的に発生する。光は、すべての観念性の始まりである。見える、見るという関係が光によって成り立つ。哲学的に言えば、根源となる暗い実在から最初の観念性が発生することであるが、これが、同時に旧約聖書の神のことば「光あれ」に対応している。

第二の創造は悪の発生である。自然が目標というかたちをとり始めたとき、その目標との接点で、悪が発生する。「創造にさいして暗闇の自然根拠の刺激によって目覚めさせられた悪の精神は、個体化の原理〔実存のための根源根拠〕である。」★18のっぺらぼうであったり、砂粒状やガス状態の場合、そこには個体として識別できるしるしがなにもない。個体が発生するということは、他者と違う独自のものが発生するということである。

悪とは反逆者であり、自分が反逆したものから離脱してしまえば自ら滅亡するのに、その反逆という依存を自覚することなく、自分が部分であることをしらない部分的存在である。そこに「自己」という中核をもつ存在が現われている。

この悪論には、当時の病態発生学の影響がある。病気は、身体の要素のバランスの崩壊であるが、有機体のなかの

★16　もっとも利己的な目的に衝き動かされた個人間の競争が、集団にとって良い結果を生むという考え方。アダム・スミスの有名な「神の見えざる手」の議論は、私益の自由な追求が、意図しない結果として、公益を促進するというもの。また、マンデヴィルは『蜂の寓話』(一七一四年)で、「私的な悪徳は公共的な美徳」と述べている。そこでは偶然的、個別的なものの全体が必然的、普遍的であるという「対立者」の統一が実現している。

★17　「現代の根本特徴」柴田隆行訳、フィヒテ全集15、哲書房、二〇〇五年、一九ページ。

★18　「人間的自由の本質」渡邊二郎訳『フィヒテ/シェリング』世界の名著続9、中央公論社、一九七四年、四五〇―四五二ページに準拠。

局部が、自己の限界を知らずに、全体と無関係に、たとえば癌のように自己増殖するとき病気になる。個人の犯罪は、社会という有機体の病気である。

「自己性は悪において、光もしくは言葉をわがものとした。」だからこそまさに自己性は、さらにそこから新しい創造が始まる「暗闇の高次の根拠」である。

「悪と対立して世界のうちへと発せられた言葉も、人間性もしくは自己性の姿をとって、それ自身人格的になる。[★19]」

第三の創造は、愛の発生である。闇に光が対置されたように、悪に愛が対置される。反逆に統合が、分裂に包容が対置される。個体化の原理に全体化の原理が対置される。すべての創造は最初の創造の反復である。「最初の創造においても根拠であったその同じ原理が、ただ高次の形態において、ここでもまたふたたび、そこから高次の世界が展開されるゆえんの萌芽であり種子である。[★20]」

「精神の誕生とは、歴史の王国であり、それはちょうど、光の誕生が自然の王国であるのと同じである。自然の王国のうちに存在するのと同一の創造の諸時期が、また歴史の王国のうちにも存在する。そして一方は他方の比喩であり説明である。[★21]」

「自然弁証法」の袋小路

シェリングは、後期に『人間的自由の本質』(一八〇九年)、『世界年代』(一八一一、一一、一四年)、『近世哲学史講義』(一八二七年)、『哲学的経験論の叙述』(一八三六年)、『啓示の哲学』(一八四一年)、『神話の哲学』(一八四二年)など、多くの講義や著作を残すが、それらはすべて次のテーゼから組み立てられている。

一、実体(神即自然)は自己原因者である。実体(神即自然)の外部は存在しないので、すべての変化は内因的である。外部に原因・根拠をもつことがありえない。そこで根源となる存在そのものを「根拠」と呼ぶ。

が発生する。

二、実在的なものから、観念的なものが発生する。神即自然という根源的に流動的な実体から、光と悪と自由が発生する。

三、実在的なものと観念的なものは平行している。神である自然の変容は、歴史＝神話と平行している。根源的自然の生成過程と神話に示される創造説とは対応している。

万物が生成してくる創造と発生の神話的な過程と、個体の欲望充足等の内発的な運動とが、潜在的なものの顕在化という単純なモデルで捉えられている。この哲学は、精神的・内面的な要素のまったくない、退化した自然哲学の言葉で語られている。機械論、化学論、有機体論という区分のなかで、より経験的で合理的な説明の体系（たとえば、ラヴェッソン＝モリアン『習慣論』一八三八年）を追求するのではなくて、宇宙創成の神話に対応する実体の創造過程論を展開しようとした。シェリングの後期思想は実存主義の先駆ではなくて、自然哲学の陥った袋小路である。シェリングの歩むスピノザ主義の道が、「すべての牛が黒くなる闇」（『精神現象学』）に落ちるのではないかというヘーゲルの危惧[22]は的中した。

後期シェリングの思想から、神と神話という言葉を除去すると、根源となる物質は内発的な運動によって、潜在的なものを顕在化させるという「自然弁証法」が誕生する。この「自然弁証法」はスピノザ主義の袋小路に生まれて、そこを一歩も出ることなく死んだ。従来、ともすると後期のシェリングでは、理性的な哲学を超越した信仰・啓示・

★19　同前。
★20　同前。
★21　同前。
★22　栗原隆『ヘーゲル——生きてゆく力としての弁証法』（日本放送出版協会、二〇〇四年、九三ページ）に、この言葉がシュルツェにあてつけたものである旨が指摘されている。

神話が積極的に論ぜられているという解釈があったが、私はそのような解釈を採用しない。理性的な信仰内容が、現実にキリスト教として信仰されている事柄と一致すると、「ドイツ観念論」の哲学者たちは考えた。

本当のキリスト教の歴史性は、そういう理性的な枠組み（歴史哲学や宗教哲学）で捉えられるものではないという主張を、のちにキルケーゴールが行なって、二十世紀になると聖書解釈の方法が「解釈学」として哲学的に議論されるようになる。「解釈学」の背景にあるのは、キリスト教の根源的な歴史性の理解であって、「ドイツ観念論」が想定する理性的なものの自己展開としての歴史とはまったく異質である。キルケゴールの立場を、「ドイツ観念論」からの断絶として理解するのではなくて、連続として理解しようとする無理な哲学史的な枠組みの設定が日本では支配的であった。

六　「ドイツ観念論」の自由論

必然性の認識という意味での自由概念と、選択意志という意味での自由概念が、「ドイツ観念論」の世界では、それぞれの特質を明らかにすることなく、カントは両方の概念を多分に混同しつつ用いていた。フィヒテは「自己の内なる内発性を直感する」という自己意識を原点にして、他者の自由と両立するように自己の自由を制限するというかたちで道徳律を導入した。道徳が自由という概念の自己展開となるような体系を組み立てている。そのために根源的な自由と、その制限をみずから確立する自由とが等質的であるかどうかという問いを回避してしまっている。ヘーゲルは、巧妙に両概念を使い分け、シェリングはスピノザ的な汎神論の枠組みのなかで選択意志としての自由概念を確立しようとした。しかし、誰も、自由の概念の二つの意味の根本を掘り下げたわけではなかった。

「ドイツ観念論」の自由論は、ストア主義的自由から「自由とは法律の許すすべてをなす権利である」（モンテスキュー

「法の精神」第二部、第一一編、第三章）という近代的・市民的な自由の方向に向けて動き始めて、そこに到達するにはいたらなかった。キケロをヘレニズム＝ローマの哲学に帰属させ、スピノザを近代哲学に帰属させるというように、哲学的な思索の流れを哲学史の枠組みに分断するようなアカデミズムの思考経路では、自由論の大きな流れを追うというような問題別のアプローチができない。哲学史から哲学への視座の転換が必要である。

ヘーゲル

（初出『哲学の歴史〈第7巻〉理性の劇場――18―19世紀 カントとドイツ観念論』中央公論新社 二〇〇七年刊）

一 生命という構造

完成から未完成へ――ヘーゲル像の転換

ヘーゲルで完成している哲学思想はない

十九世紀にヘーゲル（一七七〇―一八三一）が死んで以後、お弟子さんたちが「ヘーゲル哲学こそ西洋哲学史の頂点である」と説明してきた枠組みがあった。日本でもそういう枠組みが受け容れられてきた。

ドイツのカントがイギリスのヒュームを乗り越えたのだから、カント以降の哲学の発展の跡、すなわち「ドイツ観念論」の跡を追うべきだという戦略的軌道に日本の哲学研究は乗っていった。クーノ・フィッシャーやユーバーヴェークの哲学史がすでにでき上がっていたということが、日本の西洋哲学研究の軌道を定めてしまった。

ヘーゲルを克服しようとしたマルクスも「哲学はヘーゲルで完成した。しかし、おれはそのヘーゲルより上手《うわて》をいっているんだ」という考え方だったので、マルクス主義者もヘーゲルを「西洋哲学史の頂点」とみる見方に加担した。さらに実存主義の立場の人びとは「理性主義の哲学はヘーゲルで完成した」という考え方を出したので、結局、ヘーゲルで何かが完成したという見方が幅広く支持されてきた。いまの私たちの知識で見ると、ヘーゲルで完成している哲学思想はない。

もうひとつのヘーゲル像は、ヘーゲルの著作によって作られている。お弟子さんたちは大哲学者ヘーゲルというイメージを作り上げるために、二〇巻本の巨大な全集をつくった。そのなかでヘーゲルが自分で書き上げた部分は非常に少ない。お弟子さんたちが、ヘーゲルの講義録を編纂して、巨大な体系が完成しているかのようなイメージを作り上げた。

社交好きでブラック・ユーモアの名手、オペレッタやワインが大好きで、そのくせ文章はいつも殴り書きというヘーゲルの実像が、いつのまにか、精密で巨大な著作群を営々と築き上げた哲学の巨人というイメージにすり替えられてしまった。ズーアカンプ版著作集だと、一二巻までがヘーゲルの自筆の著作で、あとの八巻が弟子たちの編纂本である。しかし、ヘーゲル自筆本のなかにも、弟子たちの編纂した講義録が「補遺」(Zusatz)として挿入されている。

今日では、ヘーゲルが自分で書いたものだけをもとにしてヘーゲルの思想を組み立て直す作業がつづけられている。ヘーゲルの講義を採録したノート類が公刊されはじめて、「ヘーゲルのテキスト」というものの全貌が見えてきた。[★1]

まず、いままでヘーゲルの自筆原稿とほぼ同じ文献学的価値をもつと思われていた講義録、『歴史哲学講義』、『宗教哲学講義』、『美学講義』などと、ヘーゲルの自筆原稿に挟み込むかたちで公刊されていた「補遺」、たとえば「小論理学」(『エンツュクロペディー』のなかの「論理学」)のなかの「補遺」、『法の哲学』のなかの「補遺」という見出しでヘーゲルの自筆テキストのあいだに挟み込まれた講義録からの書き抜きが、全面的には信用できないということが明らかになった。そこでヘーゲルの自筆ではない部分を除いた著作群を想定すると、厳密な意味での自筆原稿は非常に少なく、『歴史哲学講義』『宗教哲学講義』などヘーゲル哲学の影響が大きかった著作が弟子たちによる改竄《かいざん》をまじえたかなり無理な編集作業の産物であるということもわかった。

たとえばふつうヘーゲルの『歴史哲学講義』として普及しているものは、ヘーゲルの弟子のエドゥアルト・ガンス

★1 Walter Jaeschke *Hegel-Handbuch*, 2003 は、ヘーゲルのすべてのテキストにたいする詳細な研究史の記述を含む報告書であり、今後のヘーゲル研究の出発点となる重要な著作である。

（一七九七—一八三九）の編纂した講義録をさらに息子のカール・ヘーゲルが改訂したものである。

この改訂について、山崎純の調査からさわりを拾ってみよう。たとえば宗教改革についてガンスは三一年の講述から「免罪符を売って得た金は聖ピエトロ大聖堂というキリスト教界のもっとも壮麗な作品のために使われた。しかし、ミケランジェロが《最後の審判》で飾ったこの建物の完成は、まさしく教会そのものの最後の審判を導いた」という記述を残している。息子のカールは「サン・ピエトロ大聖堂の完成とシスティーナ礼拝堂のミケランジェロによる《最後の審判》の完成は、この壮麗な建造物の最後の審判であり、崩壊だった」と書き直している。★2 父ヘーゲルが、《最後の審判》がサン・ピエトロ大聖堂に描かれていると早とちりしたのを訂正するついでに、「まさしく教会そのものの最後の審判」という過激な表現を、「この壮麗な建造物の最後の審判であり、崩壊だった」という比喩的な表現に改めている。このような些細な訂正が、じつはヘーゲル像を歪める結果になっているという例は無数にある。

第二次大戦のために資料が焼けてしまったという例もあるが、新しく「法哲学講義ノート」が発見されたという事情もある。再編集が不可能なほど資料が少なくなったので再編集を断念したのではない。どんなに巧みな再編集をしても、それがヘーゲルの講義の再現にはならないということがわかったので、不正確な再編集を残すよりは、講義ノートを資料としてそのまま公刊するという方針が採用されたのである。

校訂の方針が体系の再現から資料中心の実証主義へと変わっただけではない。ヘーゲルの思想像そのものが大変動を被る結果になっている。すると、ヘーゲル像の最後はどうなるか？「非常におもしろい、シャープな思想家だけれども、なんか大きな建物ができ上がっているという感じではない。せっかくのアイデアをなにも完成しなかった哲学者」というのが、本当のヘーゲル像ではないかと思う。

有機体概念の成立

幼いヘーゲルの精神を決定づけたものは、シェイクスピアである。ギムナジウムのクラス担任であるレフラー先生が、ドイツ語訳のシェイクスピア全集を八歳のヘーゲルに送ったそうであるが、当時、ほとんどのギムナジウムの教師は極貧の生活を強いられていたというから、この贈り物の精神的な重さは計り知れない。やがてヘーゲルはあらゆる芸術作品に通暁した芸術通になり、また隠れたシェイクスピア研究者ともなった。ドラマトゥルギー（ドラマのなかにある葛藤と展開）こそ、彼の哲学的思索の源泉なのだった。

家庭教師で糊口をしのでいた若いときのヘーゲルは、生命というかたちをすべての根底に置いて思索している。[★3] 今日では、生命の構造は何かということが科学にとって大事な問題だという認識はあたりまえになっているが、たとえば、カントに「生命についての科学は可能か?」と問えば、「即答できない」と答えたと思う。天文学と物理学を自然科学と見なすことができるとカントは明言するだろう。だが、さらに「カント先生、化学と生物学は学問といえますか?」と尋ねれば、『純粋理性批判』を書いたときのカントは「どちらも本来の意味での科学ではない」と答えただろう。

ところが、カントも晩年になると、もしかすると生命についての科学も可能になるので、生命という観点から科学全体を見直す必要があると思い始める。生命の科学（有機体学）を取り込んだ科学の全体像を求めて一所懸命に考えていたことが、いまカントの残された遺稿集から明らかになってきている。

★2 山崎純「歴史の始まりとしての近代」、加藤尚武編『ヘーゲル哲学の新視角』創文社、一九九九年二一五―二一六ページ。ここにヘーゲルの講義活動と講義録の一覧表が掲載されている。

★3 伊坂青司『ヘーゲルとドイツ・ロマン主義』（御茶の水書房、二〇〇〇年）が生命論の全容を描き出している。

オルガンからオーガニズムへ

「有機体」（organism）ということばを『ブリタニカ百科事典』で引くと、それが「生命をもったもの」という意味で使われている最初の用例は一七七〇年頃だと書いてある。有機体という見方が出てきたのは、英米よりもドイツの方が早いと見なされているがやはり十八世紀を待つことになる。★4

もちろん、生命について哲学者は長年、思索を重ねてきた。しかし、物理的な自然と化学的な自然にたいして、もっと独自なものとして有機体的な自然があるという見方、すなわち自然科学を三領域に分けて、「有機体」（Organismus）という独自の自然領域があるという考え方は、十八世紀までなかった。

音を出すキーがついているオルガンという楽器はだれでも知っている。その「オルガン」（organ）という言葉は、「道具」とか「機械」という意味だった。それが十八世紀になると、「機械」とはちがったもっと高度な統合をもった、また自発性、内発性をもった生命体として捉えられるようになったので、生命のありかたで世界全体を見るという試みをする哲学者たちが何人か出てきた。

個体発生は系統発生を再現する

それの先鞭をつけたのはヘーゲルの年下の親友で、学問的には先輩にあたるシェリング（一七七五—一八五四）だが、ヘーゲルはそのシェリングとはちがって、自然界だけではなくて、人間の社会生活も、精神史もまた生命という構造で捉えられるという見方を若いときに作り上げていた。精神史は、未発達の器官が発達していって完成した有機体になる過程と同じ構造をしていると考えた。初期の原始的な観念形態が発展して完成態に達すると、その発達した完成態の部分は発達の段階を再現していると考えた。ヘーゲルのあとでヘッケル（一八三四—一九一九）の名で有名になる「個体発生は系統発生を再現する（繰り返す）」という考え方と同じ構造が思想史で成り立つとすでに考えていた。だから原始的な自然崇拝の宗教も完成への一段階であり、最高の宗教にも自然宗教の次元が潜在的に含まれていると結論するのである。

未発達の諸段階は完成した段階に内蔵されているという構造が、そのまま成り立つのは精神の領域で、自然の領域では完全なかたちでは成り立たないとヘーゲルは考えた。むしろ自然よりも精神の領域でこそ、未発達の諸段階は完成した段階に内蔵されているという構造が成り立つと考えた。その精神の完成態を「絶対知」(absolutes Wissen)と呼ぶ。

生きた宗教と死んだ宗教

若いヘーゲルは、キリスト教の文化はもう生命を失っているから、ギリシア文化の示すような新しい宗教が生まれなければならないと考えていた。そのとき善い宗教と悪い宗教とを分かつのは、生きた宗教と死んだ宗教という判断基準だった。[★5]

主観的な宗教は生きている

主観的な宗教は生きている。それは、存在本質の内部での活動性であり、外への働きかけである。主観的な宗教は個性的なものであり、客観的な宗教は抽象化されたものである。主観的な宗教は、自然の生きた書物である。それは植物であり、昆虫であり、鳥であり、獣である。それらの生物が互いに依存しあって生き、あらゆるものが生き、あらゆるものが享受している。それらの生物は、みな混じりあって、人はあらゆる種類の生物がいたる

★4　加藤尚武「有機体の概念史」、『シェリング年報』第一一号、二〇〇三年、所収。
★5　久保陽一『初期ヘーゲル哲学研究』東京大学出版会、一九九三年、第一章一節二「国民宗教の諸条件」。

ところで集合しているのに出会う。客観的な宗教は、自然学者の収納箱である。そこに自然学者は、昆虫を殺し、植物を枯らし、獣を剝製にしたり、アルコール漬けにして保存し、そして、自然が分けておいたもののすべてを集めて配列し、ただひとつの目的に従って整理してしまう。せっかく自然が無限に多様な目的を編み上げて友情ある絆を作っておいたのに。[★6]

ヘーゲルはテュービンゲンの神学校を出た。卒業生は必ず聖職に就かなければならないきまりだった。ドイツに「宗務局」という宗教を監督する役所があった。ヘーゲルは聖職につくことを拒絶したらしい。そして、家庭教師としてしばらく生活をしていて、やがて大学の教師になる。本来ならば牧師になる教育を受けたのに、それを捨てた。なぜ聖職者という職業を捨てたかというと、まず人前で滔々《とうとう》と説教することが苦手だった。おまけにキリスト教にたいして非常に強い疑いを抱いていた。激しいキリスト教批判の文章を学生時代に書いており、ここに引用したのはそのときのことばである。

「主観的な宗教は生きている。それは、存在本質の内部での活動性であり、外への働きかけである。」ヘーゲルはここでは宗教を客観的な宗教と主観的な宗教とに分けた。客観的な宗教は、たとえば、教会という制度があったり、あるいは教会の法律とか規則があったりする規則づくめの宗教で、人間を奴隷根性に陥れる。

それにたいして、主観的な宗教は、人間の心のぬくもり、温かさをもっていて、人間の精神の内面性とか内発性を大事にしている。「主観的な宗教は生きている」[★7]という言葉は、「本物の宗教は生命の働きだ」と言い換えてもいい。「存在本質（Wesen ふつうは「本質」と訳される）の内部での活動性」（Wirksamkeit im Innern des Wesens）というときの「存在本質」とは、「人間の本質は理性である」というような抽象的な要素を指すこともあるが、「人間存在」というときの「存在」を指すこともある。「存在本質の内部での活動」と言えば、そのまま「魂の内部の生きた働き」と考えていい。ここでは人間存在の核心に燃えている生きたエネルギーのようなものを指している。この当時のヘーゲルのことばの使い方では「Subjektive」（主観的）と「Tätigkeit」（能動性）はいつも同じ側に立っていて、主体的なもの、内発的なものを指している。

「主観的な宗教は個性的なものであり、客観的な宗教は抽象化されたものである。」あらゆる個人の内面に生きているのが、「主観的な宗教」であり、「客観的な宗教」は、人間の生きた個性的な現実を離れた「抽象化されたもの」だという。

「主観的な宗教は、自然の生きた書物である。それは植物であり、昆虫であり、鳥であり、獣である。[★8] それらの生物が互いに依存しあって生き、あらゆるものが生き、あらゆるものが享受している。それらの生物は、みな混じりあって、人はあらゆる種類の生物がいたるところで集合しているのに出会う。」

「宗教は獣である」という文章を見たら、宗教心をもっている人は「これは困る」と言うかもしれない。ここでヘーゲルは、非常に強く「宗教は生きているものなんだ！」ということを言うために「鳥であり、獣である」という素朴な言い方をしている。あらゆる生き物のなかにある生命こそが神性である。

自然の内部の、燃えたぎる聖なる生命

このヘーゲルの文章が書かれたのが、一七九三年から翌年にかけてのことだろうと思われる。ゲーテの『若きヴェルテルの悩み』は、すでに一七七四年の九月に刊行されていて、それによってゲーテは一気に有名作家になっていた。

★6　SK1 S. 14.「民族宗教とキリスト教」ヘルマン・ノール編『ヘーゲル初期神学論集』I、久野昭、水野建雄訳、以文社、一九七三年、一三ページ。以下、ズーアカンプ版全集（*Werke*, 20Bde., 1969-1971）からの引用をSKと略記する。たとえば、SK1 S. 14. とは、ズーアカンプ版全集第一巻一四ページを意味する。以下に引用する訳文は、注に挙げた訳書を参照しつつ、筆者が作ったものだが、訳書をそのまま使わせていただいたものもある。

★7　Subjektive Religion ist lebendig.

★8　jene das lebendige Buch der Natur, die Pflanzen, Insekten, Vögel und Tiere.

『若きヴェルテルの悩み』が、ヘーゲルに強烈な影響を与えていたということは十分考えられる。

赤々とした夕映えのなかに無数の蚊の群が乱舞する頃、落日の最後のふるえるようなきらめきを受けて、甲虫が羽音高く草地から飛び立ってゆく頃、こうした周囲のざわめき、うごめきに誘われて、ぼくがふと地面に眼をやると、固い岩から養分を吸い取っている苔や、涸れた砂丘に生えている低い灌木が、自然の内部の、燃えたぎる聖なる生命を開示してくれたものだった。[★9]」

ゲーテの語っている「自然の内部の、燃えたぎる聖なる生命」と、ヘーゲルの語っている「存在本質の内部での活動性」とは、ほとんど同じもののことである。

ゲーテの引用をつづけよう。「ぼくはそんなとき、こうしたものすべてをあたたかい胸に抱きしめ、溢れる充実感のうちに、自分が神になったように感じ、果てしない世界の幾多の素晴らしい形姿が、万物に生命をあたえながら、ぼくの魂のなかでうごめいているのを覚えたものだった。」ここでは神が自分の魂の内部で息づき、うごめき、外部にあるすべてのものにその同じ神が生命を与えている。そのさまざまな生命あるものの姿を、ヘーゲルは、「それらの生物が互いに依存しあって生き、あらゆるものが生き、あらゆるものが享受している。それらの生物は、みな混じりあって、ひとはあらゆる種類の生物がいたるところで集合しているのに出会う。」と表現している。

あらゆるものが生きていて、「享受」している。「享受する」(genießen)とは、たとえば、食べて美味《おい》しいと感じるとか、ごくふつうの意味で「楽しんでいる」とか「楽しむ」という意味である。ヘーゲルの哲学のキーワードといってもいいくらい重要な意味をもっている。

科学は生きたものを殺して観察する

そして客観的な宗教のほうは、譬《たと》え話で、自然学者の収納箱であるという。「客観的な宗教は自然学者の収納箱である。そこに自然学者は、昆虫を殺し、植物を枯らし、獣を剥製にしたり、アルコール漬けにして保存し、そして、自然が分けておいたもののすべてを集めて配列し、ただひとつの目的に従って整理してしまう。」

自然は多様である。さまざまな異質のものが自然そのものの流儀で「分けておいて」ある。それは自然学者の概念の枠の中にはめきれない生き生きとしたものである。ところが、自然学者はその自然を枠の中にはめて、殺してしまう。こういう見方を示しているが、これはロマン派的な自然観のもっとも通俗的な表現だと言ってもいい。学者は虫をピンでとめたり動物を剥製にしたりして、それをある分類の枠の中に押し込んでしまう。けれども、ほんとうの生命あるものは、学問の枠の中に押し込めきれるようなものではないという考え方である。

「せっかく自然が無限に多様な目的を編み上げて友情ある絆を作っておいたのに」、それを自然学者は、「自己流の死んだ枠の中にはめ込んで」、生きた自然を死に物扱いしていると、ヘーゲルは言いたいのである。自然学者は、自分が勝手に自然の外から持ち込んだ「ひとつの目的」で自然を分類する。自然そのものは、無限に多様な目的を編み上げて、ひとつの友情のある絆にしておいた。これを人間世界に置き換えれば、あらゆる人びとがみな違った目的を体現しているが、そういう目的の多様性を画一化して殺すのではなくて、多様性を生かしたままでひとつの絆に集める。そういう生きた連帯こそが、本当の人間社会なのである。

ゲーテは、自然を機械的に枠にはめてしまうような見方にたいして非常に厳しく反対していた。もっとも有名な事例でいうと、ニュートンが、自然の光はプリズムで見ると七つの色に分けられるので、その七つの色の要素を混ぜ合わせたのが自然の白色光だという学説を述べたが、これにたいしてゲーテは『色彩論』（一八一〇年）を書いて真っ向か

★9　ゲーテ『自然と象徴』高橋義人編訳、富山房百科文庫、一九八二年、六七ページ。

ら反対した。それはプリズムという機械仕掛けで分解して、自然本来のありのままの光を人工的に破壊したからそういう七つの色に分解されてしまったので、自然のありのままは目に見える自然であり、これこそがほんとうの光なので、この光を機械で壊したうえで、分かれた七つのものこそがほんとうの光だという根拠はない。そういう批判をした。

この当時の解剖学についての代表的なものの見方は、こうだった。――解剖によって生物は理解することができない。なぜならば、生物はすべての臓器や器官が有機的につながっていて、生きていてこそほんとうの生物としての相互連関を発揮しているのに、それを切ってズタズタにして中身を見ても、それは生物のごく一部の機械的な構造を知ることができるだけで、解剖によって生物の本質を知ることはできないからである。

彼岸的理念と禁欲主義の否定

生命についての有機体的な見方が、ヘーゲルの宗教観の根底におかれていた。神は彼方にそびえたつ理想像のようなものではない。同時代のカントやフィヒテの宗教観とは、まったく違っていた。カントにとって宗教とは「あらゆる義務を神の命令として認定すること」(『実践理性批判』一七八八年)であった。つまり、人間の意志が道徳法則に完全に適合していることを求める「無限の進行」のうちに宗教が成り立つものであった。フィヒテにとっても神は道徳性の完成を意味した。「あの生きて働いている道徳的秩序がそれ自身神である。われわれは他のどんな神も必要としないし、また、理解することもできない。」(「神の世界統治にたいするわれわれの信仰の根拠」一七九八年)

ヘーゲルの思想的出発点は、信仰を自然の生命と結びつけることであって、道徳法則と意志が適合し合って完成するという説明を樹立することではなかった。カントとフィヒテにとっては、永遠に完成することのない「無限の進行」が、信仰の実質をささえているものであった。カントとフィヒテにとって宗教は、本質的に道徳性の延長線上にある彼岸的・禁欲的なものである。ヘーゲルにとっては、宗教は、もはや道徳性の延長線上におかれるようなものではなく、魂の内部の有機的な共同体だった。カントとフィヒテまでは、その宗教哲学はプロテスタンティズムの色彩の強い道徳宗教であったが、ヘーゲルはあきらかにそれとは異質の地平から出発している。

二　社会と国家

イギリス社会哲学の影響

アダム・スミス（一七二三―一七九〇）の先輩にマンデヴィル（一六七〇―一七三三）がいて、『蜂の寓話』★10（一七一四年）を書いた。同書にはひとりひとりの人間は悪いことをしているけれども、全体としてはそれが美徳になる（private vice, public virtue）という有名なことばが出てくる。ひとりひとりはみな金儲けをしている、えげつない、私欲の塊である。これが全体としては国の富になる。そういう個人は悪いことをやっても、全体としてはそれはかえってよいことになっているという見方が出てきた。

『蜂の寓話』

カントといえば反功利主義の代表的な哲学者だが、そのカント自身が、人間が功利主義的に対処することを肯定的に述べた文章が『永遠平和のために』にある。共和的な体制では、「国民は戦争のあらゆる苦難を自分自身に背負いこむ（たとえば、自分で戦う、自分自身の財産から戦費を出す、戦争が残した荒廃をやっとの思いで復旧する、（中

★10　マンデヴィル『蜂の寓話』泉谷治訳、法政大学出版局、一九八五年。

略）けっして完済にいたらない負債を自分に引き受ける、など）のを覚悟をしなければならないから、こうした割りに合わない賭け事をはじめることにきわめて慎重になるのは、あまりにも当然のことなのである。★11」共和的ではない体制においては、「元首が国家の成員ではなくて、国家の所有者である（中略）。かれは戦争によって、かれの食卓や狩りや離宮や宮中宴会などを失うことはまったくないし、そこでは取るに足らない原因から、戦争を一種の遊戯のように決定し、ただ体裁を整えるために、いつも待機している外交使臣団に戦争の正当化を適当にゆだねることができる。★12」（同、三三頁）

個人が、戦争という「割りに合わない賭け事をはじめることにきわめて慎重になる」ことを当然だと、カントは考えている。彼の道徳哲学と不整合とは言えないが、こうした功利性に道徳的な価値を認めないというのが本来のカントの立場のはずである。深く考えると、『永遠平和のために』でカントは社会性の新しいモデルに気づき始めている。カントは、人間が一面では社交を求めながら、同時にみなのなかに埋没することを恐れてもいるという二面性、すなわち「社会を形成しようとする性癖」と「自分を個別化する性癖」とを、「非社交的社交性」（ungesellige Geselligkeit）と呼んでいる。ここから生まれる「功名心、支配欲、所有欲」が進歩の原動力になるという。（『世界市民的見地における普遍史の理念』）つまり道徳的でない動機から道徳的な結果が生じるという、カントの倫理学からは引き出せないような帰結を導き出している。「礼節とはよい作法（軽蔑の念を惹き起こしかねないものの秘匿）によって、われわれにたいする尊敬の念を他の人びとに抱かせようとする傾向性である。」（『人類史の憶測的起源』）

観念史の研究ですぐれた実績をあげているA・O・ラブジョイ（一八七三―一九六二）は、カントにマンデヴィルからの影響があるという。「カントは、『人類史の始まりに関する推測（人類史の憶測的起源）』（一七八六年）で、マンデヴィルによって先鞭をつけられていた問題を取り上げました。『蜂の寓話』を読んで、彼がこの問題を示唆されたことは、明らかであるように思われます。★13」

ヨーロッパの思想で、個別的に合理的であるものは全体的に合理的である、という見方が有力であった時代もある。

たとえば、ひとりひとりの人間がすべて価格と商品の購入についてもっとも合理的な選択を行なうならば、社会全体は売上げと価格についてきわめて明確な曲線を描き出すという有名な「価格理論」がある。

これは個々人の選択が合理的であるならば、安いものはたくさん売れて、高いものは売れ残る、それが社会全体の法則性をかたちづくるという、そういう個別的に合理的であるものを加算すると全体的な合理性が成り立つという考え方だ。

個別的偶然＝全体的必然

それにたいして、個別的に偶然的・非合理なものも、全体として集めればそれは合理的になるという考え方もある。この考え方のもっとも代表的なものはアダム・スミスの「神の見えざる手」という考え方だ。

これはカントの『純粋理性批判』にはなかった考え方だ。カントは晩年になって「世界の歴史についての考察」というのを書いたときにこういう例を出している。「ひとつひとつの出来事は完全に偶然的であっても、すべてを合計するとそこに必然性が見られるという例は、生まれてくる子どもの男女比がつねに一定であるということのなかにあらわれている。」この人口の話はカントの発明ではなくて、アーバスノット（一六六七—一七三五）というイギリスの統計学者が、そういう男女比が少数個々の偶然例を合計すると全体的な必然性になるというので、これこそ神の摂理の証明であるというふうに言った。アーバスノットは統計学者であると同時に医師、牧師でもあった。

マンデヴィルの『蜂の寓話』によれば、個人が悪徳を追求すると、それが社会全体では美徳になるという逆説が成立する。「私的な悪徳は、公共的な美徳」なのである。それを明確に証明するのは、アダム・スミス（Adam Smith 1723-

★11　カント『永遠平和のために』宇都宮芳明訳、岩波文庫、一九八五年、三二—三三ページ。
★12　同書、三三ページ。
★13　A・O・ラブジョイ『人間本性考』鈴木信雄ほか訳、名古屋大学出版会、一九九八年、二一五—二一六ページ。

1790）の「見えざる手」という説明である。「法律の干渉がなくても、人びとの私的な利害関心と情念（the private interests and passions of individuals）が自然に彼らを導いて、すべての社会の資本を、社会全体の利益にもっともよく合致するような割合で配分する。」★14

市民社会がヘーゲルによって「欲求の体系」（System der Bedürfnisse）として理解される。「主観的な欲求が客観性・満足に到達するのは、外的な事物によって、活動や労働によってである。この外的な事物もまた他人の欲求と意思の産物・所有物であり、活動や労働は、主観と客観の両側面を媒介する。」（『法の哲学』一八九節）「欲求の体系」とはパン屋と靴屋がそれぞれの商品を交換することで欲望を充足させる分業社会である。欲望に関する倫理的な課題は、個人が内面に道徳性を確立して欲望を制御することではなく、分業と交換を通じて実現される欲望充足の体系（市民社会）を包括する国家を有機的なかたちで運用することとなった。

私的に悪＝公的に善、個的偶然＝集団的必然、私的利益の追求＝国民の富の形成という、悪と善、偶然と必然、個体と全体、の新しい統合形態は、後期カントがその構造的な問題に気づき、ヘーゲルが受容した新しい理論形態だった。

たとえばヒュームもカントも、因果関係として理解していたのは力学的なモデルで、一個の玉がもうひとつの玉にぶつかって運動を伝達するというかたちをとっていた。一方、多数の偶然的な運動が集合体として必然性をかたちづくるというような因果性のモデルにヘーゲルは注目したのである。

カントはしかし、二世界論という存在論的な枠組みの上で、いわばその壁の向こうにクビを伸ばして越境するかたちで、このモデルに着目したのだが、スピノザ的な心身統合論という存在論的な枠組みに立つヘーゲルは、カントが予想もできなかったような帰結をそこから導き出した。エゴイストこそ全体の善（人倫性）に貢献するのだから、個人が自己の理性を完全化していく道程に倫理的な価値はないとヘーゲルは断定して、「道徳性」そのものを批判する。個人の道徳性の完成は、理性的な人間の究極目標ではない。社会全体の体制が有機的に機能することこそ、理性の目標なのである。

ヘーゲルは最初、有機体モデルに包摂するかたちでマンデヴィル＝スミス型モデルを受容するが、受容形態を変えながら理論形成を遂げて、「市民社会」という概念を確立していく。フィヒテ、シェリングには、このようなマンデヴィル＝スミス型モデルの受容はない。フィヒテは、個人の内面における理性の確立が全体的な世界の理性化であって、個人における悪（私的・感性的欲望の追求）を理性化の契機として受け容れることはできなかった。シェリングは、悪の発生を存在の内的な必然性から捉えることで、プラトン以来の二元論的禁欲主義、理性による感性の支配という因果性を否定して、すべてを内発的な衝動の動きで捉える自然哲学的なモデルで、自然と精神の全体像を捉えようとした。

ヘーゲルは、生命をモデルにしたものの見方にマンデヴィル＝スミス型モデルをはめ込んでいくのだが、その視点で社会を見たときに、具体的にどんなかたちになるか。「自然法論文」（一八〇二年）という論文は、いろいろ調べていくと、ヘーゲルのさまざまな発想法はだいたいこの論文のなかに遡っていくことができるので、実際にヘーゲル哲学の成立の場面はここであるといってもいい。

国家という有機体

人倫という絶対的な、明瞭な統一体が、絶対的、かつ生き生きとしているのは、次の点においてである。（1）すなわち個別的な勢位も諸勢位の存立もおよそ固定したものではありえない。（2）人倫という統一体が、諸勢位を不断に拡大することもある。（3）また人倫という統一体が、諸勢位を絶対的に打ち砕いて廃棄することも

★14　アダム・スミス『国富論』水田洋監訳、岩波文庫、二〇〇一年、二四一―二四二ページ。

ある。（4）人倫という統一体が、未展開の統一と明瞭性に立ち返って自己自身を楽しむこともある。（5）また諸勢位に関して、この統一体が、自分の内的な生命とその不可分性を確信して、（6）ときには、一方の勢位が他方の勢位に損害を与える。（7）ときには、一方の勢位にまったく移り行き、そして他の諸勢位を絶滅しもする。（8）同様にまたこの統一体は、この運動からすっかり身を引いて、すべての勢位がそこに止揚されている絶対的休息へと引き籠もることもある。★15

いまこの引用文の「人倫という統一体」を「国家」と置き換え、「勢位」という言葉を「社会的な諸身分」と置き換えて考えてみよう。すると、「国家という全体的な共同体はあらゆる社会的な諸身分を統合している根源的な生命である」と読むことができる。

この人倫という絶対的な、明瞭な統一体（生命的な国家）は次の点において絶対的であり、かつ生き生きとしている。すなわち、あらゆる社会的な身分は確固不動のものではありえず、国家がそれぞれの身分を不断に拡大することもあるし、またそれらの身分を絶対的に打ち砕いてしまうこともあるし、そういうふうにして未展開の統一性と明瞭性のなかでみずからを楽しむという点である。

すると、国家はいろいろな社会的な身分をこわしたり、ひん曲げたり、投げたりいろいろなことをやって、自分で自分を楽しんでいるということになる。国家は諸身分をたえず拡大させたり、否定したり、いろいろなことをやっても、結局、自分で自分を楽しんでいるというのだから、生命としての弾力性と同一性がそれで失われるわけではない。

そして引用の最後のところだが、「絶対的休息（静止）へ引き籠もる」と言っている。国家は社会的な身分が千々に乱れたり変化したり、勢力争いをしたりしているけれども、すべてのそういう勢力を超越した高い静止体だ。神様みたいに、「うん、おまえたちよく争っとるなあ、バカじゃなあ」と上から高みの見物をして楽しんでいるようなところに国家はいる。

ヘーゲルは『精神現象学』〔一八〇七年〕に「真理はバッコス祭の乱痴気騒ぎである、それは絶対的な運動であると同時に、絶対的な静止である」ということばを残している。日本人だったら、「盆踊りだ」「阿波踊りだ」というところである。いろいろな人びとがわらわらと集まって踊りの輪がつづいている。こういう踊りの輪は、見ようによっては運動であるけれども、見ようによっては絶対的な静止状態である。静かに輪がずっと持続している。

個別的な行為は偶然的であるけれども、その個別的な行為が全体としては必然的である、だからひとりひとりの人間はでたらめに行為しているが、全体を集めるとそれはあるひとつの静止した輪や必然性をかたちづくっている。

ヘーゲルの時代になると、必然性は個別的な必然性ではなくて、個別的に偶然的であるものが全体的に集合として必然性になるという、新しい必然性の観念が生まれてきた。二十世紀の科学にいたるまで、その個別的・偶然的なものが全体的必然的であるという見方と、個別的・合理的であるものが全体的にも合理的になるという、二つの見方がずっと平行してつづいていく。ヘーゲルはこの個別的偶然性が全体として必然性を形成するという考え方に非常に強く関心をもった。

ヘーゲルは「見えざる手こそ社会全体が生きた生命体であるということのよきあらわれである」というふうに、有機体的な見方のなかに移し換えてアダム・スミスを理解していた。

病気と不正の発生学

〔承前〕これにたいして、病気と死の始まるのは、次のようなときである。一部分が自分自身を組織し、全体の支配を拒むとき。そしてこうした個別化によって全体を否定的に触発するか、それどころかこの〔特定の〕勢位の

★15　SK3 S. 517. ヘーゲル『近代自然法批判』松富弘志ほか訳、世界書院、一九九五年、九六ページ。

ためにだけ自分を組織するように全体を強制するときである。それはちょうど全体に服従する内臓の生命力が自分を独自の動物にまで作り上げるようなものである。あるいは肝臓が自分を支配的な器官に仕立てて、有機組織全体を肝臓のために働くように強制するようなものである。同様に人倫の全般的な体系のなかでは次のようなことが起こる。たとえば占有と所有にかかわる市民法〔民法〕の原理と体系がこのようにそれ自身に没頭することが起こる。そして迷い込んだ広い世間のなかで、自分をそれ自体で存在し、無制約的かつ絶対的であるところのひとつの統合〔された全体〕であると考えることが起こる。★16

この「部分」を、肺でも腸でもなんでもいいだが、「臓器」と読んで、「全体」を「全身」と読み替えてみよう。「ひとつの臓器が自分自身を組織し、全身の支配を拒み、そうしてこうした個別化によって全身を否定的に触発し、刺激したり破壊したりするか、それどころか、特定の臓器のためにだけ自分を組織するように全体を強制するときには、これは病気であり、死が始まっているのである。」

社会的なひとつの勢力が、まるで自分ひとりが生命体であるかのように錯覚して、自分ひとりの生命体のためにすべてを巻き込んでしまうと病気になる。全体が生命体なのに、肝臓が「おれはひとりで生きていく、腎臓なんかどうでもいい、おれはどんどん大きくなるぞ」とか、肺が「おれはひとりで生きていく、もうおまえの命はどうでもいい」となると、これは病気である。

それはちょうど「全体に服従する内臓の生命力が自分を独自の動物にまで作り上げる」ようなものである。肝臓が「おれは肝臓という動物だ」というふうに思い込む。「あるいは肝臓が自分を支配的な器官に仕立てて」、肝臓が「おれは脳だ」なんて思ったりする。

このような事態は、「有機組織全体を肝臓のために働くように強制するときと同じである。こうして人倫の全般的な体系のなかで、たとえば占有と所有にかかわる市民法の原理と体系がこのようにそれ自身に没頭」すると、所有権ばかりがひとり歩きする。「広い世間のなかで、自分をそれ自体で存在し、無制約的かつ絶対的であるところのひとつの全体であると考える。」

「病態発生学」(Pathogenie)という学問がその当時あって、「Patho」が「病」、「genie」が「発生」で、病の発生がどうして起こるかという学問である。病気の原因というと、だいたいは病原体で起こると考えるだろう。病原体説というのがパストゥールやコッホによって確立されたのは一八九二年ころである。ヘーゲルもシェリングも、病原体説は知らなかったとみなしていい。シェリングの悪の考え方も、同じく病態発生学的な説明にもとづいている。

今日では、病態発生学という言葉は廃《すた》れて、病因論(Etiologie)という言葉の方が多く使われるようになっているが、こうした言葉の変化には、病原体微生物という外的な原因によって発生するのが典型的な病気だと考えられるようになった科学史的な背景がある。

病態発生学の前にあったのは体液説である。体液説によれば、体のなかには血液、黒胆汁、黄胆汁、粘液という四つの体液があって、その四体液のバランスがとられているときには健康であるが、そのバランスが崩れると病気になる。血液が多くなると熱が出てバランスがとれなくなるので、腕にランセット(針)を刺して血液の量を減らすという治療法(瀉血《しゃけつ》)が採用されていた。

体液説は十九世紀の中ごろになるとまったく信用を失っている。それ以外に有力な学説だったのはブラウン説で、身体のなかのひとつひとつの細胞、部分の精気がなくなると病気になるという理由で、お酒を治療剤に使ったという。

全体的なものの一部分が独立した全体性を形成するというふうに自己認識をまちがえると病気になるという病態発生学説を、ロマン派の哲学者たちはだいたい採用していた。ヘーゲルはそれをさっそく社会問題に適用して、資本主義社会が所有権の擁護という要素をひとり歩きさせると、社会全体が病気になるという見方をしている。犯罪も、個

★16 SK 3 S. 517. 同書、九六―九七ページ。

人が自己を全体化するという過ちにもとづいている。美醜も同じ枠組みで判断できる。

身分という臓器

徳と身分の分業体制

徳と身分が、身体の臓器と同じような有機的関係で捉えられるということから、ヘーゲルの国家論が組み立てられていく。その原型はプラトンである。「われわれの国家は、いやしくも正しく建設されたものなら、まったき意味において〈善きもの〉である」「したがって明らかに、その国には〈知恵〉があり、〈勇敢さ〉があり、〈節制〉をわきまえたところがあり、〈正しさ〉がある。[★17]」

こういうふうに「知恵・勇敢・節制」と、この三つの徳を合わせたところに「正義」が成り立つ。滝沢馬琴の『南総里見八犬伝』に出てくる「仁・義・礼・智・忠・信・孝・悌」という「徳」の語も西洋で使われている「徳」の語、もかなり共通点があって、人類のどの文化にも勇気とか正義とか節制とか、徳を身につけることがよい生き方だという思想形態がある。プラトンでは、「徳」に対応して「身分」がある。「金儲けを主とする種族、補助〔統治〕者の種族、国守りの種族のそれぞれが、国家のなかでめいめい自分の仕事をするばあい、この本業一筋ということをこそ、(中略)〈正義〉なのであり、その国を正しいものにする。[★18]」

さしあたり商工業者、政治家、軍人という身分が指摘されている。それぞれがみな自分の持分、本分、分限をきちんと守ると、それが正義である。いちばんもとになっているのは、「正義とはそれぞれの身分が自分の分限を正しく守ることである。だから、分限を逸脱するのは正義に反する」という考え方だ。日本の徳川時代でも、西洋の中世でも、トランプのカードみたいに職業づくしが絵になっていて、それぞれの分限がみなきまっているという図があった。

軍人は「勇気」、商人は「節制」、政治家は「知恵」というふうにして、ちょうど徳全体が調和を保つのと同じように、各身分がその徳という役目を演ずる。だから「徳」はじつは「分業」という観念のもっと古いかたちを作り出していた。

「ちょうど国家のばあいに、金儲けを主とする者・統治する者・政務を審議する者という三つの種族が国家を構成していたように、魂にも、この意気地が、第三のものとしてあって、悪い養育を受けてめちゃくちゃにされてさえいなければ、その素質からして思惟的部分を補助する、ということになる。[★19]」

プラトンは、この「身分」のほかに「魂の三つの区分」ということを述べた。魂そのものにも支配する部分と支配される部分がある。だから、ひとりの人間のなかで支配する部分と支配される部分があるのと同じように、国家全体でも支配する部分と支配される部分がある。

共同体の自己認識・教養

ヘーゲルの「イェーナ体系構想」(一八〇二年ごろ)でもいろいろな身分を出してきて、それぞれの身分がそれぞれの特性を発揮すると述べている。

諸身分、もしくは自分自身のうちで自己構成する精神の本性、あらゆる現実性と本質性とを自分自身として知る精神は、自分を直観し、みずからにとって〔自分の〕対象である〔精神の自己認識〕。すなわち、みずからにとって現存在する有機組織である。この精神は自分の意識を教養〔として〕形成する。こうして初めて、精神は真の精神であり、即自的に存在する。各身分において、精神は、一定の仕事をもつ。つまり、(a)自らの現存在〔職業〕と

★17 プラトン『国家』世界の名著7、田中美知太郎訳、中央公論社、一九六九年、一四〇ページ。
★18 同書、一五二ページ。
★19 同書、一六四ページ。

その現存在における行為についての知をもつ。そして（b）本質性〔本分〕についての特殊な概念と知〔技能〕をもつ。この両方〔の契機（a）（b）〕は一面では互いに分離し、一面では互いに合一していなくてはならない。信頼が第一のものである〔農民〕。信頼が法の抽象へと分裂することが第二のものである〔町人〕。そして、絶対的不信が第三のものである。言いかえれば、普遍的なもの、代表するもの、貨幣といった事物が絶対的に通用することがそれである〔商人〕。これによって、それ自身において普遍的なものである対象が生じる〔公共的身分〕。〔すなわち〕国家が目的であり、義務についての知が道徳性である。ただし、この普遍的なものは、その特殊な諸分肢においては、〔第一に〕実業身分である。次いで〔第二に〕普遍的なものとしての普遍的なもの、つまり学者である。そして最後〔第三〕に兵士身分である。兵士身分は、否定された現実的個人〔であり〕、死の危険〔を覚悟している〕。学者にとっては、己れの〈自己〉の自負心こそがもっとも重要なものである。〔こうして〕国民という絶対的個体性〔が成り立つ〕。★[20]

「各身分において、精神は一定の仕事をもつ」という文章は、「共同体は各身分に分かれて一定の仕事をもつ」と解釈していい。すなわち共同体と分業の関係になる。

「つまり、自らの現存在〔職業〕とその現存在における行為とについての知をもち、そして本質性〔本分〕についての特殊な概念と知〔技能〕（einen besonderen Begriff, Wissen von der Wesenheit）をもつ。」「本質性」（Wesenheit）は「本分」、「特殊な概念と知」は「技能」と解釈していい。それぞれの人が職業をもって、その本分をわきまえて、技能をもっている。本分と技能とは、「一面では互いに分離し、一面では互いに合一していなければならない。」

身分と社会の三分法

信頼は農民、法の抽象（所有権）は町人・市民、不信は商人、そして公共的な身分が、実業身分、学者、兵士から成り立つ。

実際にある社会の身分が農民と町人と兵士なのか、あるいは実業家と学者と兵士であるのか、身分の立て方については、ヘーゲルはそのつど思いつきによってかなりいろいろなことを言っている。しかし、社会は、それぞれの身分がそれぞれの徳を発揮して、それが全体として正義（国家）をかたちづくるという構想であるという点では、身分と徳が対応して全体として正義をなすというプラトン説をすっかり下敷きにしている。

問題は町民とか市民とかで、農民も商人も官僚も市民であることに変わりはない。「市民」という枠組みを「身分」という枠にはめ込むと、どう考えてもぐあいが悪い。そこで、「もはや身分ではないような身分」などという言葉を使ったりする。

身分だとすると、社会的な一定の地位は世襲制を通じて安定していて、床屋の子どもが武士になったり、武士の子どもが農民になったりすることは許されない。ところが、町人という身分は、靴屋だと思ったら、こんどはパン屋になったり、パン屋が服屋になったり、職業を転々と変える。そこには職業選択の自由がある。

町人は身分という概念では捉えきれないので、これを「市民社会」(bürgerliche Gesellschaft) ということばを作って解決する。「市民社会」ということばはヘーゲル以前からあり、それまでいろいろな使われ方をしていたが、ヘーゲルは比較的安定した自然的な性格をもつ家族と、それから市民社会と、さらに国家というふうにして、社会全体を家族、市民社会、国家という三分法によって捉えるというアイデアを考え出す。これが結果的に西洋における社会観を決定的に変えてしまう。

アリストテレスも似たようなことは考えていた。アリストテレスの場合には、国家はそのなかにたくさんの家族が含まれていて、その家族のなかに個人が含まれている。個人・家族・国家というふうに円がだんだん拡がっていくと

★20　ヘーゲル『イェーナ体系構想』加藤尚武監訳、法政大学出版局、一九九九年、二一七ページ、Rheinisch-Wrstfälische Akademie der Wissenschaften (Hg.), *Gesammelte Werke*, Bd. 8, 1976, S. 266. 以下、この全集は「GW」と略し、巻数につづけてページを示す（例：GW8 S. 266）。

いう同心円型によって考えていた。東洋でも、たとえば『大学』という書物のなかでは修身＝まず身を修め、そのつぎに斉家＝家を治め、治国＝国を治め、そして平天下＝天下を平らかにするといって、まず自分で自分を管理する、家族を治める、そして国を治める、天下を平らかにするというふうに、同心円型の構造で考えられている。

家族の崩壊が市民社会を維持する

ヘーゲルの場合には、市民社会という新しい概念ができ上がった。この市民社会は逆説的存在で、ヘーゲルは「家族はたえず崩壊をしつづけ、家族は崩壊することによって市民社会に人口を提供する」と言う。ちょうどヘラクレイトスの場合に、火が燃えながら同時に消えつつ持続しているのと同様に、この「家族」は、たえず崩壊していくもの、崩壊することによって市民社会の人口を支えていくものである。市民社会は家族という結合の崩壊の結果である。

ヘーゲルの場合、家族の実態もまた非常に新しいものに変わった。それまで家族は家系と結びついていた。筆者は加藤家という家に所属していて、加藤家は代々、世代世代を通じてずっと家系のつながりがある。息子が大学を卒業すると会社に勤める。それをヘーゲルは家族の崩壊だと考える。つまり家系を度外視して核家族型で考えていた。家族は崩壊しつつ、つねに市民社会の人口を支えている。崩壊しつつ存続するという存在のありかたが、いかにもヘーゲル的である。

ヘーゲル自身が、大家族の長となるにはふさわしくない振舞いをしている。イェーナで下宿の女主人に子ども（ルートヴィヒ・フィッシャー〔一八〇七―一八三一〕）を産ませてしまったヘーゲルは、夫人とその子どものあいだのさまざまな抗争に悩むことになる。

ヘーゲルはアダム・スミスの『諸国民の富』を読んで非常に影響を受けたし、さらにステュアートの『経済学』も読んで、経済学のおもしろさに惹きつけられた。そのおもしろさは、ひとりひとりの人間は悪いことをやっているのに全体としてはよいことになるというところにある。それは、先に述べたように、アダム・スミスに先駆けてマンデヴィルが述べた。ひとりひとりは金儲けのことしか考えていない。ところが、ひとりひとりの人間が一所懸命金儲けのことを考えると、国全体が豊かになって貧しい人が救われたりするので、全体としてはよいことになる。こういう考え方がイギリスの思想のなかに生まれて、その影響を受けて、アダム・スミスの「神の見えざる手」という考え方が生まれた。ヘーゲルはこれを知ってびっくりしてしまった。この仮象を通じて真理が現われるというのと同じだ。虚偽を通じて真理が現われ、個別的偶然を通じて全体的必然が現われる。[★21]

個人がひとりひとり道徳的になることによってのみ、国家全体が道徳的になる。こういう観念の枠組みをフィヒテも抜け出せなかった。個体としての天体物理学がニュートン力学の法則に従うことによって、宇宙全体が法則的に把握できる。個別的法則と全体的法則はまったく同じ形をしている。それとは反対に個別と全体が逆相関になるような関係こそ真理なのだとヘーゲルは考える。

しかし、ヘーゲルは市民社会に「見ざる手」がつねに有効に働くとは見ていなかった。ヘーゲルは市民社会が必然的にこの賤民（貧民）を生み出すということを述べていて、市民社会について自己矛盾的な記述をしている。市民社会は豊かになればなるほど貧しくなってしまう、市民社会はつねに自分自身の目的を達成しない。ヘーゲルは一定の生活水準以下になる人のことを貧民と呼んでいるのではない。自分自身の人生を自分の努力によってなんとか改善しようとする健全な意志を失った人びと、いわば自暴自棄になって生きている人びとを「賤民」（Pöbel）と言う。

ヘーゲルは、それを自立の意志があるかないかというかたちで考えていた。貧乏してもなんとか稼いで自分の生活を立てようとか、あるいはなんとかして人づきあいをちゃんとやっていこうとか、そういう気持ちをもっているかもっていないかというところに貧民の限界を考えて、それ以下の人間が出現してしまうという点が問題だという。

★21　栗原隆『ドイツ観念論の歴史意識とヘーゲル』知泉書館、二〇〇六年、一四二ページには、シェリングの『最新の哲学的文献概観』（一七九七―九八年）から、「ア・プリオリに規定できないすべてのものは、われわれにとって歴史に属する」という意味の引用がある。シェリングは「個別偶然＝全体必然」という関係を受け容れることができなかった。

アダム・スミスは、市民社会が競争社会として有効に機能するためには、国防・治安・公共財の管理など公共的な機能が不可欠だと主張してはいる。「夜警国家」(Nachtwächterstaat) ということばがあるように、「国家は国民の財産を守るためのガードマンである。だからなるべく安ければ安いほうがいい」という考え方だった。アダム・スミスの場合では「神の見えざる手」でうまくいっていたのに、ヘーゲルの場合にはそれほどうまくいかない。そこで、それを国家が全体としての社会を統括して進まなければならないというので、いままでよりもずっと強い意味での国家の役割が出てくる。

ヘーゲルは世の中はどんなに混乱しても、結局、国家はものすごい力をもっているのだから全部国家が救ってくれるはずだと、国家の力を求めて、その可能性を信じていた。ヘーゲルがあまりにも国家の可能性を信じていたために、同時に市民社会の分裂を捉えることができたのだともいえる。

三　自己展開する論理

精神は自然よりも高い

たくさんの太陽系という花

ヘーゲルが、シェリングとともに立っていた立場は「同一哲学」(Identitätsphilosophie) と呼ばれるもので、要するに精神と自然、主観と客観は根源的に同一であるという立場である。そこからは「精神は自然よりも高い」(SK, 2-503) という言葉はでてくるはずがない。ところがヘーゲルは、自然の太陽系よりも精神である国家の方が「より有機的だ」という理由で、「精神は自然よりも高い」という主張をする。まるで「同一哲学」という合言葉で結ばれたシェリングとの同盟から勝手に抜け出し、敵前逃亡するような態度変更をした。

まず、次のようにして「太陽系よりも国家の方が有機的だ」という主張をする。

エーテルは光の無差別態のなかで、自分の絶対的無差別を多様性に向けて投げ出している。そしてエーテルは諸太陽系という花の形で、自分の内的理性と統合を放射して生み出している。しかし、その光の個体〔諸太陽系〕は多数性のなかで分散している。[★22]

エーテルというのは宇宙全体のもっとも原始的な材料である。まったく無に等しいほどの存在である。それが多様な形に自分を放散させて具体的な天体群になるが、その天体群のひとつひとつが太陽系である。宇宙は花をちりばめたように太陽系で咲き乱れている。ひとつひとつの太陽系は互いにばらばらで「多数性のなかで分散」している。

反抗的な惑星

他方、〔その周りを〕めぐる花びらを形成する諸個体〔たとえば惑星〕は、硬い個体性のなかで光の個体〔太陽〕に逆らった態度をとらなければならない。だから光の個体〔太陽系〕の統一には普遍性の形式が欠けている。その周辺の個体〔惑星〕の統一には純粋な統一が欠けている。二つの統一のどちらも絶対的概念そのものを自分のうちに担ってはいない。[★23]

★22　SK2 S. 503. 前掲『近代自然法批判』八一ページ。
★23　SK2 S. 503. 同書、八一ページ。

ひとつひとつの太陽系は花のように中心となる太陽と周辺を取り巻く惑星群から成り立っている。惑星はしかしそれぞれが物質的な個体性のなかに固まっていて、中心となる太陽に同化しない。太陽と周辺の惑星とはそれぞれが独立した物質塊の集まりとなるから、太陽はたまたま中心に存在して、さまざまな惑星の回転軸が太陽に重なるという程度の統合をもっているだけで、個別の天体が中心となる天体の分身であるとか、個別の天体が中心となる太陽に身を捧げるとかいうような精神的な絆は存在しない。個別の惑星にも太陽にも純粋な統一は欠けている。

天体と人倫の体系

人倫の体系では、天体の体系のばらばらに拡散していた多くの花は集まってひとつになっている。絶対的な諸個人は普遍性へと完全に一体となっている。そして人倫の体系では、実在、すなわち肉体は霊魂と最高度にひとつになっている。何故なら人倫の体系では、多数の肉体の実在的多数性それ自身が、抽象的観念性にほかならないからである。もろもろの絶対的な概念が、純粋な諸個人にほかならないからである。これによって諸個人そのものが、絶対的な人倫の体系であるということが可能である。★24

国家、すなわち「人倫の体系」は、天体の体系のようにばらばらのものが集まっているだけではない。惑星に対応する個人（多様性）と太陽に対応する国家（単一性）とが、完全に一体となっている。これは肉体と霊魂が一体になっているのと同じことである。そのことは「多数の肉体の実在的多数性それ自身が、抽象的観念性にほかならない」と表現される。個人、すなわち「多数の肉体の実在的多数性それ自身」が、単独では実在できない存在であること、すなわち「観念性」が確かめられる。国家こそが真に存在し、個人は独立した存在をもたない。個人は、内面的に完全に国家に同化し、自己の身体や生命を放棄して、国家に献身することができる。つまり太陽系よりも、国家のほうが全体と個との高次の統合を指し示している。

そこから、つぎに「精神は自然よりも高い」という論述が導かれる。

絶対者の自己直観

絶対的なものとは自己自身を直観するものであり、しかも〔自己自身を〕自己自身として直観するものであるとすれば、しかも、その絶対的直観と、この自己認識、その無限の放射と、放射したものの自己自身の内への無限の取り戻し〔収斂〕とが、〈自己内で一体〉である以上、この直観と自己認識、放射と収斂がともに絶対的なものの属性として実在的であるかぎり、精神は自然よりも高い。[★25]

「絶対的なもの」というのは、他者に依存しないものという意味である。たとえば「神が世界を創造した」という文章では、「神」は世界に依存していないが、「世界」は神に依存している。私が、目の前の樹木を見るとき、視覚は樹木の表象に依存していないが、樹木の表象は視覚に依存している。視覚それ自体は、視覚が視覚を見るのでないかぎり、何かに依存している。意識について、意識が意識を意識するという関係が成り立つなら、意識の存在は、他に依存しないという意味で絶対的である。このように外部にある何かではなくて、いわば内部にあるものを意識する仕方と同じように意識する仕方を直観と呼ぶなら、「絶対的なものとは自己自身を直観するもの」である。

自己自身を他者として直観するという場合と比較して考えると、「自己自身を自己自身として直観する」ということが、他者に依存しない存在の特徴になる。

★24 SK2 S. 503. 同前。

★25 SK2 S. 503. 同書、八一—八二ページ。

存在するものは、自己を放散して多数者として外化し、その多数者から自己内に還帰して、自己の統一を回復する運動のなかにある。存在するものは、放射と収斂という二つの運動をたえず繰り返している。放射した多数者を取り戻すとき、それが自己であるという認識が成立するならば、つまり中心にある一者と周辺にある多者が同一であるという自己認識が成立するなら、「直観と自己認識、放射と収斂がともに絶対的なものの属性として実在的である」ような存在（実体＝主体＝精神）は、中心と周辺の同一性が他者の観察に依存する存在（自然）よりも高い有機性をもっている。それゆえ「精神は自然よりも高い」のである。

自然と精神

自然が絶対的自己直観であり、無限に差別化された媒介と展開の現実性であるとすれば、精神は、自己の自己自身としての直観、言い換えれば絶対的認識である。★26

自然が、自己を多様化して展開し、その多様化から統一を回復する過程であるとすれば、その過程を「自己直観」と呼んでもいい。しかし、この「自己直観」には、自己を自己として認識するという過程が伴わない。自己関係ではあっても自己認識ではない。これにたいして、精神とは、展開された多様性にたいして、それを「自己として」認識する過程である。

宇宙の自己回復過程と観念性

宇宙が自己自身を自己内に取り戻すことにおいて、精神は、こうした多数性のばらばらになってしまった統合

（それを精神が包括する）であるとともに、またこうした多数性の絶対的観念性でもある。この絶対的観念性の内で、精神は、こうしたばらばらなありかたを否定し、自己のの内へと反省する。★27

宇宙全体が自己を放散して、その他在化した自己を取り戻す運動のなかにあって、「反省」というのは、外部に放散したものが、内に折れ返って戻ってくる作用のことである。人間ならば、行為というかたちで外化したものを省みることを反省という。精神は、そういうばらばらの多様性でもあるが、同時にその多様性を捉えて、越える〔包括する〔übergreifen〕〕。多様性を捉えて、多様性ではなくなってしまう。多様なものが単独では存在できないという「観念性」の認識をもつことで、多様なものの自立的な存在を否定する。そうすることで、精神は根源的な自己に帰る。すなわち「無限的な概念の無媒介的な統一点としての自己」に立ち返る。

結局は、自己を多数者として展開して、それを取り戻すときに、多数である部分が自己の自立的な存在を否定することによって、多数者を他者としてではなくて、自己として認識できるのが精神である。そこに自然にたいする精神の優位が成り立つ。もっとわかりやすく言えば、国家をもつことが全体と自己との同一性の支えになるから、自然有機体を超える精神の有機体（人倫）が可能になる。

デカルトのコギト・エルゴ・スム〔われ思う、ゆえにわれあり〕が絶対化されて、ヘーゲルの「精神は自然より高い」という立場が導かれたのではない。反自然主義的有機体説が、ヘーゲルの言う「観念論」の中身である。国家（人倫の体系）が絶対的な有機体とみなされることで、「精神は自然より高い」と語る立場が築かれた。

★26　SK2 S. 503. 同書、八二ページ。
★27　SK2 S. 503. 同前。

生命にこそあらゆる真理の具体的な形態がある。それがヘーゲルの思想的出発点だった。しかし、その生命を自然界に属するものとして考えると、生命は物理的自然、化学的自然、有機体的自然という発展段階の最上位に位置する。そして生命が発展して精神となる。

ということは精神の真理は自然的生命のなかにあるということを意味するだろうか。真理が自然に内在するものだとすると、自然と精神、客観と主観の統一は、自然＝客観の側に精神＝主観が一致するという唯物論の道が正しいということを意味するだろう。しかし、この道をヘーゲルは採用しない。カントがすでに、「コペルニクス的転回」を唱えて、逆説的に思われるかもしれないが「主観に客観が一致することが真理である」ことを認める必然性があると主張していた。フィヒテは、基本的にカントの立場を引き継いだが、ヘーゲルはそのフィヒテを「主観と客観の主観的統一」を果したにすぎないと批判していた。

主観と客観の絶対的統一

ヘーゲルが追求しているのは「主観と客観の絶対的統一」である。するとヘーゲル哲学の基本的な構図は、主観でもなく客観でもない第三のものが、主観と客観の統一を果たすという図式にならざるをえない。ヘーゲルの出した答えは、主観でもなく客観でもない第三のもの、すなわち論理が、自己展開する内在的な可能性を秘めているというものであった。

カントを超えるためにはスピノザの立場にたつ必要があるというシェリングの動きに、途中までついていったヘーゲルは、自然から自由が発生する過程の説明をしようとすれば、暗闇からいきなり何かが出てくるという無理な説明に陥るだろうと思った。自然哲学の軌道を突き詰めていって、自由論を切り開くというシェリングの展望にはついていけないと思った。そこで根源にある「実体」（宇宙の唯一の存在で、そのなかに万物を包括しているもの）を哲学の出発点にするのではなくて、「自己展開する理念」を哲学の根底に据えようと考えた。その理念は、自然ではないが、精神でもない。理念が論理というかたちの自己展開を遂げると、そこから自然という理念が展開されて出てきて、その自然からさらに精神がでてくる。こういう理念の自己展開という体系が根底にあるものなのだと考える。[★28]

意識の構造論を根底に据えて、そこから主観と客観の関係の場のなかに、主観と客観の絶対的な統一が見えてくるという説明をフィヒテが始めようとしている。シェリングは、スピノザ的な実体一元論を自然哲学として展開して人間の自由を導出しようとしている。ヘーゲルは、どちらの道もとらず、理念の自己展開という図式を描いて、その図式が現実化するという哲学像を作り上げる。自然界と精神界のあらゆる自己展開は、いったん理念の自己展開という説明をうけて、それによって現実の展開が説明されるのだから、いわば間接話法である。理念がリハーサルしたとおりに、自然と精神の発展が演じられる。

直接に存在そのものの変化を語ってはいないと、晩年のシェリングはヘーゲルを批判する。本当はスピノザ主義の実体という概念を理念の自己展開に切り替えることが、そもそも可能であるのかという疑問が残る。

概念の自己内還帰の表現

論理が自己展開する可能性のみが、ヘーゲルの進むことのできる道だった。その展開の仕方を、ヘーゲルは「弁証法」と呼ぶことにした。

★28　栗原隆「ヘーゲルとスピノザ」『ヘーゲル』今村仁司、座小田豊編、講談社選書メチエ、二〇〇四年、五七ページ。「シェリングは（中略）理念そのものに即した展開を欠いたまま、一般的に提示しているだけ」（GW5 S. 472）というヘーゲルの言葉が引用されている。

じっさい思弁的でない思惟もそれなりに妥当する正しさ〔権利（Recht）〕をもってはいる。しかし思弁的命題という仕方では、この正しさ〔権利〕は尊重されない。命題の形式が廃止されるが、その廃止が〔ヤコービの直観主義のように〕たんに無媒介なやりかたで生ずるのはいけない。廃止が、〔シュルツェの懐疑主義のように〕命題のたんなる内容によって生ずるのもいけない。それ〔命題形式の廃止〕とは逆向きの運動が言い表わされなくてはならない。この逆向きの運動がただたんに〔言葉にならない〕その内面的な阻止であってはならない。そうではなくて概念の自己内還帰〔外から内への内面化〕が表現されなくてはならない。★29

この文章に因果関係という実例を投げ込んで、解説してみよう。「太陽の熱が、石が温まっている原因である」というような因果関係を示す経験的な命題と、「原因と結果は同一事態の二つの側面である」というような思弁的命題（一段と高次のカテゴリー間の関係が、対立物の一致という様式で語られている）を比べてみると、経験的命題が否定されて、思弁的命題に移行するということが哲学的な真理である。ところが経験的な命題の否定が、「太陽熱の原因がわからないから、この因果関係はたんなる直観的事実をしめすにすぎない」というかたちで行なわれても、あるいは太陽と石のあいだに因果関係という「力の実在」は観測されないというような内容的な仕方で否定されても、「原因と結果は同一事態の二つの側面である」という真理は現われてこない。そのことを「概念の自己内還帰」が表現されていないと言う。

たとえば発熱という概念は、それは無数の因果関係の総合である。真空の中でも熱が伝わる。熱の高い状態から低い状態へと変化する。こうした多数の性質や状態を統合するものとして、われわれは単独で純粋の概念としての「発熱」を捉えている。この「概念の自己内還帰」をよりどころにすれば、「太陽が石を温める」というのは個別の実例であり、この概念を分解すれば、実例が導き出される。

多数の事例や性質や法則や条件から、単独の純粋概念としての「発熱」が成立する過程に集約されることが、「自己内還帰」（「自己内反省」〔in-sich-reflektieren〕とも言う）である。

本当の証明は弁証法

この運動は普通は証明が果たすべきはずであったものをかたちづくっている。この運動こそ命題自身の弁証法的運動である。この運動だけが現実的に思弁的なものである。この運動を言い表わすことだけが思弁的な叙述である。命題としては、思弁的なものはただその内面的な阻止にすぎない。命題としては、思弁的なものは本質の現存する自己内還帰ではない。[30]

証明というのは、通常は、概念からその性質（内包）を引き出すことであるから、さまざまな性質（内包）と単独の概念とのあいだの往復運動には、証明と同じ内容が含まれている。しかし、それが命題という形式になると、固定した主語に複数の述語が付けられるかたちになっていて、この往復運動という真実は、命題の形式には表現されていない。「命題自身の弁証法的運動」というのは、命題という形式が否定されることで、命題のなかに含まれていた真実が明らかになるような運動という意味である。

命題という固定した形式の裏側に、思弁的なものという運動が働いている。命題にしがみつこうとすれば、思弁的なものの運動を阻止する。命題というかたちをとると、思弁的なものも、「本質の現存する自己内還帰」ではなくなってしまう。「本質」というのは経験のなかでは永遠性を帯びた理念的な性質である。人間の本質が理性だとすれ

★29　SK3 S. 61, GW9 S. 45.『精神の現象学』上、ヘーゲル全集4、金子武蔵訳、岩波書店、一九七一年、六二―六三ページ。
★30　SK3 S. 61, GW9 S. 45. 同書、六三ページ。

ば、理性は人間の現実存在のなかに永久不変の純粋な要素として実在する。

「人間の本質は理性である」と言うとき、個別的可変的な人間（たとえばソクラテス）の存在にたいして、理性という永遠の抽象体が述語として記述さる。「ソクラテスは理性的存在者である」と言うのは、真理であるが、「個別的存在は普遍的存在ではない（ソクラテスは理性ではない）」という背後の否定的な真理は表現されていない。「人間の本質は理性である」という概念が、自己内還帰するためには、「理性」が多様な個別的な存在に内在しながら、なおかつ個別の次元を超越して純粋概念としての理性でもあるという二重のありかたが統合されて、ひとつの概念に再現される運動がなくてはならない。ところがこの運動は、命題には表現されていない。

直観主義では過程が見えなくなる

〔承前〕「しばしば哲学的解説に関して、この内的直観が〔ヤコービによって〕指し示されるのをわれわれは見る。このために〔かえって〕、我々が要望していた命題の弁証法的運動の叙述がなしですまされるのをわれわれは見る。★31

ヘーゲルの時代は市民文化の開花期でもあって、哲学について入門的な解説などが書かれるようになっていた。そこではさまざまな要素が絵解きされていて、こちらに主観を置いて、こちらに客観を置くというような予備知識を与えるための解説もあった。しかし、哲学の要素をさまざまに分解して、前もって説明しておくというやりかたでは、事柄の根源には触れることができないから、内的な直観によってこそ真実は捉えられるという主張もしばしば出される。スピノザ主義にたいするヤコービの批判が代表的なものである。ところが、絶対者を知性で捉えることはできないと主張するヤコービ流の直観主義だと「神」については直観的な理解のみが可能で、それで十分であるということになるので、命題の自己否定を通じて、概念に到達するという「弁証法的な運動」が無用になってしまう。

自己自身を産出する歩み

〔承前〕「命題は真なるものの何であるかを表現しなければならない。しかし真なるものは本質的に主語である。主語として真なるものはただこの弁証法的運動、すなわち、この自己自身を産出する、前進する、自己内還帰の歩みだけである。[★32]

真なるもの＝主語＝弁証法的運動＝自己自身を産出する歩み＝前進する歩み＝自己内還帰の歩みとヘーゲルは言うが、この真なるものというのは、経験的な真理から、神認識にまでいたる、人間精神の真実の全体である。「自己自身を産出する歩み」（dieser sich selbst erzeugende Gang）というのは、外部からの力や因果関係によってではなくて、内発的な、自分で自分を動かすような運動ということである。「前進する歩み」（dieser fortleitende Gang）というのは、低い段階から高い段階へと連続的に発展する歩みということである。「自己内還帰の歩み」（dieser in sich zurückgehende Gang）というのは、その多様な契機との関わりで進行することで、その多様な契機を自分自身の内に統合していく歩みという意味である。

存在から無が出てくる

いちばんもとになる前提は、人間だけではなくて、万物すべて、はじめから個人、個体として独立しているものはないということである。宇宙全体が粒々の個体から成り立っているという個体的な存在感にもとづく宇宙像をわれわ

★31 SK3 S. 61, GW9 S. 45. 同前。
★32 SK3 S. 61, GW9 S. 45. 同前。

れは抱きやすい。

万物は一体である。主観とか客観とかいうものも大本は全部一体である。大本のいちばんもとになっているのは存在である。ドイツ語では「sein」で、英語でいうと「be」だが、この頭文字を大文字にしてSeinと名詞化した。

この「存在」が「存在」のままでいるわけではなく、「存在」があれば、当然「無」もあって、それで「有」が「無」になったり「無」が「有」になったりしている。有(Sein)→無(Nichts)。これはものが消えたり、ものが現われたりするというのと同様である。そうすると、その「存在」はじつは「Werden」(生成)だ、これが万物のいちばんもとのかたちだと考えていく。

ヘーゲルはどうしてひとつの「存在」が「存在」と「無」になるという無茶なことを考えたかといえば、それはすべてのものは究極的にはひとつのものなのだ、だから究極的にひとつのもの、たとえ「無」でさえもこのいちばんもとになっている「存在」から出てくるのでなければ、究極的にひとつとは言えないだろうと考えた。

初めから「存在」と「無」という二つの領域があるとすると、「存在」と「無」というまったく異なった二つの領域から全体の構図ができ上がっていることになる。個体中心の存在観では、「無」という空間の中に「存在」という粒々がある。それにたいしてヘーゲルは、すべてのものは、究極のひとつの「存在」が変わっていくのだと考えた。

東洋的な考え方

こういう考え方は、東洋人のあいだでは珍しくない。たとえば、老子は、すべてもとになっているものは名前を付けることもできない、形を定めることもできない、その大本になっているひとつのものが徐々に姿を変えていって世界の万物になるのだという考え方をしている。

老子の場合でも、あらゆるものは究極にあるひとつのものの変容である。中国の宋の時代に活躍した朱子の考え方とか、その朱子の先生たちにあたる人びとは、みな根本になるひとつのものが分かれて万物をなしていくという考え方なので、そこで東洋では「有無相通ずる」などという。

人間個人の場合にも、初めから粒々の個人がいるわけではなくて、人間は互いにつながった存在であって、そういうつながりを離れた個人はほんとうは存在しない。だとすると、どうしたら人間はひとりの個人として存在するかという問題は、どうしたらひとりの個人として承認されるかという問題になる。

人間は個体として承認しあうことによって個体として存在する。もともと個体ではないものを、互いに「おまえは個人だぞ」とか「おまえはひとりの人間だぞ、責任をもてよ」とか、「勝手にやっていいんだぞ」とか、「自分で買いたいものは買っていいぞ」とか、ひとりの一人前の人間として認めあうことによって、その認めあうネットワークがあるから人間は個人として生きていくことができる。個体が存在するということは、ある何かを個体として存在させるネットワークが働いているということである。

市民社会——神の見えざる手の関心

ヘーゲルは、市民社会をアダム・スミスの「見えざる手」が支配する経済社会としてだけ捉えたのではない。経済社会が同時に権利意識をその社会に確立するという役割を果たすという機能を見つめてもいた。それは「教養」の機能を果たすと表現されている。普通、教養というと「本を読んで教養を積む」というように、古典などの書物による個人の精神生活の向上のことを指している。しかし、ヘーゲルが着目する教養は、一種の社会意識の定着をさしている。

普遍的な連環のなかの環

個人はこの〔市民社会という〕国家の市民としては、自分自身の関心を目的とする私人である。この目的は普遍的なものによって媒介されており、普遍的なものが諸個人には手段として現象してくるから、目的が個人によって達成されるのは、諸個人が自分の知ること、意志すること、行為することを自分から普遍的な仕方に合わせて調整し、自分をこうした連環の鎖のひとつの輪としたときに限る。この点で理念の関心は、市民社会の成員当人の意識にはない。理念の関心は、(A)成員の個別性と自然性を欲求の恣意と自然必然性とによって、知ることと意志することの形式的な自由と形式的な普遍性へと高める過程、(B)特殊性のなかにある主観性を形成〔し教養化〕する過程である。★33

「個人はこの国家の市民としては(als Bürger dieses Staates)、自分自身の関心〔利害〕を目的とする私人である。」市民社会の市民とは、公人ではなくて私人、普遍的・公共的な利害に関心をもつ人ではなくて、私利私欲の追求を目的として生きるエゴイストである。「しかし、この〔私的な〕目的は普遍的なものによって媒介されている(dieser durch das Allgemeine vermittelt ist)ので、普遍的なものが個人にとっては手段として現われてくる。」

われわれひとりひとりはみな自分の金儲けをしたいと思っている。ところが、金儲けをするためにはどうしても公共的な場面を利用せざるをえない。だから、その金儲けの手段として公共的なものが個人にとって現われてくる。この「普遍的なもの」を、商業活動などに必要な公共的な制度(私有財産を保護する警察、裁判所などの制度、流通の安全を保障する国防や治安など)を指すと考えるか、それとも市場経済(分業生産、自由な流通など)を指すと考えるか、ここでは特定できない。

たとえば、自分がお金を儲けようと思えば、自分のもっているものを商品というかたちにせざるをえない。一〇〇〇円の品物を「一〇〇万円で買ってくれ」といっても通用しないから、「これを一〇〇〇円で買って」もらうことになる。つまり、自分の所有物を普遍的な仕方で規定することになる。たとえば流通可能な価格を自分の所有物に設定する。つまり「個人が自分自身の知識とか意欲とか行為を、ある普遍的な仕方で規定する」ことになる。すると、私は生産と流通と消費の循環の中の一齣《こま》として、自分を位置づけることになる。「こうした連環の鎖の中の環《グリート》（Glied）として自分を作り出す」（sich zu einem Gliede der Kette dieses Zusammenhangs machen）。「連環の鎖の中の環」というイメージは鎖の中のひとつの環である。環という言葉には、「メンバー」「成員」という意味もある。こうして「市民社会の一員」の意となる。ところが、「Glied」には、「有機体」の場合には「手足」とか「器官」とかの意味もあるので、「有機体を構成する一器官」という意味も含まれている。

　この普遍的な連環の中の環（一員）というイメージは、ヘーゲルがアダム・スミスの考え方を自分の思想のなかに織り込んだことを示している。パン屋さんはパンを作ったら、それを人に売らなければ靴を買うことができない。だから、分業化された社会では個別者が、同時に、非常に長い交換の連鎖をもっていて、その交換の連鎖の中の一員として自分を位置づけなければ、パン屋さんは靴を買うことはできないし、靴屋さんはパンを食べることができない。

自然な欲望充足

　市民社会の一員はその市民社会のさまざまな交換の連鎖の中で分業の一環を担うものとして自分の欲望を達成する。それは個人の欲望を達成することであるけれども、同時に、個人はそのことによって自分の欲望を社会化している。

　するとそこには公共的な意識形態が発生しているが、それを「理念」と呼ぶなら、この理念は個人の意識ではない。「理念の関心は、この市民社会の一員の意識のなかではそれ自体としては存在していない。[★34]」逆に言うと、エゴイスト

★33　SK7 S. 343.『法の哲学』、ヘーゲル全集9a、上妻精ほか訳、岩波書店、二〇〇〇年、第一八七節。
★34　Das Interesse der Idee hierin, das nicht im Bewußtsein dieser Mitglieder der bürgerlichen Gesellschaft als solcher leigt.

である市民個人の意識は、自分の利害の追求であって、公共的な利害には関心がない。

この理念の関心は、つぎのような二つのプロセスである。理念の関心は、（A）「成員の個別性と自然性を欲求の恣意と自然必然性とによって、知ることと意志することの形式的な自由と形式的な普遍性へと高める過程[★35]」。これは、一般市民の自然な欲望を自由で自然な内発性を通じて、個人の権利の自覚へと高める過程という意味である。

（A）の過程は、こうである。市民社会の成員がもっている、飯が食いたいとかセックスがしたいとかいう個別性とか自然性とかを、「自然の必然性を通じて」(durch die Naturnotwendigkeit)、「欲求の恣意を通じて」(durch die willkür der Bedürfnisse) 高める過程である。ドイツ語では「Wille」というと「意志」、「Willkür」となると「勝手な意志」という意味になる。「勝手なことをする選択意志」と考えていい。

「知ることと意志することの形式的な自由と形式的な普遍性へと高める」過程とは、個人の自由がばらばらになって発揮される状態という意味である。この場合には、「形式的」は「ばらばらになっている」と言うのとほとんど同じ意味で、主観と客観が対立関係になっているときの主観の状態という背後関係がある。普通の意味で「私はパンが買いたい」という状況理解（知）と意志のことである。「形式的自由」というのと「主観的願望」というのとでは実質がほとんど変わらない。「形式的普遍性」とは、誰もがもっている個人としての権利のことである。「形式的な自由と形式的な普遍性へと高める」とは普通の意味での常識的な市民の主体性を指している。

特殊性のなかにある主観性

（B）「特殊性のなかにある主観性を形成〔し、教養化〕する過程」(die Subjektivität in ihrer Besonderheit zu bilden)。これは、たとえば身分のなかにある徳性を純粋化する過程である「形成する」(bilden) には、「教養あるものにする」という意味もある。

その「特殊性のなかにある主観性」というのは個人が自分中心の私的な利害に囚われていることを指し、それを

「形成する」というのは、自分の個人的な判断や利害関心を確立するという意味で、それを「教養あるものにする」と言っても、特別に文化人的な活動をすることを指しているのではなくて、「ひとりの市民としての自覚をもつ」ということを指しているにすぎない。

ヘーゲルはここ（市民社会）ではひとりひとりの人間に向かって、「おまえは自分の欲望を捨てて国家に奉仕しろ」などとは一言も言っていない。ひとりひとりの人間はみな自分の好きなことをやって、金を稼いでいればいいという趣旨のことを述べている。

所有権の成立

彼ら市民にとって欲求とそのための労働との相互関係の相関（das Relative der Wechselbeziehung）が、さしあたり自己内反省をもつのは、一般に無限の人格性、抽象的な権利においてである。この権利に現存在を与えるのは、教養としてのこの相関の圏そのものである。現存在とは、普遍的に承認され、知られ、意志されるものであるという権利のことである。そしてこのように知られ、意志されることによって媒介されて、通用性〔妥当〕（Gelten）と客観的現実性をもつ権利が与えられる。★36

「相互関係」（Wechselbeziehung）は、たとえば、靴屋さんがパンを買ったりパン屋さんがパンを売ったりするということである。食いたい飲みたいという欲求があって、そして働きが相互のつながりのなかにある。そうした相互関係が

★35 Einzelheit und Naturlichkeit derselben durch die Naturnotwendigkeit ebenso als durch die Willkur der Bedurfnisse zur formellen Freiheit und formellen Allgemeinheit des Wissens und Wollens zu erheben.

★36 SK7 S. 360. 前掲『法の哲学』三七七ページ、第二〇九節。

彼らにとってさしあたり集約点（自己内反省）をもつのは、個人の人格と権利においてなのだと、ヘーゲルは言う。「自己内反省」(seine Reflexion in sich) というのは、多様に展開された関係が、その中心的な意味に統合されて、理念として確立される過程を指している。

市民と市民が互いに欲得づくによって付き合って、互いに関係し合っているという、そういう相対的なものがそれを集約する抽象的な意味をもつのは、それは一般には無限の人格性と抽象的な権利においてである。

「無限の人格性」は「不可侵の人格性」というふうに考えていい。なぜ無限なのかというと、有限だとすると、「一〇〇円で交換可能」というような価格がつく。価格では表現できない尊厳をもつことを「無限性」と言う。価格であると、これは一二〇〇円だから、「三〇〇〇円で買いたい」人がいれば売り渡される。「尊厳」は、「価格に直したらいくらか」と言うと、これは「無限」になってしまう。だから、「尊厳」となったらもう売ることができない。そこで、ヘーゲルは「無限の人格」と言った。

「抽象的な権利」とは何かというと、「抽象的な」は「個々人の」という意味であり、「個々人が誰でももっている権利」である。「抽象的な権利」とはいわばもっとも基礎的な権利、具体的にいえば個人の所有権のことである。

人間は欲得づくによって互いにつきあって相互関係をもっている。それがある一定の集約点をもつとすると、その集約点となるものは、人格が尊厳をもっていて値段がつけようがないということと、それから個人の所有権が尊重されるということである。ひとりひとりの人間は値段のつけようのない尊厳をもっていて、それが所有権をもっている。これが、人間が欲望と労働によって作り出した相互関係のもっている相対的なものの集約点である。

すると「それは逆じゃないか、ひとりひとりの人間が尊厳をもっていて、絶対不可侵で、それが所有権をもっているから、だからパン屋はタダでパンを売らなくてもいいわけだし、靴屋だってタダで靴を売らなくてもいいわけだし、まず個人の尊厳があって、それが所有権をもっているから交換が成り立つのではないか」とヘーゲルに質問したら、何と答えるだろう。社会関係があるから所有権が成り立つのか、所有権があるから社会関係が成り立つのかという、これは鶏と卵で、どちらでもいいと言いたくもなる。このヘーゲルの文章はそうではなくて、交換と流通という社会関係があるから、個人と所有権が成り立つと述べている。交換を通じて、所有権という抽象的・観念的なものが発生する。それが「教養」なのである。

相互的な妥当の世界

この「相関の圏」（Sphäre des Relativen）が「教養として」（als Bildung）機能する。つまり、観念化の機能（教養形成）を発揮して、暗黙の承認を理想とか権利とかという明確な観念形態に形成する。「権利に現存在を与える」ということは分業社会の流通と交換の体系が個人の所有権の現実的な支えであるという意味である。権利が、理想や観念として考えられていたとしても、商品流通という全般的な社会関係が個別的なものの権利を現実的・実効的なものにしている。

その権利は、普遍的に承認されたもの、あるいは意識されたもの、あるいは意志されたものである。たとえば、一万円札が一万円の価値をもっている、交換可能性をもっている。それは多くの人びとがその価値のもとに流通することができるからなので、そういう流通の圏がある抽象的観念的な権利に現存在を与えている。あるいは個人に所有権を与えている。

その所有権など権利とは何かと言うと、みなが認めているもの、あるいはみなが意欲するもの、みなが求めているものである。ここに「妥当」（Gelten）ということばが出てくるが、「通用」という意味もある。たとえば、この札が一万円の価値をもつことは、一万円として「通用する」ということである。「通用する」《ゲルテン》が金《ゲルト》（Gelt）ということばの語源なのである。

この「市民社会」は、喩えて言うと、蜂の巣である。蜂の巣のまわりに蜂がブンブン飛び回っている。人びとは蜂が飛び回るようにして自分の働いて作ったものを交換して、交換社会を作っていく。そこから「これはおまえの所有物だ」とか、「権利」だとか、あるいは「これはいくらとして通用する」だとか、「価格」だとかが形成され、こうしたものがヘーゲルの考えている「現実」（Wirklichkeit）なのである。

こういう現実に最終的な保障を与えるものが国家なので、国家は市民社会が潜在的に作り出している権利を集約する。じつはヘーゲルのこの著作は『*Philosophie des Rechts*』という。直訳すれば「権利の哲学」である。その著作名が『法の哲学』と訳されてきた。ところが、この「Rechts」は「法律」という意味ではない。「法律」はドイツ語では「Gesetz」と言う。英訳者ノックスは、これを"Philosophy of Right"と訳して"Philosophy of Law"ではないという説明をしている。「Gesetz」は「定め書き」という意味で、人間が定めて作った文章である。「Recht」は、人びとが市民社会を形成することによって、互いに尊重し合おうではないかというふうに認め合った現実に根ざしている。それを抽象的に表現すると「権利《レヒト》」になる。

国家の主権性と観念論

「国家の主権性とはその分肢を否定する観念論である」と言えば、国家主権と観念論というまったく無関係な言葉を強引につないだような印象を受けるだろう。しかし、ここにヘーゲルの国家論の核心が潜んでいる。

国家は主権ではなかった

以前の封建的君主制においては国家はたしかに対外的には主権であったが、しかし対内的には君主ですらなく、国家は主権ではなかった。ひとつには、国家と市民社会の特殊的な職務と権力とが独立の職業団体や共同体に掌握されていた。だから全体は有機体というよりはむしろ集合体だった。またひとつには、これら職務と権力とが諸個人の私有財産だった。それゆえ全体という観点でこれら諸個人によってなされるべきことが、彼らの意見や好みに置かれていた。★37

「国家と市民社会の特殊的な職務と権力とが独立の職業団体（Korporationen）や共同体（Gemeinden）に掌握されていた」というのは、要するに国家機能の統合がなされていなかったということである。「Korporationen」は、現代英語で「コーポレーション」といえば「会社」のことを指すが、ところが、この「コルポラツィオーネン」は、ドイツでは、ギルドとかツンフトとか、親方制度のもとに親分子分の独自の上下関係をもった社会を形成するグループのことだった。「コルポラツィオーネン」は、王様が「税金を払え」と言ってもなかなか払わなかったりするが、そのかわり身内の人たち、メンバーの面倒はよく見る。

だから、ヘーゲルは貧富の格差が大きくなるという問題が起こったときに、その仕事の一部分はコルポラツィオーネンに預けて、むしろ職人組合の親方たちに貧しい職人たちの面倒を見させるとか、あるいは自立的な能力を失ってしまった人の生活の面倒を見させるとか、そういうふうなことを考えていた。

「全体は有機体というよりはむしろ集合体だった（das Ganze [war] daher mehr ein Aggregat als ein Organismus）」というときの「集合体（Aggregat）」は「ごちゃごちゃと集まったもの」という感じだ。たとえば「とろけて渾然一体となった野菜スープ」とかを連想させる。ドイツがせっかくフランスやイギリスにたいしては独立国家として認められても、ドイツの国内勢力が足を引っ張って、ほんとうの意味での主権性が確立されていなかった。

ヘーゲルの時代には、まだドイツ全体の貨幣単位の統一はなかった。ベルリンとミュンヘンではちがう貨幣が使われていたり、郵便制度が全国で統一的に機能していないとか、そういういわば制度的一元化が進められていく途上の

★37　SK7 S. 442. 同書、四七九―四八〇ページ、第二七八節。

時代にヘーゲルは生きていた。ヘーゲルがこれを書いたのが一八二一年ごろだが、その二〇年ほど前にいわば「ドイツを憂える」という趣旨の文章「ドイツ憲法論」を書いたときには、「ドイツは国家ではない」と言って、ドイツ全体が領邦国家というかたちでバラバラに分かれていて、あまりにも統一性がないということを嘆いていた。

ヘーゲルはドイツを強力な統一国家が支配することを願っていた。それと同時に国家論を通じて、存在全体にたいする有機体論的な見方を確立していった。国家論からヘーゲルは哲学そのものの新しい次元を作り出していく。それが「観念論」とか「観念性」という言葉の使い方に現われている。

主権を構成する観念論

> 〔承前〕主権を構成する観念論は次のような規定である。その規定によれば動物の有機体では、そのいわゆる部分は〔ばらばらの〕部分ではなく、肢体・有機的な契機である。その肢体が分離されてひとり立ちをすれば病気である。この同じ原理が意志の抽象的な概念においては自分自身に関係する否定性として登場する。それによって〔この同じ原理が〕自分を個別性へむけて規定する普遍性として現われる。この普遍性のなかではあらゆる特殊性と規定性が止揚されて〔骨抜きになって〕しまう。この規定が絶対的な、自己自身を規定する根拠となる。この規定をつかまえようとするのなら、人は実体と概念の本当の主体性であるものの概念を心に銘記していなくてはならない。[★38]

「主権を構成する観念論は次のような規定である」（Der Idealismus, der die Souveränität ausmacht, ist dieselbe Bestimmung）という文章には、この「主権＝観念論」という政治哲学と哲学一般とを強引につなぎ合わせた言葉が使われている。国家の主権性をかたちづくっている理念は、観念論であるというのである。

この観念論に従えば、「動物の有機体では、そのいわゆる部分は〔ばらばらの〕部分ではなく、肢体・有機的な契機である。」つまり、有機体を部分がばらばらの個体の集合ではなくて、部分が有機的な全体の契機であるということが観念論だという。

観念論というのは、普通は、「五感で受け止めるものこそ実在だという常識にたいして、感覚はあてにならないから、目に見えない、手で触れられない永遠の純粋概念こそ実在だ」と主張する立場である。個体は虚妄で、普遍が実在だと要約してもいい。プラトンは「洞窟の比喩」（『国家』）で、洞窟のなかで手足を縛られて幻影だけを見るようにさせられている人間の姿で、感覚にとらわれた人間のありかたを表現している。感覚の世界とイデアの世界の二元論が背景にある。

ヘーゲルが国家に関連して使っている「観念論」という言葉は、観念と実在、霊魂と肉体、経験と理念、主観と客観というような二元論の枠組みとはまったく無関係である。国家も、ひとつひとつの臓器と手足から構成される全体であるという比喩によって、あらゆる部分（個人）が真の実在ではなくて、全体（国家）だけが真の実在であると主張する立場を「観念論」と呼んでいる。ヘーゲルは感覚の世界とイデアの世界の二元論を根底から否定して、存在一元論の立場に立って、従来の言葉の用法とはまったくかけ離れた「観念論」を組み立てる。そうした部分が独立化されて、単独で存立すれば病気である――こうなると「観念論」と「有機体論」とは中身がまったく変わらない。

観念論の「同じ原理が意志の抽象的な概念においては自分自身に関係する否定性として登場する。★39」存在するものは全体であり、部分は観念的抽象的な存在である。「意志の抽象的な概念」とは、「意志の個別的な概念」、すなわち「個人の意志」にほかならない。「自分自身に関係する否定性」とは、自分で自分を否定すること、すなわち抑制、禁欲、自己犠牲、献身である。すると観念論の「同じ原理が意志の抽象的な概念においては自分自身に関係する否定性

★38 SK7 S. 443. 同書、四八〇ページ、第二七八節。
★39 dasselbe Prinzip, das im abstrakten Begriffe des Willens als die sich auf sich beziehende Negativität.

として登場する」とは「有機体論的な全体主義の原理が、個人の意志においては、自己犠牲となって現われる」というのと同じ意味になる。

「それによって自分を個別性へむけて規定する普遍性が現われる。[★40]」ということは、公共精神（普遍性）が、個人意識となって現われるということである。「この普遍性のなかではあらゆる特殊性と規定性が止揚されてしまう。[★41]」この国家という普遍性のなかでは、あらゆる特殊性と規定性が止揚された（eine aufgehobene）特殊性と規定性になる。特殊性が「骨抜きにされた」と考えてもいい。独自性をもたなくされて、ちゃんと分限をわきまえて、分限を逸脱しないように全体的な秩序のなかにしっかりと組み込まれたようなありかたをしていると解釈してもいい。

こういう「観念論」とか「観念性」とかの概念もまた、『自然法論文』（一八〇二年）にすでに登場している。「実在性においては、諸勢位をこのように制限し観念的に定立する働きは人倫的統合の歴史として描き出される。[★42]」

国家共同体のような現実世界（実在性）では、「諸勢位を制限する」というのは、職業団体の親方だとか群雄割拠する地方の貴族とかを、国家本来の職分に適合させるという意味である。「観念的に定立する」（Ideellsetzen）というのは、部分を全体の契機として定立するという意味であるから、逸脱を思い知らせて本分に立ち返らせる働きのことである。

その部分は、逸脱行動を犯していたときには、自分が「単独で自立した実在である」と思い込んでいる。それにたいして、「お前は全体の部分であるにすぎず、全体の契機として観念的に存在するにすぎない」という自覚を与えるという意味である。「自然法論文」でも、『法の哲学』と同様に、有機的全体にたいして、臓器や肢体など部分的であるものが自立化すると病気が発生するという説明がなされている。

有機体の回復

「〔承前〕ときには、人倫的統合は市民法をいささか優越させることによって国家法にその規定性〔本分〕を思い出させる。★43」国家にたいして市民法を優先させると、当然、均衡の破壊が発生する。そのことによって本来の均衡を回復する力が生まれる。「〔承前〕ときには、人倫的統合は、あるときには国家法を優越させることによって市民法のなかに陥没と割れ目を作る。★44」

逆に、国家の権限を強めて、市民法の本来的な力を回復させることもある。ヘーゲルは、人倫的統合のなかに、国家と市民とが有機的に共存しているという社会像を描いている。「〔承前〕そしてこのようにして人倫的統合は、一定の時間により強力に〔各システムに〕内在することによって各システムに総じて新しい生命を与えることもある。★45」

上からの統合の力が、権力主義的に作用することによって、分権的な機能が活性化される場合もある。「〔承前〕また人倫的統合は、ひとつひとつのシステムを分離することですべてのシステムにその時間性〔はかなさ〕と依存性を忘れないように注意する。★46」さまざまな分権的な機能、部分集団を、独立・孤立させることによって、じつは独立・孤立することが不可能であることを思い知らせる。これらの「治療法」は、国家が戦争を行ない、国民に国家権力への忠誠心を喚起することができるというヘーゲルの戦争論とも共通の構造で考えられている。

「〔承前〕また人倫的統合は、諸システムが繁殖拡大して自己を組織することを次のようにして粉砕する。★47」全体にた

★40 damit zur Einzelheit sich bestimmende Allgemeinheit vorkam.
★41 in welcher alle Besonderheit und Bestimmtheit eine aufgehobene ist.
★42 ebenso stellt sich in der Realität dieses Einschränken und Ideellsetzen der Potenzen als die Geschichte der sittlichen Totalität dar. SK3 S. 519. 前掲『近代自然法批判』九八ページ。
★43 bald das Staatsrecht durch ein leichtes Übergewicht des Bürgerlichen an seine Bestimmtheit mahnt. SK3 S. 519. 同前。
★44 bald durch das Übergewicht von jenem in dieses Einbrüche uns Risse macht. SK3 S. 519. 同前。
★45 und so jedes System überhaupt teils durch einkräftigeres Inwohnen für eine Zeit neu belebt. SK3 S. 519. 同前。
★46 teils alle in ihrer Trennung an ihre Zeitlichkeit und Abhängigkeit erinnert. SK3 S. 519. 同前。
★47 als auch ihre wuchernde Ausdehnung und ihr Selbstorganisieren dadurch zerstört. SK3 S. 519. 同前。

いして部分的勢力が独立して、勝手に自己増殖することが危険なのであるが、その部分的勢力が、自己の部分性を自覚して、自発的に統合に服従することが求められる。「すなわち人倫的統合が諸システムの個別的な諸契機を一度にすべて混ぜ合わせ、それらを自分のなかに引き入れた姿で描き出し」、統一から再生させる。もしもそれらが単独で存在しようとするときは、依存性を思い起こさせ、また自分は弱いという感情をもたせてふたたび出ていかせる。このようにして有限者の思い上がりを粉砕する。

この意味での「観念性」(Idealität)については、『大論理学』第二版(一八三一年)に言及がある。「有限者が観念的であるという命題は観念論を意味する。[★48]」有限者の非実在性という概念はスピノザの実体概念と重なり合う。「万物は究極の存在の変化したもの」という存在一元論から、「観念論」が再定義されている。つまり、この「観念論」の定義は、ヘーゲルがプラトンやカントのような二元論を根底から否定する立場に立ったということを表わしている。

歴史

ヘーゲルの時代は、革命と動乱に満ちていた。歴史哲学のもっとも切実な問題は、フランスでは血なまぐさい革命が起きたが、ドイツでも同様の革命が起こるのかどうかという疑問だった。それにたいしてヘーゲルは、フランスで革命が起こったからといってドイツでも起こるとは限らないという説明をしたので、みなが安心した。フランスはカトリックの国で、国民個人の良心が解放されていないから、国民の自律が不可能であるのにたいして、プロテスタントの国では良心が解放されているので、革命なしに国民の自律を達成できるというのである。

哲学史から世界史へ

「世界史の哲学」は、ヘーゲルが晩年のベルリン時代になって初めて(一八二二年)講義したもので、独立の自筆著作は存在しない。自筆原稿が一部残っているにすぎない。ヘーゲルは宗教史や哲学史の授業はずっと前からやっている。昔に書かれたヘーゲルの評伝などを見ると、ヘーゲルは『歴史哲学講義』を完成した偉大なる歴史哲学者である、子どものときからずっと歴史にたいする関心が深く、歴史に関心を抱きつづけて、『歴史哲学講義』を完成したというようなことが書いてある。ヘーゲルが初めて『歴史哲学講義』の授業を行なったのがいつだったかということは、その当時はまだちゃんと伝えられていなかったので、ヘーゲルは延々と『歴史哲学講義』を作っていったのだという思い違いが生まれた。実際には、ヘーゲルは「哲学史」を作ってから『歴史哲学講義』を作った。

晩年になってヘーゲルが述べた『歴史哲学講義』はたいへん有名で、そのなかでは「東洋ではひとりの人が自由で、ギリシア・ローマでは幾人かが自由で、ゲルマン世界になると万人が自由だ」というセリフがある。ヘーゲルは「Weltgeschichte」(世界史)と言っている。ヘーゲルはこの「Welt」を強調している。「世界史」には、「世俗史」という意味がある。もうひとつは「東西世界全体にわたるグローバルな歴史」という意味がある。

ヘーゲルの『歴史哲学講義』については、キリスト教的な性格が強いという有名なカール・レーヴィットの解釈があるが、それは間違いで、「世界史」(Weltgeschichte)ということによって、これはキリスト教タイプの歴史とはちがう、泥臭い世俗の歴史だということを告げている。商業とか貿易とか、いろいろな人間の欲望とか、そういうふうな泥臭い、いわばあまり崇高でない人間の行為が歴史を組み立てているのだという考え方が基本になっている。

政治形態の変化

世界史は自由の意識における進歩である。進歩をわれわれは必然性において認識しなくてはならない。私が自由

★48 SK5 S. 172.『大論理学』上巻の一、武市健人訳、岩波書店、一九五六年、一八六ページ。

の知の区別について一般的に述べておいたことによって、しかもさしあたりは、東洋人はひとりが自由であるということだけを知っていたというかたちで述べておいたことによって、ギリシアとローマの世界は幾人かが自由であることを知っていたというかたちで、〔ゲルマン世界の〕われわれはすべての人間がもともと自由である、人間そのものが自由であることを知っているというかたちで、この点にわれわれが世界史でおこなう区分がはっきりと成り立つ。★49

これがヘーゲルの歴史哲学の骨格である。ヘーゲル以前には、「歴史は神の歩みである」と宗教を中心とした歴史観もあった。なぜ「自由」（Freiheit）ということばを選んだかといえば、「歴史は理性の意識の発展である」と述べた理性中心の歴史を捉えようとする考え方の向こうを張って、「おれは理性なんて言わないぞ、自由だぞ」という自己主張をこめていたのである。

「東洋人はただひとりの人が自由である（Einer frei sei）ということを知っていた」という言葉の「Einer frei sei」はたしかに直訳すると「ひとりの人が自由である」となる。「知っていた」という表現のなかに政治制度というかたちでその知が現実化していたという含みがある。東洋では絶対君主制が中国でもインドでもペルシャでも行なわれていて、権力をもっているという意味で自由である人は君主だけであったということである。

そのつぎの、「ギリシア的およびローマ的世界は、幾人かの人が自由であることを知っていた★50」という文章でも、「世界は……知っていた」となっていて、「幾人かの人が……知っていた」という文章ではない。これはギリシアの民主制であるとか、ローマの元老院制とか、貴族制とかがギリシア・ローマの政治の特徴であったということである。

「われわれはすべての人間が、もともと自由であることを知っている」と書いてあるが、これは「即自的に自由である」（an sich frei）ということで、「人間は人間として自由である、人間はそもそも人間であるかぎり、どんな人間でも、金持ちでも金持ちでなくてもみな自由であるということをわれわれは知っている」という意味になる。

このひとりとか、いく人かとか、すべての人とか、こういうかたちで政治形態を考えるようになったいちばん最初の人はアリストテレスで、その『政治学』という書物では、君主制と貴族制と民主制という三つの政治形態を考えている。そして民主主義は弊害が大きいから、貴族主義を中心としてこれにちょっと民主主義の要素をプラスしたぐらいがいいというのが、アリストテレスの本音だった。

ヘーゲルが考えていた、「ひとりの君主が東洋で、幾人かの貴族がギリシア・ローマで、全国民がキリスト教ゲルマン世界で自由である」という図式のなかで、「ゲルマン」はドイツという意味ではなくて、ヨーロッパを四つに分けたときの北西部分である。だから、結局はドイツ、イギリス、フランスあたりになる。ヘーゲルが考えていた最高の政体は、民主制ではなくて、立憲君主制[51]である。その当時の政治的な事情で、そう言わざるをえなかったと解釈してよい。

政治形態の違いについて、歴史的な経過だとアリストテレスは言っていない。比較して考察するための類型として三つの政体を想定した。これを発展するという方向に考える拠りどころになったのは、モンテスキューの『法の精神』である。その「イギリスの政体について」というところに三権分立論が書いてある。モンテスキューの本を裏から読むと、ほんとうはイギリスの政治形態、三権分立がいいと思っていたようにも読める。政体が三権分立をともなった民主主義に変わっていったらいいと感じ取った人がたしかに多かった。フランス革命を担った人びとは、モンテスキューの『法の精神』をそういうふうに裏から読んでいたと思われる。ヘーゲルの『歴史哲学講義』は、一枚はがすとモンテスキューの『法の精神』で、もう一枚はがすとアリストテレスの『政治学』である。

★49 『歴史哲学講義』上、長谷川宏訳、岩波文庫、一九九四年、四一頁。
★50 die griechische und römische Welt aber, da einige frei sind.
★51 滝口清栄「憲法論争と法哲学の成立」、前掲『ヘーゲル哲学への新視角』所収。

地理と歴史

「歴史哲学」を語るときにもうひとつの問題がある。地理と歴史という問題だ。ヨーロッパ人の著作で、さまざまな民族がいて、東洋世界もあるということを考えに入れた歴史の書物は、ヘルダーの著作『人類史の哲学考』(一七八四―九一年)が最初である。ヘルダーの場合には「歴史哲学」といっても地理的な枠組みのほうが強い。ヘルダーのこの著作は日本の和辻哲郎に大きな影響を与えて、和辻哲郎は『風土』(一九三五年)という本を書いた。これは地理的な枠組みのほうを重視するという考え方に属する。

ヘーゲルのいわゆる「歴史哲学」や「美学」のなかで語られる歴史の構造は、「自然法論文」ですでに確立されていた。

　もっとも普遍的なものを挙げれば、ある国民の特定の風土と、普遍的な種族〔人類〕の教養におけるこの国民の時期とが必然性に属する。[★52]

歴史の決定的な要因(もっとも普遍的なもの、必然性)をヘーゲルは、①ある国民の特定の風土、②人類の発達段階におけるおけるその国民の時期だと指定する。①ある国民としては、東洋人とか、ギリシア人とか、ヨーロッパ人とかを想定すればいい。②国民の時期としては、原始的な自然状態、中世的な精神性の時代、近代的な自由主義的な時代というような発展段階を考えてもいいだろう。

「そして長く伸びた必然性の鎖のうちのただひとつの環がこの国民の現在に属する。[★53]」――無限の連鎖があって、それが東洋の時代、中世の時代、近代的な自由の時代というような項目の列をかたちづくる。ところが東洋人とか、ゲルマン人とかは、その無限の連鎖のなかのひとつの環しか担当できない。

「〔承前〕この環は第一の側面では地理によって把握され、他方の側面では歴史によって把握される。[★54]」地理的な側面とは、「ある国民の特定の風土」であり、東洋とかギリシアとかヨーロッパとかである。時代精神的な側面とは、「人類の発達段階」のことで、原始的な自然状態、中世的な精神性の時代、近代的な自由主義的な時代というような段階のことである。

すると歴史の全体は座標のかたちで考えられる。地理的な座標の上に、東洋、ギリシア・ローマ、ゲルマンというような系列が考えられる。これがいわゆる「歴史哲学」で語られた「東洋ではひとりが、ギリシア・ローマでは幾人かが、ゲルマン世界ではすべての人が自由である」というテーゼが語られる基本的な座標軸の設定である。

すると歴史として発展の図式が描き出されるが、事実上の時間的な変化はこの図式ではまったく排除されている。東洋の文化は、歴史の第一段階を満たすという役目を終えると歴史の舞台から消え去ってしまう。ギリシア・ローマが、またゲルマン世界が歴史の主役を演じているとき、まるで東洋は存在しなかったかのように描かれる。

じつは進化論でも同じ問題が起こる。原始的な猿から人類までの系列をたどるとき、そのなかのどの項（環）も、進化という事実上の変化を起こしてはいない。ある種が絶滅し、別の種が登場したことを種が進化したという。まるで「おたまじゃくしが蛙になった」のと同じような表現をする。進化する種は実在しない。「ゴリラがチンパンジーに進化した」という言い方をしたとすると、じつはゴリラは歴史上の一時期を埋めるという役割を果たして、進化の図表から消滅してしまう。

歴史の実体は、理念の自己展開であって、その理念から見れば、近代の東洋は無視されるべきだし、役目を終えたギリシア・ローマも存在しないに等しい。芸術についても、時代という座標と芸術ジャンルという座標の接点に、エ

★52 So gehort, um das Allgemeinste zu nennen, das bestimmte Klima eines Volks und seine Zeitperiode in der Bildung des allgemeinen Geschlechts der Notwendigkeit an. SK3 S. 521. 前掲『近代自然法批判』一〇〇ページ。

★53 und es fallt von der weitausgebreiteten Kette derselben nur <ein> Glied auf seine Gegenwart. SK3 S. 521. 同前。

★54 welches nach der ersteren Seite aus der Geographie, nach der anderen aus der Geschichte zu begreifen ist. SK3 S. 521f. 同前。

ジプト建築、ギリシア造形美術、ヨーロッパ文学というような図式が描かれる。しかし建築美が主役となる時代が終わったからといって、建築そのものが世界から消滅するわけではない。ヘーゲルの歴史哲学の構図は、理念史のなかでの役割の交代を示しているのであって、存在するものの事実的な時間的な変化を表わしているのではない。宗教の歴史を、自然宗教、芸術宗教、啓示宗教という段階で描いたときにも、実在する信仰者がこのように信仰を変えていくという意味ではない。

歴史が存在に足跡を刻印することが、どうして可能なのか。DNA解析を使った進化論の研究によっても、まだ解き明かされてはいない。反対に歴史を超えるものが精神にどのようにして刻印を残すことができるのか、解釈学によっても、まだ解き明かされてはいない。意識は歴史の経験をもつことができるのか、現象学が解明に成功したともいえない。ヘーゲルが、存在の歴史ではなくて、理念の歴史というかたちで、精神文化の歴史的な「変化」を再構成しようとしたことは、存在への刻印の秘密を解き明かすという課題を回避したという点で、賢明であった。「歴史の唯物論的説明」とか、ハイデガーの「存在と時間」とか、われわれはまだ失敗の事績を積み重ねているだけである。

芸術史とジャンル

つぎに『美学講義』の例を考えてみよう。これもやはりごく最近になって出版された講義録の翻訳である。

特殊な諸芸術の一般的な芸術形式への関係についてなお次のことに気づくことができる。

（a）象徴的な芸術はその最大の適用を建築においてもつということである。建築において象徴芸術は完全となる。そこでは象徴芸術は他者の非有機的な自然にまだ降りていってない。

（b）古典的芸術では彫刻が無制約的である。建築はそこではたんにそれを取り巻くものとして登場しているにすぎない。

（c）ロマン的芸術にはとくに絵画と音楽が属する。この領域でロマン的芸術は自立的で無制約である。ロマン的なものの第三の芸術は自己内で自己を完成して客観性に達するが、あらゆるものに属する。すべての三つの芸術様式を貫いている。そして自己に無限の拡張をもたらす。ロマン的なものの第三の芸術は各芸術形式につながって、あらゆる物のなかで自己を形成するが、それにもかかわらず単独で自立している。[★55]

芸術の歴史では、象徴的芸術、古典的芸術、ロマン的芸術という三段階が分けられる。象徴的芸術はエジプトの建築で代表され、古典的芸術はギリシアの彫刻が示し、ロマン的芸術はキリスト教文化と近代ヨーロッパの絵画・音楽・文学が代表する。

最後の段階が最高の段階かといえば、必ずしもそうではない。ヘーゲルは最高の芸術はギリシアだと言っているところがある。キリスト教文化は全体的にギリシア文化に劣っているのかというと、ヘーゲルの芸術論ではそうだということになる。

芸術の領域には新旧論争（古代・近代優越論争）というかたちの論争が、何度も起こっている。詩や音楽で、古い様式と新しい様式のどちらがすぐれているかという論争である。新しい様式が、古い様式よりもつねにすぐれているならば、芸術の歴史はよりすぐれた芸術作品への歴史になる。歴史は、最高のものへの完成に向かう歩みであることになる。

若いときのヘーゲルの考え方は、ギリシア文化は圧倒的にキリスト教文化よりも優れていたというので、これは多分にヴィンケルマンの美術史『ギリシア芸術模倣論』（一七五五年）の影響もあったと思われる。ヘーゲルは年をとってキリスト教文化と妥協したが、本音は、少なくとも芸術論でいえば、古典芸術を最高のものだと考えていたふしがある。

★55 G. W. F. Hegel, *Vorlesungen 2* Annemarie Gethmann-Siefert (Hg.), 1998, S. 45.

る。

芸術の領域では、ヴィンケルマンの『ギリシア芸術模倣論』のように、過去に完成態があるという見方のほうが説得力がある場合が多い。骨董品の価格が、古いものほど高いというのも、古いものに希少性が成り立つという理由のほかに、美の領域では過去に最高度の完成が見られる場合があるからである。これは新旧論争でいうと過去尊重派の主張になる。

美という理念が、まずエジプトの象徴的芸術という車に乗って登場し、つぎにはギリシアの彫刻という車にのり、やがてそれを乗り捨てて近代ヨーロッパの絵画・音楽・文学という車に乗り移ると考えると、彫刻というジャンルではギリシア時代に最高の作品が生まれたと考えても、矛盾しない。理念が、ジャンルを乗り換えていくという見方をすると、新旧論争のどちらの立場も歴史の図式に吸収することができる。

歴史の原型が理念史であると考えると、ヘーゲル美学の歴史的構成はその完成された姿を表わしている。芸術のそれぞれのジャンルのなかでは過去に完成態が存在しても、全体として発展の図式が成立する。芸術史は新旧論争を大規模に拡大することで成り立つのではなく、新旧論争での古い様式の擁護が可能になるようなかたちの理念史となる。

理念史と世界史の曖昧さ

ところが世界史の哲学では、東洋よりも西洋の方が優れているという結論を導くことができるように議論が組み立てられている。ヘーゲルの時代には、インドや中国の知識がヨーロッパにどんどん入ってくるという状況があった。東洋の官僚制が優れているとか、象形文字が優れているとかいう言説も流行した。そのとき、東洋では永久に独裁制がつづくという東洋批判の言説は東洋優位説への冷却剤として機能した。宗教の場合に、東洋では自然宗教が支配しているが、東洋は全体として自然的な性格をもっていて、ほんとうの意味で精神が発展しているのはギリシア・ローマ、ゲルマンという西洋文化であるという西洋優位説をヘーゲルから引き出すことができる。東洋は永遠の停滞のなかにあり、西洋は永遠の発展のなかにある。

東洋は自然的循環型社会であり、西洋は精神的発展型社会であるというこの東西観そのものが、東洋人の自己理解に大きな影響力をもった。だから、中国の多くの思想家はヘーゲルの『歴史哲学講義』を読んで絶望し、中国が近代化を達成するのはよほどのことでなければできないと思っただろうし、日本の思想家で丸山眞男などは、日本には中国とはちがう近代化の芽生えとなるような文化的な要因がすでに江戸時代の思想のなかに存在すると考えて、江戸時代の思想（荻生徂徠）のなかに存在する近代化の要因を発掘しなければならないと考えた。

ヘーゲルの歴史の図式は社会の運動を捉える図式だったのか。そうではなくて、社会のさまざまな段階を並べてみると、そこにはあたかもひとつの理念が発展しているかのように見えるけれども、このひとつひとつの社会は永遠に固定されているという見方であったのか。君主国から共和国への転換というような革命は現実に起こっている。ヘーゲルが理念の歴史として描いたものを、そのまま現実の歴史に適用してナロードニキの思想家が解釈したような「革命の幾何学」をヘーゲル哲学から生み出すこともできる。この両義性をはらんでいるところにこそヘーゲル歴史哲学の秘密が隠されている。

四　存在の泡立ち

ヘーゲルにとって書くことは何を意味したか

ヘーゲルの自筆原稿と学生のノートが、公刊されるようになってわかったのは、ヘーゲルの自筆原稿の完成度が非常に低いということである。一八二一年の『宗教哲学講義』はほとんど走り書きという程度なのだが、どうしてこれほどひどい文章を書かねばならなかったのか、想像に苦しむ。

あまりにも断片的なノート

宗教は一般に神の意識として規定。神の、絶対的対象の。しかし、その意識、主観性は、真の対象はこの全体である。その神、われわれが意識にたいして対象と呼ぶにすぎない、その神は抽象である。神は、この全体。だから神は普遍者、絶対的に普遍的な力。あらゆる現存の実体、真理。しかし意識として、無限の形式。（α）対象、内容、精神、（β）ひとつのもの、それは過程として、自己意識、対象として。

構文を解析すれば、次のようになる。

（A）宗教は絶対的対象である神の意識であると規定される。すると、そこに主観と客観の対立関係が発生する。[★56]

（B）真実の対象は全体であるのに、意識の対象としての神は抽象でしかない。[★57]

（C）真なる全体、あらゆる実存の実体。[★58]

（D）無限という形式（主観と客観の真実の綜合）。[★59]

ほぼ常識的な程度にわかりやすく翻訳してみよう。

「しかし宗教は一般に神の意識、――神、すなわち絶対的な対象の意識として規定される。しかし、他方に、その宗教者の意識と主観性があるが、真なる対象はこの（主観と客観の）全体である。われわれがたんなる意識にとっての対象と呼んでいる神は、抽象である。神（は）この全体（である）。それゆえ神は普遍者であり、絶対に普遍的な力であり、あらゆる現存するものの実体であり、真理である。――しかし（そうしたもの＝神が）意識として、（あるということは、意識の形式という有限な形式でありながら、）無限な形式、無限な主観性として、すなわちそれゆえ精神としてあるということである。（神の）無限な形式（というのは）、（α）対象、内容を保持しているという意味で、精神であり、（β）ひとつのもの、その対象は過程として、自己意識としてあり、対象として、真理として。」

これに対応する文章をヘーゲルのテキストから探してきて比較しようとすると、どうしても見つからない。『精神現象学』に当たってみたとする。その文章は、ここに引用したものほどひどくはないが、ヘーゲルが丹念に一字一句を吟味して書いた文章ではない。『精神現象学』は、イェーナの大戦の最中に原稿用紙を手にしてあちこち疎開しながら書いたと言われていて、ひどい殴り書きなのである。

人によるといわゆる『大論理学』（一八一二、一八一三、一八一六年、全三冊）は、ヘーゲルが綿密に書き込んだ著作ではないだろうかと思うかもしれないが、この文章もひどい。書店との契約が、頁数が多いとヘーゲルの収入が増えるという内容だったので、新婚生活を送っていたヘーゲルは無理な増量をした。ヘーゲルは、四一歳で二〇歳のマリー・フォン・トゥヒャー（一七九一―一八五五）と結婚（一八一一年）したが、金銭的には困っていた。

それなら『法の哲学』（一八二〇年）と『エンツュクロペディー』（初版一八一七年、二版一八二七年）はどうかというと、これらはどちらも講義要綱として書かれたもので、ヘーゲルは初めから口頭で説明を補足するというふれこみで書いているので、これらの書物がそのままでは論述がつながらないという点では定評がある。

ヘーゲルの生前に出版された本は、『精神現象学』、『大論理学』、『エンツュクロペディー』、『法の哲学』を除くと、青年期に匿名で出した政治パンフレットの翻訳、イェーナ時代に出した『フィヒテとシェリングの差異』

★56 Religion bestimmt als Bewußtsein Gottes - Gottes, des absoluten Gegenstandes -, aber sein Bewußtsein, Subjektivität -.

★57 der wahrhafte Gegenstand ist dies Ganze; jener Gott, den wir bloß Gegenstand gegen Bewußtsein nennen, ist Abstraktion.

★58 ott dies Ganze - so ist er das Allgemeine, absolut allgemeine Macht, Substanz aller Existenz, Wahrheit, aber als Bewußtsein.

★59 unendliche Form, unendliche Subjektivität, d. i. somit als Geist; unendliche Form -

（α）Gegenstand, Inhalt- Geist;

（β）eines; er ist als ein Prozeß, Selbstbewußtsein, als Gegenstand, als Wahrheit.

（一八〇一年）だけである。ヘーゲルは非常に寡作な哲学者である。しかも、そのなかで完成度の高い作品はひとつもない。

ギムナジウムで講義をしているときに、学生にノートを取らせて、それに自分で加筆したものを素材にして次の講義をしたということが伝わっている。ヘーゲルは書くということに一度も情熱を感じたことのない人間である。話の糸口となるメモがあれば、とめどもなくしゃべる。ときどき泥臭いジョークを交えて、得意げにしゃべる。それがヘーゲルの自己表現であり、どんな議論の場面でも、内的に整合的な建築物のような観念体系を作ってみせるということは一度もしていない。

ヘーゲルの文章は、込み入った不思議な建築のように、細かな通路が張りめぐらされている精密な構造になっているとか、エッシャーが描いたようなまっすぐに進んでいくと元のところに戻ってしまう回廊のようだとか、びっしりと概念の塑像で覆われたゴシック建築のようだとかいうのは、すべてまったくの誤解である。ヘーゲルの文章を解読できない人が作り上げた想像の産物である。

きわめて単純な文体

実例としてヘーゲルが自分で書いた『大論理学』の冒頭部分を取り上げてみよう。初版でみると冒頭の言葉はこうなっている。〔括弧内に筆者の解釈を書いておく。わかりやすいように全文改行で並べる〕

存在は没規定な直接態である。〔存在には、なんの特徴もなく、ただありのままである。〕それは本質にたいする第一の規定性から離れている。〔本質に照らし合わせて、どうだということはない。〕

そして自己の内部の第二の規定性から離れている。〔内在的な性質に照らし合わせて、どうだということはない。〕

この反省を欠いた存在が直接的にあるがままの、それだけの存在なのである。［存在は、何かに照らし合わせるという比較とか反省がなにもない場面で、ただひたすらあるがままの、それだけの存在としてある。］
それは没規定であるから、質を欠いた存在である。［存在には規定も質もない。］
この存在に没規定という性格が属するのは、ただ、規定されたもの、質的なものとの対比におけるのみである。
［存在をもっとくわしく規定するようになると、どんなものにも性質、規定、質があると見なされるので、そこから類比すると、この純粋な存在には没規定という性質があると見なされる。］
存在一般にたいして、規定された存在が、規定されたものとして対立して登場してくる。［なんの規定もない存在にたいして、何かの規定をもった存在が対置されるようになる。］
言葉を換えると、存在の没規定性そのものを、その質たらしめてしまう。［そうなると〈没規定〉という質があることになる。］
それゆえ第一の存在がもともと自体的（即自的）には規定されたものであり、ゆえに第二に現存在（定在）であることが明らかになる。［最初の存在はノッペラボウで、第二の存在には目鼻がある。］
換言すれば存在は現存在（定在）に移行する。［こうして存在から現存在に、論理の展開がすすむ］
しかし現存在（定在）は有限な存在としては自己を止揚し、存在の自己自身との無限の関係に移行する。［存在そのものにとって現にある限られたかたちで存在することは居心地が悪い。自分を限定する本質を立てて、その本質と即《つ》かず離れずの関係になる。］
それは第三に単独（対自）存在に移行する。［単独の孤立した存在がそこから生まれてくる。★60］

★60　初版二二ページ、GW11 S. 43.

まず文章の実質的な短さに気をつけてもらいたい。ヘーゲルの文章は、実質的には非常に短いのだが、それをピリオドで切らずに、コンマでつなげたかたちになっていることが多い。文法的に言うと、文の実質的な単位になる主文のなかの動詞（時をもつ動詞）の数が非常に多い。つまり、ほとんどぶっちぎれの文章を並べているというのがヘーゲル著作の文体上の特徴である。私の直観では、文章の長い順に並べるとカント、シェリング、フィヒテ、ヘーゲルとなると思う。

非論理的なイメージの描出

この引用文の要旨は、こうである。「存在とは、ただ〈ある〉というだけの、特徴のないノッペラボウである。このノッペラボウも目鼻のついた存在と対比すれば、ノッペラボウという特徴をもつ。目鼻のついた存在を、周りのものとの対比から引き離して単独化すると、ひとり立ちの存在となる。」

ここには、本当は「論理の展開」などというものはなにもない。イメージがあるだけというのが実状であろう。天地の分かれる前の混沌は、雲の影すらもない、果てしないノッペラボウである。宇宙は白紙なのだ。しかし、この白紙は、そのまま真っ黒の紙だとみることもできる。白がそのまま黒。影もなく形もない。

しかし、このように純粋なノッペラボウの存在について「論理的に」語るということが、そもそも可能であるだろうか。むしろ、井筒俊彦氏の言葉を借りて、次のように言いたくなる。「ボウ漠と拡がる原始の水の上に、濃い暗闇が、モウモウと立ちこめる。闇もまた、いうまでもなく、カオスの象徴的形象化。闇の中ではあらゆるものが互いに混入し、融合して無差別であり、〈無〉に等しい状態にある。ということは物と物との境界線が全然見えないということだ。可能態とか存在可能性ということを考えるなら、物はすべて、そこに有るのかもしれない。だが実は、相互の区別がなく、無差別状態にある物は、物としての自己固定性を保持しない。すなわち、この境位では、〈有〉が〈無〉にひとしいという奇妙な事態が成立する。この矛盾的事態をカオスというのだ。」（井筒俊彦『意味の深みへ――東洋哲

学の水位』岩波書店、一九八五年、二八二頁）

ヘーゲルが、論理学の最初に「存在」を据えたということは、どんな言葉でも概念でも、すべては「存在」の規定であるという主張をしたいからである。「ひとつ」、「三角形」、「重い」、「概念」、「判断」、「推論」というように、どんな言葉を採っても、それは存在の規定だというのである。どんな言葉を採っても、それがその存在の規定であるような大本の存在について、「それは没規定です」などと説明しても、それは没規定の存在の根源性の証明にはならないだろう。

ぶくぶく存在の一元論

あらゆる規定が存在の規定であるということは、山も川も空も空間も時間もすべてひとつの存在の一面であるということである。だから万物が一体であり、その万物の外にはなにもないということになる。万物の外に無という闇が広がっているのではない。あらゆる規定がその存在の規定なのだから、「無」でさえもその存在の規定である。この立場を存在一元論と呼んでおこう。東洋の哲学には、この存在一元論が多い。ヘーゲルの場合、根源となる存在は、発酵状態にあって、いつもぶくぶく泡を立っているというイメージである。根源となる存在は、山も川も空も空間も時間もすべてを飲み込んで、それをノッペラボウにしてしまっている。その目鼻のない存在から、すべてのものがぶくぶくと湧いて出てくる。ヘーゲル哲学の根底は、ぶくぶく存在の一元論である。[★61]

言葉を換えると、万物の根源を思い浮かべるときに、無限に広がる空間の中に太陽系とか流星とか陽子とか、さまざまな粒子が浮かんでいるというイメージをもってはならないということである。こうした「無限空間に浮かぶ粒子群」というイメージを有無二元論と呼ぶことにしよう。真っ暗な真空の空間が無限に広がり、その中にガラス玉のよ

★61　私はヘーゲル哲学を「存在」の哲学と捉えているが、「無」の哲学という側面をさらに強調する解釈もある。高山守『ヘーゲル哲学と無の論理』東京大学出版会、二〇〇一年、を参照のこと。

うな固い粒子は無限に散らばっているというイメージである。この有無二元論を根源から否定しようというのが、ヘーゲルの狙いである。

ヘーゲルは自分の心のなかに浮かび上がりかかっている観念のイメージの破片を手がかりにして、概念の自己展開するイマジネーションを、不用意に、極端に自己流の文体で語り、綿密に彫琢《ちょうたく》された文体は絶対に使わなかった。

二〇〇年間の不毛な対立

イギリス経験論の拒絶

フランスの哲学は、デカルトの「われ思う、ゆえにわれあり」の重要な精神を放棄してしまった。つまり、思想を存在の根拠とみなして、存在の形態化を、もっぱら思想から、また思想において認識するという精神を放棄してしまい、現象界の直接的所与から思想を導出するロック主義という、デカルトとは逆の道を採ったのである。現象界のうちでも普遍的な根拠を捉えようという要求が存続していたかぎりで、没概念的な普遍性、すなわち未規定な自然、あるいはむしろつぎのような自然が、根本実在として表明されたのである。つまり、全体・諸力・複合体・外面性および機械論的な見方に適したこの種の形式について、いくつかの不十分な反省規定のまったくの皮相さが付着させられている自然である。★62

このヘーゲルの言葉は、「ドイツ観念論」と英米の経験主義との対立関係を非常にわかりやすく表現している。綿密な歴史的な研究がなされて、フィヒテ、シェリング、ヘーゲルの三者のあいだの意見の交流・角逐の状況が見えてきているが、彼らのあいだの相互批判は、経験論という大洪水の到来を前にして、水道の水漏れを調べておく程度の意味しかもたなかった。

ア・プリオリな総合判断の否定

この言葉が書かれてから約二〇〇年が経過したが、英米の経験主義は、カントの方法論にたいして徹底的な批判を加え、フィヒテ、シェリング、ヘーゲルの立脚点まで掘り崩した。

分析命題とは形式によってのみ真であるような命題である。トートロジーはア・プリオリである。総合命題はア・ポステリオリである。純粋数学の命題は綜合的ではなく、自然科学はア・プリオリでない。分析的な判断以外にア・プリオリはない。★63

カントは、〈先験的綜合判断はいかにして有意味であるか〉という問いを、〈それら先験的綜合判断が真であることはいかにして知られるか〉という問いから十分区別し損ねている。カントは、ヒュームの諸理論の全体とカントみずからの超越論的演繹は、先験的概念の起源に関わるものであるという。それら先験的概念の起源は〈心の本性自身の中に〉あるということ以上には、その起源についてなんらかの情報もあたえられているとは、私には見えない。★64

★62 Hegel: *Friedrich Heinrich Jacobis Werke* SK, 4-430, 1817.「ヤコービ著作集について」寄川条路編訳『初期ヘーゲル哲学の軌跡――断片・講義・書評』ナカニシヤ出版、二〇〇六年、所収、七四ページ。

★63 モーリッツ・シュリック「事実的ア・プリオリは存在するか」一九三〇／三一年）竹尾治一郎訳、坂本百大編『現代哲学基本論文集I』勁草書房、一九八六年、一四五―一五一ページ。

★64 J・L・オースティン「先験的概念は存在するか」神野慧一郎訳、『オースティン哲学論文集』坂本百大監訳、勁草書房、一九九一年、六七ページ。

そして「経験主義の二つのドグマ」が登場する。

> 現代の経験主義は、ふたつのドグマによって大きく条件づけられている。ひとつは、分析的真理、すなわち事実問題とは独立に意味にもとづく真理と、総合的真理、すなわち事実にもとづく真理とのあいだに、ある根本的な分裂があるという信念である。もうひとつのドグマは、還元主義、すなわち有意義な言明はどれも、直接的経験を指示する名辞からの論理的構成物と同値であるという信念である。[★65]

そしてさらに「経験主義の第三のドグマ」。

> 違った枠組みをもつ人びとのあいだでコミュニケーションを可能にする方法がわかった、すなわち中立的な基盤・共通の座標系とかいうありえないものを必要としない、でもコミュニケーションがうまく行く方法〔寛容原則〕がわかったということで、〔これまでの〕話に決着がつくのではない。枠組みが違っていると言えるための理解可能な基盤が見つかっていないからである。また、すべての人類は枠組みや存在論を共有しているというすばらしいニュースを公表することも同様の間違いになるだろう。枠組みが違うということを理解可能なように言えないなら、枠組みが同じだということも理解可能なようには言えないからである。[★66]

「ドイツ観念論」が掲げているような、意識のなかを読み取って、ア・プリオリの形式を導き出すという方法にたいして、あらゆる形式とア・プリオリ性（経験に先立って意識をみちびくもの）の存在を否定しようとする一面的な努力のなかで英米の哲学もまた経験をみちびく力を失っていったが、二十世紀の後半になると、アカデミズム内部の影響力という点では、英米の経験論の側に決定的な勝利が訪れた。「ドイツ観念論」のなかに人類の知的遺産として永遠に記憶されるべき一行の言葉があるかどうかも、おぼつかない。

ヘーゲルの同時代人で、シェリングとヘーゲルを根底から批判したG・E・シュルツェ『人間の認識についての懐疑的な考え方の主要契機』★67を見れば、シェリングとヘーゲルの哲学的企画の破綻は、すでに火を見るよりも明らかであった。しかし、ヘーゲルとシュルツェのあいだにも、有効な論争は展開されなかった。

真に建設的な総合への萌芽

この不毛な対立をサイモン・クリッチリー『ヨーロッパ大陸の哲学』★68（二〇〇一年）のように両者の文化的体質の違いから説明しようとする著作すら登場するほどである。しかし、やっといま、英米系とドイツ・フランス系の哲学者による共通の前提を明らかにするための努力が始まった。そうした対話が開かれてきている領域は、科学論でも神学でも存在論でもなく、応用倫理学である。

応用倫理学の領域から、たとえば「人間の尊厳」の根拠は何かという存在論が再開発されたり、温暖化の因果性の説明から科学論が再開発されたりすれば、そこに新しい哲学が生まれるだろうが、さもなければ、ただひたすら実用的なガイドライン作りのなかに、哲学そのものが沈没していくことになるかもしれない。

★65　W・V・O・クワイン『論理的観点から』飯田隆訳、勁草書房、一九九二年、三一ページ。
★66　ドナルド・デヴィッドソン「概念枠という考えそのものについて」植木哲也訳、『真理と解釈』野本和幸ほか訳、勁草書房、一九九一年、二一一ページ、字句を修正。
★67　『変革期の思想』栗原隆訳、新潟大学大学院現代社会文化研究科、二〇〇四年、所収。
★68　佐藤透訳、岩波書店、二〇〇四年。

ヘーゲル論理学の形成と変容

（初出『ヘーゲル哲学の新視角』創文社　一九九九年刊）

一　完成か変容か

ヘーゲルのさまざまな著作のなかのどれとどれが「論理思想」かを決めるのはむずかしい。「論理思想」を幅広くとれば、青年期の論文集のなかの『一八〇〇年体系断片』やイェーナ期の『フィヒテ哲学とシェリング哲学の体系の差異』（一八〇一年）、『懐疑主義の哲学との関係』（一八〇二年）のなかにも重要な論理学思想が見られる。しかし、ヘーゲルが「論理学」という表題で、あるいは学問体系の一部をかたちづくるものとして「論理学」という言葉を使って表現した著作となるとずっと少なくなる。

ヘーゲルの論理学関係の主要な著作を年表にすると、次のようになる。

イェーナ期

①一八〇一／〇二年「論理学と形而上学」（断片）

②一八〇四／〇五年「論理学、形而上学、自然哲学」（*Logik, Metaphysik, Naturphilosophie 1804-05* 通称『ＬＭＮ』）

ニュルンベルグ期

③一八〇八年／〇九年『上級クラスのための哲学的エンツュクロペディー』

④一八〇八／〇九年『中級論理学』

⑤一八〇九／一〇年『下級論理学』

⑥一八〇九／一〇年『上級概念論』
⑦一八一〇／一一年『中級論理学』
⑧一八一二年『大論理学』初版、第一部「存在論」
⑨一八一三年『大論理学』初版、第二部「本質論」
⑩一八一六年『大論理学』初版、第三部「概念論」
ハイデルベルク・ベルリン期
⑪一八一七年『小論理学』初版、同年、論理学講義
⑫一八二七年『小論理学』二版
⑬一八三〇年『小論理学』三版
⑭一八三二年『大論理学』第二版、第一部

ヘーゲル論理学の形成史にとって、もっとも重要な問題が二つある。ひとつは「論理学―自然哲学―精神哲学」という体系全体の構図が、どのようにして作られたかという問題である。もうひとつの問題は、「存在論―本質論―概念論」という論理学の内部構造がどのようにしてできてきたかという問題である。ところが右の年表の早い段階で大枠の考え方ができあがっている。

ヘーゲルの論理学構想を書いた最初の文献①が、論理学の内部構成に関して、彼の晩年の体系的な論理学構想「存在論―本質論―概念論」を予告している。また文献③一八〇八年、「上級エンツュクロペディー」ではすでに、「論理学―自然哲学―精神哲学」という体系全体の構図が決定されている。

二　シェリングとの出会い

ヘーゲル哲学の第二の出生地はイェーナである。そこへシェリングに呼ばれて、ヘーゲルはフランクフルトでの家庭教師生活の終止符を打って私講師の生活をはじめる（一八〇一年）。フランクフルトでは、密室のような書斎で公刊のあてもないままにキリスト教論を書いたり、公刊するとすれば匿名のパンフレットになることを覚悟で『ドイツ憲法論』を書いていた。

このヘーゲルが突然、シェリングと共同作業で『哲学批判雑誌』を刊行しながら、大学の講義の準備ノートとして哲学体系を書き始める。ここではじめて「体系」に取り組むというヘーゲルの思想態度が出てくる。『一八〇〇年体系断片』（一八〇〇年九月十四日）というテキストが存在するが、ヘーゲルが自覚的に「体系」に取り組むのは、イェーナ大学の私講師としての生活を始めた時点である。

イェーナに移住（一八〇一年一月）して最初に発表した作品は『フィヒテ哲学とシェリング哲学との体系の差異』（通称「差異論文」）であるが、この論文を世間はシェリングが故郷から護衛役を連れてきて、フィヒテよりもシェリングが偉いのだと言わせたという受け取り方をした。フィヒテはシェリングと決別することになる。

ヘーゲルは自他ともに認めるシェリングのエピゴーネンとして世間に登場した。シェリングの『超越論的観念論の体系』（一八〇〇年、赤松元通訳、弘文堂、一九五八年）、『ブルーノ』（一八〇二年、中央公論社「世界の名著」）、『学術研究の方法論』（一八〇三年、『学問論』岩波文庫）は、ほとんどそのまま同じ時期のヘーゲルの哲学だったと言えるほどである。こうした思想的ハネムーンの下地としてヘーゲルのそれ以前の青年期論文を分析しなくてはならない。『ドイツ憲法論』を書き足していくという作業の継続は保たれているが、青年期の問題意識がそのままイェーナに持ち込まれたのではなくて、かなり無理をしながら体系のかたちをとった思想を書かざるをえなくなったというのが、ヘーゲルの置かれた境地であろう。

シェリングのエピゴーネンとは言っても、二人にはスピノザ主義という共通の出発点もあった。栗原隆「端緒と実体」(神戸大学文化学年報、第六号、一九八七年)は、スピノザ主義をめぐる思想家の群像を厳密な文献学とみごとな文学的筆致で描き出している。栗原によれば、ヤコービの『スピノザ書簡』(第二版、一七八九年、栗原隆訳、近刊)とヘルダーの『神についての対話』(植田敏郎訳、第三書房、一九六八年)の作り出していた「汎神論論争」という場面が、シェリングとヘーゲルの思想の新展開の培養器であったということになる。とりわけヤコービ『スピノザ書簡』の付録「ブルーノ抜粋」が両者に決定的な影響を与えた。このことはシェリングの『ブルーノ』に付された註、ヘーゲルの『哲学史』の「ブルーノ」の項目によっても明らかである。

シェリングの哲学構想が、『超越論的観念論の体系』(一八〇〇年)と『私の体系の叙述』(一八〇一年)のあいだで決定的に変化したかどうかについては、体系の構図という点で考えた場合には、さほど大きな問題とはならない。いずれにしても自然哲学と精神哲学との並行的な二元型となるであろう。二元型がシェリング的で、三元型がヘーゲル的という見方をしていい。ヘーゲルがシェリングと学問的に決別するのが、定説によれば『精神現象学』(一八〇七年)であるが、この著作でヘーゲルが想定していた「学」の体系が、二元型か三元型かの判定はできない。ヘーゲルが、二元型と三元型の併用時代から、もっぱら三元型を用いるようになるのは、③『上級クラスのための哲学的エンツュクロペディー』(初版、一八〇八―〇九年)以降である。二元型と三元型の併用時代からの脱却が、シェリングと学問的に決別するときと一致するのは、偶然ではないと判断してよいだろう。その決別の理由に、さまざまな解釈がある。

(1) 俗悪な政治的利用説

ヘーゲルは、初めからシェリングの哲学に共感していたわけではなく、大学での地位を得るためにシェリングを利用するため、その信奉者であるかのように装ったが、シェリングがイェーナの町をさり(一八〇三年)、ヘーゲルが員外教授の地位を得る(一八〇五年)と、シェリングを捨てたという俗悪な解釈も必ずしも否定しきれない。シェリング自身がそう思っていたかもしれない。

（2）心身問題での決裂

哲学的な大枠の問題としては精神哲学と自然哲学の扱いで、シェリングとヘーゲルは決裂せざるを得ない状態になっていたとみることができる。シェリングの「同一哲学」の観点からは、自然と精神の同一性が一面的に強調される結果になるが、ヘーゲルは『自然法の学的扱いについて』（一八〇二年）で「精神は自然よりも高い」と唱えて、伝統的な精神の優位という思想に立ち返っていた。ここに両者の決別の根拠がある。（加藤尚武『ヘーゲル哲学の形成と原理』未來社、一九八〇年）

（3）同一性の解釈の違い

高山守氏は、「絶対者をシェリングは〈純粋で濁りのない同一性そのもの〉であるとする。そこにおいては差異、差別が存在しない。それゆえまた〈絶対的無差別〉とも呼ばれる」（「シェリングとヘーゲル」高山守・藤田正勝編『シェリングとヘーゲル』晃洋書房、七九頁）と書いて、哲学の根元となる同一性の解釈が、シェリングとヘーゲルでまったく違っていたという解釈を出しておられる。ヘーゲルにとっては、根源的な同一性にすら対立が含まれるのであるから、この同一性規定の違いは決定的である。きわめて重要な指摘である。

（4）体系構成のダイナミズム

栗原隆氏は、「ヘーゲルが哲学批判誌にシェリングが書いた『哲学における構成について』等を見て、この構成の平板さ・内的なダイナミズムの欠如に嫌気がさした」という解釈を（口頭で）提示しておられる。これも的確な指摘であろう。

シェリングとヘーゲルはともに依拠したといえるスピノザ的汎神論のなかで、唯一の絶対者（大きな絶対者）と個物や人倫に内在する絶対者（小さな絶対者）の関係の捉え方の違い、哲学体系のなかでの芸術の評価など、両者にはさまざまな違いが指摘できる。しかし、中心となるのは、自然と精神にたいして論理を、なぜヘーゲルは第三の領域として確立しようとしたかという問題である。それに答えを求めるならば、自然と精神の同一性そのものの捉え方の違いを追求してみなくてはならない。

シェリングの『絶対的同一性体系について』から引用する。

ひとがもしも哲学の最高の理念をも言葉にとらえるならば、その最高の理念が思惟と延長との、観念的なものと実在的なものとの、その他なんであれ、それらの絶対的な同一性として語られる。「その他なんであれ」と言えるのは、これらすべての異なってみえる表現はほとんど同じ意味だからである。これらの対立項について、自体的にみるならば、その理念は、一方でもなければ他方でもなく、本質上同じものを含んでいる。観念的であるものは、同時に実在的である。思惟するところのものは、延長するところのものでもある。統一が現実的にただ絶対的なものとしてのみ考えられるかぎりで、その理念によって記されるものの本性の内では、あらゆる物も、存在と非存在、可能性と現実性というようないくつかの区別がないように、要するに、非時間的な永遠の相において保持せられ、表現されなければならない。(GW4 134f. シェリングの著作だがヘーゲル全集に採録されている)

この文章の内容を箇条書きにしてみよう。

①哲学の最高の理念は、思惟と延長、観念と実在などの絶対的な同一性である。
②その他なんであれ、すべての異なってみえる表現は同じ意味の対立である。
③これらの対立項自体の理念は、一方でもなければ他方でもなく、本質上同じものを含んでいる。
④観念的であるものは、同時に実在的であり、思惟は、延長でもある。
⑤絶対的統一の理念の内では、あらゆる物も、存在と非存在、可能性と現実性というような区別がない。
⑥絶対的統一の理念の内では、あらゆる物が、非時間的な永遠の相において保持せられ、表現されなければならない。

本当は箇条書きにする必要はない。万物は思惟と延長の絶対的な同一性で、絶対的統一の理念の内では、存在と非存在、可能性と現実性の区別がなく、万物は永遠の相において保たれ、表現されるというのである。「これでは万物は暗闇の中の牛のようだ」と言いたくなる。

三　ヘーゲルの最初の論理学構想

このシェリングの論文『絶対的同一性体系について』とほぼ同じ時期にヘーゲル自身が、①『論理学と形而上学』で論理学についての構想（Dass die Philosophie ...）を書いている。

書き出しが「哲学が人間にその内面的な世界を開示し、人間が現実性の制約に耐えるようにするが、しかし現実性の制約のなかで充たされはしないということは、この内面が同時に規定された人倫的な内面になりえないということを排除しない」という小文で、論理学の目次に近い構想を示している、大全集で七頁のメモである。（GW5 269）途中から引用。

一般的にはさまざまな有限な始まりから出発するという哲学のこうした性格にもとづいて、私がみなさまに今年の冬学期に講義すると申し出た論理学と形而上学についての講義（Kollegium）で、同時にこうした予備学的な視点を採用したいと思う。すなわち、有限なものが以前には否定されていたかぎりで、有限なものから脱却するためにまさに同じ有限なものから始めて、無限なものに向かう。

哲学の講義は、以前から論理学と形而上学というかたちをもっていた。私の講義でもこのかたちに従う。このかたちが長期間にわたる権威を見せてきたからでもないし、このかたちがつぎのような有用性の視点をもっているからでもない。
哲学、すなわち真理の学は、無限の認識、絶対者を対象とする認識である。こうした無限の認識、すなわち思弁にたいして、有限な認識、すなわち反省が対立する。双方が絶対的に対立しあうというふうではない。有限な認識、すなわち反省は、理性的な認識のなかでは相互に関係しあっているもの、相互に同一であると措定されているものの絶対的同一性から捨象されたものである。こうした捨象によってのみ、無限の認識が有限の認識となる。」(GW5 271)

この時点でのシェリングとヘーゲルの思想体質の違いは、ヘーゲルが有限的なものとの関係を強調していることである。シェリング的な絶対的同一性の視点に人がいきなり立つことはできないのだから、有限の視点との媒介をはかる必要があるということをヘーゲルは主張している。いわばシェリング的な絶対的同一性という神殿に登る梯子が必要だとヘーゲルは考える。梯子が可能であるためには、その御神体が梯子を受け入れる可能性をもっていなくてはならないはずだというところまで考え進めれば、シェリング的な絶対的同一性に到達する梯子を見出すためには、シェリング的な同一性のありかたを否認しなくてはならなくなる。そういう軌跡にヘーゲルは乗っている。

真なる論理学の対象は次のようであろう。
I　有限性の諸形式を提示する。しかも経験的に摑まれた形ではなく、理性から出てきたように。しかし悟性によって理性的なものが奪われている。ただ、有限性の形式のなかで現象する。
II　同一性の産出という点で、理性を模倣する悟性の努力を描き出す。しかし、ただ形式的な同一性を生み出すことができるだけである。悟性を模倣するものとして認識するためには、われわれは同時に悟性がコピイする原型、すなわち理性そのものの表現をいつも念頭に置いていなくてはならない。

III　最後にわれわれは、諸形式の悟性的なものそのものを理性によって止揚しなければならない。理性のためにこの認識の有限な形式がどういう意味や内実をもつかを示さなくてはならない。理性の認識は、それが論理学に属するかぎりで、論理学を否定するような認識となるだろう。」（GW5 272）

この文章にヘーゲル論理学のすべての秘密が隠されている。あたかも理性から導出されたかのような有限な形式、理性を模倣する悟性の努力、理性そのものの描写と論理学としての理性の限界の脱却という筋書きが語られている。のちにヘーゲルは、論理学の三分野に「移行」、「反省」、「発展」という特徴づけをするのだが、この断片に示された「有限」、「模倣」、「理性の展開」という筋書きはぴたりと対応している。

大まかな特徴づけから指摘すれば、第一に、同一性が論理学という純粋な展開の場をもつ。これは精神哲学と自然哲学の平行的な展開という構想しかもつことのできなかったシェリングの限界を超えている。第二に、有限から始めて無限に到達するという段階設定が論理学そのものに内蔵されていることである。つまり、論理学という神殿に到達する梯子が構想されたというよりは、論理学そのものが梯子であることが展開の目的になってきている。第三に、模倣と努力という構想が出てきていることである。これは「悪無限」という思想と深く結びついているが、理念への接近それ自体が論理に内在化されることによって、到達できない永遠の接近の努力が、ひとつの関係の型として定着する。

シェリングのやりかたでは、思惟と延長の絶対的な同一性が万物のなかに隠れているが、その絶対的な同一性のなかでは、なんの区別もなくなってしまう。すると、思惟と延長の絶対的な同一性を、物に隠れたままにするのではなくて、物のなかからそれだけを取り出してみるという方向の方が魅力的になる。また、思惟と延長の絶対的な同一性のなかで万物は区別のないのっぺらぼうのありかたをしているのではなくて、さまざまな区別された次元をもっている。この存在の階層秩序を見えるようにしたい。それがヘーゲルのめざす方向である。

四 「思弁哲学の体系」および「自然哲学と精神の哲学」

ヘーゲルの最初の体系的な哲学は『思弁哲学の体系』（通称『実在哲学Ｉ』一八〇三—〇四年）である。この体系は自然哲学（Ｎ）から精神哲学（Ｇ）へという構造になっている。また、のちには『自然哲学と精神の哲学』（通称『実在哲学II』一八〇五—〇六年）を書いていて、これも自然哲学（Ｎ）から精神哲学（Ｇ）へという構造になっている。この二つの著作は、構造があまりにもよく似ているために『実在哲学Ｉ』と『実在哲学II』と呼ばれていたのである。『実在哲学Ｉ』には冒頭の部分が欠落しているので、書き出しがどうなっていたかが、わからない。『実在哲学II』の冒頭を引用してみよう。

> 純粋概念に還帰した現存在としての理念は、いまや（nun）絶対的な質料、もしくはエーテルと呼ばれる。これが純粋精神と同じ意味だということがわかる。なぜなら、この絶対的な質料はなんら感覚的なものではなく、自己内の純粋概念だからである。これはそのように実存するものとして精神である。」（GW8 3）

これは自然哲学の出発点が、まったく純粋な存在としてのエーテルであるという文章だが、厳密にこの著作がこの箇所で始まっていたかどうかは疑いの余地がある。理念が純粋概念に還帰したいま、理念はエーテルというもっとも希薄な質料というありかたをしている。こういう記述のなかには、理念にはこれに先立つ旅があって、その旅から本来の故郷である「純粋概念」に立ち返ると、それが「エーテル」だと言っているようにも受け取れる。

ヘーゲルの理論的出発点において、『思弁哲学の体系』（通称『実在哲学Ｉ』一八〇三—〇四年）では自然哲学（Ｎ）から精神哲学（G）へという構図を採用し、②『論理学、形而上学、自然哲学』（LMN）（一八〇四—〇五年）では論理学（L）から精神哲学（G）へ、さらに自然哲学（N）へという構図を採用し、『自然哲学と精神の哲学』（通称『実在哲学II』一八〇五—〇六年）では自然哲学（N）から精神哲学（G）への構図を用いている。そこには体系期のヘーゲルが用いた論理学（L）→自然哲学（N）→精神哲学（G）という構図がどこにもない。とくにL→Nの展開という契機がない。

じつはヘーゲルは『エンツュクロペディー』の末尾に、L—N—G、N—G—L、G—L—Nという三つの推論がすべて可能であるという趣旨の論述を行なっている。（加藤尚武『哲学の使命』一八六頁参照）この三推論から漏れた、L—G—N、G—N—L、N—L—Gという三推論についても、それらが不可能だという帰結は導けないだろう。もしも、「永遠の相のもとに」見れば、これらはすべて同一の事態を示しているとも言えるからである。

六個の可能な構図のなかから、どれを決定的なものとして採用するかということは、本質的には「すべて良し」であって、ヘーゲルの体系が最終的にL—N—Gで表現されたという理由は、その内容自体から割り出していくのが好都合であるように思われる。

イェーナ期のヘーゲルにとって、もっと重大な問題は、自然哲学と精神哲学という二元型の構図を採用するか、論理学、自然哲学、精神哲学という三元型の構図を採用するかという問題であったにちがいない。

この二つの通称『実在哲学』のあいだに、『論理学・形而上学・自然哲学』が入ってくる。

こう考えるとヘーゲルの最初の「論理学」は、『論理学・形而上学・自然哲学』の前半部分だということになる。

ここにはヘーゲルの体系の思想の中核が含まれているが、大まかな構造としては違いもある。まず第一に、「形而上学」の前半が、のちの「論理学」にほぼ対応するのだが、後半の内容は、精神哲学にちかい。そこから「自然哲学」が導出されるという構造が示されている。するとのちの論理学（L）、自然哲学（N）、精神哲学（G）という体系と対応づければ、ここでヘーゲルは論理学（L）、精神哲学（G）、自然哲学（N）という体系を展開していることになる。

この草稿『LMN』では、論理学と形而上学の区別がはっきりしていて、形而上学と自然哲学の境界もはっきりしているから、かなり明確な体系意識で書かれたと思われる。論理学から形而上学への移行を論じた箇所を引用してみよう。

認識は、このようにして実在化された無限性である。この無限性は二重の関係に分解されていたが自己内に還帰している。二つの契機は抽象態である。二つの契機が、それ自身無限の相関となっている。すべての道程は、これらの契機が豊かになることにほかならなかった。他者へのあらゆる関係を自分から引き離したこの自体(An sich)として認識されている。この自体の契機は、それ自体統合である二つのものを自己内に集約(反省)しているのであって、もはや論理学の対象ではない。論理学は、形式を絶対的な具体化にまで構成する。形而上学でもこの統合がふたたび実在化されざるをえない。しかし、形而上学からは、絶対的な統合の契機としてのみ存在するような以前の統合は放逐されている。この実在化が形而上学ではどのような意味をもつのか。この理念そのものが他者に移行せざるをえないのか。この理念そのものが、まだ自体的に規定性をもっているのか。こうした問題は、この形而上学そのものから明らかになる。」(GW7 124-125)

この文章はさまざまに解釈できるのだが、まず極度に通俗的な解釈を試みてみよう。

——認識は、主観と客観の生命的な統一の具象化(実在化された無限性)である。この生命的統一(無限性)は主観と客観という二つのものに分解されていた。その両方が相互の関係なので、主観的な〈主観・客観〉と客観的な〈主観・客観〉というように二重化された相関のなかへと分解されていた。それが統合され、ひとつのものになって(自己内に還帰し)いる。無限性の主観と客観という二つの契機は、もともとひとつであるものからの抽象態である。主観と客観という認識の二つの契機が、それ自身のなかに相互の関係をはらみながら統合を遂げているという、無限の相関となっている。論理学のすべての道程は、無限性のこれらの契機が豊かになることにほかならなかった。豊かに実在化されて、無限性が、いまでは他者へのあらゆる関係を自分から引き離したこの「もの自体」(An sich) として認識されている。この「もの自体」の契機は、主観と客観というそれ自体統合である二つのものを自己内に集約（反省）しているのであって、もはや論理学の対象ではない。論理学は、形式を絶対的な具体化にまで構成する。そこで論理学は終わる。その後は形而上学の対象であって、形而上学でもこの統合が霊魂、世界、神としてふたたび実在化されざるをえない。しかし、形而上学からは、絶対的な統合の契機としてのみ存在するような以前の統合は放逐されている。この実在化が形而上学ではどのような意味をもつのか。この理念そのものが他者に移行せざるをえないのか。この理念そのものが、まだ自体的に規定性をもっているのか。こうした問題は、この形而上学そのものから明らかになる。

要するに、もともとひとつであったものが、二つの契機に分かたれていた。その二つの契機は、それらがもつ統合の力を発揮して、再統合を遂げる。その結果は、認識の内容の凝集した「もの自体」となって、形而上学の内容をかたちづくる。こういう成り行きを私の説明では、主観と客観という認識の二つの契機に分かれると勝手に解釈したが、実際にヘーゲルが展開してみせた論述は、一者と多者、実体と属性、原因と結果というような項目から成り立っている。

この『LMN』では「形而上学」という見出しのあとには次の文章がつづく。「論理学は、相関が終わり、相関の項目が単独の存在となって分解するところで終わる。」(GW7. 126) そしてヘーゲルは「認識は形而上学に移行するものとして、論理学そのもの、弁証法、観念論の止揚である」(GW7. 127) という興味深い言葉をそこに記している。そこには論理学＝弁証法＝観念論というテーゼが存在するように見える。もしも、論理学＝「相関性の形式的展開」、弁証法＝「カテゴリーの対立が自動的に止揚されていく進行」、観念論＝存在者の統合が最終的に理念に依存すると認める立場と解釈するなら、弁証法も観念論も、ヘーゲル哲学の全体的な性格を示すのではなくて、このテキストでは論理学から形而上学へとつづく展開のなかで、論理学だけに適用できる規定であるということになる。引用の行数を増やしてみる。

認識は論理学の差異的な関係の止揚であることによって、［論理的］理念、すなわち弁証法的な進行と止揚から契機を引きはがす。その契機を、没差別すなわち対自存在するものと規定して定立する。それら契機に関してこの自己止揚を否定する。それは認識の契機である。それ自体としては本質的に対自的である。なぜなら、それらの契機は没差別一般であったからである。没差別一般とは、それらが没差別的だろうが差別的だろうが、没交渉という意味である。認識そのものが、自己自身のこの否定、他者の対自存在［を存在させているからである］。それはさもなければ、差異的なものとして、観念的なもの、契機として定立された他者であるのに。認識は形而上学へ移行しつつあるものとして、弁証法もしくは観念論としての論理学そのものの止揚である。（GW7 S. 127）

解釈すればこうなるだろう。認識は、論理のなかに含まれるさまざまな契機を自立化させて、単独の実体に仕立ててしまう。つまり論理学の展開過程では、項目が独立することを許されないような差別的な関係で規定されていたものを、否定し、別の次元に置き換えてしまう。すると理念のなかに含まれる契機が引き裂かれてばらばらになる。そしてばらばらになった契機が、相互に否定されながら高まっていく弁証法的な進行に委ねられる。それらの契機は、無差別の、単独で存在する実体として規定されるが、他面では、それらの契機によって否定されて自己を止揚するものとして規定される。それが認識の契機である。そうしたものとして、本質的に単独的である。というのは、その契機がこれまで一般的に無差別的であったからである。すなわちそれらが無差別か、差別的かということに没交渉であったから、無差別化という実体化が成立するのである。これは認識そのものが、こうした他者との関わりのなかにあるという自己自身のありかたの否定であるからである。こうして関わりのなかにある他者を、関わりから引き離して単独的存在としてしまう。この他者は、もともとは観念的に契機として、自立性が認められない差別的なものとして措定されていたものである。その他者が単独の存在となっている。そこに形而上学が成立する。認識は形而上学に移行するものとして、相関性にとどまる論理学そのもの、相互的な否定の弁証法、契機の自立性を否認する観念論の止揚である。

この文の要旨は、論理学のなかではあくまで契機として相関関係のなかで存在を認められていたものが、形而上学で単独の存在者と見なされるということである。論理的に言えば単独化できないものが、形而上学では単独化されるとすれば、その単独化の論理は何かという問いがあってもいいはずだが、この関係規定では浮かび上がってこない。この問いに答えることは、ヘーゲルにとってひとつの課題となったはずである。

ともあれこうして概念が実在化されていくというかたちで論述が進行し、「絶対的精神」にまで到達する。

五　自然哲学の位置

『LMN』の自然哲学の書き出しは、こうなっている。「自然は自己自身に関係する絶対精神である。絶対精神の理念は認識されているので、この自己自身に関係する絶対精神はひとつの規定性としても認識され、このように自己自身に関係する精神は、実在的な絶対精神の契機として認識される。自然が受け止められるのはとらわれのない自己同一者としてではなく、とらわれた精神としてである。その精神の実存、無限性は、その自己内反省において、同時にその解放であり、他者の内で自己を絶対的な精神として見出す精神への移行である。」(GW7. 179)

この文は次のように解釈することができる。——自然は、絶対精神が姿を変えて、単独で独立した姿となったもの(自己自身に関係する絶対精神)である。その絶対精神の理念の内容が、すでに判明しており、当然、それを構成する契機も認識されているので、この自然という単独で独立した（自己自身に関係する）絶対精神が、ひとつの規定性としても認識されている。このようにして独立性を達成している自然というもの（自己自身に関係する精神）は、実在的な絶対精神の契機として認識される。自然が受け止められるのは、とらわれのない自己同一者としてではない。自然は、ありのままで単独で自立しているのではない。自然は、とらわれた精神として存在する。その精神の実存、具体的なありようは無限性である。このとらわれた精神も、自己内に反省することで内面化すれば、同時にその解放である。その解放とは、他者の内で自己を絶対的な精神として見出す精神への移行である。

ここに書き込まれた自然哲学は記述が中断していて、その最終帰結がどうなっていたかがわからないが、末尾を暗示している文が、現存のテクストの末尾にある。

真なる実体は、ただそれのみが過程である。自体的なものは、中和的なものであり、存立、すなわち観念的な契機の実体への生成である。これらの契機が諸実体であることによって、観念的であるという否定的なものは、生成と消滅の統一である。この過程はその観念的な諸契機をもその内容として、あるいは諸実体としてもつ。諸実体はただ同時に自己を否定しつつあるものとしてある。諸実体の観念性は、その存立、自己同一的実体と同様に、運動が完全に実体的であるような運動でもあって、これが有機体である。」（GW7. 338）

この文章の趣旨を、その言葉から離れて自由に解釈すればつぎのようになる。

――化学的な過程は、物質がその真実態で流動的であり、変化は存在に内在することを示している。原子論のように、原子そのものには運動や変化が内在せず運動や変化は集合体の表面的な仮象にとどまるという見方は間違いである。真なる実体はただ流動的な質料変化（過程）それ自身のみである。化学的な物質は、それ自体は中和的なもので、反応過程の結果として存立をつづけていて、それ自体流動的なものとして観察されるわけではない。物質が含む諸要素、その観念的な諸契機が、さまざまな物体（諸実体）となって生成してくる。それらが複数の諸実体に分かれ＋ているということが、もともとひとつの実体の契機が自立化した物であるという否定性を示している。本来は自立した実体ではなくて、実体の要素が単独化されたのである。こうした物質は、生成と消滅の統一である。つまりヘラクレイトス的にたえず生成しつつ、消滅しつつあり、この生成と消滅のバランスによって存在が維持されている。これらのものは同時にただ自己止揚的なものとしてのみあるために、それらの同一性は、またその存立、自己同一的実体であり、言葉をかえると運動が完全に実体的である。これが有機体である。

つまりここでヘーゲルは生成が同時に消滅であることによって、存在を維持しているようなものこそ、有機体、つまり新陳代謝を通じて自己同一を保持するものだとみなしていた。

この末尾の文章をみると、さらに有機体へと論述がつづく予定だったのだと思われる。しかし、それが「他者の内で自己を絶対的な精神として見出す精神への移行である」と解釈することは、困難であろう。「他者の内で自己を絶対的な精神として見出す精神」というのは、まさに自由な本来的な精神のことであって、たとえば国家的な忠誠心を発揮しても、卑屈にならず自発的で、充分な自己実現を達成している精神のことである。

するとヘーゲルは、この自然哲学のあとに本来の精神哲学がつづくという構想をもっていた可能性がある。自然哲学（N）から精神哲学（G）への展開という可能性が隠れている。

六　シェリングとの決別

ヘーゲルが『精神現象学』の序文（Vorrede）で語った「すべての牛が黒くなる闇」という表現に関連するものとして、全集の編集者は、該当するシェリングの著作として『ブルーノ』、『私の哲学体系の叙述』等を挙げているが、先ほど引用したシェリングの言葉と対照してみても、非常によく符合するところがある。

なにかの現存在が、絶対者のなかにあって、考察されると、成り立っている事態はつぎのことにほかならない。当面はそれについて語られるということは、ひとつのあるもの（Etwas）について語られることにほかならないのだが、絶対者A＝Aのなかでは、そのあるもの（Etwas）はまったく存在しない。絶対者のなかではすべてはひとつなのである。絶対者のなかではすべては同一であるというひとつの知を、区別を立て、充実させようとする認識、充実を求め要求する認識に対置することは、つまり、その絶対者を、よく言うような、すべての牛が黒くなる夜だと述べることは、認識のない空虚さのもつ未熟さである。」（GW9 17）

ヘーゲルにはこれによってシェリングと決別しようとする意図はなく、批判の対象はシェリング自身ではなかったと思っていたという解釈が本当に成り立つかどうかは疑問である。ここでヘーゲルが意識的に思想的な自立を遂げたのは確かである。しかし、ヘーゲルは、その自分の思想の拠点となるはずの「論理学」をどのように位置づけるのかという問いの答えとなるような、体系の構図はまだできあがってはいなかった。

『精神現象学』には、「論理学」、「論理的」の用語例が、八回ある。

1 ist die Logik oder spekulative（SK3 39, 34行、GW930 12行、金子訳三五頁）

2 eigentliche Darstellung gehört der Logik an（SK3 47. 8行、GW9 35. 12行、金子訳四五頁）

3 daß überhaupt die logische Notwendigkeit（SK3 55. 1行、GW9 40. 33行、金子訳五四頁）

4 zur logischen Form und ist in ihrer Wesentlichkeit（SK3 55. 7行、GW9 41. 1行、金子訳五四頁）

5 und ist unmittelbar logisches Dasein（SK3 55. 9行、GW9 41. 2行、金子訳五四頁）

6 das durch diese Logik des Wahrnehmens gewonnen werden soll（SK3 105. 21行、GW9 80. 2行、金子訳一二六頁）

7　mit der logischen Natur dieser Gegensätze.（SK3 208. 27行、GW9 153. 7行、金子訳二七四頁）

8　logische und psychologische Gesetze（SK3 226. 31行、GW9 167. 4行、金子訳 二九九頁）

しかし、どの用語例も哲学体系のなかでの論理学の位置、論理学の内部構成についてはまったく言及していない。原崎道彦『ヘーゲル精神現象学試論』（未來社、一九九四年）が明らかにしたように、ヘーゲルが『精神現象学』の段階で、「論理学―自然哲学―精神哲学」という三段階の構造の体系を想定していたとは考えにくい。「論理学―自然哲学―精神哲学」という三段階の構造の哲学体系で、その論理学が存在―本質―概念というかたちをとった最初のものは、ニュルンベルク時代の哲学予備学まで待たなくてはならない。そのなかに「論理学」は、「上級エンツュクロペディー」（一八〇八年以降）、「中級論理学」（一八〇八／〇九年）、「下級論理学」（一八〇九／一〇年）、「上級概念論」（一八〇九／一〇年）、「中級論理学」（一八一〇／一一年）と全部で五種類あるが、基本的な概念はすべてに共通である。この構造が、そのまま大小の「論理学」に引き継がれていく。

七　大小の「論理学」

ヘーゲルの論理学には、通称『大論理学』と通称「小論理学」とがあることが知られている。『大論理学』というのは、ヘーゲルが単著として書いた『論理の学』（*Wissenschaft der Logik*）のことで、「小論理学」というのは『エンツュクロペディー』（*Enzyklopaedie der philosophischen Wissenschaften*）の第一部の「論理学」（Logik）のことである。通称『大論理学』と通称「小論理学」についての通説は、以下のようなものである。『大論理学』でギムナジウムの校長時代にヘーゲルはその論理体系を完成したが、のちにハイデルベルクとベルリンで大学の教師として、『エンツュクロペディー』を教材として論理学の講義をすることになり、『大論理学』とくらべて簡便な要約版として『エンツュクロペディー』

の第一部として「小論理学」を執筆したというのである。

この通説の間違いは、第一に『大論理学』がヘーゲル論理学の完成態であるという判断である。第二に「小論理学」は『大論理学』の講義用の要約版であるという関係規定である。ヘーゲルにとって「小論理学」は『大論理学』の改訂版という意味もあった。

ヘーゲル論理学について故寺沢恒信教授が提起した重要な問題に、「大論理学と小論理学の構成の違いはなぜ生じたか」というのがある。『大論理学』は完成されたヘーゲル哲学の根幹であり、「小論理学」はそれを学生たちにわかりやすく講義するための要綱だから、大論理学のなかの一部が省略されているのは当然だというのが、従来の定説であり、寺沢教授も結局は講義用の要約説に従っておられる。

寺沢教授の場合でも『大論理学』は完成されたものだという前提があるから、そのような判断が不可避になってしまう。実際には、さまざまな実質的な変化が、論理思想そのものにも、その表現形式にもある。ヘーゲルが論理学思想を微妙に変えながらさまざまな論点を展開していたという微調整型変更説を採用すると、『大論理学』で完成、「小論理学」は部分の摘要という見方はできなくなる。そこで執筆の時期が問題になる。

『大論理学』の初版が、一八一二年第一部（Erstes Buch）「存在論」、一八一三年第二部「本質論」、一八一六年第三部「概念論」。（ただし第一部、第二部がともにerster Band、第三部がzweiter Bandとなっていて混同しやすい。）「小論理学」の初版が、一八一七年、二版が一八二七年、三版が一八三〇年、『大論理学』の第二版、第一部のみが、一八三二年である。

最近新しく公刊された重要な資料は、「論理学講義録」で、これは「小論理学」一八一七年にもとづいて、同年に行なわれた講義の聴講者によるノートである。

従来のヘーゲル研究では、一八三二年の『大論理学』第一部、一八一三年第二部、一八一六年第三部とを「完成されたヘーゲルの論理学」と考えて、二版一八二七年または三版一八三〇年（大きな違いはない）を「講義用の要約版」と見なして議論してきた。完全に年代順にテキストを並べて比較検討してきたわけではない。単純に新しいテキストがすぐれていると考えるなら、第一部「存在論」一八三二年の『大論理学』、第二部「本質論」、第三部「概念論」一八三〇年の「小論理学」という組合せを「もっとも完成度の高いヘーゲルの論理学」と見なすべきであろう。一八一三年「本質論」が一八三〇年「本質論」よりも無条件にすぐれているという理由はないはずである。

大小論理学を比較するとさまざまな不一致が出てくるが、とても学生の理解度を考えて教育上の配慮で変更したとは言えないほどの変化である。とりわけ大きな変更は「本質論」の第三編「現実性」の中身で、大論理学では「一絶対的なもの」、「二　現実性」、「三　絶対的相関」となっているのに、小論理学では「現実性」の中は「絶対的なもの」の様態関」だけしか残っていない。「二　現実性」の中身は、偶然と必然の関係であって、これは「絶対的なもの」の様態をむりやりに引き延ばして、ひとつの項目に立てたという疑いがある箇所だから、小論理学で削除されるのはわかる。「一　絶対的なもの」を削除した理由としては、汎神論の疑いをかけられやすいところだという理由が考えられる。目次をこう訳したらその理由がわかるだろう。「現実性」という構成のなかにたやすく「A実体の開示、B実体の属性、C実体の様態」という文意が隠れていることがわかる。つまり、スピノザの汎神論を下敷きにした箇所だということが透けて見えるところである。

「現実性」という見出しにくる少し手前に汎神論について言及した箇所がある。

植物の芽とか、［人間の］子どもは、かろうじて内的な植物、内的な人間であるにすぎない。しかし、芽であるような植物や芽であるような人間は直接的なもので、自分自身にたいする否定的な関係を賦与されていない外的なものであり、他者にゆだねられている受け身のものである。同様に神もまたその直接的な概念では精神ではない。精神は、直接的なもの、媒介に対立するものではなく、自分の直接性を永遠に措定し、永遠に直接性から自己内に還帰する本質である。直接的にはそれゆえ神は自然であるにすぎない。自然とは、内的な、精神としての現実的な神ではなく、したがって真の神ではない。」（GW 11. 367）寺沢恒信訳、二巻二一四頁、武市健人訳、中巻、二〇四頁）

ここでは「神即自然」というスピノザ主義をそのまま取り入れた「現実性」の概念を展開するに先立って、「神即自然」が直接性の段階にすぎないということを強調している。

スピノザの汎神論にたいして、どのような距離感（共通性と差異）を表現するかという点で、時代や状況に応じて微妙な変化がある。それは本質が現象するとか、現実性が理念の表現であるとか、理性的なものと現実的なものとの関係とか、すべて超越的な本質性の現実化という主題に絡んでくるので、プラトン以来の伝統的な言い回しにしたがえば「イデアと個物の関係」に汎神論という宗教論との絡みが出てしまったので、さまざまな外部的な影響がヘーゲルの記述に影響を与えたと言ってもよい。

そのなかには東洋思想の影響もある。インドの思想が、紹介されてくる過程のなかでヘーゲルの思索は営まれているので、『精神現象学』（一八〇七年）のころのインドについての知識とくらべて、具体的に教典の部分訳が紹介される段階になると、インドの汎神論のイメージはまったく違っている。ヘーゲルは東洋の汎神論との距離感をどう表現するかという問題にも直面することになる。

しかも、ヘーゲルは終生にわたって自然哲学の素材を集め、新しい見解を積み重ねていた。論理学の構造が自然に投影されているという彼の自然哲学の基本的規定からすれば、自然哲学の新しい知見によって、論理学が（不本意であるかもしれないが）訂正を要求されるという場合も考えられる。

ヘーゲル論理学の変容の要因はもっと多く指摘できるが、とりあえず『大論理学』で完成、「小論理学」はその講義用の要約版であるという見方を否定することが重要である。

著者解題

単行本『ヘーゲル哲学の形成と原理』(一九八〇年)のほかに、「ドイツ観念論の文化的背景」(一九九〇年)、「カントとドイツ観念論」(二〇〇七年)、「ヘーゲル」(二〇〇七年)、「ヘーゲル論理学の形成と変容』(一九九九年)という単行本未収録論文四作を収めた。これらはヘーゲル思想の全体をおおまかにつかむという目的で集められた。

「ドイツ観念論の文化的背景」(一九九〇年)は、哲学史的に「ドイツ観念論」と呼ばれている時代が、文化史的には「ロマンティシズム」の時代であることを説明する。「疾風怒涛」(Sturm und Drang)がその特徴を表わす言葉である。「疾風怒涛」は台風と津波が一度にきたようなものと言ってもいい。フランスでは大革命(一七八九年)、ナポレオン時代(一七九九年政権奪取、一八一五年エルバ島脱出)、一八三〇年七月革命という事件が起こっている。ドイツ人はいつも内からの革命と外からの戦争の恐怖を感じていただろう。

「疾風怒涛」というフレーズの中身は、世界はシェイクスピア劇のようなものだと言い換えてもいい。俗悪で過激な、現代ふうにいえばアクション・ドラマに深い人間的意味が隠されている。ヘーゲルには「真理はバッカス祭の乱痴気騒ぎである」(『精神現象学』)という言葉があるが、「激動のなかに静寂を見抜くこと」が、彼の哲学だった。

こういう見方はグンドルフ『シエクスピアとドイツ精神』(竹内敏雄訳、岩波文庫)が最初に示したものである。訳者の竹内先生は「シエクスピアに着目しないとこの時代の哲学は分からない」と静かにきっぱりと強調しておられた。そして先生は、ヘーゲルが隠れたシェイクスピア学者で、シェイクスピアを読むためにイギリス王朝の歴史資料などを読んでいたと話された。

「カントとドイツ観念論」（二〇〇七年）は、中央公論社「哲学の歴史」第七巻の総論として書かれたもので、従来の「ドイツ観念論史」が作り出してきた偏見を打ち破ることを狙っている。

従来の定説は、クローナーとハルトマンに代表される見方である。クローナー『カントからヘーゲルへ』(Richard Kroner: Von Kant bis Hegel, Tübingen 1924 その一部が「ドイツ観念論の発展」として理想社から翻訳出版されている) および、ニコライ・ハルトマン『ドイツ観念論の哲学』(Die Philosophie des Deutschen Idealismus, 1923, 1929 その第一部が作品社から翻訳出版されている) が名著とされている。「カントの観念論がいかにヘーゲルの観念論から異なっているにしても……事柄の同等性が告知されている」（クローナー、理想社、九頁）、「観念論とは思想的な前進の特殊な形式であり、この形式はカントからヘーゲルにいたるまでの時代において支配的である。」（ハルトマン、作品社、七頁）カントからヘーゲルまで共通の根本規定は「観念論」であるとみなされていた。その観念論が絶頂に達したのがヘーゲル哲学であるという見方がここから生まれる。その観念論の出発点がデカルトの「われ思う、ゆえに、われあり」の立場で、近代哲学はデカルトの観念論の影響下にあるというデカルト＝近代主義の父という見方が、これに重なる。

このデカルト像について、私は論文「哲学史記述におけるデカルト像の変遷」で、コギト中心の近代思想史は、ドイツでフィヒテの哲学が登場してきたのちの見方で、デカルトの哲学史的な影響は、それほど大きくはないと主張した。この主張の背景になったのは、桂寿一先生の『デカルト哲学とその発展』（東京大学出版会、一九六六年）である。デカルト的主観主義が近代文化を生み出したというおそろしく乱暴に誇張されたデカルト中心主義が、日本では「常識」とみなされている。

クローナー、ハルトマン流の見方にたいして、ヘーゲル全集の編集で司令塔的な役割を果たしているイエシュケは「ドイツ観念論は、たしかにドイツではあるかもしれないが観念論ではない」(Halbig, Quwante, Siep hrsg. Hegels Erbe,

Suhrkamp 2004 S. 165）という。イエシュケという人は、バランス感覚のしっかりとした人で、過激な発言で人目を引こうとするような評論家タイプではない。「観念論」といえば、主観性の立場に立つという意味になるが、いわゆる「ドイツ観念論」で主題化されたのは、主観と客観の二元論を克服するという課題だった。

さしあたりはカントの二世界論と言われる見方をスピノザ主義で克服するのかどうかが問題であった。カントは「身体は自然因果律に支配されている。完全に形式的な道徳律に従うことによってのみ、人間は因果律の支配を脱して自律を達成することができる」と主張した。人間の精神には、自律の可能性はないから、すべてを神の意志にゆだねるべきであるという見方よりは、一歩前進であるが、神の奴隷から道徳律の奴隷になるだけではないか。これがカントにたいしてヘーゲルが突きつけた疑問だった。この疑問のなかにはすでに、自由の根底に、宗教も道徳も法律も否定する極端な自我中心主義が潜んでいる。それはヘーゲル以後、シュティルナーの思想となって登場した。ヘーゲルは、極端な自我中心主義の危険を知りながら、自由の成立根拠を求めつづけた。

その帰結は、道徳の次元では自我中心主義の危険を排除できないということだった。完全な道徳的良心の持ち主と完全な自我中心主義者とを区別することができなくなるからである。道徳の次元から人倫の次元へ進むべし。これがヘーゲルの結論だった。具体的には、自分の生きる社会習慣を守り、国家を自己のよりどころとして受け止めるべしというのだから、凡人の生き方を選んだともいえる。

しかし、いざとなったら国家のために兵士となって死ななくてはならない、そのことを自己の根本的な立場として受け入れるべきだとヘーゲルは考える。金子武蔵先生の『ヘーゲルの国家観』（岩波書店、一九四四年）はこの点を掘り下げている。ナポレオンとの戦争に敗北しないためには、徴兵制にもとづく強い軍隊が必要だ。ヨーロッパの軍事態勢は、傭兵制から徴兵制へと変わりつつあった。プロイセンの国家改革も、この軌道に沿ったものである。ヘーゲルは、自由の可能性を追求して、徴兵制にたどり着く。つまり、国家のために兵士になることが、自由であると受け止めなくてはならない。

私はヘーゲルが自分で自分を袋小路に追い込んだのだと思う。国民国家が最高の意志であるために国家間の紛争解決が戦争にならざるをえないという世界秩序を、どのようにして克服するかという問題にヘーゲルは答えを出せなかった。カントが『永久平和のために』（一七九五年）で提案した解答をヘーゲルは超えられなかった。

学問論では、書籍の量が爆発的に増えて、どうしたら人間の知識の全体を統合できるかという問題が起こっていた。フランスでは『百科全書』を作るという方式が採用されたが、ドイツでは学問全体の有機的統合図のようなものをつくるという方式が採用された。今日から見ると、自然科学の発達はシェリングやヘーゲルの予想をはるかに超えていて、カントが『学として出現しうる将来のあらゆる形而上学のためのプロレゴーメナ』（一七八三年）をさらに自然科学全体に広げて、「学として出現しうる将来のあらゆる科学の先取り説明」に挑戦したが、失敗した。ヘーゲルは、概念の自己展開が論理学によって示され、自然哲学、精神哲学が、その論理学を軸に形成されるという構想を示したが、その構想が実現しているということはできない。

ヘーゲルは、アダム・スミスの経済学からつよい刺激を受けた。市場という無数の個人の自由な行動の集積が法則性を作り出すということにヘーゲルは目をむけた。マンデヴィル―スミス型モデルと私が呼ぶもので、内容はスミスの「見えざる手」と同じである。ヘーゲルが「真理はバッカス祭の乱痴気騒ぎである」（『精神現象学』）と述べたのは、踊りの参加者が出たり入ったりしても踊りの輪そのものは維持されるという構造である。数学的には確率論・統計学であつかうモデルであるが、偶然的個別事象のあつまりが法則性をもつという認識を、カントもいくつかの事例に気づいていたが、ヘーゲルは明確に意識していた。フィヒテやシェリングはまったく知らなかった。だから全体と個体を同型とみなしていた。国家全体が理性的に振る舞うには、国民ひとりひとりの理性的自覚がたかまる必要があるというのが、フィヒテの典型的な主張である。

ヘーゲルの場合、全体と個は同型である必要がないので、個人の理性的自覚の度合いがバラバラでも、国家が全体として理性的に振る舞う可能性がある。しかし、このような確率論的な事象を「概念の自己展開」に取り込むことができるとは限らない。ヘーゲルが複雑な社会科学の事象に取り組めば取り組むほど、「概念の自己展開」は空手形になって、空疎な断言がばらまかれることになる。そういう言葉をつなぎ合わせると、資本主義が弁証法的に自己展開して社会主義社会が出現するというマルクス主義的なイメージを作り上げることもできる。

たしかにマルクスはヘーゲルの難解な言葉を自己流に読み切って、新しい社会像を組み立てていった。ヘーゲルからマルクスへある思想的モチーフが引き継がれ、展開されていったということができる。

同様のことが、シェリングとキルケゴールのあいだに成り立つだろうか。日本のシェリング研究では一時期、シェリングは実存主義の先駆であるという歴史的な位置づけが有力であった。たとえば藤田健治先生の『シェリング』（勁草書房、一九六二年）は、そのような哲学史像を定着しようとする試みであった。

デカルトから近代思想が始まる。ヘーゲルからマルクスが誕生する。シェリングがキルケゴールに継承される。こういう流れが縒り合わされたものが、思想の歴史であるとすれば、そのように歴史を書き上げることによって、私たちは最後の、そして最高の哲学的真理に到達するはずである。これを哲学史主義と呼ぼう。最後の哲学が最高の哲学であるならば、ミルよりはロールズが正しい。マルクスよりは毛沢東が正しい。フロイトよりはフーコーが正しい。最後の哲学が正しいというほど強い主張をしなくとも、「カントからヘーゲルへ」、「ヘーゲルからニーチェへ」、「デカルトからフッサールへ」というような流れの存在を確かめることが、哲学史の意義だと信じる哲学史主義がある。

こうした哲学史主義の源流をさかのぼると、だいたいヘーゲルの哲学史講義から出ていることがわかる。ヘーゲルは、哲学史主義の元祖でもあった。

「ヘーゲル」（二〇〇七年）も、中央公論社「哲学の歴史」第七巻に記載されたもので、一、ウォルフとドイツ啓蒙主義（小田部胤久）、二、カント（福谷茂）、三、ハーマン（川中子義勝）、四、ヤコービ・ヘルダー（栗原隆）、五、ラインホルト・シュルツェ（山口祐弘）、六、フィヒテ（座小田豊）、七、ヘーゲル（加藤尚武）、八、ドイツ自然哲学（松山壽一）、九、シェリング（高山守）、一〇、シュライエルマハー（山際直司）、一一、ドイツロマン主義（伊坂青司）、一二、ヘルダーリン（久保陽一）という構成である。

いままでの哲学史ではヘーゲルの哲学史的位置づけが確定していて、「ドイツ観念論」という基本線が一貫しているという前提が認められていた。一本の直線状に哲学者が並び、前の走者をあとの走者が乗り越える。フィヒテが登場すればカントは不要になり、シェリング、ヘーゲルとつづく。生き残れるのは最後のヘーゲルだけというイメージを哲学史が作り出してきた。哲学史は乗り越えの歴史であるというイメージはヘーゲル自身が作り出した。そのヘーゲルが「哲学史は阿呆の画廊ではない」という名文句を残している。ヘーゲルの心にあるのは相対主義への不安である。「人間は万物の尺度。哲学者ごとに別々の真理がある」という見方をヘーゲルは哲学史が、乗り越え・統合の歴史であるという観点で克服しようとした。その乗り越えの歴史の筋書きが、じつはすでに前もって「論理学」に書き込まれている、歴史性と論理性が一致するという信念もときどき書き残している。

「哲学の歴史」第七巻は、十七世紀末から十九世紀末までのドイツの思想家を並べて、そのなかに部分的には乗り越え型の前後関係にも含まれるし、部分的にはタコツボ型の思想でまったく独自の世界を作り上げている例も含まれるという光景になっている。プロティノス（二〇五―二七〇）の思想のように時代を飛び越して突然、影響力を発揮するという飛び火型の連関もある。秘密結社の仲間が伝承して伝えるアンダーグラウンド伏流水型の連関もある。原理主義という古いテキストの意味をそのまま復元して信仰とする本卦帰り型の連関では、いっさいの乗り越えを拒絶する。ガーダマーは「地平融合」と言って、まったく異なる思想の地平が融合するという類型を、ヘレニズムとヘブライズムに当てはめているが、ルターも、キルケゴールも、原始キリスト教への本卦帰り型を敢行した。すると哲学史を、単直線乗り越え型だけで記述するのは、とても無理である。

ヘーゲル自身は、さまざまな歴史性の形態の記述を試みている。宗教史、哲学史、芸術ジャンル史、権力形態史などで、もっとも有名な権力形態史（東洋はひとり、ローマは数人、ゲルマンは万人が自由である）が語られるのが、もっともあとで、これはアリストテレス『政治学』、モンテスキュー『法の精神』を下敷きにして、一気に思いついて書かれたもののようである。

宗教史は、シェリングも試みているが、自然宗教、芸術宗教、啓示宗教という類型が『精神現象学』で語られる前に、さまざまな試論が書かれている。宗教史のあとで、哲学史が書かれたように思われる。ヘーゲルの全テキストから、あらゆる歴史性の形態記述を書き抜くという作業計画を私はもっているが、まだ実行していない。「自然宗教（アニミズム）の克服」というテーマだけでも、書き抜きのノートを作ると、そこに宗教と芸術の共通の起源があるという記述が残されていて、興味深い。

通常の哲学史では「アリストテレスはヘーゲルよりも昔の人である」ということを疑う必要はないとされている。しかし、実際にはヘーゲルの生前、アリストテレス全集の編纂が進められていて、ヘーゲルの死後完結する。ヘーゲルは、アリストテレスを五月雨式にばらばらな順番で、ある著作が入手可能になるとそれを読むという仕方で読んだかもしれない。

時間的な前後関係がそのまま影響作用史関係に重なり、影響作用の連続が、不可逆の流れを作り出している、つまり、歴史性が成り立っているということを前提していいかどうか。わずか二〇〇年程度の短い「ドイツ観念論の歴史」でも、それを確かめることに、いままでの哲学史は鈍感だった。

ヘーゲルは何を残したのか。著書を書き残した。講義ノートを書き残した。講義を語って学生に書き取らせた。最近では講義録の編集刊行が進められている。以前は、さまざまな聴講生のノートを再編集して、「美学講義」などが刊行されてきたのだが、最近は再編集を止めて、聴講生のノートをそのまま出版することになっている。

私はヘーゲルの思想を完全に明らかにするためには、テーマ別の書き抜き資料を作るべきだと思うが、そこで自筆原稿と聴講生の書き抜きを比較して、聴講生のノートの信頼度を明らかにするという作業が、いつかかならず必要になると思う。金持ちの聴講生で、プロの筆記屋を雇ってノートさせたという例もあるから、ノートが録音並みの忠実さであることもある。

いわゆる『法哲学』（直訳は『権利の哲学』）のヘーゲル自身の準備ノート（一部写真版が出版されている）、刊行された著作、聴講生の筆記ノートを比較すると、ヘーゲル自身が書くことよりも、喋りまくることを重視していたと思われてくる。片手に単語を並べただけの準備ノートを手にして、とてもききづらいしわがれ声で、ジョークをまじえながらとうとうと喋り捲る——これがヘーゲルの思想の遺産の具体的なかたちであるようだ。著作として書かれたものは、そのアドリブだらけのお喋りの台本にすぎない。

私自身は古いタイプの研究者で、ヘーゲルの自筆著作のなかから用語例を書き抜いて、仕事の基礎としているのだが、講義録中心のヘーゲル研究が栄えても、それは悪いことではない。しかし、目下の状況では、聴講者のノートの信頼度を評価する手段がないという点が致命的である。

研究資料が増加したら、重複・間違い・粗悪な表現を削って、基礎資料の情報量を減らさなくてはならない。そうしないと、資料がひとりの人間が一生かけても読めないほどになる。研究者が一〇〇人いても、資料の全体を見ている人はひとりもいない。ひとりひとりの研究者は、自分が研究状況全体のなかでどの部分を担当しているのかわからない。迷子が一〇〇人いるのと同じ状況である。そうなると研究文献の数が激増する。重箱の隅をつついた作文が量産されるからだ。現在、人文科学のどの研究領域にも、そういうアノミー（無統制）状況がある。

拙稿「ヘーゲル」は、そういうアノミー状況の治療剤として書かれた。ヘーゲルのテキストを通読する前に、ここに集められた引用文を読んでおけば、ヘーゲルのすべてのテキストが読みやすくなるような基礎的文例集をドイツ語と対訳で作って、そこに説明を加えて、出版のさいにドイツ語を削り取った。

ヘーゲル固有の思想の成立の時期を、『自然法の学的取り扱いについて』（一八〇二年）にあると想定して、その前後関係がわかるように配慮した。

ヘーゲル思想の原型を、生命（有機体）としてすべてを見る見方にあると考えて、生命論の展開のなかで、病気の発生の説明（Pathogenie 病態発生学）が、中心的であるという見方を説明した。内蔵のひとつが自分は独立した個体であるというあやまった自己認識をして、かってに自己増殖すると病気になるという病態発生論である。この自己増殖を、内乱とか、少数民族の独立運動とか、犯罪集団の活動とかに当てはめれば、病気＝悪という定義がうまれる。この自己増殖を、典拠となる資料の取扱いとか、実験データの評価とか、関連する法則群の扱いとかに置き換えれば、病気＝非真理という定義が生まれる。真理とは、知識の健康度である。

病気の原因については、西洋医学史では体液説がもっとも大きな影響力を発揮していた。四体液（血液、粘液、黒胆汁、黄胆汁）のバランスが崩れると病気になるという説である。ガレノス（一二九—一九九）のころから始まって一八六一年ゼンメルワイス（一八一八—六五）が病原体説をだすまで医学のセントラル・ドグマであった。ヘーゲルの依拠した病態発生学（Pathogenie）は、体液説時代の末期に発生して、病原体説が登場すると消滅してしまった学説で、医学史の本では記載していないものが多い。

しかし、この説明では「概念の弁証法的自己展開によって、さまざまなカテゴリーが産出される」というヘーゲル哲学の根本性格がつかめない。ヘーゲルの論理思想には独自の歴史がある。

「ヘーゲル論理学の形成と変容」（一九九九年）

ヘーゲルには、いちおう完成した論理学の著述がたくさんある。ふつうは「大論理学」というのが、一八一二—一六年に三分冊のかたちで出版された単行本である。「小論理学」というのは、独立の単行本ではなくて「論理学—自然哲学—精神哲学」という三部構成をもつ「哲学総論」（哲学的エンツュクロペディー）の第一部のことである。そのほかにニュルンベルクでギムナジウムの校長をしていたときに講義用に作成した教材がある。

この「論理学—自然哲学—精神哲学」という三部構成が、シェリングの同一哲学との決定的な違いになる。自然と精神はもともと同一であるというなら、どうして主観（知るもの）と客観（知られるもの）が対立するのだという質問が出るだろう。ヘーゲルは、もともとひとつであったものが分かれたのだと説明する。

認識についてわれわれはふつう、主観と客観を一致させる、結合する、つなぎ合わせるものというイメージをもつが、逆に、認識が、もともとひとつであったものを分けているとヘーゲルは説明する。「認識は、形而上学に移行するものとして、論理学そのもの、弁証法、観念論の否定である。」認識が、主観と客観、精神と物質というように存在を固定して、形而上学を作り出す。「論理学そのもの」＝「弁証法」＝「観念論」（有限者は観念的であるという立場）を認識が否定する。ヘーゲルの講義題目では「論理学と形而上学」というのは大学の定番となった表現であるから、ヘーゲルが勝手に変更することが許されない。実際は、「論理学の否定が形而上学」という含意がヘーゲルの思想にはある。

本文（四〇七頁）で引用した文章を再度引用する。

「認識は論理学の差異的な関係の止揚であることによって、理念［論理的］、すなわち弁証法的な進行と止揚から契機を引きはがす。その契機を、没差別すなわち対自存在するものと規定して定立する。それら契機に関してこの自己止揚を否定する。それは認識の契機である。それ自体としては本質的に対自的である。なぜなら、それらの契機は没差別一般であったからである。没差別一般とは、それらが没差別的だろうが差別的だろうが、没交渉という意味である。認識そのものが、自己自身のこの否定、他者の対自存在［を存在させているからである］。それはさもなければ、差異的なものとして、観念的なもの、契機として定立された他者であるのに。認識は形而上学へ移行しつつあるものとして、弁証法もしくは観念論としての論理学そのものの止揚である。」

この文章のなかの「契機」という単語を「主観と客観」に、「対自」を「独立」に、「止揚」の一部を「否定」に、「進行と止揚」を「過程」に置き換えてみよう。

「認識は論理学の差異的な関係の否定であることによって、論理的理念、すなわち弁証法的な過程から主観と客観を引きはがす。主観と客観を、没差別すなわち独立に存在するものと規定して定立する。主観と客観に関してその自己止揚を否定する。それは認識の主観と客観である。それ自体としては本質的に独立的である。なぜなら、それら主観と客観は没差別一般であったからである。没差別一般とは、それらが没差別的だろうが差別的だろうが、没交渉という意味である。認識そのものが、自己自身のこの否定、他者の独立を存在させているからである。それはさもなければ、差異的なものとして、観念的なもの、契機として定立された他者であるのに。認識は形而上学へ移行しつつあるものとして、弁証法もしくは観念論としての論理学そのものの否定である。」

認識という営みが、主観と客観の対立という関係を作り出しているというヘーゲルの洞察が見えてくると思う。主観と客観の対立という関係を思い描いてくださいというと、舞台の左側のテーブルにリンゴがおいてあって、これが客観、右側にカメラがあって、これが主観という情景を思い浮かべるかもしれない。哲学者がむずかしいことを言っても、実際は被写体とカメラのような場面を想定する。自分がどこにいるかというと、カメラそのものが私の目と脳である。するとリンゴとカメラを見ているつもりの自分とは何かというと、これは反省である。自分の心を見ている反省である。主観と客観の対立という関係それ自体が反省の作り出すファンタジーである。しかし、それを説明するヘーゲルの文章はむずかしすぎる。

『ヘーゲル哲学の形成と原理』（一九八〇年）

この本の編集者であった小箕俊介さんが、あるとき私に「加藤さんはいまでもマルクス主義者ですか」と尋ねた。その言葉は、一生忘れられない。私は、マルクス主義を否定しようとしながら、マルクスの陰にヘーゲルというもっと深い思想家がいて、ヘーゲルの弁証法が何であるかを見極めないと、マルクスについても評価が下せないと思っていた。

問題の中心に「弁証法」がある。資本主義の崩壊は弁証法的な必然性である。真理は唯物論的弁証法にあり、それは革命の不可避性を証明する……というような言辞に私は答えが出せなかった。哲学科先輩の廣松渉さんは、マルクス主義者として学会でも論壇でもみごとな論陣を張っていた。しかし、私は弁証法論理、唯物弁証法などに納得がいかない。

大学に入学して、最初にしたことは図書館でエンゲルス『自然弁証法』の原文を読むことだった。ドイツ語は高等学校で伊藤利男先生（当時、大学院生、のちに九州大学文学部教授）のもとに履修していた。二年間の浪人生活では、東大の国松孝二先生、竹内敏雄先生などが講師をつとめる予備校でドイツ語の勉強をした。そこで廣松渉さん（当時、学生）と出会った。樺美智子さんとも、その予備校ですれ違うようにして会った。

図書館の机の上に置かれた『自然弁証法』の文面は、私が翻訳で読んだものとはまったく違っていた。そのとき私は「異本」というものがあるのを知らなかった。あとで廣松渉さんが『ドイツ・イデオロギー』の「異本」問題を取り上げて、はじめて私は異本とか、テキスト・クリティークとかの文献学の存在に気づいた。

弁証法について知るにはヘーゲルの「大論理学」を読まなくてはならない。武市健人訳と原文をならべて読んだが、まったく理解できない。「大論理学」を理解するには、『精神現象学』を読まなくてはならない。しかし、これも気が遠くなるほどむずかしい。山本信先生が、毎年の前半は『精神現象学』、後半は受講生の自由な研究発表という大学院ゼミを開いていて、読み方の手ほどきを受けた。のちに長谷川宏さんなどと読書会をつづけていたが、東大の時計台事件のまえに止めになっていた。

出隆先生が、自宅でヘーゲル大論理学のゼミを開講しておられて、そこにも参加した。出隆先生は、ヘーゲルの読解が一段落すると、不思議な哲学書の話をされた。話のなかに「私のすけべえ解釈によれば、概念が妊娠して、子どもを産む」というセリフを私は数回きいた。「そしてとんでもないことになる。神さまのところに行っちゃう。」このセリフが出ると、その不思議な哲学書の話は打切りになった。先生は、まるでヘーゲルの論理学の先をよむとそういう場面になるみたいな話しぶりだった。しかし、ヘーゲルでないことはわかっている。

「先生、その書物は何というのですか。ヤコブ・ベーメですか」と聞いても先生は、返事らしい返事はしない。何十年か経って、出隆先生の『プロティノスとアウグスティヌスの哲学講義』（新地書房、一九八七年）をよんで、それがプロティノスだと判明した。出隆先生は「プロティノスを読まないとヘーゲル論理学はわかりませんよ」と教えてくださった。

今道友信先生の『同一性の自己塑性』（東京大学出版会、一九七一年）は、私はシェリング論かと思って読んだが、どこにもシェリングとは書いてない。何十年か経って、読み直したら、プロティノス論であった。今道先生に、「あの本はプロティノス解釈なのですね」と言ったら、先生は嬉しそうにして「自分なりにあんなまとめ方をしたのですが」と謙遜された。お亡くなりになる数年前であった。

私の弁証法の根源を訪ねる旅はプロティノスに行きつくことになったのだが、そうわかったときすでに不惑の年を超えていた。精神現象学と論理学の関係を論じて、修士論文「現象学の視点から見たヘーゲル論理学研究・序説」（一九六六年）を書いて以後は、ヘーゲルの著作を執筆年代の順序に逐一読んでいくという作業に取り組んだ。これは廣松渉さんたちの青年マルクス研究が採用していたスタイルである。ノール「青年期ヘーゲル神学論文集」のコピイを執筆の時代順に綴じなおして読んだ。

ヘーゲルが悩み考えたことを再現すれば、ヘーゲルがいきなり絶対精神という塔のてっぺんから見下ろして、あらゆる学問に指令を発するという光景とは違うものが見えてくるだろうという確信はあった。

「宗教は、どの程度まで主観的、あるいは客観的なものとして評価されるか。とくに情感とのかかわりではどうか。」(Nohl355, GW1. S. 75) 綴じなおした「青年期ヘーゲル神学論文集」の冒頭の言葉である。ここでヘーゲルは、主観的宗教はよい宗教、客観的宗教は悪い宗教と割り切っている。ギリシャは明るくてよい、キリスト教文化は暗くて悪いという対比もある。ヴィンケルマンの『ギリシャ芸術模倣論』（一七五五年）の影響をヘーゲルが受けたかどうかは確かめられないが、キリスト教文化全体の体質が嫌いだという感情を青年ヘーゲルはなんどか表わしている。

「国民宗教としてのキリスト教は公共的な教会修練を必要とするが、これは自然にまったく適合しない。なんの実も結ばない。そのおおいなる屈辱のためにより多くをそこなう。」(Nohl355, GW1には欠落)チュービンゲンの修道院でなんども規則違反で処罰を受けた学生が逆恨みをして、ルソー、レッシング、フィヒテの言葉を借用しながら「僕が悪いんじゃないよ、修道院が悪いんだ」という趣旨の堂々たる作文を書いたが、それが青年ヘーゲルだった。

ヘーゲルの自然と主観性を根拠とするキリスト教批判は、啓蒙主義の理性崇拝、カント・フィヒテの道徳宗教よりも先に進んでいた。唯物論や経験主義の方向には向かわないが、人間の自己の内に絶対的なものがあるという方向づけを含んでいた。しかし、それは己の内に超越的な神を見る神秘主義とも違っていた。理性的な自己の内に絶対的なものを認識するというのが、ヘーゲルの思想の核となる。その絶対的なものの認識は哲学である。宗教は、その哲学についていけない善男善女のための絵物語(Vorstellung)である。宗教と哲学の関係について、ヘーゲルは「哲学の宗教への優位」と表現すると物議をかもすので、「優位」という言葉を避けて、実質的に同じであることを強調する。

この世とあの世があるという見方では、西洋ではプラトン哲学が、東洋では仏教の輪廻説が代表的である。プラトンのイデア説では、感覚を通じて経験されるこの世のすべてが虚妄であり、真実在の世界はイデアの世界である。イデアの世界で幾何学を学んで、忘却の河を渡って、この世に人は生まれてくるので、真理とはイデアの世界で学んだことの想起である。

カントの二世界論というのは、人間は感性界と英知(叡智)界という二つの世界に住んでいるという説である。道徳法則を動機とすることができるのは、英知的特性のおかげである。認識にさいしては、アープリオリの知が働く。事物の形相、形式にかかわり、実質的な内容はもたないが、永久不変の真理を含む。すなわち時間と空間という「純粋直感」と、因果律などのカテゴリー(純粋悟性概念)である。アープリオリの知は、どこから来たか。カントはこの質問に答えない。理性の事実であると言う。

ヘーゲルもまたアープリオリの知の存在を認めていたのだろうか。不思議なことにヘーゲルの自筆の全著作のなかで、「アープリオリ」という言葉は、数回しか出てこない。カントの「純粋理性批判」では、数百回登場するのだから、ヘーゲルはこの言葉が嫌いだったとしか思えない。「あの世」から来たかもしれないとか、人間の霊魂には神から直接つたわっているものがあるとかの議論は避けたかったのだろう。

「神についての知は、あらゆる超感性的なものの知と同様に、本質的に感性的な感覚や直感を超えることを含んでいる。すなわち最初のものへの否定的な態度を含んでいる。しかし、この否定的態度のなかには媒介がある。媒介は、出発して第二の者に進んでいることである。第二の者が存在すると言えるのは、これとは対立する他の者から来てしまっているかぎりにおいてである（insofern zu demselben von einem gegen dasselbe Anderen gekommen worden ist）。」（SK8 S. 56）

感性界から超感性界へ階段をのぼるとき、――肉体から精神へのぼると考えてもさしつかえない――ただつながっていれば、まだのぼってはいない。まったくつながっていなければ、のぼったとはいえない。

「神についての知は、やはり独立的である。その独立性は、否定と高揚によって存在している。」（ibid.）

ここでヘーゲルは比喩を持ち出す。

「食べ物がなければ食べることができないから食うことは食べ物に恩をうけているというのと同様である。この連関では、食うことは当然恩知らず（undankbar）だと表象される。なぜなら食うとは自分がそのおかげで存在するものを食い尽くすことである。思考もこの意味で同様に恩知らずである。」（SK8 S. 57）

この「恩知らず」問題については、ルーカス「自然にたいする精神の至高の忘恩」という論文があり、その論文を紹介した拙稿「ヘーゲルによる心身問題のとりあつかい」（「ヘーゲル論理学研究」一九号、天下堂書店）もある。肝心な点は、身体に依存しない精神活動の存在を認めるかどうかである。カントは、理由を示すことなく、その存在を認めていた。プラトンを批判したアリストテレスですら、純粋な高い思惟活動は身体に依存しないと考えていた。この離存知性こそキリスト教のもっとも重要な立脚点であるとトマス・アクイナスは認めていた。

「思惟の固有の、自己内に反省した、自己内で媒介された直接性（アプリオリの）ものは、普遍性である。」（Die eigene aber, in sich reflektierte, daher in sich vermittelte Unmittelbarkeit des Denkens (das Apriorische) ist die Allgemeinheit.）

これがアプリオリの知に与えたヘーゲルの位置づけである。アプリオリの知は、純粋で形式的で規範的であるかもしれないが、それは「理性の事実」ではない。思惟が、自分の手持ちの外在的な素材から手を引っ込めて自分の内側に折り畳んだ自己内反省の結果なのである。自己内で媒介されたというのは、精神の内部でさまざまな関わり合いを統合した結果という意味である。たとえば食塩といえば、辛い、白い、水に溶ける等の無数の経験的事実を統合したものである。しかし、その統合の結果、ばらばらの印象が散らばっているのではなくて、「ぴたっとわかる」という直感的な特徴がある。それが直接性である。プラトンなら「塩のイデア」というところである。「自己内で媒介された直接性」が、「アプリオリ」の正体だとヘーゲルはいう。

「媒介された直接性」(vermittelte Unmittelbarkeit) というのは、「木製の鉄」、「丸い四角」と同様の矛盾概念である。直訳すれば「仲立ちされた非仲立ち性」、意訳すれば「間接的非間接性」、一般化すれば「関係づけられた没関係性」である。

「恩知らず」という言葉で説明しよう。「食塩のイデア」は、「白い」、「辛い」、「水に溶ける」など、多数の経験的な所見を消化して作られた純粋結晶である。ところが食塩のイデアは、イデア界に抜け出たとたんに、「白い」、「辛い」、「水に溶ける」等の所見のご恩を忘れてしまう。忘恩の結果がイデアである。

それでは、イデアの恩返しはどうなるだろう。

Indem die Philosophie so ihre Entwicklung den empirischen Wissenschaften verdankt,
このように哲学はその発展に経験諸科学の恩を負っているので
gibt sie deren Inhalte
哲学はその内容に
die wesentlichste Gestalt der Freiheit (des Apriorischen) des Denkens
思惟の自由（アプリオリのもの）の本質的な形態を与え

und die Bewährung der Notwendigkeit,
そして必然性の保証を与える。
statt der Beglaubigung des Vorfindens und der erfahrenen Tatsache,
偶然の発見や経験的事実を信じ込むのではなくて。
dass die Tatsache zur Darstellung und Nachbildung der ursprünglichen und vollkommen selbständigen Tätigkeit des Denkens werde.
そうすれば、諸事実が根源的で完全な思惟の自律的な活動の現われ・模像となる。（SK8 S. 58）

経験的事実を原理からの演繹に組み替えて、偶然の発見や経験的事実を信じ込むのではなくて、学問的体系化によって必然性の保証を与える。そうすれば、諸事実が「根源的で完全な思惟の自律的な活動」の模像となる。「根源的で完全な思惟の自律的な活動」はじつは、論理学の弁証法的な展開のことだから、自然科学と精神科学が、論理学の展開方式を原型として、その模像となるように展開される。


第一章「理念的なものの経験可能性」で語ったのは、ヘーゲルの絶対精神とか理念とかが、身体に依存しないで活動する理性の一種やその展開結果ではないということである。普通の人間の経験を低次のものから高次のものまで展開していくことによって、説明され支持されているということを説明した。

マルクス主義者が言うような「ヘーゲル哲学は観念論だ」という批判が成り立たないということを説明した。

ヘーゲルの基本的な見方によれば、精神世界の表面にあるものは固定的であるが、根源にあるものは流動的である。「自然」でさえも、根源的流動が反省によって固定されたものである。しかし、地球のように核が流動的で、表面のマントルが固く、おおむね外殻は安定しているのではなく、固定層と流動層が相互に移行しつづけている。

宗教を例にとると、固定した宗教は「実定性」(Positivität) をもつ。権威主義的になり、規則の墨守が重視される。「白く塗りたる墓」とユダヤ教徒を批判したときのイエスの側にヘーゲルはついている。カントの「見えざる教会の理念」は、ヘーゲルにとって「それすらも実定的」に見えていた。教会、国家、国民精神の和解と融和の度合いは相互に影響しあっている。日常的に、フランス革命のような激動がドイツでいつ起こるかもしれないという革命への期待と恐怖の気分がある。「もし革命が起こったら、自分はどのような政治制度、宗教制度を期待するか」がつねに問われている。

青年ヘーゲルの宗教思想はつねに「国民宗教」(Volksreligion) という基盤の上にある。ルソーの「市民の宗教」の影響を受けた思想であるが、現実的には国家に統合される国民は同一の宗教をもつという立場である。同一の国家のなかに複数の宗教があって、国民は選択の自由をもつという観点が、ヘーゲルにはない。アウグスブルグの和議(一五五五年)の「ひとつの支配者にひとつの宗教」の精神が基になっているとヘーゲルは説明するが、他方では分裂状態のドイツに国家統一をもたらすべきだという政治的立場をとっている。単一の国民宗教をもつドイツ国家を希求していた。実際的には、ヘーゲルはプロテスタントとユダヤ教徒を統一ドイツで認めたいと思っていた。

ヘーゲルはカントの道徳宗教を批判することから独自の思想的営みを始めているが、道徳宗教では「人間の道徳的完成の要請＝神」という原理になってしまう。実際の人間はいつも未完成だが、完成を希望せざるをえないという要請である。憧れ、崇高、馬の鼻先のニンジン、理想の極限……こうした彼岸への誠実な希求という精神態度がヘーゲルは嫌いだった。カントのような生真面目な人間が嫌いで、シェイクスピア、ゲーテ、ディドロ、モーツァルトなど、心情のどこかにハチャメチャの混沌を抱えているような人が好きだった。ヘーゲルの美学思想のかくれたモチーフは「崇高」の概念を自分の精神世界に導入したくないという気持ちではないかと思う。理論的な悪無限批判が、美学的な崇高の排除と一致する。彼岸にある絶対的なものに憧れて、求めつづけるのではなくて、絶対的なものがここにあるという実感、すでに到着して自己を維持しつづけているという現在完了の文体を好んだ。享受する (geniessen) という動詞も好きだったと思う。下宿の女主人に子どもを産ませたヘーゲルは、彼の思想のなかにも生きつづけている。

生の存在構造

ヘーゲル哲学は、生命と同じ構造を全存在に適用したものである。しかし、いわゆる「生の哲学」と呼ばれる直感主義的な不定形の精神的衝動の覚知とは違う。ヘーゲルは、構造としての有機体に注目している。ルソーの影響を受けた自然主義がそこに重なるが、哲学的な本筋は自然と精神の統一原理として生命のモデルが追求されていた。天体から身体まで、国家と宗教をふくむ精神の全領域を、生命のモデルで統一的にとらえるという軌道をすすむ。

全自然のモデルと全存在のモデルとが重なると混乱が起こる。自然界を機械的自然、化学的自然、有機体的自然と区分すると、有機体はその一部になる。全自然が有機体モデルで説明されるわけではない。有機体から精神が発生するという大枠にはさまざまな裏づけがあった。ヘーゲルもそれに従うが、自然と精神を、自然から精神へという発展のモデルで説明することと、自然も精神も同じ発展のモデルに従うと言いにくくなる。自然の一部としての有機体、自然から精神への展開モデルとしての有機体、自然と精神との共通モデルとしての有機体とが、ヘーゲルの思想のなかで、まるで三枚のカードをちぎってばらまいたように混乱している。

有機体は哲学の穴場だった。さまざまな生物学的な実証研究が累積していくのに、カントの判断力批判は自然に目的概念を想定するのと、自然に美を感じるのとは、根本的に共通の判断であるという想定で「あたかも目的があるかのように見なす」という大枠で有機体を説明しようとしていた。

自然の生命には、機械とは違う特徴がたくさんある。機械は外から動かされるが、動物はみずから動く。生物は成長するが時計は古くなるだけである。生きているものは、新陳代謝を通じて自己同一を維持する。生物の病気には自然治癒がありうるが、壊れた時計は放置しても直らない。すべての部分に全体と同じ形があって曼荼羅をかたちづくるが、これは生物だけである。生物ではつねに全体と部分が調和している。――これは特別の生物学的な知識がなくてもわかることである。

植物の生殖器と動物の生殖器には、共通の構造がある。生殖と個体の死とは連関している。こういう生物学の知識から得た知識も、累積されつつあった。

もしかしたら物質と精神の共通の性質をもつものが存在していて、従来の二元論を物質一元論で否定する可能性があるかもしれない。神経という物質は、物心二面をもつが、エーテルというもっとも希薄なガス状の物質では、存在と無の共存も可能ではないか。従来の存在論の二元性を根底から覆す物質の登場にヘーゲルは期待をかけていたが、その期待は報われなかった。

機械論をベースにするかぎり、物質と精神の二元論は克服できないが、有機体モデルをつかえば、二元論の克服ができて、カント主義を根本から覆すことができる。そういう期待がむせ返るように込められているのが、ヘーゲルの生命論である。

論理学、形而上学、認識論、社会哲学、宗教論、国家論が、あらゆる可能な組合せで登場してきて、どこに基軸があるのか見えにくい。国家論としては、有機体の生き生きとした調和が国家の理想だという若い思想から、ドイツの国家統一を達成しなくてはならないという実際的な提案をする方向に向かう。宗教論は、社会のなかの融和・和解が愛の信仰を生み出すので、権威的抑圧的なキリスト教会は根本から否定されるべきだという改革者的な信念から、ドイツの国家統一という政治的観点からはプロテスタンティズムを支持するが、内面的には哲学の宗教への優位の思想にたって、絶対知への到達可能性を精神現象学で示そうとする。認識論としては、根源的流動、根源的同一性が固定されて、自然と精神を生み出すという哲学体系が、主観客観の二元論の克服という課題を果たす。自然、精神などの形而上学的実体の運動を支配するのは、論理学であり、論理学が弁証的な運動を描き出す。

論理の自己運動は、どこから来るかというと、これだけが特権的で、自律的な運動体である。相互関係のネットワークのなかで、自律的であるのは論理だけである。自己運動する論理が、さまざまな学問領域・精神領域を有機的に再構成して、真理の全体に「病気」、「氾濫」、「犯罪」という虚偽が発生しないようにする。これがヘーゲルの哲学の果たしうる仕事である。

論理の自己運動は、ユークリッド幾何学が生み出したさまざまな学問理念のうちのひとつである。フィヒテも明確にユークリッド幾何学的な体系が学問の理想であると宣告している。幾何学の真理性が直感的なものなのか、論理的なものなのか、数学的なものなのかという議論の土俵そのものを、厳密化する段階に進むのに、非ユークリッド幾何学の可能性が議論されるということがあった。佐々木力『数学史』(六一六頁)によれば、ガウスがその構想を示した書簡は、一八二四年に書かれている。そのときヘーゲルは生きていたが、ガウスの動きについてはなにも知らなかった。ヘーゲルは勤勉な勉強家で、生物学の新しい研究書などを集めていたが、数学は「量は物の本質的規定ではない」という素朴な理由でどちらかというと拒絶的だった。

ヘーゲル哲学の基礎概念を生み出した病態発生学(Pathogenie)が、パストゥール、コッホによって確立されると、見向きもされなくなった。一般的な哲学史記述では、ヘーゲル哲学は、その実体をなす生の哲学が無視されて、論理的であることが強く印象づけられるようになっていた。

固定した枠組みを壊して、根源的な流動に立ち返ろうという若きヘーゲルの哲学は、今日、われわれがヘーゲル哲学を研究するときにも指標となるように思われる。

ここに収めた四作を年代順にならべると、以下のようになる。

『ヘーゲル哲学の形成と原理』(一九八〇年)、四〇歳代
「ドイツ観念論の文化的背景」(一九九〇年)、五〇歳代
「ヘーゲル論理学の形成と変容」(一九九九年)、六〇歳代

「カントとドイツ観念論」（二〇〇七年）、七〇歳

「ヘーゲル」（二〇〇七年）、七〇歳

私は現在八〇歳である。

人生はいつも誤算だらけである。ヘーゲルの研究をすませて、社会理想とは何かという研究をするつもりでいたら、ヘーゲル研究が終わらない。それをつづけながら、生命倫理学、環境倫理学などの応用倫理学の研究に取り組んだ。六〇歳になったら研究生活はやめて絵描きになろうと思っていたが、いまでは研究者としての長寿記録を作ろうかという気になってもいる。経済学者のガルブレイスが九八歳で亡くなる前日まで研究論文を書いていたという話を聞いた。

ヘーゲル研究のむずかしさは、彼の文章の難解さにある。「ドイツ人ならすらすらと理解できるのだろうか」という疑問を抱えて、ドイツに留学し、ミュンヘン大学で「ヘーゲル論理学」のゼミに出席したが、教授も学生もテキストは読めないで、奇矯な政治論議をしていた。ディーター・ヘンリヒ教授にお願いして、国際学会にも出席して、教授役がイエシュケ、学生役がフルダというような模擬授業を聴いたが、テキストの解読には誰もが苦労していた。

帰国しても、ヘーゲルの執筆年代表にしたがって論文を読むという計画は継続したが、ヘーゲル読解のための用語辞典をノートに書き込んでいた。さいわい弘文堂で『ヘーゲル事典』の企画があり、仕上がった事典は好評だったが、私はむずかしい用語例を集めて、事典づくりの延長のような仕事をしていた。

千葉大の研究室のデータベース研究の一環として、テキストの電子入力を大規模に行なう計画が持ち上がったとき、私は「ヘーゲル全集の電子化」をお願いした。幸い大学院生・鶴巻幸平氏がカーツワイル社の光学的文字読取り機（Optical Character Reader）の操作を担当してくれて、電子化は完成した。

執筆年代表、ヘーゲル事典、電子化テキストという装置を働かせて、ヘーゲル研究の専門家でなくても、テキストを正確に理解できる条件を作り出さなくてはならない。

文献学的な作業は、ヘーゲル講義ノートの出版、テキスト内に隠された他人の引用（Konotation）文の指摘など、無限につづくだろう。

ヘーゲルの思想は、社会科学、美学、宗教学などにひろく影響を与えているので、それらの研究者から質問が出された場合、必要な資料やその解釈を提供できるようにしておかなくてはならない。そのためには日本でも常時、ヘーゲル研究者を育成していなくてはならない。私は、ヘーゲルのテキストを読んで解釈が可能になるようにすることを追求しつづけてきた。その志を次の世代に継いで欲しいと思う。

Nohl306-312 (Sch. 83, 89): SK372-377, GW2 254-268 (Text58)
Nohl312-324: SK382-397, GW2 269-285 (Text59)
Nohl325-342: SK397-418, GW2 286-328 (Text60)
Nohl343: 見出し, 344: 白紙
Nohl345-351 (Sysfr): SK419-423, GW2 341-344 (Text63)、GW2 344-348 (Text64)
Nohl349-351 (Sch. 93): SK423-427, GW2 345-348
Nohl352 (Sch. 93): 見出し, 353: 見出し, 354: 白紙
Nohl355-357 (Sch. 29): SK になし, GW1 75-77 (Text12)
Nohl357-358 (Sch. 30): SK になし, GW1 78-79 (Text13)
Nohl358-359 (Sch. 31): SK になし, GW1 81-82 (Text15)
Nohl359-360 (Sch. . 37): SK45-47, GW1 80, 121-122
Nohl361-362 (Sch. 47): SK102-103, GW1 101-103 (Text28) (Sch. 47)
Nohl362 (Sch. 47, 48): 後半は SK になし。GW1 197 (Text29)
Nohl363: (Sch. 48), SK になし GW1 197 (Text29)
Nohl364: (Sch. 48), SK になし GW1 199 (Text29)
Nohl365: (Sch. 48), SK になし GW1 201 (Text29)
Nohl366: (Sch. 48), SK207 GW1 202 (Text29)
Nohl367: (Sch. 51), SK になし GW1 203 (Text30)
Nohl368 (Sch. 64): GW2 26-28 (Text45)
Nohl368-370 (Sch. 65): GW2 29-31 (Text46)
Nohl370-371 (Sch. 63): GW2 17-18 (Text43)
Nohl371-373 (Sch. 66): GW2 35-78 (Text48)
Nohl 373-374 (Sch. 71):GW2 19-25 (Text44)
Nohl374-377 (Sch. 67): SK239-243, GW2 5-7 (Text40)
Nohl376-377 (Sch. 67): SK241-243, GW2 8-9 (Text41)
Nohl377-378 (Sch. 68): SK243-244, GW2 96-97 (Text50)
Nohl378-382 (Sch. 69): SK244-250, GW2 83-95 (Text49)
Nohl382-385 (Sch. 72) (GlaubenSein): SK250-254, GW2 10-13 (Text42)
Nohl385-398 (Sch. 80): SK297-312, GW2 113-133 (Text52)
Nohl398-402 (Sch. 81): SK312-316, GW2 134-140 (Text53)

ヘーゲル青年期論文のページ数対照表（Nohl Konkordanz）

青年期ヘーゲルの基礎資料はノール編「ヘーゲル青年期神学論文集」（Hegels theologischen Jugendschriften, nach dem Handschriften der Koeniglichen Bibliothek in Berlin herausgegeben von Hermann Nohl, Tübingen 1907）である。多くのヘーゲル研究書で通称Nohlとして引用される。しかし入手困難である。もっとも普及しているのはズールカンプ版ヘーゲル著作集第一巻（GEORG WILHELM FRIEDLICH HEGEL WERKE1 Frühe Schriften, Suhrkamp 1971）である。SKであらわす。本格的な大全集（Georg Wilhelm Friedlich Hegel: Gesammelte Werke, Felix Meiner）が刊行中であり、今後はこの全集（GW）が中心になる。青年期論文集としては、その第一巻（GW1）、と第二巻（GW2）が該当する。

ノール以降、青年期論文集の執筆年代決定に大きな役割を果たしたのはギゼラ・シューラー女史の論文（Gisela Schüler, Zur Chronologie von Hegels Jugendschriften, Hegel-Studien Bd. 2 この論文については本文39頁を参照。）で、その番号をSch. で記入した。大全集では論文番号をTextで表わしている。Nohlの本文は3頁にはじまり402頁で終わる。

Nohl3-29 (Sch. 32): Volksreligion, SK9-44, GW1 83-114 (Text16)
Nohl30-35 (Sch. 38): SK47-54, GW1 115-120 (Text17)
Nohl36-39 (Sch. 39): SK54-58, GW1 123-126 (Text19)
Nohl39-42 (Sch. 40): SK59-62, GW1 127-130 (Text20)
Nohl42-45 (Sch. 41): SK62-67, GW1 131-135 (Text21)
Nohl45-47 (Sch. 41): SK67-69, GW1 136-137 (Text22)
Nohl48-50 (Sch. 42): SK70-72, GW1 138-140 (Text23)
Nohl50-60 (Sch. 44): SK72-87, GW1 141-152 (Text24)
Nohl60-69 (Sch. 46): SK90-95, GW1 153-162 (Text25)
Nohl70-71 (Sch. 45): SK99-101, GW1 163-164 (Text26)
Nohl72: 白紙, 73: 見出し, 74: 白紙、
Nohl75-136 (Sch. 50) [Das Leben Jesu]: SK なし, GW1 207-278 (Text31)
Nohl137: 見出し, 138: 白紙
Nohl139-151 (Sch. 95): SK217-229,GW2 351- 367 (Text65)
Nohl152-213 (Sch. 53): Positivitaet,SK104-190, GW1 281-351 (Text32)
Nohl214-232 (Sch. 55): SK197-215, GW1 359-378 (Text34)
Nohl233-239 (Sch. 54): SK197-215, GW1 352-358 (Text33)
Nohl240-242: 白紙、見出し
Nohl243-245 (Sch. 77): SK274-277, GW2 331-336 (Text61)
Nohl245-260 (Sch. 79): SK277-297, GW2 35-78 (Text48)
Nohl261-342 (Sch. 83): Geist-Schiksal, SK317-418, GW2 141-178 (Text54)
  Nohl276-301 (Sch. 83, 89): 179-244 (Text55)
  Nohl302: SK370 (Sch. 83, 89), GW2 245-247 (Text56)
  Nohl302-306 (Sch. 83, 89): SK370-372, GW2 248-253 (Text57)

人名索引

[あ行]

アーバスノット John Arbathnot（1667-1735）『ジョン・ブル物語』の作者。統計学をもとに神の摂理を説いた。　335
アウグスティヌス Aurelius Augustinus（354-430）新プラトン主義とキリスト教を結合し幼児洗礼などの儀礼を基礎づけた。　313, 314, 429
アナクサゴラス Anaxagoras（Bc500頃-428頃）「発生は混合、消滅は分散、太陽は燃える石だ」と述べてアテナイから追放された。　270
アリストテレス Aristoteles（BC384-322）「万学の父」といわれる哲学者、プラトンの弟子、生物学者。　73, 119, 120, 167, 169, 170, 197, 226, 227, 242, 249, 254, 267, 297, 345, 377, 423, 431
イエシュケ Walter Jaeschke（1945-）決定版ヘーゲル全集編纂の中心人物。『ヘーゲルハンドブック』の著者。　308, 418, 419, 438
石川三四郎（いしかわ・さんしろう 1876-1956）『社会美学としての無政府主義』（1932）の著者。　302
井筒俊彦（いづつ・としひこ 1914-1993）イスラム学者。　388
出隆（いで・たかし 1892-1980）アリストテレス『形而上学』の翻訳者。ギリシャ哲学とキリスト教の関係に深い関心を持ち続けた。　226, 428, 429
伊藤利男（いとう・としお 1931-）九州大学独文学教授を長らく務める。ピエティズムの研究書を多く発表。　428
今道友信（いまみち・とものぶ 1922-2012）カソリックの古典学者、美学をも担当。『エコ・エチカ』（1990）の著者。　429
ヴィンケルマン Johann Joachim Winckelmann（1717-1768）ドイツの美術史家。ギリシャ彫刻は永遠の美を体現していると古典主義を主張。　301–303, 381, 382, 429
エンゲルス Friedrich Engels（1820-1895）マルクスと多くの共著を残す。　15, 308, 428
オースティン John Langshaw Austin（1911-60）イギリスの言語哲学者、言語の機能に行為の指示が含まれることを指摘した。　391

[か行]

ガーダマー Hans-Georg Gadamer（1900-2002）聖書をよむことによって精神の伝達が可能になるかというのが解釈学の問い。解釈学的循環と伝統の関係から説き起こす。　183, 422
ガウス Carl Friedlich Gauß（1777-1855）ドイツの数学者。ユークリッド幾何学の完全性を論理的に解明することは彼が始めた。　437
桂寿一（かつら・じゅいち 1902-1985）厳密な資料研究から哲学史の可能性の限界を追求した。　313, 418
金子武蔵（かねこ・たけぞう 1905-1987）出隆の主催した『精神現象学』読書会の成果を集約して翻訳を完成した。　419

ガルブレイス John Kennes Galbraith（1908-2006）イラク戦争を批判したアメリカの経済学者、97歳で死亡。　438
ガンス Eduard Gans（1798-1839）ヘーゲルの高弟。法哲学者。　323, 324
カント Immanuel Kant（1724-1804）その道徳宗教論がヘーゲルの思想的出発点になった。　19, 21–23, 26–30, 32, 35, 38, 39, 41, 46–48, 59, 69, 75–77, 83, 89, 97–101, 104, 111, 129, 136, 143, 151, 172, 182, 188–196, 204, 205, 207, 208, 218, 219, 223, 231, 233, 235, 236, 238, 245, 248, 253, 276, 284, 289, 295, 296, 300, 305, 306, 308–310, 312–314, 320, 322, 325, 332–336, 354, 374, 388, 391, 417–422, 430, 431, 434–436, 438
樺美智子（かんば・みちこ 1937-1960）1960年6月15日国会内南通用門付近で亡くなった。　428
キケロ Marcus Tullius Cicero（BC106-43）雄弁と流麗な文体で有名な政治家・哲学者　315, 321
キルケゴール Søren Kierkegaad（1813-55）デンマークのキリスト教思想家。　303, 308, 311, 320, 421, 422
クザーヌス Nicolaus Cusanus（1401-1464）ローマ教会の有能な聖職者として生きつつ時代を100年以上超えていた。　106
国松孝二（くにまつ・こうじ 1906-2006）リヒテンベルクをふくめてあらゆる傾向のドイツ古典文学を翻訳紹介。　428
クリッチリー Simon Critchley（1960-）現代フランス思想を研究するイギリス人哲学者　393
グリム、兄 Jacob Grimm（1785-1863）、弟 Wilhelm Grimm（1786-1859）言語学者としてはドイツ語語源辞典を完成、そして童話、民話の収集、刊行。　59
クローナー Richard Kroner（1884-1974）『カントからヘーゲルへ』（1921-4）はヘーゲル研究の模範とみなされた。　418
クワイン Willard van Orman Quine（1908-2000）現代アメリカのもっとも影響力のある哲学者　393
グンドルフ Friedlich Gundolf 本名は F. Leopold Gundelfinger（1880-1931）ドイツの詩人、文芸学者。「シェイクスピアとドイツ精神」（1911）　417
ゲーテ Johann Wolfgang von Goethe（1749-1832）ヘーゲルに期待していたが弁証法論理は認めなかった　59, 60, 88, 129, 297–304, 306, 329–331, 434
コッホ Robert Koch（1843-1910）結核菌、コレラ菌の発見者。　341, 437

［さ行］

ザックス Hans Sachs（1494-1576）ドイツの詩人、劇作家　59
サド、通称は「サド侯爵」Marquis de Sade、本名 Donatien Alphonce François de Sade（1740-1814）奇行をくりかえしたフランスの作家。　126
サルトル Jean-Paul Sartre（1905-1980）フランスの劇作家、哲学者。　118, 132, 249, 279
シェイクスピア William Shakespeare（1564-1616）ドイツの「疾風と怒涛」の時代を突き動かしたイギリスの劇作家　297–301, 325, 417, 434
シェリング Friedlich Wilhelm Joseph von Schelling（1775-1854）ドイツの哲学者。ヘーゲルよりも五歳年少だが、先に名声を上げてヘーゲルをイェーナに呼んだ。　15, 16, 38, 63, 73, 87, 89–96, 101, 102, 108, 109, 156, 186, 191, 197, 217, 228, 231, 232, 234, 237, 238, 240,

242–244, 246, 248, 249, 291, 302, 303, 308, 309, 311–316, 318–320, 326, 327, 337, 341, 347, 348, 354, 355, 385, 388, 390, 391, 393, 394, 396–402, 410, 411, 420–423, 425, 429
シャガール Marc Chagall（1887-1985）ロシヤ革命後、故郷の街の美術長官となったが、パリに行き前衛美術家への弾圧を避けることができた。 302
シャルンホルスト Gerhad Johann David von Scharnhorst（1755-1813）ベルリンに創設された士官学校の初代校長 307
シューラー Gisela Schüler ドイツのヘーゲル研究者、青年期ヘーゲルの草稿群の年代確定を行なった。決定版ヘーゲル全集第一巻の編集者。 44
朱子（しゅし 1130-1200）儒教思想を自然哲学的に統合し、東洋が西洋の自然科学を受容する土台を作った。 360,361
シュタイン Karl Freiherr vom und zum Stein（1757-1831）プロイセン改革を行った政治家 307
シュティルナー Max Stirner Johann Kaspar Schmidt（1806-56）過激な個人主義を主張したヘーゲル左派の哲学者。 419
シュライエルマハー Friedlich Daniel Ernst Schleiermacher（1768-1834）ドイツの神学者、宗教感情を重視した。 422
シュリーマン Johann Ludwig Heinrich Julius Schliemann（1822-90）トロイの遺跡を発掘したドイツの実業家、考古学者 301
シュリック Friedlich Albert Moritsz Schlick（1882-1936）ドイツの哲学者、ウィーン学団の創立者。アプリオリの総合判断は存在しないという主張をした。 391
シュルツェ Gottlob Ernst Schulze（1761-1833）徹底的な懐疑論の観点からカントを批判した。 235, 319, 356, 393, 421
ショーペンハウアー Artur Schopenhauer（1788-1860）「生は苦なり」（Leben ist Leiden）、ゆえに涅槃によってのみ救われると語った。 291, 300
シラー Johann Christoph Friedlich von Schiller（1759-1805）『群盗』（1781）で有名になった劇作家。カントの道徳論を乗り越えようとする。 182, 183, 302
スウィフト Jonathan Swift（1667-1745）『ガリヴァー旅行記』（1726）の作者。 263
ステュアート James Denham Steuart（1712-80）ヘーゲルは彼の著書から資本主義批判の観点を学んだ 65, 83, 346
スピノザ Baruch de Sponoza（1632-77）ユダヤ教団から破門されたオランダの哲学者。その思想は「ヘン・カイ・パン」（一にして全）を告げている。 104, 105, 106, 161, 253, 299, 303, 308, 310, 311, 313–315, 319–321, 336, 354, 355, 358, 374, 397, 398, 414, 415, 419
スミス Adam Smith（1723-90）「見えざる手」を語った経済学の父。 65, 130, 152, 315–317, 333, 335, 337, 339, 346–348, 361, 363, 420
ゼンメルヴァイス Ignaz Philipp Semmelweis（1818-65）ハンガリーの産科医。ウイーン大学附属病院に勤務中、手の消毒が産褥熱を防ぐことを発見。 425
ソクラテス Socrates（BC470-399）西洋哲学史上最大の人物。 42, 358
ソフォクレス Sophocles（BC496-06）ギリシャの悲劇『アンティゴネー』（国に背く者）の作者。 299, 301

［た行］

竹内敏雄（たけうち・としお 1905-1982）ヘーゲル美学の翻訳者。 417, 428

武市健人（たけち・たてひと 1901-1986）ヘーゲルの主要著作の先駆的な翻訳を多く残した。　414, 428
ディドロ Denis Diderot（1713-1784）フランスの哲学者・文学者。『ラモーの甥』、『運命論者ジャックとその主人』にヘーゲルは心酔。　434
デヴィッドソン Donald Herbert Davidson（1917-2003）「非法則的一元論」anomalous monism を唱えたアメリカの哲学者。　393
ディルタイ Willhelm Dilthey（1833-1911）「生の解釈学」の立場のドイツの哲学者。　153
デカルト René Descartes（1596-1650）ガリレオとニュートンの間に位置する自然科学者で伝統的哲学の圧力を強く感じていた。　115, 116, 123, 227, 230, 245, 289, 308, 309, 353, 390, 418, 421
トゥヒャー Maria Helene Susanne Tucher（1791-1855）21 歳で 40 歳のヘーゲルと結婚。　385
トーピッチュ Ernst Topitsch（1919-2003）オーストリアの知識社会学の哲学者　291
トマス Thomas Aquinas（1225-1274）キリスト教の教義とアリストテレスの哲学とを綿密につなぎあわせて『神学大全』（1266）を書いた。　21, 238, 253, 431

［な行］

ナポレオン Napoléon Bonaparte（1769-1821）「馬上の世界精神」とヘーゲルが呼んだフランスの元首。　148, 306, 307, 417, 419
ニーチェ Friedlich Willhelm Nietzsche（1844-1900）ドイツ・スイスの哲学者、歴史意識にひそむ退廃を見事に指摘したが、ヘーゲルを読んではいない　232, 421
ニュートン Issac Newton（1642-1727）主著『プリンキピア』（1687）で微積分学でできるかぎりの機械論的自然学を構築したが、そこに包括されない微粒子の変化・錬金術にも関心をもっていた。　309, 331, 347
ノックス Thomas Malcolm Knox（1900-1980）イギリスの哲学者。ヘーゲルの正確で平明簡潔な翻訳を多く残した。　368
ノール Herman Nohl（1879-1960）ディルタイの弟子。ナチスによってゲッチンゲン大学を追放された。『ヘーゲル青年期神学論集』（1907）を編集。　40, 329, 429

［は行］

ハイス Robert Heiss（1903-74）ハルトマンの高弟、哲学者、心理学者。　19, 65, 256, 276, 283
バクーニン Mikhail Aleksandrovich Bakunin（1814-76）革命的無政府主義を説いたロシアの思想家。　308
パストゥール Louis Psteur（1822-95）フランスの細菌学者、医学、醸造業、養蚕業に貢献した。　341, 437
バブーフ François Noël Babeuf（1760-1797）フランスの革命思想家　129
ハルデンベルク Karl August Frst von Hardenberg（1750-1822）ドイツの政治家。近代化を推進。　307
ハルトマン Nicolai Hartmann（1882-1950）『ドイツ観念論の哲学』の著者。　232, 241, 248, 418

パルメニデス Parmenids（BC540-450ca.）「ある」に「ひとつ」と「同じ」が含意されると主張して、広く深く影響をおよぼした。　269
パンネンベルク Wolfhart Pannenberg（1928-）ドイツのルター派神学者。ヘーゲルの影響をうけて歴史にこそ神の啓示があると主張した。　303
ヒューム David Hume（1711-76）イギリス経験論の哲学者。　191–193, 322, 336, 391
ヒルシュ Emanuel Hirsch（1888-1973）ナチスを支持したドイツのプロテスタント神学者。　183
廣松渉（ひろまつ・わたる 1933-1994）『弁証法の論理』（1989）の著者。　67, 291, 427, 428, 429
フィッシャー Georg Ludwig "Louis" Friedlich Fischer（1807-1831）ヘーゲルとブルクハルト夫人（旧姓フィッシャー）との間にうまれた庶子。　322
フィヒテ Johann Gottlieb Fichte（1762-1814）ドイツの哲学者。カント以後の哲学を主観主義の方向に進めた。　16, 22, 23, 30, 38, 44, 59–62, 87, 89, 96, 97–102, 108, 111, 115, 119, 125, 129, 135, 151, 156, 165, 191, 228, 230–235, 237, 238, 240, 242, 246, 248, 296, 300, 306, 308–311, 314–316, 320, 332, 333, 337, 347, 354, 355, 385, 388, 390, 391, 394, 396, 418, 420–422, 430, 437
フーコー Michel Foucault（1926-84）フランスの文化史家。『臨床医学の誕生』（1963）はフランス革命期に精神病の治療が始まった時期の研究である。　421
フェッチャー Iring Fetscher（1922-2014）ドイツのマルクス研究者。　89
フォイエルバッハ Ludwich Andreas Feuerbach（1804-72）人間主義の立場から「ヘーゲルは逆立ちしている」と批判。マルクスに影響を与えた。　58, 62, 63, 118,125
藤田健治（ふじた・けんじ 1904-1993）実存主義的人間学の立場で多くの著作を残した。　421
フッサール Edmund Husserl（1859-1938）厳密な意識の記述に基づく現象学の創始者。　17, 18, 20, 421
プラトン Platon（427-347BC）ヘーゲルは前期中期プラトンのイデア説、対話としての弁証法には冷淡だが、後期プラトン『ティマイオス』の調和論を取り入れた。　11, 129, 172, 204, 218, 221, 234, 244, 248, 259, 263288, 313, 314, 337, 342, 343, 345, 371, 374, 415, 430–432
フリードリッヒ大王（二世）　297
フリードリッヒII世（大王）FriedlichII (der Große)（1712-86）フランスの文化に親しみ『反マキャベリ論』（1739）を書く。　295
ブルクハルト Jacob Burckhardt（1818-97）『ギリシャ文化史』（1898-1902）の筆者。　308
フルダ Hans Friedlich Fulda（1987-1995）ハイデルベルク大学教授。国際ヘーゲル連盟会長。　303, 438
フロイト Sigmund Freud（1856-1939）精神分析学の創始者　421
プロティノス Plotinus（275-70）プラトンのテキストをよみとって再構成したような文書を作ったので新プラトン派と呼ばれる。　288, 422, 429
フンボルト Wilhelm von Humboldt（1767-1804）言語学者、ベルリン大学の創立者。　302, 303, 307
ヘーゲル Georg Wilhelm Friedlich Hegel（1770-1831）観念論を絶対化した、哲学体系を完成した、弁証法論理を確立した哲学者と言われてきたが、生命をモデルに弁証法の論理を模索しつづけた哲学者というべきだろう。　9–11, 14–24, 26, 30–32, 34–41, 43–45, 47, 48,

50–55, 57–71, 73–89, 91–93, 95–102, 104–112, 115, 116, 118–121, 123–136, 141–167, 169–174, 176–179, 181–183, 185–192, 194–197, 200, 203–209, 212, 215, 217–219, 223, 224, 228–234, 237, 238, 240, 241, 244–248, 251–253, 263–266, 269, 272, 276, 277, 279, 280, 282, 284, 285, 287–291, 300–304, 306–309, 312, 313, 315, 319, 320, 322–333, 336, 337, 339, 341–343, 345–348, 353–355, 358–361, 363, 365–371, 373–378, 380–383, 385, 386, 388–391, 393–404, 406, 408, 410–415, 417–439
ベーメ Jacob Böhme（1575-1624）ドイツ最初の哲学者。　428
ベール Pierre Bayle（1647-1706）『歴史批評辞典』でスピノザを痛烈に批判。　299
ペゲラー Otto Pöggeler（1928-2014）ボーフムの「ヘーゲル文庫」の所長（1968-1997）として全集の編集を指導した。　43, 44
ヘス Moses Hess（1812-75）ヘーゲル左派の社会主義者。　129
ヘッケル Ernst Heinrich Haeckel（18374-1919）ドイツの生物学者。個体発生は系統発生と同じ構造になるという原理を提示した。　324
ヘラクレイトス Herakleitos（BC504-501 ごろ）「万物から一が生じ、一から万物が生じる」という言葉はヘーゲル哲学と一致する。　128, 278, 300, 346, 410
ヘルダー Johann Gottfried von Herder（1744-1803）ドイツ・ロマン派の哲学者。ヘーゲルにギリシャ賛美を吹き込んだ。　297–300, 378, 397, 421
ヘルダーリン Johann Christian Friedlich Höldelin（1770-1843）詩人。ヘーゲルと同年で親友。　43, 48, 93, 301, 302, 422
ヘンリヒ Dieter Henrich（1927-）現代ドイツを代表する哲学者。国際ヘーゲル学会会長。　303, 309, 438
ホッブズ Thomas Hobbes（1588-1679）彼のラディカルな社会契約説をヘーゲルは外的強制に陥ると批判。　29, 30, 44
ホメロス Homeros（BC8 世紀ごろ）ギリシャの詩人。ヘーゲルは英雄時代の理想的叙事詩と賞賛。　301

［ま行］

マキャベリ Niccolo di Bernardo Machiavelli（1469-1527）ヘーゲルはその「高潔な心情」を賞賛している。　169
マルクス Karl Heinrich Marx（1818-1883）ヘーゲルの熱心な読者で、ヘーゲル『法哲学』から革命の哲学を学んだ。　20, 35, 57, 58, 61, 63–67, 86, 117, 118, 130, 133, 135, 144, 148, 155, 170, 171, 262, 270, 291, 322, 421, 427, 429, 433
丸山眞男（まるやま・まさお 1924-2005）彼は「ヘーゲルのような体系家よりはパンフレッターズを尊敬する」と述べたが、そのヘーゲルがパンフレッターとして「カル親書訳」「ドイツ憲法論」を残していることを知らなかった。　383
マンデヴィル Bernard de Mandeville（1670-1733）『蜂の寓話』（1714）でスミスに影響を与えた。　315, 316, 317, 333–335, 337, 346, 420
ミケランジェロ Michelangero Buonarroti（1475-1564）イタリアの彫刻家、画家、詩人。「ピエタ」（1498）、「ダビデ」（1501-04）、「最後の審判」（1534-41）の作者。　324
ミル John Stuart Mill（1805-73）イギリスの功利主義哲学者、経済学者。　421
モア Thomas More（1478-1535）イギリスの政治家、ヘンリー八世によるカトリックからの離脱に抵抗したために処刑された。『ユートピア』の著者。　129

毛沢東（1893-1976）中国人民共和国の初代国家主席。『矛盾論』（1937）の著者。　421
モーツァルト Wolfgang Amadeus Mozart（1756-1791）ヘーゲルは「魔笛」を賞賛。　434
モンテスキュー Charles-Louis de Secondat,baron de Montesquieu（1689-1755）フランスの政治学者。主著『法の精神』（1748）はヘーゲルに影響を与えた。　320, 377, 423

［や行］

ヤコービ Friedlich Heinrich Jacobi（1743-1819）『スピノザ書簡』（1785）でドイツの哲学界にスピノザ・ブームをうみだした。　59, 89, 104–106, 228, 356, 358, 397, 421
山本信（やまもと・まこと 1924-2005）ヴィトゲンシュタインの方法を踏まえながらヘーゲルのような総合的な視野をもつ哲学を求めた。　428

［ら行］

ラーケブリンク Bernhard Lakebrink（1904-1991）ドイツのトマス主義の哲学者。　210
ライプニッツ Gottfried Wilhelm Leibniz（1646-1716）ドイツの哲学者・数学者。生命のなかで物質と精神が結合していることをヘーゲルはライプニッツから学んだ。　231, 288, 298, 299, 308, 315
ラインホルト Karl Leonhard Reinhold（1757-1823）カント主義を克服する方向づけを行なった。　108, 228, 235, 249, 255, 310, 421
ラブジョイ Arthur Oncken Lovejoy（1873-1962）アメリカ観念史学派の創始者。　334, 335
ランケ Leopold von Ranke（1795-1886）ドイツの歴史家。　295, 296
ルーゲ Arnold Ruge（1802-80）ドイツの社会思想家。ヘーゲル左派。　63
ルカーチ György Lukács（1885-1971）『若きヘーゲル』で弁証法と経済学の関係を指摘した。　59, 83, 88, 153, 154
ルソー Jean-Jacques Rousseau（1712-78）フランスの思想家。青年ヘーゲルはルソーの自然主義に心酔していたが、のちに社会契約説を批判。　29, 30, 38–41, 64, 110, 153, 430, 434, 435
ルター Martin Luther（1483-1546）ヘーゲルは「私はルター派だ」というが、ルターに共鳴してはいない。　59, 63, 422
レーヴィット Karl Löwith（1897-1973）ドイツの哲学史家、『ヘーゲルからニーチェへ』の著者。　63, 375
レーニン Vladimir Ilich Lenin（1870-1924）ロシアの革命家、『唯物論と経験批判論』（1924）などの哲学書の著者。　256, 276
レッシング Gotthold Ephraim Lessing（1729-81）ドイツの劇作家、批評家。『賢者ナータン』（1779）で寛容と理性を説いてヘーゲルにおおきな影響を与えた。　297, 300, 302, 430
老子（最近の発掘資料によっても生没年は不明。孔子よりあと）「無用の用」「知足」などの思想を説いた。　360
ローゼンクランツ Johann Karl Friedlich Rosenkranz（1805-79）ドイツの哲学者、ケーニヒスベルク大学教授。『ヘーゲル伝』（1844）は今日では散逸してしまった資料を含むので、重要。『醜の哲学』で才人ぶりを示す。　43, 300
ロールズ John Rawls（1921-2002）アメリカの倫理学者。『正義論』（1971）で許容可能な格差の限界を示した。　421

ロック John Locke（1632-1704）イギリスの経験主義を代表する哲学者。人間の心は生まれたときは「白紙」(white paper)「削られた粘土板」（tabuka rasa）であるという理由で、アープリオリの知の存在を否定した。　28, 230
和辻哲郎（わつじ・てつろう 1889-1960)「間柄としての人間」という見方を示した。378

●著者略歴
加藤尚武（かとう・ひさたけ）
1937 年、東京生まれ。
1960 年、東京大学教養学部学生として安保闘争に参加。
1963 年、東京大学文学部哲学科を卒業。東京大学文学部助手、山形大学教養部講師・助教授、東北大学文学部助教授、千葉大学文学部教授、京都大学文学部教授、鳥取環境大学学長、東京大学医学系研究科特任教授を歴任。元日本哲学会委員長。日本学術会議連携会員、京都大学名誉教授。
《専門》
ヘーゲル哲学、環境倫理学、生命倫理学。現在は、徳倫理学、貢献心、利他主義の研究開発に従事している。
《受賞》
哲学奨励山崎賞（1979 年）、和辻哲郎文化賞（1994 年）、紫綬褒章（2000 年）、建築協会文化賞（2002 年）、瑞宝中綬賞（2012 年）
《主な著書》
『ヘーゲル哲学の形成と原理』未來社、1980 年（哲学奨励山崎賞）
『バイオエシックスとは何か』未來社、1986 年
『環境倫理学のすすめ』丸善ライブラリー、1991 年
『哲学の使命』未來社、1992 年（和辻哲郎賞文化賞）
『ヘーゲルの「法」哲学』青土社、1993 年
『ヒトと技術の倫理』NHK ライブラリー、1993 年
『21 世紀のエチカ』未來社、1993 年
『応用倫理学のすすめ』丸善ライブラリー、1994 年
『技術と人間の倫理』NHK ライブラリー、1996 年
『現代倫理学入門』講談社学術文庫、1997 年
『20 世紀の思想』PHP 新書、1997 年
『脳死・クローン・遺伝子治療』PHP 新書、1999 年
『先端技術と人間』NHK ライブラリー、2001 年
『価値観と科学／技術』岩波書店、2001 年
『合意形成とルールの倫理学』丸善ライブラリー、2002 年
『戦争倫理学』ちくま新書、2003 年
『新・環境倫理学のすすめ』丸善ライブラリー、2005 年
『現代人の倫理学』丸善、2006 年
『教育の倫理学』丸善、2006 年
『資源クライシス』丸善、2008 年、中国語（簡体字）に翻訳
『形の哲学』岩波現代文庫（再版）、2008 年
『災害論』世界思想社、2011 年
『死を迎える心構え』PHP 研究所、2016 年
『加藤尚武著作集』（全 15 巻）未來社、（2017 年～、刊行中）

加藤尚武著作集第1巻　ヘーゲル哲学のなりたち

発行――二〇一七年十一月三十日　初版第一刷発行

定価――（**本体五八〇〇円＋税**）

発行者――西谷能英

発行所――株式会社　未來社
東京都文京区小石川三―七―二
振替〇〇一七〇―三―八七三八五
電話・(03) 3814-5521（代表）
http://www.miraisha.co.jp/
Email:info@miraisha.co.jp

印刷・製本――萩原印刷

ISBN 978-4-624-93601-3 C0310

加藤尚武著作集（全15巻）

＊＊＊＊＊＊＊＊＊＊＊＊＊＊＊＊＊＊＊＊＊＊＊＊＊＊＊＊

ヘーゲル学者として出発し、そのテキストの解読をふくめた優れた業績を上げ、そこからさらに生命倫理学、環境倫理学など広く社会の現状に対応する応用倫理学的理論と実践にまで、哲学的知見を生かしてさまざまな領域の現代的課題を考察し、問題提起する現代日本を代表する哲学者の全主要業績を網羅する。単行本未収録論文をふくめて、将来に読みつがれるべき思考の痕跡を、多様なテーマにもとづいて整理し、配列する。各巻末に著者解題付き。著者は、山形大学、東北大学、千葉大学、京都大学、鳥取環境大学初代学長などの経歴をもち、日本ヘーゲル学会会長、元日本哲学会会長といった要職をかねて日本の哲学界の指導的立場をこなされてきた。日本哲学界待望の著作集。

＊＊＊＊＊＊＊＊＊＊＊＊＊＊＊＊＊＊＊＊＊＊＊＊＊＊＊＊

第1巻　ヘーゲル哲学のなりたち■四五〇ページ、五八〇〇円＋税（第一回配本）
『ヘーゲル哲学の形成と原理――理念的なものと経験的なものの交差』（一九八〇年、未來社、哲学奨励山崎賞受賞）
単行本未収録論文四篇

第2巻　ヘーゲルの思考法（未刊）
『哲学の使命――ヘーゲル哲学の精神と世界』（一九九二年、未來社、和辻哲郎文化賞受賞）
単行本未収録論文七篇

第3巻　ヘーゲルの社会哲学（未刊）

『ヘーゲルの「法」哲学』(一九九三年、青土社)
『哲学の使命――ヘーゲル哲学の精神と世界』から三章と九章
単行本未収録論文七篇
第4巻　よみがえるヘーゲル哲学(未刊)
『哲学原理の転換』(二〇一二年、未來社)
単行本未収録論文一〇篇
第5巻　ヘーゲル哲学の隠れた位相(未刊)
単行本未収録論文二九篇
第6巻　倫理学の基礎(未刊)
『現代倫理学入門』(一九九七年、講談社)
『倫理学で歴史を読む――21世紀が人類に問いかけるもの』(一九九六年、清流出版)
単行本未収録論文一一篇
第7巻　環境倫理学(未刊)
『環境倫理学のすすめ』(一九九一年、丸善ライブラリー)
『新・環境倫理学のすすめ』(二〇〇五年、丸善ライブラリー)
単行本未収録論文一五篇
第8巻　世代間倫理(未刊)
『子育ての倫理学――少年犯罪の深層から考える』(二〇〇〇年、丸善ライブラリー)
『教育の倫理学』(二〇〇六年、丸善ライブラリー)
単行本未収録論文七篇

第9巻　生命倫理学（未刊）（第二回配本）
『バイオエシックスとは何か』（一九八六年、未來社）
『二十一世紀のエチカ』（一九九三年、未來社）
『脳死・クローン・遺伝子治療――バイオエシックスの練習問題』（一九九九年、PHP研究所）
単行本未収録論文四篇
第10巻　技術論（未刊）
『技術と人間の倫理』（一九九六年、NHK出版）
『価値観と科学／技術』（二〇〇一年、岩波書店）
『災害論――安全性工学への疑問』（二〇一一年、世界思想社）
第11巻　経済行動の倫理学（未刊）
『資源クライシス――だれがその持続可能性を維持するのか?』（二〇〇八年、丸善）
単行本未収録論文一九篇
第12巻　哲学史（未刊）
『20世紀の思想――マルクスからデリダへ』（一九九七年、PHP研究所）
『進歩の思想・成熟の思想――21世紀前夜の哲学とは』（一九九三年、PHP研究所）
単行本未収録論文一一篇
第13巻　形と美（未刊）
『形の哲学――見ることのテマトロジー』（一九九一年、中央公論社）
単行本未収録論文二二篇
第14巻　平和論（未刊）

『世紀末の思想——豊かさを求める正当性とは何か』（一九九〇年、ＰＨＰ研究所）
『戦争倫理学』（二〇〇三年、筑摩書房）
単行本未収録論文一〇篇
第15巻　応用倫理学（未刊）
『応用倫理学のすすめ』（一九九四年、丸善ライブラリー）
『合意形成とルールの倫理学　応用倫理学のすすめ3』（二〇〇二年、丸善ライブラリー）
『合意形成の倫理学』（二〇〇九年、丸善）